本书受 2017 年重庆大学中央高校基本科研业务费"科研创新能力提升专项"（NO. 2017CDJSK08YJ11）资助。

重大法学文库

清末"游西记"中的"西洋政制"图景

A Picture of "Western Political System" in "You Xi Ji" at the End of the Qing Dynasty

朱俊 著

中国社会科学出版社

图书在版编目（CIP）数据

清末"游西记"中的"西洋政制"图景／朱俊著.—北京：中国
社会科学出版社，2018.6
（重大法学文库）
ISBN 978-7-5203-1311-7

Ⅰ.①清… Ⅱ.①朱… Ⅲ.①政治制度史-西方国家 Ⅳ.①D59

中国版本图书馆 CIP 数据核字（2018）第 085202 号

出 版 人	赵剑英
责任编辑	梁剑琴
责任校对	闫 萃
责任印制	李寡寡

出 版	中国社会科学出版社
社 址	北京鼓楼西大街甲 158 号
邮 编	100720
网 址	http：//www.csspw.cn
发 行 部	010-84083685
门 市 部	010-84029450
经 销	新华书店及其他书店

印刷装订	北京君升印刷有限公司
版 次	2018 年 6 月第 1 版
印 次	2018 年 6 月第 1 次印刷

开 本	710×1000 1/16
印 张	18.5
插 页	2
字 数	308 千字
定 价	80.00 元

凡购买中国社会科学出版社图书，如有质量问题请与本社营销中心联系调换
电话：010-84083683

《重大法学文库》编委会

出 版 寄 语

　　《重大法学文库》是在重庆大学法学院恢复成立十周年之际隆重面世的，首批于 2012 年 6 月推出了 10 部著作，约请重庆大学出版社编辑发行。2015 年 6 月在追思纪念重庆大学法学院创建七十年时推出了第二批 12 部著作，约请法律出版社编辑发行。本次为第三批，推出了 20 本著作，约请中国社会科学出版社编辑发行。作为改革开放以来重庆大学法学教学及学科建设的亲历者，我应邀结合本丛书一、二批的作序感言，在此寄语表达对第三批丛书出版的祝贺和期许之意。

　　随着本套丛书的逐本翻开，蕴于文字中的法学研究思想花蕾徐徐展现在我们面前。它是近年来重庆大学法学学者治学的心血与奉献的累累成果之一。或许学界的评价会智者见智，但对我们而言，仍是辛勤劳作、潜心探求的学术结晶，依然值得珍视。

　　掩卷回眸，再次审视重大法学学科发展与水平提升的历程，油然而生的依然是"映日荷花别样红"的浓浓感怀。

　　1945 年抗日战争刚胜利之际，当时的国立重庆大学即成立了法学院。新中国成立之后的 1952 年院系调整期间，重庆大学法学院教师服从调配，成为创建西南政法学院的骨干师资力量。其后的 40 余年时间内，重庆大学法学专业和师资几乎为空白。

　　在 1976 年结束"文化大革命"并经过拨乱反正，国家进入了以经济建设为中心的改革开放新时期，我校于 1983 年在经济管理学科中首先开设了"经济法"课程，这成为我校法学学科的新发端。

　　1995 年，经学校筹备申请并获得教育部批准，重庆大学正式开设了经济法学本科专业并开始招生；1998 年教育部新颁布的专业目录将多个部门法学专业统一为"法学"本科专业名称至今。

1999 年我校即申报"环境与资源保护法学"硕士点，并于 2001 年获准设立并招生；这是我校历史上第一个可以培养硕士的法学学科。

值得特别强调的是，在校领导班子正确决策和法学界同仁大力支持下，经过校内法学专业教师们近三年的筹备，重庆大学于 2002 年 6 月 16 日恢复成立了法学院，并提出了立足校情求实开拓的近中期办院目标和发展规划。这为重庆大学法学学科奠定了坚实根基和发展土壤，具有我校法学学科建设的里程碑意义。

2005 年，我校适应国家经济社会发展与生态文明建设的需求，积极申报"环境资源与保护法学"博士学位授权点，成功获得国务院学位委员会批准。为此成就了如下第一：西部十二个省区市中当批次唯一申报成功的法学博士点；西部十二个省区市中第一个环境资源法博士学科；重庆大学博士学科中首次有了法学门类。

正是有以上学术积淀和基础，随着重庆大学"985 工程"建设的推进，2010 年我校获准设立法学一级学科博士点，除已设立的环境与资源保护法学二级学科外，随即逐步开始在法学理论、宪法与行政法学、刑法学、民商法学、经济法学、国际法学、刑事诉讼法学、知识产权法学、法律史学等二级学科领域持续培养博士研究生。

抚今追昔，近二十年来，重庆大学法学学者心无旁骛地潜心教书育人，脚踏实地地钻研探索、团结互助、艰辛创业的桩桩场景和教学科研的累累硕果，仍然历历在目。它正孕育形成重大法学人的治学精神与求学风气，鼓舞和感召着一代又一代莘莘学子坚定地向前跋涉，去创造更多的闪光业绩。

眺望未来，重庆大学法学学者正在中国全面推进依法治国的时代使命召唤下，投身其中，锐意改革，持续创新，用智慧和汗水谱写努力创建一流法学学科、一流法学院的辉煌乐章，为培养高素质法律法学人才，建设社会主义法治国家继续踏实奋斗和奉献。

随着岁月流逝，本套丛书的幽幽书香会逐渐淡去，但是它承载的重庆大学法学学者的思想结晶会持续发光、完善和拓展开去，化作中国法学前进路上又一轮坚固的铺路石。

陈德敏

2017 年 4 月

目　　录

第一章

绪　　论

第一节　问题意识：近代史上的中国 如何理解 "西洋政制"？

　　1513 年葡萄牙人到达广东，意味着中国人在毫无知觉的情况下进入了 "大航海" 时代。1598 年利玛窦东来，带来了中国文明与西洋文明的第一次亲密接触。此后，中西文化的对话、碰撞、交流便成为常态，双方在这一次次鲜为人知而又剧烈的 "幕后" 交锋中，并没有分出胜负，西洋从东方获得哲学上的灵感而生机焕发，[①] 东方从西洋获得一些常识但并未动摇其儒学的地位。[②] 大家 "相安无事"。[③] 1840 年第一次鸦片战争爆发，中西第一次正面性的军事较量开启了中西全方位交流的大幕。

　　西洋进入中国视野，通常有三种途径：其一，以传教士、外交官为首的西洋人在中国翻译西洋著作、撰写关于西洋的文章、在租借地营造

---

　　① 参见岳峰发表在《中国翻译》2001 年 7 月刊的论文《东学西渐第一人——被遗忘的翻译家陈季同》、陈超发表在《学术研究》2006 年第 5 期的论文《明末清初的 "东学西渐" 和中国文化对法国启蒙思想的影响》、陈超发表在《东南学术》2011 年第 4 期的论文《明清之交 "东学西渐" 的思考——兼论中国文化对法国启蒙思想的影响》等。

　　② 参见吴岩、李帆《从 "改正朔" 到 "改用西历"——西学东渐下国人传统观念变化的一个审视角度》[《西南民族大学学报》（人文社会科学版）2011 年第 5 期]、葛晋荣《"西学东渐" 与清初 "中西会通" 的科学观》（《北京行政学院学报》2004 年第 5 期）、王树人《关于西学东渐的经验教训——兼论话语霸权与 "失语症" 问题》（《文史哲》2007 年第 4 期）等论文。

　　③ 参见陆锋明《西学东渐与明末的 "西洋学"》，硕士学位论文，苏州大学，2004 年。

西洋生活方式等,将西洋呈现在国人面前;其二,部分国人游历西洋,回国后将其关于西洋的所见、所闻、所感、所思以文字等方式呈现给其他国人;其三,部分国人在中国将国内关于西洋的传说、文章、书籍等或翻译,或编译,向其他国人介绍西洋文明。如此,中西文明交汇开启了文明之间的碰撞与交流,也揭开了西洋文明单向输入中国的近代历史。

一般而言,在有关文明交汇而单向流动的研究中,输入方如何理解这种文明交汇境况,输入方如何理解输入的文明,这种对输入文明的理解又将对本土文明产生怎样的影响,都是必须考虑的重点。因而,这些问题是中国近代史研究的关键点之一。具体到中国近代的政制,它们是:

第一,国人以怎样的心态来理解"西洋政制"?是高高在上的猎奇,寻找某种中西政制的相异之处,以满足其观赏性或知识性需求?是夜郎自大的不屑,像井底之蛙般坐井观天,拒绝理解任何外来政制?是小心翼翼的窥视,或避免中国士人对"西洋政制"的误解,或探寻"西洋政制"与中国政制相遇的动机?是诚惶诚恐的崇拜,被西洋船坚炮利的表象及其庞大精细的学术体系震撼,这就是强者?是迫不及待的追随,学习"西洋政制",它才是政制的发展方向?还是冷静而客观的观察,像旁观者一样将"西洋政制"作为研究对象?抑或其他?

第二,国人以怎样的方式来理解"西洋政制"?是背上行囊,以中国文化的方式与视角来阅读、理解?是放下行囊,从学术的角度或"西洋政制"文化自身的角度来理解?是带着中国自身的目的性需求——"富强"与"救亡"① ——来理解?是单纯地在知识性需求层面来理解?是实践性的理解?是学术性的理解?对"西洋政制"的理解或误解是有意识的还是无意识的?且就现代政制在近代中国的生成而言,传统政制又是如何崩溃的?在这崩溃与生成之间有何文化心路历程?

第三,国人对"西洋政制"究竟有着怎样的了解?是将之理解为一般的行政设置,还是将之理解为国家权力的框架安排?是将之理解为统合

---

① 王人博教授在其论文《宪政的中国语境》中即强调,政制是在工具性意义上进入中国的,有"政制—富强"这一文化范式。参见王人博《宪政的中国语境》,《法学研究》2001 年第2 期。

国家发展力量的方式，还是将之理解为保障人民权利的基本方式？是将之理解为激发国民激情并限制、约束、引导国民发展的制度保障，还是将之理解为保障并促进国民权利并为国民服务的国家权力约束机制？是将之理解为整合神圣皇权运行的方式，还是将之理解为人民主权保障的制度？

第四，国人理解"西洋政制"的过程，一面是抵抗，一面是学习，在抵抗与学习之间究竟存在怎样的关系？即是为抵抗之目的而学习，还是为学习之目的而抵抗？以及为什么要学习，学习什么（这里有学习目标的选择标准），怎样学习，以及学习中有何变化、为何变化、怎样变化，效果如何？这一抵抗又是怎样的抵抗呢？"学生"抵抗"老师"，他是否意识到"老师"是否会将"真功夫"教给"学生"？且通过学习"老师"是否能够抵抗得住呢？如果单纯学习不可能超越"老师"，又当通过怎样的途径超越"老师"呢？

第五，国人如何理解"西洋政制"进入中国的过程与机制？是中国中心观的，强调中国政制发展自有其独立性，"西洋政制"不过是加速了这一进程而已？是"西洋政制"强势入侵而挑战中国政制，因而它不得不小心翼翼地应对这一挑战而寻求各种资源？是现代性体验的，强调"西洋政制"乃是中国政制的发展方向，中国政制当在向"西洋政制"学习的过程中追赶甚至超越？是中西二元模式的，强调中西政制各有不同属性而当各自独立发展，因而对"西洋政制"采取断然拒绝的态度？是采取自我与他者模式，将"西洋政制"作为理解中国政制的又一个视角，以进一步理解并推动中国政制的发展？抑或其他？

第六，国人理解"西洋政制"，理解的效果如何？又对近代中国有何实质性的影响？或者说，在当代中国政制的发展中，"西洋政制"是一个怎样的角色？或者说，在当代政制的发展中，"西洋政制"是否已经内化为中国政制的一部分？或者说，"西洋政制"与中国政制的关系从近代至当代，经历了一个怎样的变化轨迹？为何会有这样的轨迹？这一轨迹又说明了怎样的问题？

因此，近代史上的中国如何理解"西洋政制"乃是政制近代史研究的关键性问题，而本书则立基于自《海录》至《十八国游记》等"游西记"而研究清末国人的"西洋政制"观念与制度变迁，试图据此以部分回答这些问题。

第二节 研究意义

近代史上的中国如何理解“西洋政制”，并非仅是近代史上的问题，它实际上是中外交流的近代案例，即呈现在近代的中外文明交流的特殊案例——被动、单向的外洋文明输入中国而引发中国文明的近代转型。它固然不同于以佛教为代表的古印度文明在汉唐时期对中国文明的影响，但中国文明的主体性却同时存在于这两个案例中。① 与此同时，明末清初的西洋文明输入不论是时间、范围，还是方式均略微不同于清末西洋文明进入中国，但西洋文明的学术强势却是再明白不过的。因而，近代中西文明交流在中国文明史上有着特殊的意义。它的交流时间、范围、方式、途径、内容、影响等，都是研究的课题，能够丰富中外文明交流的理论。

从理解即是翻译的角度看，徐光启当年接受西洋几何、代数甚至天主教观念时，都是通过利玛窦对外文文本的理解以及对汉语语词的理解而转译进行的，因而他提出“翻译—会通—超胜”的原则以强调中外文明交流的方式。这里，利玛窦对外文文本的翻译建立在他对外文、中文的理解之上，而徐光启对外文文本的接受同样立基于他对转译文本的理解。② 刘禾认为：“人们并不是在对等的词语之间进行翻译，不同语言一经遭遇就会产生可译性和可理解性问题，翻译所意味的是不同语言之间假定的对等关系的历史建构过程。”③ 即是说，人们是在理解中翻译，通过理解而在不同语言之间建构对等关系以进行翻译，理解是翻译的前提。与此同时，理解也是翻译的目的，译者在不同语言之间建构对等关系正是为他人理解外文文本提供渠道，成功的翻译能让读者无障碍地理解外文文本，而蹩脚者的翻译则恰好相反。因而，“西洋政制”怎样进入中国，从“游西记”角度审视国人为何行游西洋、“西洋政制”为何、如何理解“西洋政制”、怎样评价“西洋政制”以

---

① 参见王树人《关于西学东渐的经验教训——兼论话语霸权与“失语症”问题》，《文史哲》2007 年第 4 期。

② 参见李志军《实学与西学的互释——西学东渐的学术范式转换》，《孔子研究》2007 年第 1 期。

③ 刘禾：《普遍性的历史建构——〈万国公法〉与十九世纪国际法的流通》，《视界》2000 年第 1 期。

及对中国政制有何影响的研究，确实能够丰富"翻译—理解"理论。

从理解即是实践的角度看，罗尔斯在谈到现代道德哲学问题时解读了"所有信教神职人员和传教士权威的否认者都介于上帝和所有信仰者之间"的观点，认为"这个观点说的是，道德原理和道德戒律在一般意义上能够被道德上合乎理性的人所理解——各学派以不同方式解释了这一点——因此我们能够充分理解我们的道义职责和责任并充分实践我们的道义职责和责任"[1]。即是说，实践建立在理解的基础之上，正是基于我们的理解，我们的实践才能够展开。而郑若麟则认为"实践不仅仅是检验中国真理的唯一标准，也是理解西方的唯一捷径"，他借国人对法国最年轻的政治家拉玛·雅德的不同理解而强调，"对同一位人物的命运有着如此不同的解读，这是令人吃惊的。但同时也是好事，证明我们已经开始在动脑筋思考。我们往往是通过书本来了解西方的。然后根据书本上的理论，来印证现实中的西方。当两者出现悖论或矛盾时，我们甚至往往以书本而非现实为理解的准绳。其结果就是我们在头脑中虚构了一个西方。这个虚构出来的西方往往成为中国现实政治的一个参照物。这显然是危险的"[2]。与此同时，实践也限制了理解的进一步发展，实践中的理解乃是立基于"前见"而展开的，而作为中外文明观念纠结在一起的"前见"，它以实践的惯性限制着理解，这是相互限制的过程。就现代政制进入中国这一历史实践而言，从"游西记"切入的研究，是在映证理解与实践之关系。

从对中外文明交流过程的反思看，殷国明认为，东方是西方文化发生的历史契机，是西洋文化的寻根之旅，是西方文化发展的持续动力，"丰富的东方文化为西方文化发展提供的不仅是想象的空间和建构的资源，还有静思和智慧"，这是一种文化跨界的行动，"无疑也是西方文化不断解蔽、不断扩展视野、消除自身文化偏见的过程。在走出西方、走进东方的过程中，西方文化不断冲破自身的束缚和偏见，在多种文化中吸取了资源，扩大了视野，拓展了思路，发现了新的路向，也为持续不断的文化创新开辟了道路"[3]。而近代以来的中国人阅读西方，则有一种病态心理，

---

① ［美］罗尔斯：《道德的哲学史讲义》，张国清译，生活·读书·新知三联书店 2003 年版，第 13 页。

② 郑若麟：《我们如何理解西方……》，《新民周刊》2012 年第 48 期。

③ 殷国明：《东方之魅：理解西方思想学术发展的一面镜子》，《中华读书报》2012 年 9 月 26 日第 19 版。

"因为这种阅读方式首先把中国当成病灶,而把西方则当成了药铺,阅读西方因此成了到西方去收罗专治中国病的药方药丸,'留学'号称是要到西方去寻找真理来批判中国的错误",这是甘阳、刘小枫的反思,"健康阅读西方的方式首先是按西方本身的脉络去阅读西方。健康阅读者知道,西方如有什么药方秘诀,首先医治的是西方本身的病"①。此言确属真知灼见。因为在"自我与他者"研究范式中,自我与他者是一对参照系,自我理解他者,一方面是自我试图从他者之中寻找到契机以丰富自我,于连对中国哲学的研究不正是如此吗?另一方面也为他者自我理解提供了思路,正如路易斯·哈茨所言,"外国评论家的本事在于能揭示出所研究国家的社会生活中蕴含着思想方面的东西。因为这些评论家往往通过母国文化提供的对照,使异国社会生活中蕴含着的思想显得清晰可见"②。因而,在"自我与他者"范式中,自我如何确保自我目的的实现乃是关键性的问题,需要尽量避免刘小枫与甘阳所言之弊病。"游西记"研究"西洋政制"进入中国的历程,从文明交流入手,亦是在此范式之中,探寻清末国人身陷此范式的得与失。

从现代国家体系的建构角度看,清末"游西记"对"西洋政制"的记载,是中国人建构现代国家体系的最早努力。当"西洋"进入中国视野的时候,比较政治学即出现某种雏形,中外政制之间的比较随即展开:"西洋政制"是现代政制,晚清政制则是古典帝国,当现代与古典遭遇时,即意味着古典帝国存在着向现代政制转变的某种可能性。事实上,这种可能性随着时间的推移而不断增加,表现为国人在观念、制度层面上从认知现代政制,到认同现代政制,再到推广现代政制,以至于会出现对古典帝国政制的"革命"呼声。换言之,政制的比较意味着变革的可能,而观念与制度的认同则意味着变革的前景,观念与制度的推广则表明革命的必然。而清末"游西记"对"西洋政制"的考察历程,则贯穿了整个政制变革的过程。研究这一认知历程,亦是在反思国人建构现代国家体系的第一次尝试。

当然,中外文明的交流,亦可从中国中心观角度看,从"挑战—回应"角度看,从中外文明二元角度看,这些视角都在展示文明交流对文明

---

① 甘阳、刘小枫:《重新阅读西方》,《南方周末》2006年1月12日第30版。

② [美]本杰明·史华慈:《寻求富强:严复与西方》,叶凤美译,江苏人民出版社1996年版,序言,第1页。

发展意义的不同侧面。总而言之，怎样研究近代史上的中国如何理解西洋文明（政制）都不为过，因为它毕竟是中国文明（政制）发展的关键时期，即转承古代中国文明（政制）而接续现代中国文明（政制）。

此外，近代史上的中国如何理解"西洋政制"，亦具有当代研究的学术价值，即对它的研究与判断能够诊断出当代中国政制发展的问题所在，"以史为镜知得失"即是此意。因而当代法学的人治与法治问题、现代政制与儒学问题、民主实现路径问题、人权问题、自由的界定及其实现路径等问题，都可以并已有大量的研究将视线放在近代，因为这些问题都起源于这一时期，通过追本溯源的考察能够进一步确认问题的来龙与去脉，进而有利于问题的当代解决方案的提出与执行。

第三节　研究现状

因现代化问题的极端重要性，海内外的研究成果不胜枚举。一方面，这丰富了对该问题的探讨；另一方面，却使对该问题的把握更为困难。受范式研究的启发，可将这些研究成果依角度与方法的不同进行分类，以点带面地把握研究现状。据此，可从现代化研究、比较文学研究、"游西记"研究、政制近代化研究的角度来梳理。

从现代化的角度看，费正清、列文森的"挑战—回应"范式开启了解释中国近代史的先河，且作为一个基本的思维方式，其在宏观上框定了中国现代化现象的解释维度。有中国文化大学史学博士雷俊玲的博士论文《清季首批驻英人员对欧洲的认识》等研究成果。但同为美国汉学家的柯文却对此提出了质疑，即中国在面对西方而有所变革时，并非主要是受外在西方的影响，而更多的是中国内部思想与社会发展的必然，或者说反对"历史学家将那些与西方的在场没有什么直接联系的中国近代史的各个层面，界定为不重要，或者说只有当这些层面有助于阐明中国对于西方挑战的回应时，才是重要的"[1]。因而，柯文提出了"中国中心观"的研究思路，强调"中国的近代性并不是西方刺激的结果，而主要是由中国社会内

---

[1]　刘禾：《跨语际实践：文学，民族文化与被译介的现代性（中国，1900—1937）》，宋伟杰等译，生活·读书·新知三联书店 2008 年版，第 39 页。

部自我生发出来的"①。有日本沟口雄三的《中国前近代思想的演变》等研究成果。

但王人博认为,"无论是'西方中心主义'的'挑战—回应'范式还是'中国中心观'都不是观察和分析中国问题的确当的方法和路径"②。他提出用"物镜—联想—记忆"的范式来思考中国问题,有他与学生的论文集《中国近代宪政史上的关键词》等研究成果。此外,还有"传统—现代"的研究范式,有钟叔河的《从东方到西方》等研究成果。周宪的论文《旅行者的眼光和现代性体验:从近代游记文学看现代性体验的形成》③,是从现代性体验角度进行的研究。

从比较文学或跨文化研究的角度看,乐黛云与汤一介主持的跨文化对话系列可以说是国内比较文学研究的先河与典范,但其基本上是从中西文化对话或个案角度出发,并未对"游西记"进行系统研究。孟华的《他者的镜像:中国与法兰西》作为海外学术演讲录,在"游记研究"部分,从比较文学形象学的角度讨论了17—18世纪法国人的中国游记与中国人的法国游记,其重点在王韬的《欧游漫录》与张德彝的游记上面。刘禾的《跨语际实践——文学,民族文化与被译介的现代性(中国1900—1937)》作为既从翻译理论角度,又从跨文化角度出发的力作,强调"中国现代史的研究必须充分考察跨语际实践的历史。语言问题在中国的现代性想象中的重要性是毋庸置疑的"④。萨义德在谈到美国批评理论的时候,用"理论旅行"范式进行研究,而这种研究的思路也被引入中国近代史的解释当中。研究成果有中国政法大学朱清艳的硕士学位论文《试论卢梭形象的变迁》等。郭少棠在其专著《旅行:跨文化想像》的第四章《行游、文化转化与价值变迁》中以极小的篇幅讨论了中国近代史的问题,他认为,"中国的留学运动(如果可以称为运动的话),对中国当

---

① 参见柯文《在中国发现历史——中国中心观在美国的兴起》,林同奇译,中华书局2002年版。

② 王人博编:《中国近代宪政史上的关键词》,法律出版社2009年版,第61页。

③ 参见周宪《旅行者的眼光和现代性体验:从近代游记文学看现代性体验的形成》,《社会科学战线》2000年第6期。

④ 刘禾:《跨语际实践——文学,民族文化与被译介的现代性(中国,1900—1937)》,宋伟杰等译,生活·读书·新知三联书店2008年版,第38页。

代文化的三次大转型起了非常重要的作用"①。尹德翔的《东海西海之间——晚清使西日记中的文化观察、认证与选择》，从文化身份、文学形象学、传记研究的角度对晚清驻外使节的部分文字记载做了非常翔实的研究。

从"游西记"的研究看，在对个别人物进行研究时必然涉及其"游西记"，如对郭嵩焘、薛福成、王韬、康有为和梁启超等的研究。整全性的"游西记"研究，则有钟叔河的《从东方到西方》《走向世界——近代中国知识分子考察西方的历史》，只是未从宏观上对其进行提炼与总结。朱维铮的《使臣的实录与非实录：晚清的六种使西记》一文，对部分"游西记"做了探讨。吴宝晓的《初出国门：中国早期外交官在英国和美国的经历》一书，以使臣对近代化的态度为视角，只是材料选择了1876—1890 年驻英美的使臣记录。闵锐武的《蒲安臣使团研究》更是仅针对蒲安臣使团的研究。张静的《郭嵩焘思想文化研究》、张宇权的《思想与时代的落差：晚清外交官刘锡鸿研究》、王熙的《一个走向世界的八旗子弟：张德彝〈稿本航海述奇汇编〉研究》、澳大利亚汉学家傅乐山编译的《中国在西方的第一个使馆：郭嵩焘、刘锡鸿、张德彝日记选》、陈长房的《蛮荒有天堂：中国人的美国观（1784—1911）》、美国学者欧达伟和李欧梵合作编译的《无鬼的国度：19 世纪以来中国人对美国的印象》都存在类似的情况，整全性的研究不够。

从文献学、历史学角度看，梁启超在 1898 年有《西学书目表》，黄庆澄在 1898 年有《中西普通书目表》，徐维则在 1902 年有《增版东西学书目》，钟叔河在 20 世纪 80 年代整理出版了《走向世界丛书》几十册等。清史专家冯尔康在《清代人物传记史料研究》中，从传记研究的角度考察了晚清出使日记与传统出使日记的不同，认为其有独特的近代史价值。梁碧莹在《艰难的外交：晚清驻美公使研究》中对陈兰彬、张荫桓、崔国因的出使日记展开了外交史研究，其成果由天津古籍出版社于 2004 年出版。普林斯顿大学科技史博士吴以义从科技史的视角对斌椿、志刚、王韬、刘锡鸿、郭嵩焘、张德彝等人关于英国的记述进行了考察，由上海科学普及出版社于 2004 年出版了专著《海客述奇：中国人眼中的维多利亚科学》。

---

① 郭少棠：《旅行：跨文化想像》，北京大学出版社 2005 年版，第 129 页。

当然，亦须从政制的近代史看。中华民国年间即有潘大逵等诸先生从近代史角度研究政制。吴宗慈 1924 年出有《中华民国宪法史》，陈茹玄 1928 年出有《民国宪法及政治史》，程树德 1933 年出有《宪法历史及比较研究》，潘大逵 1933 年出有《中国宪法史纲要》，陈茹玄 1933 年出有《中国宪法史》，潘树藩 1935 年出有《中华民国宪法史》，吴经熊、黄公觉 1937 年出有《中国制宪史》，平心 1937 年出有《中国民主宪政运动史》，钱端升 1939 年主编《民国政制史》，周异斌、罗志渊 1947 年出有《中国宪政发展史》，陈茹玄 1947 年出有《中国宪法史》，等等。而新中国成立以来，国人对中国现代政制史的研究亦多有成果，殷啸虎 1997 年出版《近代中国宪政史》，陈峰 2003 年出版《中国宪政史研究纲要》，徐祥民 2004 年出版《中国宪政史》，郑志廷、张秋山 2011 年出版《中国宪政史百年纲要》，张烁 2011 年出版《权利话语的生长与宪法变迁》等。

此外，亦有不少研究近代政制发展的论文，兹略举几篇，如屈永华的《家族文化及其对中国近代宪政的制约》，蔡礼强的《论中国近代宪政运动的起源》，刘小妹的《中国近代宪政理论的特质研究》，赵丹的《中国近代宪政失败的原因探析》，章永乐的《共和政体与国家建设：中国近代宪政史反思》等。在如此多的研究中，有一位先生必须提及，那就是王人博教授，其《宪政之累——近代中国宪政文化的沉思》《宪政文化与近代中国》《宪政的中国之道》《宪政的中国语境》等研究成果奠定了该问题现代研究的基本面貌。王教授强调，现代政制在西方文化传统中有自己的原始含义，中国近代先进思想家在接受时作了新的理解，这就使得该观念在中国发生了根本的变化，西方人追求的是它自身的价值，而在中国，则变成了人们在追求国家富强时的一个工具。这种语境的置换消解了它本身的价值。[①] 即政制从目的性价值转变为工具性价值，它只是清末国人寻求"富强""救亡"的工具之一。正是在此意义上，中国现代政制迟迟不能推进。

所有的这些研究成果，都为本研究的视野、方法奠定了坚实的基础。基于此，本书选取新材料——"游西记"，在"自我与他者"的视野下，再思考清末国人如何在"富强"与"救亡"中认知并接受现代政制的观念与制度，即本书基于"游西记"而"再语境化"研究"西洋政制"在

---

① 王人博：《宪政的中国语境》，《法学研究》2001 年第 2 期。

清末如何进入中国。

第四节 研究方法

关于现代化的研究方法，有"挑战—回应"范式、"中国中心观"思路、"物镜—联想—记忆"范式、"传统—现代"思路、跨文化与比较文学思路、文学形象学思路、跨语际实践思路、"理论旅行"范式等。在这么多的研究方法中，究竟选择并灵活应用哪一种方法，是本书在正式行文前必须解决的重大理论问题。

正如王人博与刘禾对"挑战—回应"范式、"中国中心观"范式的批评，它们都只关注到中国近代社会变化的一个方面，且这种关注更多的是一种标签式的，即便它能够在宏观上描述并解释中国近代史上的一些现象，却忽略了中国近代社会发生变化的诸多细节，使得中国近代史的丰富内涵被扁平化了。不错，中国人认识西洋源于中国被打败这一事实，是在抵抗，是应对挑战的回应。但实际上，作为拥有两千多年历史文化的国家，其面对异族入侵的经历并非少数，那时并未表现出文化上的激烈情绪，此时却认为是"三千年未有之大变局"。"挑战—回应"范式、"中国中心观"范式在此无法诠释其复杂而微妙的诸多变化细节。用福柯的话讲，语言的相互作用是一种斗争，两种权力意志的斗争，研究斗争更重要的是展示过程，而非张贴标签。因而，王人博提出"物镜—联想—记忆"范式，在具体语境中重新解释中国近代史上发生的一些事情。用英国"文化研究"奠基人之一斯图亚特·霍尔的话来说，即是"再语境化"。这种情景再现的方式确实能够处理中国近代史上的很多问题，且关注了作为具有问题主体资格的中国人如何具体而真实地面对西洋这一问题。但就"游西记"的研究而言，这一范式仍然显得有些单薄，即中外文化碰撞的形势不同于发生在中国的西洋文明挑战。刘禾提出"跨语际实践"的研究思路，强调直面那些复杂的细节与问题，"将语言实践与文学实践放在中国现代经验的中心，尤其是放在险象环生的中西方关系的中心地位加以考察"①。但遗憾的是，刘禾的此种思路处

---

① 刘禾：《跨语际实践：文学，民族文化与被译介的现代性（中国，1900—1937）》，宋伟杰等译，生活·读书·新知三联书店2008年版，第29页。

理的是语言问题，即便不是翻译理论的问题，而是翻译中生成的现代性问题，仍然不能有效地解释"游西记"中所呈现出来的中国人面对西洋，为何以及如何看西洋近代政制的问题。

至于说萨义德的"理论旅行"范式，刘禾认为，萨义德是在讨论美国的批评理论时提出的，但其"讨论最终没有超出惯常的论点，即理论总是回应着变化的社会环境与历史环境，这样一来，理论的旅行实践就被抛弃了"；更为关键的问题还在于，"这一概念赋予理论（或者说萨义德此书上下文中的西方理论）以羽翼丰满、来去自由的主体性，这样一边过分肯定了理论的首要性，另一边又未能成功地解释翻译的行为"①。放在"游西记"的研究中，其问题则是未能将中国人作为问题的主体资格凸显出来。因为，这个问题的核心是中国人如何面对西洋，是中国人在处理问题，包括理论的问题，而非理论自身的一个自主生发。

至于说跨文化对话、比较文学的思路，从宏观上来看，针对"游西记"这一特定文献，确实是一种很好的研究方法。放在中国现代化的特定历史中，中国人在寻求解决中国问题的方案时，确实是在进行比较，在比较中思考、抉择。并且这种比较是在中国人亲历西洋之时、之后展开，这就为中国人面对西洋而为何以及如何理解西洋近代政制提供了一个身临其境的样本。事实上，中国人亲历西洋，是一种旅行，文化旅行，一种特殊的跨文化对话或文化比较，用约翰·乌里的话来说，即旅行中的主体总是不断地对客体（他者）文化进行凝视，这种习惯由来已久，"而凝视不是旅游者个别行为那么简单，社会、群体与历史时期不同，凝视的内容也随之改变"②。亚利·里德从旅行带给文化的影响方面论证道，"旅行是描述各种转换与变迁的喻词的最通常的来源"③。

于是，中国香港学者郭少棠提出了"行游理论"，它是旅行的三个方面之一，此外还有旅游与神游。在文化交流的视野下，旅游是指在较短时间内观赏和猎奇的休闲、度假的旅行，对文化的感受表面而肤浅；神游则

---

① 刘禾：《跨语际实践：文学，民族文化与被译介的现代性（中国，1900—1937）》，宋伟杰等译，生活·读书·新知三联书店 2008 年版，第 29 页。

② See Urry, J., *The Tourist Gaze：Leisure and Travel in Contemporary Societies*, London：Newbury Park：Sage Publications, 1990, p. 1.

③ See Leed Eric, *The Mind of The Traveller：From Gilgamesh to Global Tourism*, New York：Basic Books, 1991, p. 3.

是一种"意念上的旅行活动,即'精神旅行'"①;行游则是范围更广的不以消闲度假为目的的时空变动,它耗费时间较长,通常有多个目的地,对旅行当地的文化感受常常是深层次的和理性的。因为"对于行游个体而言,文化经验通常表现为知识的增长。这里所谓的知识,显然不同于见识,它不仅仅只是一种感观的印象,而是一种经过认同、提升、内化的文化经验"。因而行游是一种文化吸收的方式,行游者吸收行游对象的文化,增长了知识,扩展了见识;此外,它还是一种文化认证的方式,即"通过行游认证或确认身份自己的文化"②,它会在"自我"文化与"他者"文化之间进行对比,进而形成关于"自我"文化的优势或者劣势的认识。当这种文化认证为劣势时,表明"自我"文化正处于某种转变的关键节点;而此时的行游带来"他者"文化的冲击,造成"自我"文化的消亡或成功转型,它已变成了文化体系的有效部分。

但问题在于,"行游"理论作为一种解释"自我与他者"的理论,它仅能解释行游这一特殊形式下的文明交汇行为;而未对文明交汇行为有一个全面把握,必须站在文明交汇的全景下再定位这个理论。对文明交汇而言,通常有两种形式,一是文明的双向交流,二是文明的单向输入。而文明的单向输入则有两种情况:一是输入方主动吸收输入文明而形成新的文明,文明输入方与输出方地位对等,早期的西方文明对基督教文明的吸收即是此例;二是输入方"被动"吸收输入文明,文明输入方与输出方地位不对等,近代的殖民文化即是代表。但无论这些文明的交汇形式如何,它都是在寻求文明之间的理解,即在对比、思考与抉择中建构一种文明之间的意义联结。在意义联结之时,文明双方在对比过程中,实际上还在进行文明之间的认证工作,即通过认证而可能获得差异平衡——"自我"文化与"他者"文化各有优势,各有缺点——的心态,保持"自我"文化优势而吸收"他者"文化优势,这就是文明的双向交流。通过认证获得文化优势而增强自信,或通过文化认证获得文化劣势而文化自卑,优势文化试图强势地影响劣势文化,这就是文明单向输入中的"被动"模式。至于文明单向输入的"主动"模式,则更多的是因为宗教信仰、移民等而形成。而文明之间的意义联结有三种形式,即建立在翻译上的理解,建

---

① 郭少棠:《旅行:跨文化想像》,北京大学出版社2005年版,第1页。

② 同上书,第131页。

立在阅读上的理解，兼具翻译与阅读的"行游式"理解。即是说，"行游"理论不仅是文明交汇以建构相互之间意义联结的一种形式，它同样强调在文明的"自我与他者"之间进行对比、思考、抉择基础上的意义联结。

以"行游"理论研究清末"游西记"而考察"西洋政制"输入中国的历程，从纵向讲，它必须关注到国人对"西洋政制"之观念、制度的理解及其在国内之实践、影响四个方面。具体而言，包括国人认识到了"西洋政制"的哪些观念，他们对这些观念是如何理解的，且由这些观念所生发出来的具体政制制度，国人又是如何理解的，国人如何理解这些观念与制度的关系，他们如何推动他们所认知且认可的观念所产生的制度在中国落地生根——"西洋政制"观念与制度在中国的实践遭遇如何，这些西洋的政制观念与制度在中国的实践对时局有何影响，又当如何评价这一过程与结果。从逻辑上讲，本书必须一步一步讨论这些问题，但本书仅是现代政制考察的进路之一，即"游西记"的认识仅是"西洋政制"观念与制度在中国实践并造成影响的原因之一，因而不可能以偏概全，故而本书仅在有直接证据的情况下讨论实践性问题与影响性问题。

从横向讲，本书以"行游"理论研究清末"游西记"而考察"西洋政制"输入中国的历程，首先是为何要进行此项研究，其次是交代研究文献的情况，再次是国人在认识前有何前见、如何认识以及认识得怎样，复次是国人所认识的"西洋政制"观念与制度在国内的实践情况，最后是如何理解与评价这些认识。根据本书的结构安排，为何要展开此项研究以及文献问题，在绪论部分交代。至于国内实践以及评价等问题，因上文所述的原因，本书集中到第五章，根据直接证据予以论述。因此，横向方面的安排是每章内容涉及前见、如何认识、认识情况、认识评价与内容小结。

第五节　相关术语的界定

希腊古语云，"不确定边界，就不可能存在城邦"①。换言之，不界定

_____

① ［意］安贝托·艾柯、［英］斯特凡·柯里尼编：《诠释与过度诠释》，王宇根译，生活·读书·新知三联书店1997年版，第37页。

术语，就不存在研究。就本书而言，从题目上看，需要对以下术语做出界定：政制、清末、游西记。

"政制"尤其是"现代政制"是政体理论的关键性概念。李步云先生认为，现代政制"是个科学的概念，内涵包括人民民主、依法治国、人权保障与宪法至上四个要素"。而王人博先生则强调，现代政制"主要被看作是通过设计某些制度以限制政治权力的行使"。它包括以下几层意思：第一，即将成立的政府要受最高法的制约，而且政府只能根据最高法的"条款进行统治并受其限制"。第二，现代政制规范下的政府"在本质上是自由式国家的最小的政府"。……第三，权利先于最高法且"先于社会和政府而存在"。……第四，现代政制是一套制度设计，"政府受到实质性限制的必要条件是建立分散政府权力的合理结构，即立法权、行政权、司法权分立并有适当的制衡"。综括起来讲，现代政制意味着"一种有限政府，即政府只享有人民同意授予它的权力并只为了人民同意的目的，而这一切又受制于法治。"① 李先生与王先生对现代政制的界定不完全一致，就其相同点而言，都强调现代政制的价值在保障人权，在限制政府权力，关键在法治。程燎原先生对此表示赞同，现代政制"是限政和尊重人权的"，它首先要求"良宪"存在，其次要求"良宪至上"，这是任何现代政制"都必须具有的普遍性和绝对性"。至于民主，程、王二先生不同于李先生，认为这是与"现代政制"相关的概念，而非内在于"现代政制"的概念，"它们之间似乎并不存在包容、种属关系"②。即是说，"现代政制"作为一种观念，包含人权、法治观念，而民主、共和等观念则与之有着密切的关联。因而，本书考察现代政制观念，包括人权观念、法治观念、现代政体观念——现代政制在清末实际上与"共和""民主"两概念存在某种竞合；③ 至于政制制度，则有国家元首与政府首脑制度、议会制度、政党与文官制度、责任内阁制度、地方自治制度、司法制度等。

这里，现代政制既是一种观念，又是一种制度，因而研究现代政制必

---

① 王人博：《宪政的中国语境》，《法学研究》2001 年第 2 期。

② 程燎原：《关于宪政的几个基本理论问题》，《现代法学》1998 年第 4 期。

③ 清末民初的国人，对"民主"与"共和"实际上不加区分。汪荣宝、叶澜编《新尔雅》称，"共和"为"公和"，文曰："立宪政体又别之为民主立宪，君主立宪。由人民之愿望，建立公和国家，举大统领以为代表，而主权属人民者，谓之民主立宪政体。"章太炎也认为："今夫民主，至公也。"章太炎：《变法箴言》，载汤志钧编《章太炎政论集》（上），中华书局 1997 年版。

须对此予以同等关注。从本质上讲,现代政制观念与现代政制制度都是现代政制这一理念的不同表达形式,现代政制观念是在思想层面上呈现现代政制的理念,现代政制制度是在制度层面上承载现代政制的理念。质言之,现代政制观念是一种价值性存在,现代政制制度是一种知识性存在,作为价值性存在的现代政制观念得以存在的基础,是作为知识性存在的现代政制制度,现代政制观念分享着现代政制理念,而现代政制制度则是在分享现代政制观念的基础上接近于现代政制理念。应当讲,现代政制制度是分享现代政制理念的"二道贩子",故而学者才能以其对现代政制观念的认识来研究并反思现有的政制制度。正是在此意义上,我们认为,探究"游西记"对"西洋政制"的考察,必须从观念与制度两方面入手。

需进一步说明的是,"人权"一词确有在本书所涉及的"游西记"中出现,宋育仁写道:"西俗男女均权……新闻报乃有五男争娼,共杀一妇,烹而分食之异事。由彼教毋夺人权一语启之,名教之精微,乃不可议矣。"① 康有为写道:"抑女既甚,仁人悯之,天与人权之理既明,则妇女独立之势自盛,大化浩浩,汹汹转移,而人不知也,亦安能逆之哉?若顺风而趋,则人道之灭绝可忧也。吾于法、美妇女之趋势有惧焉!""于自由平等之外,法人欲以美国之政理行之于法国,乃提出权理案,曰人权平等,曰主权在民,曰普通人民有权选举,此三者诚公理之极也,但法人行之则太速也。""其要旨曰:人权平等也,主权在民也,普通选举也。此至公至平之理,圣者无以易之,实'大同世'是极则也。然孔子早明'太平世'之法,而必先以'据乱世''升平世',乃渐致之,苟未至其时,实难躐等。"② 但也仅有这些。这里,宋育仁、康有为均是在"人人生而自由平等"最基本的意义上理解"人权"。仅从此出发探讨政制的人权观念,本书实难有更深的挖掘。而从现代学术的角度讲,人权"源自人身的固有尊严","至少承认四个主要的类别:个人权利、法律权利、公民权利和政治权利",其中"自由""平等"是其核心,因为"国家必须把每个人看作道德上和政治上平等的人;它无须确保每个人平等地享有社

---

① 参见朱维铮编《郭嵩焘等使西记六种》,生活·读书·新知三联书店 1998 年版,第 394 页。

② 参见上海市文物保管委员会编《列国游记——康有为遗稿》,上海人民出版社 1995 年版,第 300、323—324、326—327 页。

会资源，可是，它必须同等地关心和尊重每个人。由于政治决策而直接或间接地造成的利益或机会中的不均等（在一种有自由规则的范围内，许多这种不均等可以轻易地得到验证）必须与得到同等关心和尊重的权利相吻合"[1]。质言之，这里可将"人权"观念具体化为"自由""平等"观念。即本书考察的政制观念包括自由观念、平等观念、法治观念、现代政体观念四个方面。其中，"现代政体"是指在最高法上"设计国家权力结构及运作制度"，并依据该法施行国是的政治体制[2]。

"清末""晚清"作为一组表示时间概念的词语，一方面，研究者在使用时一般未作严格区分，大体指 1840—1911 年，如庄国土的《论清末海外中华总商会的设立——晚清华侨政策研究之五》（《南洋问题研究》1989 年第 3 期）、王守中的《论晚清近代化的两个阶段——洋务运动和清末新政》[《山东师范大学学报》（社会科学版）1990 年第 5 期]、杨小川的《评〈剑桥中国晚清史〉——以"清末立宪"记述为例》[《盐城师专学报》（哲学社会科学版）1993 年第 2 期]、晓丹的《清末地方自治的种瓜与得豆——〈晚清经济政策与改革措施〉管窥》[《华中师范大学学报》（人文社会科学版）1998 年第 2 期]、杨志昂的《晚清民法观念的变迁与清末民律的修订》[《南华大学学报》（社会科学版）2003 年第 3 期]、潘建国的《清末上海地区书局与晚清小说》（《文学遗产》2004 年第 2 期）、迟云飞的《晚清新政与张之洞研究的新进展——读李细珠〈张之洞与清末新政研究〉》（《近代史研究》2004 年第 4 期）、赵娓妮的《国法与习惯的"交错"：晚清广东州县地方对命案的处理——源于清末〈广东省调查诉讼事习惯第一次报告书〉（刑事诉讼习惯部分）的研究》（《中外法学》2004 年第 4 期）、肖世杰《道是无关却有关——清末时期的领事裁判权与晚清监狱改良》（《湖南社会科学》2007 年第 3 期）、柳芳菲的《晚清民间习惯法的民俗特征——以清末民初民事习惯调查资料为例》（《理论界》2008 年第 5 期）等。而另一方面，有研究者在两者之间进行了区分，费正清编《剑桥中国晚清史》将晚清的时间固定在 1800—1911 年；王尔敏在《晚清政治思想史论》一书中亦将晚

---

① ［美］杰克·唐纳利：《普遍人权的理论与实践》，王浦劬等译，中国社会科学出版社 2001 年版，第 51、34、74 页。

② 有关"现代政体"的材料，可参见闫海《基于立宪政体的日本预算执行多元监督及借鉴》，《江苏社会科学》2010 年第 2 期；李炳烁《新权威主义、立宪政体与东亚法治转型》，《法制与社会发展》2009 年第 2 期；王怡《立宪政体中的赋税问题》，《法学研究》2004 年第 5 期。

清界定在 1842—1911 年,从第一次鸦片战争结束到清帝逊位;萧功秦在《变革中的危机——清末现代化中的激进与保守》中将清末放在 1840—1911 年;程燎原先生在《清末法政人的世界》一书中有言,"在清末,特别是晚清最后 10 余年……"① 即程先生认为,晚清作为时间概念是内在于清末之中的,表示自"清末新政"以来的那一段时间。但大体上,"晚清""清末"作为时间概念不加区分而言,表示 1840 年以来的时间段,问题不大。就本书情况,无意在此二者间作出区分,采"清末"亦不过为行文便利,且将清末界定在 1840—1911 年。

"游西记"② 是用于描述中国人游历西洋后所呈现出来的文字记录。就"中国人"而言,其有不同的身份,有学生、驻外使节、考察使节、一般知识分子、普通民众;就文字记录而言,有日记、笔记、短篇游记、考察报告、诗文和专门的史地著作等。在这些文字记录中,有关于"西洋政制"情况的丰富记载。而对"游西记"这一术语本身,则需要详加说明。朱维铮用"使西记"来概括出使西洋的外交官的日记和笔记,③ 陈左高用"星轺日记"来概括所有的游历西洋之日记,④ 而尹德翔则区分了使西日记、考察游记与私人游记的提法。尹德翔认为,使西日记是出使西方国家的外交官所做的日记,考察游记则主要是清廷及其地方官衙派员前往西方国家考察而做的游记,私人游记则是因私到西方旅居、旅游所做的游记。⑤ 但就本书所采用的材料看,这些提法都未能很好地予以概括,故而不得不另造新词"游西记"以概括之,用以描述清末中国人游历西洋后所留下的文字材料。且需说明的是,"西洋""西"在本书意义上价值中立,仅表示欧美这一地域而已,且与清末国人对欧美的称谓保持一致。

此外,本书所用之游西记不可能完全,部分是因论者文字功底不够而无法识别某些原始文档,部分是因条件所限而无法找到某些文档。就本书而言,必须有足够资料才能进行论证,但太多资料则有些庞杂而累赘。即

---

① 程燎原:《清末法政人世界》,法律出版社 2003 年版,第 7 页。

② 对于"游西记",在没有解释之前,做着重强调,加双引号,表示特殊词汇;但在解释之后,为行文方便,则无双引号,表示这一特定词汇在本书中经解释已常态化。特此说明。

③ 参见朱维铮编《郭嵩焘等使西记六种》,生活·读书·新知三联书店 1998 年版。

④ 参见陈左高《中国日记史略》,上海翻译出版公司 1990 年版。

⑤ 参见尹德翔《东海西海之间——晚清使西日记中的文化观察、认证与选择》,北京大学出版社 2009 年版,绪论。

是说，资料必需，但不能唯资料，也不能无资料，在资料尽量足够的前提下展开研究必要且可行。

第六节 本书的结构安排

就清末游西记，本书拟分为三个时期分别研究，即 1800—1866 年、1866—1900 年、1901—1911 年。第一，本书既然将清末界定在 1840—1911 年，而又选择 1800—1866 年的游西记研究，原因在 1800—1866 年的游西记乃是清末游西记的"前见"——林则徐、魏源等人即根据这些资料（当然还有其他资料）编译出《海国图志》等张德彝、郭嵩焘等人行游西洋的必备参考书目，必须予以交代。第二，之所以如此划分，是因为这三个时期对西洋政制的认识在心态上有所不同。1800—1866 年有谢清高口述《海录》（1783 年出游，1820 年左右成书）、林𬭚《西海纪游草》（1847—1848 年出游美国）和郭连城《西游笔略》（1859—1860 年出游意大利）三份资料。这些资料显示，三人对西洋政制是"冷眼旁观"，既不研究，也不学习，笔者只能从其对西洋法政的零散记录中窥见西洋政制的"一鳞半爪"。

事实上，作为清代最早放眼看世界的人之一，谢清高与后来的林𬭚、郭连城乃至容闳、张德彝、郭嵩焘等人都有所不同，那时的清朝还没受到列强的欺侮，他可以自在地用旅行者的眼光看世界，他可同当下许多好奇的人一样关注所到之处的方位、物产、服饰、礼仪、宗教、语言、风俗、习惯等，这样的记载在前朝也有。但他所接触到的世界，是即将改变世界的文明，即发源于欧洲的工业革命。吕调阳即认为："中国人著书谈海事，远及大西洋、外大西洋，自谢清高始。"[1] 工业革命给谢清高留下了深刻的印象，有伦敦的自来水供水系统，有高大而精美的建筑和奢侈的生活，有火炮集群，有火轮船等。虽然他并没有意识到这一切意味着什么，但后来的国人却能逐渐明白这一文明对世界的影响。

即便是 1847 年作为美国公司雇员的林𬭚，自小学外语，在洋商那里担任翻译且教授中文，西洋文明仍然是像《山海经》一样的奇观，游记难以详尽。而对作为天主教徒前往罗马的郭连城来说，西游是验证史地著作中相关观点

---

[1] 谢清高：《海录》，杨炳南笔录，安京校释，商务印书馆 2002 年版，第 331 页。

的好机会,"吾中国地理志书,卷轴无几,其中所载,未尽详明。且所言者,大半只属中土偏隅,而乃名之曰'天下之地舆',未免小之乎视天下矣。十年以前,徐松龛所辑之《瀛环志略》颇为曲尽;又有上海英人所著之《地理全书》,亦甚可观。有志于地理者,取是书而读之,则庶乎其无遗义矣"①。可以说,他们丝毫没有关注西洋政制的自觉,他们只是"旁观者"而已。

"旁观者"作为社会伦理学上的术语,从专业角度讲,乃是那些面对他人需要帮助而不提供帮助的人,他们或者没有形成道德判断,或者道德规范没有被激活。② 其特点是在现场围观,人数众多,没有援助意图与行为或有意回避。美国社会学家赫伯特·布卢默认为,旁观者乃是群众中结构最松散的一种"临时人群"。③ 但本书却并不在社会伦理学意义上谈"旁观者",而是在一般意义上使用。即指置身事外而从旁观看或观察的人。本书借"旁观者"一词表明游西记作者对西洋政制的"旁观"心态,说明他们并未将西洋政制放在心上,无意间记录了西洋政制的某些枝节。

但此后的国人行游西洋,却对西洋政制表现出浓厚的兴趣。1866—1900年的国人,乃是"探索者",他们带着沉重的文化"中国行囊"在审视西洋政制。此间的游西记,笔者找到:1866年1月至10月"郝德使团"成员斌椿有《乘槎笔记》、张德彝有《航海述奇》。1868年2月至1870年10月"蒲安臣使团"成员孙家谷有《使西书略》、志刚有《初始泰西记》、张德彝有《欧美环游记》。1870年6月至1872年1月"崇厚使团"成员张德彝有《随使法国记》。1874年8月至12月"护送第三批留美幼童出洋"官员祁兆熙留有《游美洲日记》。期间,王韬于1868年1月至12月自费游历英国,留有《漫游随录》;王芝于1871年10月至1872年5月自费游历欧洲,留有《海客日谭》。

1876年,清政府开始向西洋各国派遣常驻使节。郭嵩焘在1876—1879年写有《伦敦与巴黎日记》,刘锡鸿在1876—1878年写有《英轺私记》,黎庶昌在1876—1880年写有《西洋杂志》,钱德培在1877—1882年写有《欧游随笔》,张德彝在1876—1880年写有《随使英俄记》,李凤

① 郭连城:《西游笔略》,上海书店出版社2003年版,第131—132页。

② 详见刘翔平《旁观者效应的道德决策模型》,《北京师范大学学报》(社会科学版)1996年第4期。

③ 详见朱力《旁观者的冷漠》,《南京大学学报》(哲学·人文·社会科学)1997年第2期。

苟在 1878—1884 年写有《使德日记》，陈兰彬在 1878—1881 年写有《使美纪略》，曾纪泽在 1878—1886 年写有《出使英法俄国日记》，徐建寅在 1879—1881 年写有《欧游杂录》，张荫桓在 1886—1889 年写有《张荫桓日记》，蔡钧在 1881—1883 年写有《出国琐记》，邹代钧在 1885—1889 年写有《西征纪程》与《中俄界记》，王咏霓在 1884—1887 年写有《归国日记》，张德彝在 1887—1890 年写有《五述奇》，薛福成在 1889—1894 年写有《出使英法义比四国日记》，崔国因在 1889—1893 年写有《出使美日秘日记》，凤凌在 1893 年写有《游徐仅志》，张德彝在 1896—1900 年写有《六述奇》，王之春在 1894—1895 年写有《使俄草》，宋育仁在 1894—1896 年写有《泰西各国采风记》。

此外，李圭作为中国工商业代表参加 1876 年美国万国博览会时，写有《环游地球新录》；蔡尔康、林乐知编译了李鸿章 1896 年出访欧洲的西洋报道，留有《李鸿章力聘欧美记》。①

在这些资料中，笔者发现，国人背着厚重的文化"中国行囊"行游西洋各国，对西洋政制的观察与理解，都有深刻的中国文化痕迹，用中国观念类比西洋事物是稀松平常的，最明显的例子是"西学中源说"在各资料中普遍出现。志刚认为，西教讲究兼爱，乃是受到墨学影响，宋育仁、薛福成、刘锡鸿、王之春等也有此类观点。② 曾纪泽强调西学不出易学范围，"有文学政术，大抵皆从亚细亚洲逐渐西来，是以风俗文物，与吾华上古之世为近"，且就"中国皇帝圣明者，史不绝书，至伯理玺天德之有至德者，千古惟尧舜"看，"西人一切局面，吾中国于古皆曾有之，不为罕也"；而西国"火轮舟车、奇巧机械，为亘古所无"，但"机器之

---

① 有两个问题需要说明：一是这些文字记录的产生，部分是因为作为文人的外交官有写日记的好习惯，部分是因为清政府于 1878 年有"出使各国大臣应随时咨送日记等件"的规定，"凡有关系交涉事件，及各国风土人情，该使臣皆当详细记载，随事咨报……自当用心竭力，以期有益于国"（薛福成：《出使英法义比四国日记》，岳麓书社 1985 年版，第 26 页。）于是，外交官们多留有作为外交档案的外交日记。二是此处罗列的资料仅为本书所掌握，仍有部分资料遗漏。

② 参见志刚《初使泰西记》，钟叔河编，湖南人民出版社 1981 年版，第 23 页；宋育仁《泰西各国采风记》，载王锡祺编《小方壶斋舆地丛钞再补编》，杭州古籍书店 1985 年版，第 24—38 页；薛福成《出使英法义比四国日记》，钟叔河编，岳麓书社 1985 年版，第 125 页；刘锡鸿、张德彝《英轺私记·随使英俄记》，钟叔河编，湖南人民出版社 1986 年版，第 175 页；王之春《使俄草》，沈云龙编，文海出版社 1967 年版，第 320—323 页。

巧者，视财货之赢绌以为盛衰。财货不足，则器皆苦窳"①。凤凌认为，"各国制度新奇，实中国所流传散失"②，学习西洋不过是找回中国旧有制度而已。钱德培认为，"天下以中国为最古，圣人出而教民以衣食宫室，俾遂其生。泰西各国未尝有圣人之教，而后世亦知衣食居处，盖仍从中国声教之所讫或云从"③。薛福成也认为，"《管子》一书，以富国强兵为宗主，然其时去三代未远，其言之粹者，非尽失先王遗意也。余观泰西各邦治国之法，或暗合《管子》之旨，则其擅强盛之势亦较多"；且"《庄子》一书，寓言也，亦卮言也，而与近来泰西之学有相出入"。④ 正因为他们带着沉重的文化"中国行囊"——以"西学中源说"为代表，在认识西洋政制的过程中，他们既强调西洋富强在现代政制，又强调中西国情不同而当谨慎学习。因而，他们是西洋政制的中国"探索者"。

　　所谓"探索者"，意指多方寻求答案以解决问题之人。它表明：此时有问题出现，有人在寻找解决方法，但这一寻找的过程非常艰难。从形象学的角度讲，鲁迅即是现代中国苦难时代的先驱，作为一个伟大的反抗绝望的精神形象，他不断超越自我、创造自我。⑤ 在清末，则是郭嵩焘、薛福成、曾纪泽、宋育仁等人，为了挽救民族、国家于危亡，在西洋世界寻求政府正当性的新话语体系，谋求富国强兵之道，矢志不渝。更简单讲，他们可以说是西洋政制的中国早期研究者。

　　1901—1911 年的国人则转变了他们对西洋政制的态度。在此期间，载振⑥、张德彝、蒋煦、余思怡、佚名、梁启超、康有为、金绍城、徐世

---

　① 曾纪泽：《出使英法俄国日记》，钟叔河编，岳麓书社 1985 年版，第 177—178 页。

　② 凤凌：《游倓仅志》，民国十八年刊本影印本，下卷，第 11 页。

　③ 钱德培：《欧游随笔》，清光绪刊本，下卷，第 28 页。

　④ 薛福成：《出使英法义比四国日记》，钟叔河编，岳麓书社 1985 年版，第 253 页。

　⑤ 参见孙郁《探索者的精神形象——〈野草〉论》，《社会科学辑刊》1992 年第 5 期。

　⑥ 载振（1876—1947 年），字育周，满洲镶蓝旗人。生于北京，奕劻长子，乾隆帝五世孙。晚清时历封镇国公、贝子头衔（故在《英轺日记》中称"振贝子"）。1902 年曾代表清朝廷赴英参加英国国王爱德华七世加冕典礼，由唐文治代笔写有《英轺日记》。1903 年赴日本考察第五届劝业博览会。回国后积极参与新政，奏请成立商部，任尚书。1906 年，清政府机构改革，成立农工商部，任大臣。1907 年，因妓女杨翠喜案，被迫辞职。1911 年，任弼德院顾问大臣。辛亥革命后一度躲避天津，后返回北京。1924 年因溥仪被驱赶出宫，恐祸及自己，迁入天津英租界，从事工商投资活动，远离政治。1947 年病逝于天津。

英与徐谦①先后游历了欧美，以期能从西洋找到某种振兴中国的良方，分别留有《英轺日记》（1901 年）、《八述奇》②（1902—1906 年）、《西行日记》（1903 年）、《楼船日记》（1904 年）、《游美受虐日记》（1905 年）、《游大陆游记及其他》《列国游记——康有为遗稿》（1898—1913 年）、《十八国游记》（1911—1912 年）、《考察各国司法制度报告书》（1911年）等游西记。

此外，亦有 1905 年、1907 年的现代政制考察使团记录。1905 年 12月 11 日，端方、戴鸿慈一行出发考察德国、美国、奥匈帝国、俄罗斯、意大利；载泽、李盛铎、尚其亨考察日本、美国、英国、法国、比利时，先后于第二年 7 月左右归国，留有大量考察资料。笔者所能搜集到的资料仅有：载泽的《考察政治日记》，端方与戴鸿慈的《欧美政治要义》③，戴鸿慈的《出使九国日记》。而 1907 年考察德国的大臣于式枚的考察材料，仅有《奏立宪必先正名不须求之外国折》。

在这些资料中，康有为、梁启超行游西洋，就是为了解现代政制在西洋的运作，而端方、戴鸿慈、载振、载泽、于式枚等人则是奉朝廷旨意前往西洋各国考察现代政制。因而，此时的他们是西洋政制的"学习者"。至于此前颇为流行的"西学中源说"，20 世纪初即"已成为过时落伍之物，并进入另一思想时代"④。早前提倡此说的梁启超此时已加以非斥、厌恶，"观其论说，非西学原出中国考，则中国富强宜亟图富强论也。展转抄袭，读之惟恐卧，以故报馆之兴数十年，而于全国社会无纤毫之影响"⑤。而根据董贵成等的研究，西洋科学、进化观念开始取代"西学中

---

① 这一名单仅是笔者所能搜集到的作者名录，当然存在大量"漏网之鱼"。

② 张德彝一生出使外国八次，每次均留有日记，但第 7 次日记已失。其中，本书使用的第 1次出使日记载于《航海述奇》，第 2 次出使日记载于《欧美环游记》，第 3 次出使日记载于《随使法国记》，第 4 次出使日记载于《英轺私记·随使英俄记》，第 5 次出使日记载于《稿本航海述奇汇编》（五）（六）（称《五述奇》），第 6 次出使日记载于《稿本航海述奇汇编》（六）（七）（八）（称《六述奇》），第 8 次出使日记载于《稿本航海述奇汇编》（八）（九）（十）（称《八述奇》）。

③ 需要说明的是，本书不太关心《欧美政治要义》之类的上奏是端方与戴鸿慈或其幕僚所写，只要它是游西记即可，因为本书的重点是其在内容。

④ 王尔敏：《中国近代思想史论续集》，社会科学文献出版社 2005 年版，第 59 页。

⑤ 清议报报馆：《清议报》（第 100 册），中华书局 1970 年版，第 4 页。

源说"。

实际上，王韬、艾约瑟于1853—1858年翻译了《格致新学提纲》，系统介绍西洋天文学发展的历史；王韬、伟烈亚力于1857年前后翻译了《西国天学源流》，以编年形式介绍西洋科技发展的历程；它们所提供的材料，"对于当时依然盛行的'西学中源说'给予了迎头一棒"①，因为它们对此提出了科学的质疑，抓住了该学说非理性、不科学的关键。但当时的国人对此却并未多加注意，或者说国人仍未广泛接受西洋的科技学说。

19世纪末20世纪初，严复即指出，"中西科学技术处于根本不同的发展阶段上"②。他认为，科技并非不可捉摸的神秘事物，它存在于人们的日常生活中，是人类力所能及的普通事物，即使是蒙昧未开之民族，日常生活的所作所为也可能符合事物的规律；其仰观俯察也可能略微推测出事物的一些原委端倪。但只能是"由之而不知其道"，"知矣而不得其通"。这样得出的结论只能是"语焉不详，择焉不精，散见错出，皆非成体之学已矣"。他一语道破古代科学的特质，即它是经验性的学问，只能做到对个别现象的描述，而不能达到完整系统的把握；只能知其然，而不能知其所以然，不能形成体系性的知识。因而，人们津津乐道的所谓"星气始于奥区，勾股始于隶首；浑天昉于玑衡，机器创于班墨；方诸阳燧，格物所宗；烁金腐水，化学所自；重学则以均发均悬为滥觞，光学则以临镜成影为嚆矢；蜕水蜕气，气学出于亢仓；击石生光，电学原于关尹"，此等殆难缕述的琐碎说法并没有多少意义。严复强调，以西人近代科学之"学"的规矩方法衡量中国的"形名象数"等自然科学，"则举凡中国之所有，都不能称之为学，特阅历知解积而存焉，如散钱，如委积"。他认为，应把科学看成一种知识体系，零散知识或经验都不能称其为科学。如只列举一些散见错出，引而未申事物与西洋科学家的创获争长较短，则埃及、印度，甚或如美、非二洲的土著居民，都能举出许多事例，更不要说像中国这样文明发展的民族。如果中国只举几个发明创造的事例与泰西的近代科技成果争前识，即使果真如此，那也不过是"举划木以傲龙骧，指锥轮以訾大辂"③。严复以其学识将中国与西洋的科技、学术做了严格的

---

① 邹小站：《西学东渐：迎拒与选择》，四川人民出版社2008年版，第106页。

② 董贵成：《戊戌维新时期"西学中源"说的论争》，《自然辩证法研究》2009年第9期。

③ 严复：《严复集》（第1册），中华书局1986年版，第52—53页。

区分，强调各有其源流，有理有据，因而"西学中源说"失去了根基。更为关键的是，严复的此番论说得到了国内思想界的赞同与接受，"西学中源说"自然就失去了市场，国人此时的文化"中国行囊"至少不再沉重，他们试图以新思维、新视角解读并学习西洋政制。因而，此时的国人放下了"西学中源说"，接受了科学与进化观念，对西洋政制的学习态度从犹豫到坚定，意味着他们已从西洋政制的中国"探索者"向"学习者"转变。

"探索者"区别于"旁观者"，这非常明显，因为他有着非常强的目的性。他区别于"学习者"却并不在目的方面，两者虽都有目的，但他们为此目的而选择的行为方式却有差异："探索者"是为寻求问题的解决而在思考，"学习者"则为寻求问题的解决而在学习；学习不同于思考的地方在它有引导者。"探索者"对问题解决方案的寻求可能会有智识方面的挫折与困惑，他必须自我解决；"学习者"在学习的过程中同样在思考，但他有引导者的引导，其问题可以在既定的知识体系中获得解决，有路可循。换句话说，探索者是在开辟道路，而学习者则走在大路之上。本书以"探索者"言说1866—1900年的游西记作者，意在表明他们对西洋政制的认知过程的多样性与构建中外意义联结的困难性；以"学习者"形象描述1901—1911年的游西记作者，意在表明他们已经确定要学习并引进西洋政制，即对西洋政制之于富国强兵以救亡图存的功能以及重构政府正当性的功能均表示认可，在西洋政制中外意义联结所建构的知识路径中前行。毫无疑问，"学习者"对西洋政制的学习多于思考，明显区别于"探索者"。

这里，游西记作者对西洋政制的理解，经历了从"旁观者"到"探索者"，再到"学习者"的转变，对西洋政制的心态从不屑一顾到不断摸索，再到潜心学习。正是基于清末国人对西洋政制的态度差异，本书将之划分为三个时期分别探讨。因而本书结构可分为七部分。第一章为绪论，首先强调本书的问题意识为中国人如何理解西洋政制，其次交代本书的研究现状与研究方法，最后界定与本书密切相关的术语。第二章则论述国人在1800—1866年以"旁观者"身份认识西洋政制。第三章论述国人在1866—1900年作为"探索者"背着沉重的文化"中国行囊"认识西洋政制。第四章论述国人在1901—1911年作为"学习者"试图放下文化"中国行囊"认识西洋政制观念与制度。第五章则讨论游西记的历史意义问题,即行游西洋的经历对清末国人的现代政制观念及其制度生成究竟有何实质性的影响。第六章则全景式地省察清末国人西洋行游历程,追问行游西洋的目的,追问立场与行游结论之间的关系,追问行游西洋如何促成了国人现代政制观念的初生,追问游西记如何进行中西之间的文化认证。最后为结语,总结本书的核心观点,即清末国人对西洋政制的理解经历了从"旁观者"到"探索者",再到"学习者"的转变。在此过程中,他们以中国问题为核心,从中国问题出发审视西洋政制,对西洋政制或正确或错误的对比、分析、思考、评价与抉择,均是其试图或巩固或拯救中国的表现。

"旁观者"眼中的"西洋政制"图景
（1800—1866 年）

第一节　机缘巧合的西洋游

谢清高、林铖、郭连城行游西洋，并非是为现代政制而去，他们不过是在为生活而奔波。下西洋，乃是迫于生计的不得已选择，因为下南洋已是非常难以抉择的事情，何况更为遥远的西洋，那可是传说中的蛮荒之地。

谢清高大约生于清乾隆三十年（1765），逝于清道光元年（1821），广东嘉应州金盘堡（今广东梅州一带）人，幼年读过一点书，识一些字，因而他有见识、兴趣与能力记录海外见闻。① 因家庭原因，谢清高年纪不大便已跟从商贾从事海外贸易，在海上遭到风暴袭击而不幸落海，幸被外国商船搭救而随之游历海外各国。这是谢清高的幸运，同时也是国人的幸运，通过谢清高而能见识西洋工业革命之时的情况。

须知，清王朝初立之时，沿海不断受到台湾郑氏集团的骚扰，因而清廷采取严厉的海禁措施。包括禁止沿海的居民私自出海贸易，裁减对外贸易的口岸，拆毁海船，且派水军在沿海巡逻，更有在沿海地区试行大规模的迁界：一是强迫沿海岛屿上的居民迁往大陆，二是强行将沿海居民迁往内地。平定郑氏集团后，清廷宣布开放海禁，自 1685 年起，在福建、浙江、广东、江苏沿海设立通商贸易口岸，且在广州、漳州、宁波、云台山

---

① 事实上，《海录》是由谢清高口述，杨炳南记录而成书的。

（镇江附近）成立海关，荷兰、英国、法国、瑞士等国纷纷来华设立商馆，各国贸易不断。但自乾隆年间始，清廷关闭了江苏、福建、浙江的三个口岸，仅保留广州进行对外通商。

据有关资料显示，至19世纪初期，即谢清高的航海时代，每年到达广州贸易的外国商船不过70艘左右，有时更少。① 由此可见，国人在此情况下能够远行西洋，见识到西洋各国的政治、经济、文化情况，确实幸运。此时，清王朝并未遭到西洋各国的侵略，谢清高还可以自在地以一个普通"旅行者"的眼光看这个即将改变世界的工业革命时的文明。因为谢清高，国人可能了解西洋，林则徐、魏源即参考过该书，林则徐甚至将此书推荐给道光皇帝。按安京所言，"由于奇异的经历，历史选择了谢清高，让他完成了这一使命，将欧洲文明的信息传播到了东方"②。谢清高的经历具有传奇色彩，他到西洋，并非其选择，不过是由于海难。

林鍼到美国工作，却是他的选择，而选择背后则是为生活所迫，他并非是向西方寻求救国之道。林鍼原籍福州（时为闽县），曾祖父（琼苑）曾有过"候选州"头衔，在其祖父"中年过世"后家道中落，"所有产业尽被族人侵占"，祖母亦不得不从事女红以养育子女，有时竟穷到"日不再食"的窘境。后其伯父到厦门谋生，祖母亦率全家移居厦门。

在1840年前，厦门就是洋商来华贸易的通商口岸；而1840年后，厦门亦是第一批正式开放的五个"通商口岸"之一，随即成为"华洋杂居"的大码头。以林鍼的家境，断无读书入仕的可能，且其"少时颇不好学"。在厦门这个随处可见外国商人和水手的海港，林鍼年少时便已学会了外语，"靠在洋商那里担任翻译和教授中文，赚取工资，以'谋菽水之奉'"。为了谋生，1847年春，林鍼受聘花旗国"舌耕海外"，在美国工作了一年多，第二年回到厦门。在他看来，这是一段艰辛的工作经历，"山海奇观，书真难罄"。他强调，"生逢盛世，岂甘异域之久居；略述游踪，思补职方之外纪"。按南昌王鹏的说法，林鍼的《西海纪游草》乃"奇观凿凿一编携"，海外九万里的行程危险而又困难重重，他佩服林鍼的勇敢作为，羡慕他"始终天眷"。按王广业的说法，林鍼的海外行是为游学，"诚之所至，异类可通，况在含形负气之论有异性哉？圣人知其然

① 详见邓端本《广州港史》，海洋出版社1986年版，第187—188页。

② 谢清高：《海录》，杨炳南笔录，安京校释，商务印书馆2002年版，绪论。

也，矢一念之诚，可以格于家，可以格于天下，可以格于穷发赤裸燋齿枭（胴）之域。矧大川利涉，身亲其地，启其衷，发其家，诱以民蠡物，则有不帖然感者乎？"① 即是说，林铖及其友人均认为，此美国之行就是蛮荒之行，既艰难又危险，丝毫没有探索异域政制的念想。

郭连城，名培声，教名伯多禄，道光十九年（1839）生于湖北潜江县，后肄业于武昌崇正书院。在传教士的影响下，年少好学的郭连城读过很多自然科学、人文科学方面的书刊，诸如《坤舆图说》《博物新篇》《海国图志》《重学全本》《地理全志》《遐迩贯珍》等。通过这些书籍，郭连城对西洋以及整个世界有了朦胧的认知，这已不是"天下观"所能涵盖。可以说，郭连城对东西文化都略有所知。

作为一个 20 岁左右的年轻人，郭连城在传教士的影响下，对外面的世界本就非常好奇，他自谓"城深怀西游之心，久切伊人之想"。咸丰九年（1859）三月，"传教不咨到纶音，宣我徐大牧浮海而西，城蒙牧不弃，而以从我相许"，在他看来，这是"主假之缘，而玉成城西游之志者也"。因而，他跟随意大利人，时任天主教湖北宗座代牧的徐伯达等人去罗马。心愿达成，郭连城并非一般国人面对"异域蛮荒"而忐忑不安，他兴奋异常，"激情洋溢地将所看到的一切稀奇古怪的东西都逐日记载下来"②。这些记载，郭连城自叙"以志游赏之幸"，乃纯粹的旅行笔记。他的小诗《少年游》即可表明他的行游心态："乘槎浮海路悠悠，浪迹类沙鸥。琴剑一肩，诗书几部，尽可度春秋。潇湘云梦归须早，岂敢久淹留？海外风光，异乡景色，不负少年游。"③ 因而，他所看到的西洋世界乃是由训蒙馆、博览院、五洲方物院、窥天馆、病人院、疯人院、义学馆、水轮机院、踢球场、绘像所、仁爱院、自鸣琴、自然灯、法国汉学家茹连译四书五经、《蚕桑辑要》的西文译本等构成，法政方面的情况自然绝少。

正是在此意义上，他们是无目的的行游；也因此，西洋政制在其游西记中，连个轮廓也难拼凑出来。但从另一个角度看，这些自在而随意行游西方的文字记录，却为国人打开了了解外国真实情况的一扇窗，因为此时

---

① 林铖、张德彝等：《西海纪游草·乘槎笔记·诗二种·初使泰西记·航海述奇·欧美环游记》，钟叔河编，岳麓书社 1985 年版，西海纪游草序。

② 郭连城：《西游笔略》，上海书店出版社 2003 年版，重印前言。

③ 同上书，自序。

的他们并未感受到西洋政制及其文化的强势。作为普通民众,他们关注发生在他们身上的点点滴滴。就外国情形而言,他们关注的是"稀奇",西洋与中国的不同在他们眼中因而别具风采。

第二节　"旁观者"立场及其方法

在谢清高口中、林鍼与郭连城笔下,他们是在"看"西洋,以一个普通国人的心态在"猎奇"西洋,即欣赏西洋不同于中国的地方,对比中西世界的不同,在某种程度和意义上关注西洋的某些政制观念与制度,但还未能在此基础上关涉中国问题。即是说,他们只是在"看"而非理解、学习西洋;便是"理解",亦是从中国经验出发的某种类比。

谢清高、林鍼、郭连城行游西洋,并没有带着特定的认识目的,既没有考察西洋富强之道而求中国富强以救亡的主观愿望,也没有向西方学习的客观需求,他们是西洋政制某种意义上的观光客。即便他们在西洋生活了一段时间,深度体验了西洋的文化生活,接触了西洋的人情风俗,但在本质上,他们不过是看了西洋政制一眼,然后走向了下一个"景点"。即是说,他们乃是西洋政制的匆匆过客。他们是无目的的行游,不同于有目的的行游,虽然他们都可能用自我来解释他者。作为来自天朝上国的行游者,谢清高可以自在地观察西洋;而身为船员的林鍼,则更为关注发生在自己身边的事情,看到什么,听到什么,都很随意。即便是从中国前往罗马的天主教徒郭连城,他在谈到天主教问题时,也表明他的知识性目的并非现代政制。他谈道:"吾中国地理志书,卷轴无几,其中所载,未尽详明。且所言者,大半只属中土偏隅,而乃名之曰'天下之地舆',未免小之乎视天下矣。十年以前,徐松龛所辑之《瀛环志略》颇为曲尽;又有上海英人所著之《地理全书》,亦甚可观。有志于地理者,取是书而读之,则庶乎其无遗义矣。"① 他在整个旅途中正试图验证国内史地书籍的记载。

至于谢清高、林鍼、郭连城"看"西洋的方法,乃是某种程度的"以中释西"。谢清高看到西洋的基督教神甫,说他们是"庙中大和尚",

---

① 郭连城:《西游笔略》,上海书店出版社 2003 年版,第 131—132 页。

因为按照谢清高的经验，庙里只有和尚，就像道观中只有道士一样。而林鍼看到西洋法院审理案件，认为它们类似于中国的"察院"。郭连城则在谈到西方星期制时认为，"天下万国凡奉天主圣教者，每七日有一主日，即房、虚、昂、星之日也。是日商贾闭门，停止俗务，俱进堂祈祷，遵主命也。《易》曰'七日来复'，又曰'先王以至日闭关，商旅不行，后不省方。古者天子以春秋祭太一东南郊，用太牢，七日为坛'，此可证天主教之古经有符合中国上古者矣"①。他是在用中国经典来解释他所信仰的天主教观点。但严格来讲，天主教作为一神教，是严禁信徒误解经典的，郭连城用《易经》解读《圣经》，确有不当之嫌。但这是人初遇异域文明的自然举动，因为"人在理解他种文化时，首先自然按照自己习惯的思维模式来对之加以选择、切割，然后是解读"②，这是人之常情。

第三节 猎奇与"西洋政制"观念

西洋政制观念是支撑现代政制制度的文化价值，从对它们的理解中，我们能了解到行游者对现代政制的认识状况。虽然谢清高、林鍼、郭连城并未意识到他们在记载西洋政制，但正是在此无意识的观察中，我们能从中了解到他们对西洋政制的真切把握。

在平等观念方面，林鍼看到美国"酋长与诸民并集，贵贱难分；白番与黑面私通，生成杂种（土番面赤身昂，性直而愚。三百年前，英人深入其地，久而家焉。屡夺亚非利加黑面，卖其地为奴。而禁白黑相配。间有私通者，遂生黄面虬毛之类）"；女性可以在学校授课，女生可以在学校接受教育③；"女男分贵贱，白黑辨尊卑"④。这里有几个现象值得关注：一是官民平等，没有特权等级存在；二是黑人与白人之间地位不平等，林

---

① 郭连城：《西游笔略》，上海书店出版社2003年版，第76页。

② ［法］勒·比雄、乐黛云编：《独角兽与龙——在寻找中西文化普遍性中的误读》，北京大学出版社1995年版，序言，第1页。

③ 参见林鍼、张德彝等《西海纪游草·乘槎笔记·诗二种·初使泰西记·航海述奇·欧美环游记》，钟叔河编，岳麓书社1985年版，第38页。

④ 林鍼、张德彝等：《西海纪游草·乘槎笔记·诗二种·初使泰西记·航海述奇·欧美环游记》，钟叔河编，岳麓书社1985年版，第37、43页。

铖用 "私通" 描述黑人与白人的结合，认为其所生之子女为 "杂种"，带有明显的贬义；三是英人侵略美国土番而立国，在美国人与土番之间地位不平等；四是女性获得了受教育的权利，且获得了在学校工作的权利。即是说，林铖所认识的美国在平等观念上与大清国不同，区别对待国内不同人种。

就新闻自由所呈现出来的政治功能，林铖发现，"事刊传闻，亏行难藏漏屋（大政细务，以及四海新文，日印于纸，传扬四方，故官民无私受授之弊）"①。在林铖的认识中，美国报纸公开刊行，意味着政务公开，信息传递迅速，能监督政府，使之 "亏行难藏漏屋"，更使 "官民无私受授之弊"。他并未注意到此中的新闻自由，也未留意政务公开背后的民众知情权，他这是就现象而论，并不涉及对新闻自由予以保障的政制制度。即便如此，林铖仍然对报纸所呈现的功能表示钦佩。

关于法治，林铖亲历了两场官司：一是他救被拐卖的同胞——"其官会审，而鲁姓适归，于是并集台前。首座一官，即按词讯问：'尔等何故谋杀船主？从实招来，法不容诈里'，时余坐于旁列，遂向前代译始末情出，并于十九人中择一为证，即将文凭当堂译明。而鲁姓亦坐于堂右，指驳英人，井井有条。只见英人战兢汗下，莫措一词。而土官究知其弊，遂当堂释放七人，观者欣声雷动。……既而托鲁姓代众仲冤，转告英人。呈入，船封。察院不日判云：'拐带汉人，船无执照，而众有文凭，其伪可知。况鞭挞平民，罪不容逭。姑念众等贫无依倚，罚英人以金作赎刑，即日配船，送众归国，使游子无冻绥之悲，室家无悬望之苦。虽一切工资，亦不许白吞。毋违！特示。'至是一一如判，众得于八月二十六日附舶返棹。" 二是英人串通诬告林铖盗窃——"夷官遣役来拘。明早，余同役早饭于雷家，雷即声之女恳其父兄，代余鼎力。至午，官亦知其详，准其父以三百金保余在外候讯。而后，初同行者自西省而归，并鲁姓至官厅代余剖译曲直，其事始明"②。就林铖所记载的庭审情况而言，并不涉及司法独立抑或法律统治之类，但就该法官判决依法律而非情理而论，仍有其意义。

---

① 林铖、张德彝等：《西海纪游草·乘槎笔记·诗二种·初使泰西记·航海述奇·欧美环游记》，钟叔河编，岳麓书社 1985 年版，第 38 页。

② 同上书，第 46—57 页。

至于现代政体观念，郭连城注意到西国"国政有传子者，有国会妥议者。详见《海国图志》等书"①。他发现西洋各国政体不一，并非都是中国的君主专制，还有君主制、议会制等。且这些情况，有魏源的《海国图志》可以参阅。这实际上意味着郭连城——这位出洋行游者——在政制方面的认识并未超出《海国图志》（魏源在国内编译）的介绍程度，既表明郭连城对政制并没有什么出众的研究，也表明他对政制并没有什么特别的兴趣，他只是注意到了这个情况，且《海国图志》对此已有记载。

而林𬭁则在美国看到"士官众选贤良，多签获荐（凡大小官吏，命士民保举，多人荐拔者得售）。……统领为尊，四年更代（众见华盛顿有功于国，遂立彼为统领，四年复留一任，今率成例）"②。在他眼中，美国的选举政治乃是基于贤人的选举而非民主政治，或者说他并不理解美国的现代政体，而只能从"选贤良"的角度予以解读。就其认识而言，选举受到了贤人政治这一概念的约束，并非属于西洋政制"选举—授权"的范畴，这不过是某种选举式的中国贤人政治而已。

第四节 作为奇观的"西洋政制"制度

谢清高在介绍荷兰王国的情况时注意到，"国王已绝嗣，群臣奉王，女为主，世以所生女继。今又绝，国中不复立王，唯以四大臣办理国事。有死者，则除其次，如中国循资格，以次迁转，不世袭。所属各镇，虽在数万里之外，悉遵号令，无敢违背"。他无法理解这种情况，"岂其公忠之气，足以慑服钦？抑其法度有独详明者钦？"③ 这里有两个事实值得关注，一是荷兰政体情况，二是荷兰政制运行的原理。就谢清高的记载看，荷兰原为王国，先是立男性继承人为王，无男性则立女性继承人，无继承人则四大臣主持，政体从君主国变为贵族政体。就贵族政制而言，第一是主持国务的四大臣根据类似中国的"资格"一般"迁转"，不世袭；第二

① 郭连城：《西游笔略》，上海书店出版社 2003 年版，第 131—132 页。

② 林𬭁、张德彝等：《西海纪游草·乘槎笔记·诗二种·初使泰西记·航海述奇·欧美环游记》，钟叔河编，岳麓书社 1985 年版，第 43 页。

③ 谢清高：《海录》，杨炳南笔录，安京校释，商务印书馆 2002 年版，第 220 页。

是荷兰所属市镇，在国家元首更替之际或无继承人而四大臣主持国务之际，均依从中央政令运行，没有丝毫动荡。谢清高不理解之处在于，荷兰王室无继承人时为何四大臣能够执政，四大臣执政为何地方没有反对声音，四大臣执政又为何不世袭。他猜测，原因或是国民乃至于官员的"公忠"或是国家法度。就这一猜测来看，谢清高对原因的归结，受到传统中国政制的影响，即官员忠诚乃是传统中国思维的自然呈现；即便说国家法度，亦是如此。但是，强调国家运行在于法度，或者说将法度作为国家存在的根本性原则，则有其特殊意义。谢清高的观察，就西洋政制而言，一是有不同于传统中国的政体，二是该政体的变革，三是该政体变革的依据，四是该政体运行的基本原理。谢清高没能解释清楚，但并不妨碍他将西洋政制的情况告诉国人。

林鍼行游国度为美国，它自成立即为民主政制国家。在林鍼的记载中，美国"士官众选贤良，多签获荐（凡大小官吏，命士民保举，多人荐拔者得售）。暴强所扰，八载劳师（其地原属英吉利管辖，因征税繁扰，故华盛顿出而拒之，遂自为国，争霸西洋）；统领为尊，四年更代（众见华盛顿有功于国，遂立彼为统领，四年复留一任，今率成例）"①。首先，美国的元首为民选统领，不同于中国的世袭皇帝。其次，美国统领只能获任八年，有任职时间的限制。再次，美国乃通过反抗英吉利的强征暴敛而建国；林鍼用"暴强所扰，八载劳师"描述，亦表明他对这一历程并不反感——这究竟是"猎奇"心态的无疑问还是民主立国的认同呢？最后，林鍼注意到美国的"选贤良"，即官员通过选举上任，不同于中国通过科举而由吏部或皇帝任命。这就是林鍼所认识的美国政制。

而郭连城则未就西洋特别是意大利的政制留下记载。但就谢清高、林鍼对荷兰、美国政制的记载看，他们都客观描述了他们所见识的政制情况，只是这一情况仅是所见国家政制的部分特征而已，他们并未认识到政体的类型化特征及其源流和政体的结构性特征，也未说明政体所追求的价值目标，亦未意识到政体运行所依赖的基本原理，更未注意到政体所依赖的文化背景。与此同时，他们还未在政制与富强之间建立联系。他们只是匆匆过客，猎奇而已，并未深究。

---

① 林鍼、张德彝等：《西海纪游草·乘槎笔记·诗二种·初使泰西记·航海述奇·欧美环游记》，钟叔河编，岳麓书社 1985 年版，第 38—39 页。

第五节 小结

西洋的"工业文明给谢清高留下了深刻印象"，而其各国的不同政制亦让他既惊奇又疑惑。而郭连城则多看到意大利设男女学校以供子弟学习，且多设传教院、男哑院、女哑院、男女残疾院、男女病人院、男女孤独院等社会福利机构，此外还有城中富人"每月按券给衣食于近处之穷人"，更有听闻中国乡野有"野人习气，委儿女于山林沟壑，以致无辜赤子惨死道路，大伤造物好生之德"而"乐输银钱，曰'婴儿会'，使中国传教之主教神父立育婴馆以养其身，施丸散以治其病，付圣洗以救其灵"，此外"天下万国，凡信从天主教者，多好施舍，不但恩及向人，且泽流异地。如吾乡之育婴馆、传教费，皆此邦所从出者也"①。在他看来，这些善举都有大功德。② 而对林铖来说，美国给他留下了好印象，高楼大厦鳞次栉比，"学校、行店及舟车，浩瀚而整齐"，学校有男女老师教授男女学生，聋哑人能够读书，鳏寡孤独者有所依靠，"街衢运货行装，拖车驭马（无肩挑背负之役）。浑浑则老少安怀；嬉嬉而男女混杂（男女出入携手同行）。田园为重，农夫乐岁兴歌；山海之珍，商贾应墟载市（每七日为安息，期则官民罢业）。博古院明灯幻影，彩焕云霄（有一院集天下珍奇任人游玩，楼上悬灯，运用机括，变幻可观）；巧驿传事密急邮，支联脉络。……（不论政务商情，顷刻可通万里。子知其法之详），沿开百里河源，四民资益（地名纽约克，为花旗之大马头，番人毕集……）"便有瑕疵，"一团和气，境无流丐僧尼；四毒冲天，人有奸淫邪盗"，"斯亦不免"。然而有些事情，林铖仍然无法理解，如"浑浑则老少安怀，嬉嬉而男女混杂（男女出入，携手同行）"③。但正是在这些不理解中，我们理解了他们。

---

① 郭连城：《西游笔略》，上海书店出版社 2003 年版，第 66—71 页。

② 这一段文献，可参考林铖、张德彝等《西海纪游草·乘槎笔记·诗二种·初使泰西记·航海述奇·欧美环游记》，钟叔河编，岳麓书社 1985 年版，第 37、38 页；郭连城《西游笔略》，上海书店出版社 2003 年版，第 66、69—70、73 页。

③ 林铖、张德彝等：《西海纪游草·乘槎笔记·诗二种·初使泰西记·航海述奇·欧美环游记》，钟叔河编，岳麓书社 1985 年版，第 36—38 页。

　　谢清高、林𬭁以及郭连城生活在清末中国底层社会，这意味着他们可能没有见过世面，没有远大抱负；也可能意味着他们对西洋没有更多的歧视与偏见；意味着他们的观点代表着中国普通民众的通常看法。因而，他们是西洋政制的"旁观者"，他们更关注生活中的点点滴滴，他们是以普通而传统的中国人的眼光在观察西洋，从某种意义上讲，他们的观察没有多大道理，却也有很多真观点。这些琐碎、粗糙而又细节性的观点，反而常常会有不少真知灼见。王尔敏即认为，"往往一些粗浅的创意，却能构成思想的先驱……大凡思想的创意，起初多半是粗略宽泛而具有新意境"①。因为，他们解读西洋的视角、方法、观点以及隐藏其间的问题，已定下了中西文明交流的框架。事实上，作为最早看西洋的作品，他们的观点构成了清末国人行游西洋的"前见"。林则徐在 1839 年曾读过嘉庆二十五年的《海录》粤东刊本，称其"所载外国事颇为精审"②，并向道光皇帝推荐了此书，以便了解外部世界；而魏源的《海国图志》和徐继畬的《瀛环志略》都曾参考过《海录》。③ 因而，他们游历西洋留下的中国视野下——既坚持中国立场又坚持中国思维——的西洋记录，无论其认识多么肤浅乃至幼稚，也不能低估其对于一个民族的意义。

---

① 王尔敏：《中国近代思想史论》，社会科学文献出版社 2003 年版，叙录。
② 林则徐：《林则徐集》（中册），中华书局 1956 年版，第 680 页。
③ 参见崔军民《〈海录〉与中国近代法律的启蒙》，《重庆文理学院学报》（社会科学版）2010 年第 1 期。

第三章

"探索者"眼中的"西洋政制"图景
（1866—1900 年）

第一节 "探索"西方的原因分析

我们不能直接说鸦片战争打醒了中国人[1]，在中国走向世界的过程中，肯定有多重因素在这里发酵。但从游西记这一角度看，作者们不断关注西洋强盛的原因，首先是承认西洋的强盛——即便仅是物质上的；其次是肯定这一原因与其关注西洋的内容之间存在相当密切的联系；最后是他们对技术（传统作为末流之学）以及西洋的态度变化，表明了他们对西洋强盛原因的认知。当然，他们看到了什么，以及以什么样的方式在看，也很重要。

一 "游西记"的技术认知

工业化的西洋是一个重视技术、崇尚商业的地方，而在传统儒学的视域里，技术乃是末流，商业在"义利之辨"的视野下更是不值一提，从"士农工商"这一原本社会成分的总结成为儒家对职业的排序就可见一斑。那么，拥有此类前见的他们，又将如何看待造就西洋强盛的技术与商业，乃至对西洋有一个怎样的定位呢？

---

[1] 高强在其论文《清政府对英国羁縻之术的运用——兼论第一批不平等条约的签订》（《唐都学刊》2002 年第 2 期）中认为，清政府在第一次鸦片战争失败后与西洋所签订的不平等条约，乃是传统"羁縻"手段的运用，以此笼络西洋以达到它们不再侵犯中国海疆的目的。

有人反对技术。志刚即是一例。他随"蒲安臣使团"考察西洋时,虽承认人工不及机器,① 但对技术仍保持高度的警惕,坚持技术乃是奇巧淫技的态度,"由利心而生机心,由机心而作机器,由机器而作奇技淫巧之货,以炫好奇志淫之人"②。作为传统的保守分子,刘锡鸿在参观上海格致书院时即认为:"洋人所献铁路一图,由五印度取道关外以达京师,自北而南竟成一线,始知其心非犹占埠通商之故智矣。……铁路一层,全局安危变于俄顷,非细故也。"并认为,中国铁路"不惟有害于中国,并有害于英国",其论点在铁路"复毁其田庐坟墓";在英国时,刘锡鸿仍坚持火车不当行于中国,因为它导致"裸股肱、执策绥、操舟挽辇以度载人货者,莫不尽废其业",且铁路、火车造价高而中国运输少,势必导致无法运营。③ 以同样的思维,刘锡鸿在见识了机器在印刷业上的应用后认为,机器夺人口食,当弃而不用。④ 在批驳"中国圣人之教,则以为空谈无用"之论时,刘锡鸿以仁义五伦反驳,首先强调西洋政教源于五伦之昌明,"今西洋之俗,以济贫拯难为美举,是即仁之一端;以仗义守信为要图,是即义之一端。诚因其所明推之,以率由五伦之教,君臣相爱而堂廉之分明,父子相爱而乔梓之道明,兄弟相爱而长幼之序明,夫妇相爱而内外之辨明,朋友相爱而敬让之谊明";而后强调中国仁义乃是治之本,禁奇技是为"防乱萌",其"道固万世而不可易。彼之以为无用者,殆无用之大用也夫"。在刘锡鸿看来,"机器之用,教之逸乐而耗其财也",但对"劳逸相间"是为养民之方,他坦言,"此则非余所知矣"⑤。

事实上,张德彝刚开始也持这种看法。他在第二次出洋时,从"义利之辨"的角度反驳日人"将西国风俗政事之善者以劝华人之不善,不数年间,华人必效西国"观点,强调"汝之随天主教也,非为行善,乃取利耳。汝今为取小利而乱大义,忘却尔祖尔父,汝死后将何以见尔之先代

① 志刚认为,"使他工终日运锤成风以攻之,百不及一矣"。参见志刚《初使泰西记》,钟叔河编,湖南人民出版社1981年版,第38页

② 志刚:《初使泰西记》,钟叔河编,湖南人民出版社1981年版,第42页。

③ 参见刘锡鸿、张德彝《英轺私记·随使英俄记》,钟叔河编,湖南人民出版社1986年版,第63、148页。

④ 同上书,第99页。

⑤ 同上书,第42、48—49、127—130、161—162页。

祖宗乎？尔之祖父亦必不以汝为其子孙矣，嗟乎嗟乎！亡羊补牢，未为晚也"①。他在第三次出洋时巧遇"黑水洋"无风无浪而生感慨，"此皆仰赖皇上洪福，海神效顺之所致也"，显明表露出他的"君权神授"世界观。但其与日人谈西洋，反驳其关于技术"此固有益，然亦有损"的观点时认为，与各国换约通商而被纳入全球竞争之中，如果不学习西洋技术，那未来"将指不胜屈焉"，虽不屑且不情愿，但不得不学习。然而，张德彝认为，学习西洋仅限于技术，对于"其他似不必然，因无事更改也"，他嘲笑日本"诸事既效泰西"②之举。

此时，张德彝对技术的态度，从"不学"到"学"乃是一巨大的转变，即便他是"不得不学习"，也彰显出他对技术之于国家重要的认知。所谓时势所迫，"学习技术"有救急工具的倾向，并非内在的技术信任。但作为一种实用主义的态度，也是一种进步，且这种进步不应因其仅限于技术而低估，毕竟迈出了第一步。

当然，也有人对技术、商业保持着较为开放的态度。祁兆熙一方面从"天下有一利必有一弊，有相生必有相剋"③的角度分析轮船与火车的利弊；而另一方面又不断强调机器、电报、化学、冶金等对于国家富强的重要意义。黎庶昌从效率角度强调了机器对于人工的优势。④薛福成则申述古今制造递嬗尤为明显，寄望于因袭西洋技术，⑤他强调，"昔者宇宙尚无制作，中国圣人仰观俯察，而西人渐效之，今者西人因中国圣人之制作，而踵事增华，中国又何尝不可因之？若怵他人我先，而不欲自形其短，是讳疾忌医也。若谓学步不易，而虑终不能胜人，是因噎废食也。夫青出于蓝而胜于蓝，冰凝于水而寒于水，巫臣教吴而弱楚，武灵变服以灭胡，盖相师者未必无相胜之机也。吾又安知数千年后，华人不因西人之

①　张德彝：《欧美环游记》，左步青点，米江农校，湖南人民出版社 1981 年版，第 66—67 页。

②　张德彝：《随使法国记》，左步青点，钟叔河校，湖南人民出版社 1982 年版，第 31、61、72 页。

③　祁兆熙等：《西学东渐记·游美洲日记·随使法国记·苏格兰游学指南》，钟叔河编，岳麓书社 1985 年版，第 270 页。

④　参见黎庶昌《西洋杂志》，钟叔河编，湖南人民出版社 1981 年版，第 89 页。

⑤　参见王尔敏《中国近代思想史论续集》，社会科学文献出版社 2003 年版，第 10 页。

学,再辟造化之灵机,俾西人色然以惊,辜然而企也"①。钱德培则认为,西洋富强建立在对资源的掠夺性开采之上,他强调从资源有限的角度出发,中国当利用技术而求富强,②即"我中国当此强邻四逼,必不能开关独守,电报铁路开矿制造,自不容缓,苟能次第举行,不让人先,仍使天生之物不速竭,其源则人所无者,我独有;人所不足者,我所馀。富强之势莫可与,京行见统一地球,盖归藩服亦事之所必有者也"③。与张德彝相比,钱德培等对技术的实用态度则表明,其有对技术的内在信任,因为他主张从技术的角度富国强兵,将技术提升到了治国策中的高位。

二 政制与西洋国的强盛

也许,每一位传统的读书人在见到国富民强的美国时,都会同张德彝一样有此疑问:"时下国富民强,几甲泰西。前后不越六十年而竟若是,盛衰兴废之间,在天耶?抑在人耶?"④也正是这种困惑,促使这些最早见识西洋文明的中国人思考中国的富强之道:我们能否从中学到些什么?

对这一问题,不同的人自然有不同的思考,且此种思考会随着在西洋生活的时日增长而发生明显变化,多数将原因归结到政制上。张德彝即是最为明显的例子,他在第四次出访英国时,终于分析出英国富强的缘由,其秘密尽在民主政制。即英国因富人"无贫黩之忧""无贿嘱之患"而给予他们政治上的选举权与被选举权,其各官员因其贤能殷实而被推举;且当其为官之后,不能干预公议,强调"以民治民";"有不获,则合绅耆以图之,有不当,则绅耆商诸美尔而改之。美尔所不能治,乃达诸官府,而制以官法,官助绅力而不掣绅肘"⑤。⑥然而,需要注意的是,张德彝在此既没有看到选举权、被选举权的不平等性,也没有注意到选举与政权合

① 薛福成:《出使英法义比四国日记》,钟叔河编,岳麓书社1985年版,第133页。

② 不得不说,钱德培的观点确实很超前,既强调技术对国家富强的重要意义,又强调保持资源优势对国家发展的重要意义。确实,美国就是坚持这样的发展思路。

③ 钱德培:《欧游随笔》,清光绪刊本,上卷,第59页。

④ 林铖、张德彝等:《西海纪游草·乘槎笔记·诗二种·初使泰西记·航海述奇·欧美环游记》,钟叔河编,岳麓书社1985年版,第570页。

⑤ 刘锡鸿、张德彝:《英轺私记·随使英俄记》,钟叔河编,湖南人民出版社1986年版,第508页。

⑥ "美尔"即英文"major"的音译。

法性的关系，他不过是在贤人政治的立场上解读，因为他只看到府院之间的"不掣肘"情形，关注"以民治民"，是在"治"这一理念下"合绅者以图""绅者商诸美尔"，是府院联合以治民，而非民立府院以限权。

此外，尚有郭嵩焘、刘锡鸿这一对死敌可为一例。郭嵩焘初至英国即有谈到英国"行政便民"而强，邮票即是一例；① 而后又从铁路与马车"相互为用"的角度分析英国强盛之因；② 最后他认为，西洋强盛实际上是从控制财政以及君民上下同心而来，即承认西洋君民共治政制的优势，"三代制用之经，量入以为出，西洋则量出以为入，而后知其君民上下，并心一力，以求制治保邦之义。所以立国数千年而日臻强盛者，此也"③。与此同时，刘锡鸿初至英国时认为其孤悬海外而"惟知逞强，无敬让之道。乃上下同心，以礼自处，顾全国事如此"。地理原因造就了英国的强大。但在看到英国人很是尊敬国王，在奏乐诵经、宴会与杂耍前均是先颂祝君王，他认可了造成这一情景的英国政制，即"维多里亚在位而后，每战必捷，国势日强，虽无独断之善举，亦能不拂舆情，故咸以福德归之也。英本民政之国，不必其君治事，故继世者苟自乐其乐，不与上下议院为难，正国人所祷祀求"④。他们均认为，英国强大有其政制上的原因。

事实上，郭嵩焘承认西洋君民共治的优势，似有隐晦的"反君主专制"意义，因为君主专制意味着"主独制于天下而无所制"⑤，而此处却主张君民共治，隐约有分权的意思。当然，我们知道，传统士大夫原本即持有君臣共治的理念，郭嵩焘接受君民共治的政制，确有思想的渊源。再从刘锡鸿理解英国君王"无独断之善举""不拂舆情"而"福德归之"看，似有《论语·为政》所谓"为政以德，譬如北辰，居其所而众星拱之"的解读。但即便如此，这种"垂拱而治"的主张在晚清"皇权专制"成型时出现，也隐有反对的意味，即便有以士绅参与政治的"议院"作为贤人政治的机构出现，其权力的意义并未彰显，权力的自主意识并不突出，也并不妨碍这种苗头的"反专制"可能性。当然，这种意味非常

---

① 参见郭嵩焘《伦敦与巴黎日记》，钟叔河编，岳麓书社 1984 年版，第 197 页。

② 同上书，第 407 页。

③ 同上书，第 526 页。

④ 刘锡鸿、张德彝：《英轺私记·随使英俄记》，钟叔河编，湖南人民出版社 1986 年版，第 74、190 页。

⑤ 司马迁：《史记》，岳麓书社 2008 年版，第 516 页。

单薄。

　　当然，也有人很精准地发现西洋富强的秘密在政制。黎庶昌在游历瑞士时，就明言"西洋民政之国，其置伯理玺天德本属画诺，然尚拥虚名。瑞士并此不置，无君臣上下之分，一切平等，视民政之国又益化焉"①。而王韬对苏格兰为何会有"升平之治"②时的分析也有此倾向，虽并不明显。他认为，首先，从官吏看，苏格兰人民不会受到官吏的无端苛责与打扰；其次，从政治环境看，苏格兰人民不会因为服饰与语言而受到政府的追究，享有政治上的自由；最后，从道德水平看，苏格兰境内不欺诈，不偷盗，民风淳朴。实际上，王韬在此肯定的乃是苏格兰人民所享有的法律自由与个人自由，③他是将中国与苏格兰放在一起进行比较，既与中国政治比较，礼法下的中国强调服制与语言上的不逾矩而自由受到限制；又与儒家经典的理想图景进行对比，从结果上看，苏格兰竟然实现了历代儒家苦苦追求的"升平之世"。这说明，中国政制实际上因未给予人民法律自由与个人自由而无法实现"升平之世"。而王芝对瑞士的分析与此类似。④

　　就此看来，他们似乎逐渐而部分地摆脱了传统对其思维的"局限"。⑤但实际上，有人更为直接道出了此时国人面对西洋的典型思维，薛福成日记中的一位随员就在传统"养民教民"的立场上审视西洋。他认为，正是西洋"制治"之五法——以选举为核心的上下议院能"通民气"，以社保等为核心的制度能"保民生"，以教育为核心的制度能"牖民衷"，以无酷刑而仁爱之刑法监狱而能"养民耻"，以"尽地力""尽人力""尽财力"之法而能"阜民财"——使得西洋强盛。更为重要的是，他对洋务运动时期的主流思想提出了委婉的批评，即"有此五端，知西国所以坐致富强者，全在养民教民上用功，而世之侈谈西法者，仅曰精制番、利军

---

①　黎庶昌：《西洋杂志》，钟叔河编，湖南人民出版社1981年版，第148页。

②　王韬等：《漫游随录·环游地球新录·西洋杂志·欧游杂录》，钟叔河编，岳麓书社1985年版，第124页。

③　美国学者布雷恩·Z.塔玛纳哈在《论法治》（李桂林译，武汉大学出版社2010年版）的第三章"自由主义"中认为，自由有四个主题，即政治自由（自治）、法律自由（法律的可预测性）、个人自由（禁止政府侵犯的自由）、自由的制度保障（司法独立）。

④　参见王芝《海客日谭》，沈云龙编，台北：文海出版社1968年版，第295页。

⑤　需要说明的是，此处使用的"局限"词性中性，不含贬义。

火、广船械，抑末矣"。① 此处，该随员的思维表明，西洋不过是不同于传统却又可以纳入以更新传统的资源，学习西洋可从传统"养民教民"的立场与问题出发。

而薛福成在其日记之自序中也认为，"风俗政令之间，亦往往有相通之理"，他强调，"其条教规模，有合于我先王故籍之意者，必其国之所以兴，其反乎我先王故籍之言者，必其国之所以替。即其技艺器数之末，要亦随乎风气之自然，适乎民情之便利，何新奇之有焉？吾闻管子之言……"即是说，薛福成感慨西洋"国政民风之美"，在经典中寻找原因；西洋之"道如墨子，故必尚同；其政如商君，故必变法。虽兴废固非一致，而缔造各逾千年"；因而他必须解释中国为何战败，他认为，其原因在中国"宋明以来"重文轻武而兵事陷于空谈，西洋则文武并重而强调"实练"，其"以战立国一二千年"，所以"中国虽不必尽改旧章，专行西法，但能明其意而变通之，酌其宜而整顿之，未始非事半功倍之术也"②。薛福成对比中西，开出中国改良之方，纠偏重文轻武的做法，认为需要发展军事。

此外，亦有其他角度的分析。薛福成认为，德国举国皆兵、交通发达、军费专款，德王善用"毕士马克"与"毛奇"等人③而得以自强；王之春也认为，西洋强盛源于"举国皆兵"，其"风气视武职为最荣，人人皆愿当兵，三五年始受他业，平时常备兵四十万，有事调集，新旧兵可三百万，最多可兵五百万"，且西洋政府军事支出专款专用，"兵之所至，饷即随之。法国前所偿巨款，至今存储未动，须待议院会议也"。此外，其"铁路六通，四辟车位，皆有定数，四五日间通过之兵可尽集边界"。而这源于"君与民得时相见，上下无复壅蔽之虞"，即王之春强调，西洋国的强盛因由固多，但根本却在政制。因此政制，西国"国债易举，公司易集，纸币可以行用而民甚贵之"④。与此同时，崔国因也认为美国富强

---

① 薛福成：《出使英法义比四国日记》，钟叔河编，岳麓书社 1985 年版，第 802—803 页。

② 参见薛福成《出使英法义比四国日记》，钟叔河编，岳麓书社 1985 年版，第 62、124、137、342—343 页。

③ 同上书，第 278、297—298 页。

④ 参见王之春《使俄草》，沈云龙编，台北：文海出版社 1967 年版，第 278、315—317、365 页。

有铁路的原因,且西洋强盛乃是其商务振兴与军队"日以操演"的结果。① 他在这里有肯定商业对于国家强盛的重要意义,即"大抵人之聪明,日用日出。用之于有用,与用之于无用,其用相同。将何以使天下之心思,均用之于有用哉?是在乎转移风气者"②。从工商业的角度看,崔国因的观点得到了薛福成的赞同。薛福成极力鼓吹公司的优势,他说,"凡事,独立则难支,众擎则易举,势孤则气馁;助多则智周。西洋公司货本之雄,动以数千百万计,断非一人一家之财力所能就。然苟有当办之事、可兴之利,则风声一播而富商立集股票一出而恒款立致。盖某规画之精,风俗之纯,章程之善,有使人深信不疑者也。中国当办不办之事,亦孔多矣!其所以易败而鲜成者,以公司之难集。……余谓中国公司之不举,半由人事,半由气运。虽小端而实系全局。呜呼,时势之岌岌如此,安得有大力者出而一转移之也!"③ 薛福成不仅知晓西国公司运作的优势,还分析了它在中国运行时遇到的困难,但他却无可奈何!

第二节 "中国行囊"与"以中释西"立场

宏观而简单地说,游西记是不断流露出作者们对西洋的"中国式"解读,但就这一方式本身而言,实际上有着丰富的内涵:是怎样的"中国式"?这一"中国式"有没有变化?如果变化,其原因如何?

有人用中国古代的地方治理理解英国的地方自治。斌椿将其解释为"公举一人司地方公事"④ 的模式。而刘锡鸿也基本遵从这样的思维。⑤

有人主张用战国争霸的思维理解西洋列国,乃至全球竞争。张德彝就认为,"以大局观之,秦西各国无非合纵连横,时合时离,互相吞并,其

---

① 参见崔国因《出使美日秘日记》,胡贯中注,刘发青点,黄山书社1988年版,第394页

② 崔国因:《出使美日秘日记》,胡贯中注,刘发青点,黄山书社1988年版,第523页。

③ 薛福成:《出使英法义比四国日记》,钟叔河编,岳麓书社1985年版,第575—576页。

④ 斌椿:《乘槎笔记》,湖南科学技术大学出版社1981年版,第28页。

⑤ 参见刘锡鸿、张德彝《英轺私记·随使英俄记》,钟叔河编,湖南人民出版社1986年版,第157—159页。

势比之战国无殊。其中或王或伯，各国争雄，大抵以甲兵而谋土地耳"①。
而曾纪泽、黎庶昌也有类似观点。②

薛福成、曾纪泽曾在其日记中坦言，西洋学术皆源于中国。③ 按曾纪泽的话说，从资源有限性角度看，中国的现在即是西洋的未来，"尝笑语法兰亭云，中国皇帝圣明者，史不绝书，至伯理玺天德之有至德者，千古惟尧舜而已。此虽戏语，然亦可见西人一切局面，吾中国于古皆曾有之，不为罕也。……财货不足，则器皆苦窳，苦窳，则巧不如拙。中国上古，殆亦有无数机器，财货渐细，则人多偷惰而机括失传。观今日之泰西，可以知上古之中华，观今日之中华，亦可以知后世之泰西，必有废巧务拙，废精务朴之一日。盖地产有数，不足以供宇宙万国之繁费，则由精而入粗者，势使然也"④。而郭嵩焘实际上也持此类观点，他在牛津大学见其学位制度后认为，此"略仿中国试法为之……此实中国三代学校遗制"，不过"汉魏以后士大夫知此义者鲜矣"！但这与他在前往英国途中所言"西洋立国自有本末，诚得其道，则相辅以致富强，由此而保国千年可也"⑤有不同，因为他曾经认可西洋是独立于中国的文明。

承认西洋是独立于中国的文明，似乎表明作者平等对待西洋文化的态度，但这里仍然有着作者强烈的文化主体认知，不过是较弱于"西学中源说"的版本罢了。因为，它实际上仍有将西洋学问纳入儒家知识体系之"西方学"的可能。⑥ 王韬有据陆象山"东西二圣"之言类比中西文化，即"问余中国孔子之道与泰西所传天道若何？余应之曰：'孔子之道，人道也。有人斯有道。人类一日不灭，则其道一日不变。泰西人士论道必溯原于天，然传之者，必归本于人。非先尽乎人事，亦不能求天降福，是则

① 林铖、张德彝等：《西海纪游草·乘槎笔记·诗二种·初使泰西记·航海述奇·欧美环游记》，钟叔河编，岳麓书社 1985 年版，第 570 页。

② 参见曾纪泽《出使英法俄国日记》，钟叔河编，岳麓书社 1985 年版，第 15 页；黎庶昌《西洋杂志》，钟叔河编，湖南人民出版社 1981 年版，第 180 页。

③ 参见薛福成《出使英法义比四国日记》，钟叔河编，岳麓书社 1985 年版，第 133 页；曾纪泽《出使英法俄国日记》，钟叔河编，岳麓书社 1985 年版，第 177—178、193 页。

④ 曾纪泽：《出使英法俄国日记》，钟叔河编，岳麓书社 1985 年版，第 177—178 页。

⑤ 郭嵩焘：《伦敦与巴黎日记》，钟叔河编，岳麓书社 1984 年版，第 91、379 页。

⑥ 关于儒学"西方学"的内容，详情参见陆锋明《西学东渐与明末的"西方学"》，硕士学位论文，苏州大学，2004 年。

仍系乎人而已。夫天道无私,终归乎一。由今日而观其分,则同而异,由他日而观其合,则异而同。前圣不云乎:东方有圣人焉,此心同,此理同也。西方有圣人焉;此心同,此理同也。请一言以决之曰:其道大同.'诸问者俱为首肯"①。"孔子之道"在王韬那里仍然是文明的标杆,西洋文明是在与其对照之中获得独立性的承认,即表明他是在其儒学体系中安顿西洋文明。当然,作为承认西洋文明独立性的中国言说,这已有所进步。

与之相比,王之春的观点则更为激进,他强调,"近日皆云西人但讲求商务,不知孟子已启其端。其云,市廛而不征,法而不廛,则天下之商皆悦,而愿藏于其市矣。是即言商务也"。但问题在于,重农抑商乃是传统儒家的基本命题,王之春对此却视而不见,至少没有对此做出恰当解释。同时,他还认为,中学能够拯救西洋政治。王之春在诊断俄罗斯乱党试图"易君主为民主"之时即建议,俄罗斯"宜急讲中学,俾读论孟五经使知纲常之理,则在下者自不敢侵凌其上"②;且认为西人翻译中国四书五经,是"吾道西行"的标志。

与此同时,西学也刺激儒生重新诠释中国经典,即时而夹带西洋现代观念,时而革新传统观点,试图在重新诠释儒学核心观点的基础上建构出一套全新的政制观念以拯救晚清政治。宋育仁因议院制度而有对《周礼》三询制度的思考,尝试以士大夫为主体建构中国议院;③因西洋"以刑弼教"而反思中国刑政,从儒学经典中找到传统刑法思想,即刑法以"禁暴止奸"而"弼教安民",单纯"弼教"无法安民,主张借西洋刑法重新建构以"伦常为大例"的"禁暴止奸"刑罚体系而导向"弼教安民";在他看来,这是一种特殊的返古方式。④

事实上,这里将游西记作者们的"以中释西"解释为立场而非方法,乃有特定的理由,因为他们并非有学术自觉,如当下的学人一般扩展中西文化比较的视野,而是人初遇异域文化的自然反应。中国传统的知识在这

---

① 王韬等:《漫游随录·环游地球新录·西洋杂志·欧游杂录》,钟叔河编,岳麓书社 1985 年版,第 97 页。

② 参见王之春《使俄草》,沈云龙编,台北:文海出版社 1967 年版,第 251—252、458 页。

③ 参见朱俊《宋育仁"教权"议院考论》,载《法律史评论》(第 9 卷),法律出版社 2017 年版。

④ 详情参见宋育仁《泰西各国采风记(节选)》,载朱维铮编《郭嵩焘等使西记六种》,生活·读书·新知三联书店 1998 年版,第 356—358 页。

里实际上是认识西洋文化真相的"墙"，虽然有比较研究成果表明，无论是否有意识地"误读"，均有可能给文化交流带来正面的效应，当然也有负面的影响，但就晚清中国认识西洋这一特定历史情境而言，真实的西洋恐怕更为重要。传统的知识毕竟无法如包袱般"抛弃"，人总是活在过去之于未来的限定当中。

可能还有解释认为，此时"以中释西"的立场乃受"经世致用"救时策略的影响，西洋不过是晚清政局艰危的一剂资源而已。① 在这一中国传统语境中解释"以中释西"也未尝不可，不过是角度不同而已。

第三节 从"中国"理解"西洋政制"观念

一 "三纲五常"与平等观念

平等作为西洋政制观念的核心，是推动现代西洋政治发展的强大动力之一。它并非等同、平均，而是一种衡量标准，是针对某种东西的要求的比较与衡量的尺度。② 在农业社会它表现为经济平均主义，在工业社会则是权利与机会的平等。③ 在西方，平等有不同的侧面与层次，从人格平等发展到司法上的平等，再到立法上的平等；④ 从人身平等发展到机会平等，再到福利等；⑤ 且这些平等均具体而实在地属于个人，并非抽象而存在于理念。中国人此时走进西洋，如果不通读相关典籍就不可能看到这种观念的发展脉络，他们往往看到的仅是平等观在 19 世纪后半叶的某些情况。因而，中国农业社会所孕育的平等观必然会在某种情况下与西方工业社会的平等观发生冲突。

在人格方面，以男女平等来说，在强调"亲亲""尊尊"的中国世

① 参见田中阳、梁振华《正道洵艰："近代化"的反刍与今思》，《湖南师范大学社会科学学报》2006 年第 4 期。

② 参见韩水法《平等的概念》，《文史哲》2006 年第 4 期。

③ 参见韩水法《论两种平等观念》，《中国社会科学院研究生院学报》1988 年第 4 期。

④ 参见向达《沈家本的人格平等观及其在清末修律中的尴尬》，《南华大学学报》（社会科学版）2009 年第 4 期。

⑤ 参见周濂《中西语境下的平等观》，《东方早报·上海书评》2012 年 12 月 9 日第 1 版。

界，"君君""臣臣""父父""子子"乃是天道伦常；而西洋则在工业革命之后，基于工业对劳动力的需求而逐渐放开了对女性的束缚。但在游西记作者的眼中，首先即对西洋的绅士风度表示难以理解。斌椿在1866年开往欧洲的班轮上发现，"每起，则扶掖登船楼，偃卧长藤椅上。而夫伺其侧，颐指气使，若婢媵然"①。张德彝在"蒲安臣使团"考察欧洲时也有此看法，且其在1870—1872年随崇厚访问法国时仍有类似看法。直到钱德培出使德国，这一想象的解释才开始转变，他认为，"序次尚右，乘车步行女右而男左者，在彼欲便于扶携，非女重于男也"。然而，钱德培同时也指出，"然我观之仍合男左女右之例，婚嫁之后，姓仍从夫，中馈之外，一切事务女人不与焉"②。他仍然是在传统中理解西洋。③

在司法平等上，不得不提及法律面前人人平等这一现代价值，游西先生们对此的态度，可从张德彝关于王室出行无异庶民、官民男女一律葬于教堂的惊讶中看出来。④从中国礼法的角度讲，他的惊讶可以理解。但这实际上还与法律面前人人平等无涉，它强调的是法律对待上的一视同仁。在这方面，郭嵩焘在香港时感慨，"因论西洋法度，务在公平，无所歧视；此间监牢收系各国人民之有罪者，亦一体视之"；而后，他看到美国使节西华因事被控而毫无意外，"盖西洋律法，贵贱所犯，科罪一也。而西华为人极稳练，乃至朋比为非，亦殊出意外"⑤。张德彝在《五述奇》中发现，德国"凡国家公产与民间私产，同一章程。倘与民间田产相连，侵占致讼，则归按察司持平公断，不得偏袒"⑥。凤凌看到，西洋"无论何人，一体惩办，据理论断，更无袒护徇私之弊"，"无分贵贱，刑无论贫富，有犯必惩，全无区别，至于情面关节，虽不敢信其必无然，未尝闻

---

① 斌椿：《乘槎笔记》，湖南科学技术大学出版社1981年版，第11页。

② 钱德培：《欧游随笔》，清光绪刊本，上卷，第10页。

③ 关于这方面，参见张德彝《欧美环游记》，左步青点，米江农校，湖南人民出版社1981年版，第59页；张德彝《随使法国记》，左步青点，钟叔河校，湖南人民出版社1982年版，第157页。

④ 参见林铖、张德彝《西海纪游草·乘槎笔记·诗二种·初使泰西记·航海述奇·欧美环游记》，钟叔河编，岳麓书社1985年版，第483、494页。

⑤ 郭嵩焘：《伦敦与巴黎日记》，钟叔河编，岳麓书社1984年版，第38、422页。

⑥ 张德彝：《稿本航海述奇汇编》（五），北京图书馆出版社1997年版，第280页。

其显有所可恃者"①。从这里对法律面前人人平等的描述看，游西记似乎基本认同了这一理念。但薛福成却认为它与中国圣教伦理有内在冲突，"国家定律，庶民不得相殴。子殴父者，坐狱三月，父殴子者，亦坐狱三月。盖本平墨氏爱无差等之义，所以舛戾若此。此其父子一伦，稍违圣人之道者也"②。王之春表示赞同，"国家定律，庶民不得相殴，子殴父，坐狱三月；父殴子，亦坐狱三月。抑何政令之舛□乃尔也。此殆墨氏爱无等差一说误之耳"③。由此看来这一冲突不过是清末变法修律争论的前奏而已。

事实上，难以理解绅士风度，难以理解法律面前人人平等，那就更难以接受西洋女权运动的主张。张德彝有记录到英国女权运动的情景。钱德培对此发表了一番评论，认为女子参政有违纲常伦理，那女王听政也不过是带着耳朵过来罢了。曾纪泽也持类似看法，"英国敬重妇女，相习成俗，他国视之已为怪诧，而妇人犹以不得服官、不得入议院预闻国政为恨。甚矣，人心之难餍也"④。但李圭对此却提出不同看法，认为英国妇女参政要求，"语颇创闻，于彼亦似有理"，因为英国男女同受教育，而"妇女灵敏不亚男子，且有特过男子者，以心静而专也。若无以教导之提倡之，终归埋没，岂不深负大造生人之意乎"，女性中也出人才，而人才盛则国家强；中国三代亦有女学，"周室东迁，妇德亦衰"，"女子无才便是德"更是误尽中华，他主张恢复女学。就此看来，李圭思想还蛮开放，但其一句"倘得重兴女学，使皆读书明理，妇道由是而立，其才由是可用。轻视妇女之心由是可改，溺女之俗由是而自止。若英美妇女之议，则太过矣"⑤ 却表明，他是在妇女解放对于社会贡献的意义上有此主张，与女权运动强调其政治上的权利仍有相当的距离。⑥

因为在游西记的视野中，西洋女性已经在法律上获得了相当的权利：

---

① 参见凤凌《游馀仅志》，中华民国十八年刊本影印本，下卷，第 20、29—30 页。

② 薛福成：《出使英法义比四国日记》，钟叔河编，岳麓书社 1985 年版，第 272 页。

③ 王之春：《使俄草》，沈云龙编，台北：文海出版社 1967 年版，第 321 页。

④ 曾纪泽：《出使英法俄国日记》，钟叔河编，岳麓书社 1985 年版，207 页。

⑤ 李圭、徐建寅等：《漫游随录·环游地球新录·西洋杂志·欧游杂录》，钟叔河编，岳麓书社 1985 年版，第 237—238 页。

⑥ 参见张德彝《欧美环游记》，左步青点，米江农校，湖南人民出版社 1981 年版，第 129 页；钱德培《欧游随笔》，清光绪刊本，上卷，第 11 页。

在政治方面，陈兰彬发现，美国陪审团中有女性参与，"查西例，理刑衙门陪审人员，俱以男人为之，独该郡（拉拉米郡）陪审用女人"①。在继承方面，志刚随"赫德使团"考察时发现，"泰西立君，虽不拘于男女"②；张德彝第四次出洋时发现英国继承法上有男女平等继承这一原则体现。③ 在教育方面，王韬等看到，"英人最重文学，童稚之年，入塾受业，至壮而经营四方；故虽贱工粗役，率多知书识字。女子与男子同"④。在就业方面，张荫桓等观察到，"美各部书佣，男女并用，其工资由考取递升不尽，请托视部务繁简，多或二千余人，少亦千数百人，女工可以谋食"⑤。因而，在他们看来，西洋女性已经获得如此多的权利，现在还想要谋求更多权利，实在是贪心不足！

由此看来，西洋的平等观念内在地与"三纲五常"有着必然的冲突，此时的游西记多是在表面上对其表示认同，一旦深入冲突之中，则畏首畏尾，难有实质性的理解。

二 工具理性与自由观念

自由作为西洋社会存在的基本价值，游西记不可能没有注意到。据冯天瑜的考证，志刚在《初使泰西记》中最先用"自由"对译 freedom。⑥ 此外，据章清的研究，自由进入中国，除却音译之外，其意译有"自主""自立""自由"等，⑦ 而据此以检索此时的游西记，其中有"自主"一词的包括郭嵩焘、曾纪泽、张德彝、刘锡鸿、崔国因、黎庶昌、凤凌、邹代钧，其中有"自立"一词的有曾纪泽、邹代钧、薛福成、张德彝、郭嵩焘、崔国因、刘锡鸿、钱德培、张荫桓，其中有"自由"一词的有薛福

① 陈兰彬：《使美记略》，陈姜校注，《近代中国》2007 年第 17 辑。

② 志刚：《初使泰西记》，钟叔河编，湖南人民出版社 1981 年版，第 118 页。

③ 具体内容参见刘锡鸿、张德彝《英轺私记·随使英俄记》，钟叔河编，湖南人民出版社 1986 年版，第 593—594 页。

④ 王韬等：《漫游随录·环游地球新录·西洋杂志·欧游杂录》，钟叔河编，岳麓书社 1985 年版，第 107 页。

⑤ 张荫桓：《张荫桓日记》，上海书店出版社 2004 年版，第 17 页。

⑥ 参见冯天瑜《经济·社会·自由：近代汉字术语考释》，《江海学刊》2003 年第 1 期。

⑦ 参见章清《"国家"与"个人"之间：略论晚清中国对"自由"的阐释》，《史林》2007 年第 3 期。

成、郭嵩焘、崔国因。简单说，国人在这一时期正式接触过西洋的自由，也在某些情况下使用过自由的某种含义，当然也不排除此中有自由的传统用法。这是词源学上的事情。本书并不想从此出发，而愿意直接谈论有关自由的某些制度性观念。经检视，此时的游西记观察到西洋的言论自由、出版自由、新闻自由、结社与集会自由等方面，这是对西洋具体自由的意义阐发，涉及法律自由、个人自由等内容。此外，尚有关于自由保障制度的认识，放在法治观念中考察，涉及政治自由的地方自治制度则在制度部分分析。

就言论自由，郭嵩焘认为，"英国一二百年来，于此独示宽典，不禁人民之非议朝政，一恣其所为；以为不过践蹈一坪草、断折数株树枝而已，不能为他害也"[1]。但他很快在报章上看到德国对言论自由的限制。[2]他发现，德国人将言论自由与议会制挂钩，声称它对议会制度至关重要。

就出版自由，涉及当时的出版物检查制度。张德彝在《随使法国记》中提到，"法京有人撰小说唱本以售者，多有手执一本，沿途自唱。男女围而听者。多随而行之。然每书必经官验，其淫词以及有碍于公事风俗者，一律禁止"。这里，出版物检查制度的底线是不得有碍公事风俗。张德彝在《随使英俄记》中坚持这一认识，[3]且记录了英国法律关于这方面的规定，"记英例：凡人造成一书，必先呈伦敦博物院及敖克斯佛与堪卜立址二大学院各一本，以为存稿。经官察验，无违碍词句及引诱误人之处，始许刊售。凡书未经官验者，不得在本国出售。然其书苟有伤风败俗之处，虽在外国，被官查出，本国亦必监禁其人而惩治之"[4]。他认为，这一制度非常好，执行这一制度则意味着"坏人心术之书"就不能遍布于书肆。这里有两点值得关注，即出版物检查的原则在于"无违碍词句及引诱误人之处"，且在国外出版而有"伤风败俗之处"也将被惩罚，这是事先检查制度，而郭嵩焘的观察也表明这一制度的存在。[5]但张德彝在《五述奇》中却发现德国在这方面的规定有不同，其实行的是事后检查制

① 郭嵩焘：《伦敦与巴黎日记》，钟叔河编，岳麓书社 1984 年版，第 503 页。
② 参见郭嵩焘《伦敦与巴黎日记》，钟叔河编，岳麓书社 1984 年版，第 866—867 页。
③ 参见刘锡鸿、张德彝《英轺私记·随使英俄记》，钟叔河编，湖南人民出版社 1986 年版，第 384—385 页。
④ 同上书，第 266、524 页。
⑤ 参见郭嵩焘《伦敦与巴黎日记》，钟叔河编，岳麓书社 1984 年版，第 425 页。

度，"从前新刊书籍新报等，必先交巡捕阅看，然后发行。现则听其自便。惟内中如有违背律法之处，自应照章究办。凡淫书淫画及一切伤风败俗之事，巡捕查着，当即扣送按察司"①。总而言之，他们非常关注西洋的出版检查制度，对其功效青睐有加。

而言论自由与出版自由相遇，构成了新闻自由。刘锡鸿认为，报纸即是清议所系，乃朝野之人辩论政治的地方，"伦敦新闻纸，乃清议所系。国主每视其臧否，为事之举废弛张。……论政者之有所刺讥，与柄政者之有所伸辩，皆于是乎著"②。在这一问题上，郭嵩焘与之不谋而合，"西洋一切情事，皆著之新报。议论得失，互相驳辨，皆资新报传布。执政亦稍据其所言之得失以资考证，而行止一由所隶衙门处分，不以人言为进退也。所行或有违忤，议院群起攻之，则亦无以自立，故无敢有恣意妄为者。当事任其成败，而议论是非则一付之公论。《周礼》之讯群臣、讯万民，亦此意也"③。他不仅认为报纸是英国政治的关键所在，而且认为报纸使朝野相互制衡而"无敢有恣意妄为者"，显然窥得西洋新闻自由的真谛，但对朝野为何能够相互制衡却无所着墨。且他是用《周礼》上的三讯制度来理解。

崔国因则看到美国新闻自由与国会制度之间的关系，即"议院通上下之情，报馆发幽隐之慝，而小人之忌惮常存矣"④，新闻自由保障了政治的清明，是国会制度（乃至美国政制体制⑤）的关键所在。相比之下，李圭仅看到报纸的信息传播功能，他说，"窃观西人设新报馆，欲尽知天下事也。人必知天下事，而后乃能处天下事。是报馆之设，诚未可曰无益，而其益则尤非浅鲜"⑥。宋育仁则对新闻自由有独到见解。他首先注意到

① 张德彝：《稿本航海述奇汇编》（五），北京图书馆出版社1997年版，第322页。

② 刘锡鸿、张德彝：《英轺私记·随使英俄记》，钟叔河编，湖南人民出版社1986年版，第73页。

③ 郭嵩焘：《伦敦与巴黎日记》，钟叔河编，岳麓书社1984年版，第401页。

④ 崔国因：《出使美日秘日记》，胡贯中注，刘发青点，黄山书社1988年版，第107页。

⑤ 崔国因并没有提到新闻自由对于美国政制的重大意义，而是笔者认为它有这样的高度。崔国因观察到的是它与国会制度之间的内在关系，并没有更进一步。但我们不能以今天的知识来强求古人。

⑥ 李圭、徐建寅等：《漫游随录·环游地球新录·西洋杂志·欧游杂录》，钟叔河编，岳麓书社1985年版，第285页。

英国办报需经政府许可，审查其章程等内容，"凡立报馆，必请于国家。国必允行，但由官考察章程，禁其诈索人财。有犯者，本馆察知，立去其人"。其次，他观察到"新闻自由"原则在英国的底线，即"今其记闻传播，但无造言恶詈，余俱不讳"。最后，他对新闻自由的解读隐约呈现出"言论市场"原理的气象，即"政虽不以此决从违，民得因此知国事。论治民心，一时遍国中百姓或及联名献议，两院议允，及得施行。故国政报馆亦自重声望，不妄发言"①。宋育仁认为，思想在报刊上刊载而在国内传播，以其思想特质而影响国人，从而让国人与政治家在思想世界中自由选择。

此外，尚有结社与集会自由的内容。张德彝在《五述奇》中观察到德国，"百姓立会，皆可允准，惟不准会合成一大会而论国事。苟有谈论国事之会，乃限定三天内将会中一切章程及会员姓名，送交巡捕。又放百姓会集议事，原可允准，但若关乎国事，必于二十四点钟之前，告知巡捕。倘违背此章，或会时另有犯法之事，巡捕则有逐散之权"②。他强调，集会一般不能谈论国事，如有谈论则必须提前向警察局提交相关信息，否则警察有强行解散集会的权力。

以上乃是此时的游西记关于西洋法律自由、个人自由的制度性观念，如果将之与近代进入中国的自由观念做一对比，我们发现，游西记的认识更为具体，且其国家与个人的纠结情况并没有国内那般严重。③ 然而，如果将对自由的认识区分为工具性与价值性的话，这一有关自由的认识仍然只是在工具理性的层面，因为它强调实用价值与责任伦理，从以上引文可明显地发现，游西记极为关注自由制度对国家的功能性意义，郭嵩焘对言论自由的认识，张德彝对出版自由的分析，以及刘锡鸿等对新闻自由的介绍都不出此，他们没有在价值层面上认可自由，自然也无所谓信念伦理上对自由的渴望。然而，这些制度毕竟作为对自由的保障与限制，实际上也呈现出法律下的个人自由空间。作为具体化的制度认识，它远比作为观念的自由认识更为具体和可操作。但也仅仅只是自由的一个方面，关于自由

---

① 宋育仁：《泰西各国采风记（节选）》，载朱维铮编《郭嵩焘等使西记六种》，生活·读书·新知三联书店1998年版，第379页。

② 张德彝：《稿本航海述奇汇编》（五），北京图书馆出版社1997年版，第322—323页。

③ 自由主义在近代中国的纠结情况，可参考章清《"国家"与"个人"之间——略论晚清中国对"自由"的阐释》，《史林》2007年第3期。

作为政府权力的限制, 则没有涉及。而实际上, 从张德彝、刘锡鸿对法律下的自由的分析看, 他们主张的乃是法律对自由的限制, 而非自由对政府权力的约束。他们还没有看得那么深远。

三　"治法" 思维与法治观念

中国自有其 "法治" 观念, 但这一观念是放在 "政道" ("治道")、"治法" "治术" 以及 "治人" 与 "治法" 等范畴下展开, 与西洋法治具有完全不同的内涵。如果从商鞅难题 "法之不行自上犯之" 以及 "使法必行之法" 无法找到的困惑角度看, 中国的 "法治" 不寻求自身突破就无法解决这一难题, 因为它始终困在 "人治" 这一范畴之内。① 西方 "法治" 则强调其与 "人治" 的对立而获得了独立的价值。那么, 在这种中西二元的格局中, 游西记又将如何理解法治呢?

在 "法治" 问题上, 刘锡鸿一开始就表示了某种意义上的不理解。他说, "英之制刑虽宽, 政令则甚严。凡其民小有忿争, 或动止稍不如法, 则巡捕弋获之, 致诸其长而诘禁焉, 故其设狱特多"。正面理解, 是说英国人刻板执行法律; 但反过来理解, 刘锡鸿在这里实际上是纠结于英国法的执行没有像中国一样强调 "人情"②, 他是在中国的人治观念中理解英国的法治。正因此, 马格理在与其讨论中国人在国内为何不守法时, 将之与英国法比较, 强调 "中国法密而不果行, 行之亦不一致, 故人多幸免心", 即 "中国待官吏宽, 有罪未必皆获谴, 获谴未必终废弃, 故敢于干冒典刑, 以为民倡, 民视其所为, 不服于心, 遂藐官并以藐法"; 且 "中国官各有界限, 百姓非所管辖, 虽目睹其恶, 亦隐忍以避嫌, 故官势孤, 而耳目难遍"; 并非刘锡鸿所谓的 "驭众难于驭寡也"; 中国目前的要务是 "整饬法度, 使之必行, 然后可及船炮。法度修明, 人自敬畏, 不生觊觎心", 否则可能 "台高而薄", 浪费钱财; 刘锡鸿听罢, 无言以对, 而只能 "漠然久之"③。这里, 马格理从法治的观念出发, 认为中国法律

---

① 参见程燎原《中国法治政体的始创——辛亥革命的法治论剖析与省思》,《法学研究》2011 年第 5 期。

② 这里的 "人情", 乃需要在 "天理—国法—人情" 这一范畴下理解。详情可参见朱俊《"情理法" 的西方困境及其疗治初探》,《重庆大学学报》(社会科学版) 2013 年第 5 期。

③ 刘锡鸿、张德彝:《英轺私记·随使英俄记》, 钟叔河编, 湖南人民出版社 1986 年版, 第64 页。

因其管辖上的多头而导致管辖存在盲区与责任规避现象，法律执行不力是很明显的事情，而这导致法律权威的丧失，官民都能在此中选择"机会主义"的做法；而刘锡鸿对此的解释"驭众难于驭寡"，则显然是人治观念的呈现；两种观念在"法之不行"这一问题的思考中碰撞，从法律自身出发的认识明显比从人的视角出发的判断更为符合问题的逻辑，因而刘锡鸿无言以对。

这是人治思维与法治思维的碰撞，法治思维的优势在此凸显出来。其实，并非只有刘锡鸿从人治视角看西洋法治，张德彝也是。他从政治的角度解释英国的法治传统，因为"地方官好名不好利，不以威吓愚民"，所以"民不畏官而敬官，不畏例而尊例"。[1] 即是说，从政治立场解读法律，乃是国人的传统。且据梁治平先生的研究，中国法律起源于战争与族长权力传统，它形构了中国法律的"家国一体"模式，法律天然是镇压的工具，因而形成了国人从政治立场研究法律的传统。[2] 他们不过是这一传统的接班人而已。

当然，也有人尝试突破人治思维而向法治思维迈进。在法律的认识上，郭嵩焘见识西洋"法治"越是深入，越是发现其与中国"法治"的差异。他说，"圣人之治民以德，德有盛衰，天下随之以治乱。德者，专于己者也，故其责天下常宽。西洋治民以法。法者，人己兼治者也，故推其法以绳之诸国，其责望常迫。其法日修，即中国之受患亦日棘，殆将有穷于自立之势矣。中国圣人之教道，足于己而无责于人。即尼山诲人不倦，不过曰'往者不追，来者不拒'而已"[3]。他发现，中国是为德治（人治），其盛衰、治乱的根由在帝王一人，其内在性致使责任性强调得过于宽泛；而西洋为法治，强调法律的正义与平等，故其对责任性的要求更为迫切；因而将这德治与法治对比，那法治就有明显的优势；然而，中国圣教自身并没有法治的内容。这是一方面，而另一方面则是郭嵩焘在此阐明，法律在中国政制中不过是帝王统治术的工具而已，因为一国盛衰、治乱都仅系于帝王，其他因素就都只能是其手段；而对西洋来说，法律所

---

① 参见刘锡鸿、张德彝《英轺私记·随使英俄记》，钟叔河编，湖南人民出版社 1986 年版，第 64—65、122、508 页。

② 参见梁治平《法辨：中国法的过去、现在与未来》，中国政法大学出版社 2002 年版，第 61—92 页。

③ 郭嵩焘：《伦敦与巴黎日记》，钟叔河编，岳麓书社 1984 年版，第 627 页。

代表的平等、正义是法律的价值，其内在理念成为人追求的目标。即是说，郭嵩焘在此认为，法律在中国乃是工具理性的，在西洋乃是价值理性的。

然而，郭嵩焘的继任者曾纪泽却并不这么认为，他在日记中讨论西洋警察法时发现，"知中国之所谓兵者，仅如西洋巡捕之职役耳。其所以异者，中国之兵隶于官，与西洋之兵同，而西洋之巡捕则隶于民也。兵隶于官，则兵民之气不通，故往往有用兵以禁暴诘奸，而百姓藏奸匿盗以掣兵与官之肘者。巡捕隶于民，百姓纠众集资，以养巡捕，以靖闾阎。……是故法纪者，国家之所以治百姓也。法纪之行与不行，其关键仍在百姓，而不在国家"①。意思是，法律是国家治理百姓的，如果百姓支持法律，那么法律自然运行得良好。这并没有错，但关键是，他将西洋的法治思想嫁接到中国的治法思想上，这就闹了笑话。实际上，西洋法律之所以能运行良好，是因为西洋的政体将国家权力进行了制衡性配置，而后通过选举制来获得合法性，法律因其合法性与至上性而能良好运行。但这毕竟是他们对法治的理解，对与错均是他们的理解，而理解需要长时间的观察、交流与思考。在此过程中，自然有思维模式、法律理念的摩擦与碰撞。正是在此中，有关法治的智慧火花正在生成。

在习惯与法律的关系问题上，张德彝关注到"善与法"范畴。他认为，"中国国家取民有制，一视同仁，政至善也。乃体恤民情，而知恩者鲜，相沿已久，易辙殊难。故一收铺税，而众商罢市；一收房税，而民谤沸腾。外国赋税烦兴，多方搜索，而民不意味苦。盖历遵成宪，视为固然。孟子曰，徒善不足以为政，徒法不能自行。其信然欤。迩来英国男女之骑脚踏车者日众，于是官定新章，火车本有行人应带之行李，惟此车不得列入，车费当与人同，亦前所述及之犬无异也"。抛开张德彝对西洋税制本身的看法，就法律与习惯关系这一法理学的基本问题来看，他在此强调习惯养成对于法律制定以及法律执行的重要性，在某种意义上，习惯乃是法律的正当性渊源，一如张德彝所言，"相沿已久，易辙殊难"②。然而，张德彝并未意识到这一思想火花的学术价值。

在权利与责任问题上，宋育仁肯定西人权利必争的作风。从"欧人于

---

① 曾纪泽：《出使英法俄国日记》，钟叔河编，岳麓书社1985年版，第781—782页。
② 张德彝：《稿本航海述奇汇编》（七），北京图书馆出版社1997年版，第595页。

干涉权利者，毫末不让，而有服善之公。由其法密，剖析毫芒。两人交涉，各有律师相持，以争止争。虽欲矫为不服而无所遁。视型仁讲让之风，固卑无高瞻，然今中国教驰俗弊以争为己，而以让责人，反不如彼之毫末必争，是非必辨也"①这一段文字看，宋育仁认可法律对权利归属的"定分止争"功能，即它在确定权利归属之时是在明辨是非，能以理服人而培养品德。

在保障法治的司法独立方面，刘锡鸿观察到英国司法独立的状况，"刑司以其律例，与国君抗衡。其尊崇均若特席，非老死不易其人"②。他在这里较为精准地抓住了司法独立的实质，即独立的司法权能形成对行政权的制衡而非掣肘。张德彝《随使英俄记》、张荫桓也表示赞同。而邹代钧则总结到，"以泰西通例，国王有罪，刑官得而治之。刑官非国王所得而臣也"③。他们显然认识到司法独立的两个方面，即司法权作为最高权力的一部分与其他权力乃是并立的关系，且其身份独立需要制度上的保障，一如刘锡鸿所言，法官"尊崇均若特席，非老死不易其人"④。而张德彝《五述奇》则进一步说明，"凡掌理刑名之官与地方政治之官，分为两途，截然不同……民间词讼及罪犯定刑，概由按察司主政"，且"按察司一官，体制甚尊，上无统属，虽君主亦不得掣其权"，"如地方官与民间公举之员意见不合，互相讦讼者，上达于省官，亦有专理官民互讦之按察司断其曲直。其他概不与闻"，并"各按察司皆经考取而后授职。其俸薪按照当差年限逐渐加增。国家不能褫革之权，亦不能调任别部。如按察司被人控告，应候别员审理，或留或革，一从公断"。⑤他认为，司法独立实际上还包括司法事务的独立、法官资质的保障。很显然，游西记中西洋的司法独立包括：司法权是独立于王权的最高权力，司法权所管辖的司

---

① 宋育仁：《泰西各国采风记（节选）》，载朱维铮编《郭嵩焘等使西记六种》，生活·读书·新知三联书店 1998 年版，第 393 页。

② 刘锡鸿、张德彝：《英轺私记·随使英俄记》，钟叔河编，湖南人民出版社 1986 年版，第85 页。

③ 参见刘锡鸿、张德彝《英轺私记·随使英俄记》，钟叔河编，湖南人民出版社 1986 年版，第 64—65、384 页；张荫桓《张荫桓日记》，上海书店出版社 2004 年版，第 17 页。

④ 刘锡鸿、张德彝：《英轺私记·随使英俄记》，钟叔河编，湖南人民出版社 1986 年版，第85 页。

⑤ 张德彝：《稿本航海述奇汇编》（五），北京图书馆出版社 1997 年版，第 303—309 页。

法事务独立于其他事务，司法官必须有资质上的要求与身份上的保障——薪金、职位等方面。这虽未包括经济与体制独立方面的内容，但其认识在当时也算深刻，因为它没有停留于表面。

在法律人共同体方面，宋育仁特别观察到它对法治的重要性。在他看来，"听讼与执讼者，一出于学校，譬若一师所传，是非同异，不甚相远，有繁难争执，疑而后决"，确实能给当事人带来法律上的公正；且在这种律师推动法律运作的过程中还能推动法律的发展，即"会同学院、学会，关于刑部，修改律例"。正是在此意义上，律师作为法律人共同体的核心就显得非常重要，但国人将之译为"讼者"，"一字之蒙，遂无从推考其国内之治法，失之远矣"。因而，他主张中国也当实行这一制度，即"主听讼者，律士也；佐听讼者，律士也；代两造执讼者，亦律士也。又有公断人助之，参决然否，故情无不通，而案无遁饰，无沉冤之狱"；至于说"中国酷吏贪职枉法、刑名幕友救官不救民固"，是"律士唆讼舞文，积弊亦深。然事多败露，则其人在学校、学会之望顿损，碍于宦达。故律士之能者每不为，其次者为之而无害国纪"①。即是说，宋育仁主张在引进西洋司法体系时，必须注重培养法律人共同体，以此共同体推动法律发展以及法治实现，避免"讼棍"陋习。

四　"游西记"中的现代政体观念

中国古有"政体"一词，汉代荀悦有《申鉴·政体》篇，其言"承天惟允，正身惟常，任贤惟固，恤民惟勤，明制惟典，立业惟敦，是谓政体也"；唐代吴兢有《贞观政要·论政体》篇，即"自此百官中有学业优长兼识政体者，多进其阶品，累加迁擢焉"；明代何良俊有《四友斋丛说·史一》，言"若将六部案牍中有关于政体者一一录出，修为一书，则累朝之事更无遗漏矣"。此"政体"皆为政要领之意，不同于西方关于政体的界定。

希罗多德在《历史》中将古希腊城邦政治制度分为三类，开启了西方政体学说的先河。② 亚里士多德认为，政体是城邦一切政治组织的依

① 宋育仁：《泰西各国采风记（节选）》，载朱维铮编《郭嵩焘等使西记六种》，生活·读书·新知三联书店1998年版，第352页。

② 参见汤林刚《政体分类学说的演变和发展》，《中外法学》1992年第3期。

据，着重于政治所由以决定的最高治权的组织。[1] 他根据德性以及政治权力的不同而将政体分为六种类型，奠定了西方政体学说的基本框架。[2] 而这一学说发展到近代，已成为西方政治学、法学研究国家、政体的基础，就其本质而言，政体是国家机关权力的关系，即为政权组织形式。[3]

这一学说在近代进入中国，将之译为政体，改变了政体一词的传统含义。[4] 黄遵宪在《日本杂事诗（广注）》中即有"意亦主改革政体，但以渐进为义"之语，政体在此已非为政要领之意，而是政权组织形式之意。此后，国人以西方政体类型研究学问，张凤喈考察商周政体，认为其是民主政体。[5] 但杨升南却有不同意见，认为商代政体乃是君主专制统治。[6] 而储建国则认为，中国周代政体乃是君主混合的，有贵族制的成分。[7] 这意味着，西方的政体思想已经完全进入中国，即便吴稼祥先生提出中国古代政体形式完全不同于西方，有五种，分别是平天下（王道 A 版）、兼天下（王道 B 版）、霸天下（霸道版）、分天下（王霸道 A 版）、龙天下（王霸道 B 版），[8] 但他仍采用了政体这一概念范畴。事实上，政体问题并不在中外的概念差异上（近代中国放弃了政体的古代概念而接受了西方的政体概念），而在西方政体的功能上，即政权组织形式所具有的正当性论证如何进入中国，又如何重构传统中国的圣王德性正义论。[9]

在游西记的观察中，西洋有君主政体，即志刚所言之"泰西立君，虽不拘于男女，然唯君而不能尽君道者，国人不服，则政令有所不行，不得安其位矣。故西国君主，治法不必尽同，而不敢肆志于拂民之情，则有同揆焉"[10]。而"立君""君道""治法"表明，志刚是在中国语境中解读君

---

① 参见［古希腊］亚里士多德《政治学》，吴寿彭译，商务印书馆 1965 年版，第 129 页。

② 参见卞修全《亚里士多德政体论的重新解读》，《比较法研究》2006 年第 3 期。

③ 参见上官丕亮《政体新探》，《吉林大学社会科学学报》2001 年第 4 期。

④ 本书并未找到西方政体如何进入中国的研究。

⑤ 参见张凤喈《商周政体初探》，《社会科学战线》1982 年第 3 期。

⑥ 参见扬升南《从〈尚书·盘庚〉三篇看商代政体》，《郑州大学学报》（哲学社会科学版）1984 年第 4 期。

⑦ 参见储建国《中国古代君主混合政体》，《政治学研究》2004 年第 1 期。

⑧ 参见吴稼祥《公天下》，广西师范大学出版社 2013 年版，第 286 页。

⑨ 有关传统中国的正当性在"圣王德性正义论"理论，参见张烁《权利话语的生长与宪法变迁》，中国社会科学出版社 2012 年版，第 88—124 页。

⑩ 志刚：《初使泰西记》，钟叔河编，湖南人民出版社 1981 年版，第 118 页。

主政体；且这君主"不敢肆志于拂民之情"可解为"民心不可违"，与中国经典属同一回事。

有君民共主政体，即伍廷芳所谓"英国之政，君主之，实民主之。每举一事，百姓议其失，则君若臣改弦而更张"；其国"不必其君治事，故继世者苟自乐其乐，不与上下议院为难，正国人所祷祀求"①，说透了英国政制的实质；钱德培所谓德国"为君民共主之国，凡政令议于下，决于上……下院定议，则上之于上议院。上院定而批决于君，然后施行"②，表明君民共主政体在不同国家有不同的权力安排。

这里的君民共主制，有英国模式与德国模式。英国是议会主权国家，国家权力尽在议会，"王在议会中"虽未出场，但皇权不涉行政事务而"虚置"，乃实为"民主政体"；而德国则是德皇与议院共同分享立法权，王在议会外，乃是实际上的君民共治。因而，即便我们承认晚清士大夫参考西洋议院而提出议院主张，是作为沟通"君臣民"上下不通的应急措施，是贤人政治，那么如果是激进的士大夫，可能乐于英国模式，帝王"垂拱而治"；如果是保守的士大夫或者皇室，可能乐于选择德国模式，它是"皇帝与士大夫共治天下"③的西洋模式。

有民主政体，即《随使英俄记》所谓"法国国政，其权不归统领而归国会……统领有同二会堂会定律例之权。凡例经二会堂议定后，统领为之宣布。重犯定罪，统领斟酌画押。更有赦罪及超擢文武之权。然每施一事，必有大臣同行画押，方著为令。下会堂诸人，如六年内为统领不悦，可商诸上会堂，以为进退。众以为可，于三个月内，由举荐堂另集新人，照数公举，统领欲世传而及民政，可以下狱。若仅有不惬众意处，可以罢职，或自行引退。迨统领缺出，则二会堂即时另举，以副众望焉"④。张德彝在此详细介绍了法国权力在统领、上会堂、下会堂、内阁大臣之间的"制衡性"配置情况。

---

① 刘锡鸿、张德彝：《英轺私记·随使英俄记》，钟叔河编，湖南人民出版社1986年版，第70、190页。

② 钱德培：《欧游随笔》，清光绪刊本，上卷，第8—9页。

③ 参见张其凡《"皇帝与士大夫共治天下"试析——北宋政治架构探微》，《暨南学报》（哲学社会科学版）2001年第6期。

④ 刘锡鸿、张德彝：《英轺私记·随使英俄记》，钟叔河编，湖南人民出版社1986年版，第555—556页。

崔国因则介绍了美国民主政治的情况，"美国进退臣子之权，操之于民，并总统之去留，亦民操之，此权之所以重也……美国开国之律由华盛顿订定，政归三处：立例者，议院；行例者，总统；守例者，察院。议院有立例之权，则大事为议院主之，总统不过奉行焉耳。盖议绅、总统皆由民举，而总统仅二人，不及议绅之数百人者，但能公而不能私，为民而不为己。故事之创者，必由议院决之，此美国之创制显庸也……总统之位如传舍，部臣之置如弈棋。而其国不乱者，则以立政之权归议院，守政之权归察院。议院之绅举自民，不由总统。察院必老成硕望，始充是职。受职以后，则终其身于位而不迁移。故其人皆无所希冀，亦无所阿附。此两院者，实美国之根抵纲维，其长治久安者，此也"①。他也发现了其中的权力安排，即国家权威统一，而权力三分为立例权、行例权、守例权，且言及权力三分的部分原因，虽未及民选总统、议院的授权意义与权力分立时的制衡性，但这也表明，他们对权力的敏感性。尤其值得注意的是，崔国因对议会、法院作为"国不乱"的稳定器作用的认识，以及法官独立对于国家重要性的认识，都闪烁着智慧的光芒。

此外，李圭也留意到美官格君的提示，即"当在位日，遇事倘国人不欲行，固不能强之使行；而国人欲建一议，改一例，伯理玺天德可遏止之，众亦无如何"②。且政体在各国因其国情不同而呈现不同样态，张荫桓有所注意，他通过对美法两国的比较，认为"法、美同为民主而制度各殊。……议院权亦隆重，上院议绅三百五十六员，下院议绅五百八十六员，每员日俸五元，微薄之甚……持较美国已大相径庭矣"③。这一比较的关键不在于结论如何，而在于比较本身，它表明，国人开始关注政体与国情的关系。那么，中国当下的政体如何，如果改进又当选用哪一种，这就有了思考的可能。

这是游西记所呈现的西洋政体的大概情形。对此，郭嵩焘有一个概括性的批评，他认为，"西洋政教"太过"取顺民意"，君主之国大政都"出自议绅"，而"其君屡遭刺击而未尝一惩办，亦并不议及防豫之方"，民主美国更是工人罢工要挟，是为"西洋之一敝俗也"；当然，他对西洋政治强调

① 崔国因：《出使美日秘日记》，胡贯中注，刘发青点，黄山书社1988年版，第301—554页。

② 李圭、徐建寅等：《漫游随录·环游地球新录·西洋杂志·欧游杂录》，钟叔河编，岳麓书社1985年版，第200页。

③ 张荫桓：《张荫桓日记》，上海书店出版社2004年版，第430页。

"用人行政一与民同,而议绅得制其柄"的情形,表示高度的赞扬,认为其可为"程式"。其与"删布络"① 讨论西洋民主时仍然坚持这一观点,即"民气太嚣,为弊甚大",因为这导致各国屡有弑君谋逆之案。② 郭嵩焘认为,这是欧洲政治中君臣之纲未定的结果,即所谓"中土圣人辨上下以定民志。无君臣上下之等,则民气浮动,不可禁制。近年德、意、日诸国疾视其国政〔君〕,动至谋逆,未尝不因法国改立民政,群思仿效之……盖泰西人最喜奇迹,君臣之分未严,相视犹平等也,与中国政教原自殊异。而观删布络之言,深怀忧危之心,则以法兰西强国,立君千余年,一旦改从民政,群一国之人挈长校短,以求逞其志,其势固有岌岌不可终日者矣"。再联系郭嵩焘归国之时对马眉叔"考试政治对策八条"中的"第七条问各国吏治异同,或为君主,或为民主,或为君民共主之国,其定法、执法、审法之权,分而任之,不责一身;权不相侵,故其政事纲举目张,粲然可观。催科不由长官,墨吏无所逞其欲;罪名定于乡老,酷吏无所舞其文。人人有自立之权,即人人有自爱之意"的评论"有见地"可知,郭嵩焘对西洋政体有些纠结,一方面不重视"纲常伦理"而时有弑君谋逆之事——他无法理解此时的共产主义革命;另一方面又对西洋政体所造就的"权责明确"、政事纲张、政通人和的良善政治现实心动。从其对马眉叔对策的评价看,他试图在"三纲五常"的格局下引入西洋政制以调试传统政治。③

郭嵩焘如此思考,实际上有其原因,这基于他传统士大夫的立场,即坚持人民需要被教化的观点,自然对"民气"保持高度警惕;他坚持皇权的至上性,自然要强调"三纲五常";这意味着,他所主张的议院,实际上乃是士绅权的某种萌芽,议员的选举与被选举均在士绅中展开,那议院作为"君臣民"沟通的桥梁,在此并没有明显的分权意识,更多的乃是对传统皇权政治的改良,是在行政合法性上面做功夫。④ 因为他们并未意识到选举与授权的关系,也并未意识到议院对至高皇权的分享,此时还没有那种自觉。当然,我们知道,西方社会的议会选举最初也是局限于贵

① "删布络"应为音译名,出自郭嵩焘原书,具体人物还待考证。

② 这是当时的共产主义运动者对各国王室及大臣的刺杀活动,在郭嵩焘等人的游洋记中均有记载。

③ 参见郭嵩焘《伦敦与巴黎日记》,钟叔河编,岳麓书社 1984 年版,第 575—576、611、909、914、1010 页。

④ 参见谈火生《"民主"一词在近代中国的再生》,《清史研究》2004 年第 2 期。

族或有产者，与郭嵩焘这里的士绅有选举权非常类似，但关键的差异在于，两者的选举与授权意识是不同的，西方的选举具有非常强的授权自觉，而郭嵩焘的选举在这个地方却有所缺失。

当然，思考西洋资源的中国价值是一方面，而总结、评价西洋政制同样是很有学术价值的事情。薛福成总结了他所观察到的欧洲政体，"泰西立国有三类：曰蔼姆派牙，译言王国，主政者或王或皇帝；曰恺痕特姆，译言保国，主政者侯或侯妃，二者皆世及。曰而立泼勃立克，译言民主国，主政者伯理玺天德，俗称总统，民间公举，或七岁或四岁而一易"。但他对这种总结不太满意，于是很快又有了新的总结，"地球万国内治之法，不外三端：有君主之国，有民主之国，有君民共主之国。凡称皇帝者，皆有君主之全权于其国者也。……美洲各国及欧洲之瑞士与法国，皆民主之国也。其政权全在议院，而伯理玺天德（译作总统）无权焉。欧洲之英、荷、义、比、西、葡、丹、瑞典诸国，君民共主之国也。其政权亦在议院，大约民权十之七八，君权十之二三。君主之胜于伯理玺天德者无几，不过世袭君位而已"①。这种君主、民主、君民共主政体的总结与划分，崔国因也曾提及，"地球各国，有君主者，有民主者，有君民共主者。……大抵君民共主与民主之国，其大权皆在议院。惟君民共主者，君意与议院歧，可以散议院，而令再议，民主之国则不能。此中又有分别矣"②。事实上，这一总结奠定了晚清中国人在这一问题上的基本立场，无论是晚清革命派与立宪派的争论，还是辛亥革命实践的话语，都是在这一政体基本框架中展开的③。

---

① 参见薛福成《英法义比四国日记》，钟叔河编，岳麓书社1985年版，第104、286、557页。

② 崔国因：《出使美日秘日记》，胡贯中注，刘发青点，黄山书社1988年版，第557页。

③ 这一总结并非国内关于政体的最早版本，至少蒋敦复在1860年成书的《英志》中即有此分类："地球九万余里，邦土交错，立国之道，大要有三：一君为政，西语曰恩伯腊（中国帝王之称）。古来中国及今之俄罗斯、法兰西、奥地利等国是也；一民为政，西语曰伯勒格斯，今之美理加（俗名花旗，在亚墨利加洲）及耶马尼、瑞士等国是也；一君民共为政，西语曰京，欧洲诸国间有之，英则历代相承，俱从此号……其间操君民政教之权者曰巴力马。"（蒋敦复：《〈英志〉自序》，载《啸古堂文集》卷七，第2—5页，转引自熊月之《中国近代民主思想史》，上海社会科学院出版社2002年版，第102页）而蒋敦复的认识则来自慕维廉《大英国志》对政制的分类："天下万国，政分三等：礼乐征伐自王者出……如今之合众部是也。"（邹小站：《西学东渐：迎拒与选择》，四川人民出版社2008年版，第110页）

　　对这三种政体，薛福成有自己的判断。他认为，民主之国"政柄在贫残之愚民，而为之君若相者，转不能不顺适其意以求媚"，其依据在"民情也，所谓'天视自我民视，天听自我民听'也"，故而"其用人行政，可以集思广益，曲顺舆情；为君者不能以一人肆于民上，而纵其无等之欲，即其将相诸大臣，亦皆今日为官，明日即可为民，不敢有恃势凌人之意。此合于孟子'民为贵'之说，政之所以公而溥也"；但其缺点也正在此，"无定者，亦民情也。彼其人杂言庞，识卑量隘，鼓其一往之气，何所不至，是以不能无待于道之齐之也"，且有"朋党角立，互相争胜，甚且各挟私见而不问国事之损益，其君若相，或存'五日京兆'之心，不肯担荷重责，则权不一而志不齐矣"。薛福成以美国政治为例，说美国"惟民是主，其法虽公，而其弊亦有不胜枚举者。即如他国公使，狠愎固多有之，而美之前使西华，独以黩货著名。每受商民之赂，屡与总理衙门饶舌，甚有驶兵船以肆挟制者……"对于君主国，薛福成认为，"君主之国，主权甚重，操纵伸缩，择利而行，其柄在上，莫有能旁挠者"，故而一国的兴衰存亡均系于君王一身，"苟得贤圣之主，其功德岂有涯哉"；其弊端很明显，"上重下轻，或役民如牛马，俾无安乐自得之趣，如俄国之政俗是也，而况舆情不通，公论不伸，一人之精神，不能贯注于通国，则诸务有堕坏于冥冥之中者矣"。意思是，民主政体民气太重而弊端丛生，君主治国则全赖君主而随之沉浮，均有利弊。那他是否就钟情于剩下的君民共主呢？从"中国唐虞以前，皆民主也。……是则匹夫有德者，民皆可戴之为君，则为诸侯矣；诸侯之尤有德者，则诸侯咸尊之为天子，此皆今之民主规模也。迨秦始皇以力征经营而得天下，由是君权益重。秦汉以后，则全乎为君矣。若夫夏商周之世，虽君位皆世及，而孟子'民为贵，涉及次之，君为轻'之说，犹行于其间，其犹今之英、义诸国君民共主之政乎？夫君民共主，无君主、民主偏重之弊，最为斟酌得中，所以三代之隆，几及三千年之久，为旷古所未有也"① 这一段记载看，确实如此。他认为，这君民共主既排除了君主、民主的弊端，又将其益处充分综合而斟酌得中，显然是三代政治昌盛的缘由所在。抛开他此处方法论上的以今释古、以西释中来讲，他的观点很是明确。

_____

　　① 薛福成：《英法义比四国日记》，钟叔河编，岳麓书社 1985 年版，第 510—511、536—538 页。

　　事实上，后于薛福成出国的王之春对政体的认识也并未超出薛福成的判断，但他特别关注到俄罗斯可能面临的政体变更危机，即俄罗斯人多读"法国之书"，羡慕法国民政而察觉俄罗斯"贫富不均，国家赋税重"，因而结党谋反，试图"易君主为民主"；他针对性地提出解决方案，建议俄罗斯"宜急讲中学，俾读论孟五经使知纲常之理，则在下者自不敢侵凌其上矣"①。但宋育仁却有不同的看法。他认为，"西国分三等，有帝国，有君主国，有民主国（君主国亦称王国、侯国）"②，意思是没有君民共主制，而有帝国制。且德国上议院用世爵，参以选举，虽然"君权仍重"，但在两者之间维持着权力的"平"；而美国三权分立，即"议院主议法，政府主行法，察院主断法。议成，付察院推断。断可，然后付政府施行"③，且总统选举产生，察院"取于律师"而有制度性的职位保障，三权在运行中保持着平衡；因而德美两国政制优于英法。

　　虽然他们都有记载西洋各国的政治体制，且有薛福成等人对这些政制的不同区分，但这仍只是表面性的认识，并没有挖掘出这些政制的内在结构、原理及其根本不同。正如前文所言，他们观察到西洋富强与政制的密切联系，但政制的详细情况以及这一联系究竟怎样产生并发挥作用，他们似乎没能有更多的思考。即此时的国人大多并未自觉意识到政体与政府正当性之间的逻辑必然，④ 反而在建构政体与富强之间的关联，进而在富强意义上建构政府正当性。但另一方面，他们虽背负着沉重的文化"中国行囊"，但对政制的思考及其类型化认识的确有其独到的眼光。

　　他们此时对政体的反应，即选择议院作为君民共主制的开端，我们需要做进一步的分析。第一，从逻辑上讲，晚清政体乃是君主制，而士大夫倾向于君民共主制，这实际上是在反对君主制，薛福成更是明确指出，"君主之国，主权甚重，操纵伸缩，择利而行，其柄在上，莫有能旁挠者……苟得贤圣之主，其功德岂有涯哉……上重下轻，或役民如牛马，俾

　　① 王之春：《使俄草》，沈云龙编，台北：文海出版社 1967 年版，第 525 页。

　　② 宋育仁：《泰西各国采风记》，载王锡祺编《小方壶斋舆地丛钞再补编》，杭州古籍书店 1985 年版，第 1 页。

　　③ 宋育仁：《泰西各国采风记（节选）》，载朱维铮编《郭嵩焘等使西记六种》，生活·读书·新知三联书店 1998 年版，第 347 页。

　　④ 后文有介绍宋育仁的教权议院思想，教权作为议会权力象征着国家高于皇权，这意味着宋育仁注意到政体的正当性功能。参见朱俊《宋育仁教权议院考》，《法律史评论》第九辑。

无安乐自得之趣,如俄国之政俗是也,而况舆情不通,公论不伸,一人之精神,不能贯注于通国,则诸务有堕坏于冥冥之中者矣"①,因而他回忆并向往三代的"君民共治"。虽然这并未正面提及政制改革,但却隐晦地涉及政体的发展趋向,即这是价值认同而非完全是应急之方。

第二,即便晚清士大夫主张议院乃是行政合法性问题的应急之方,是贤人政治,议院仅是"君臣民"上下通达的机构,选举与被选举仅在士大夫中进行,并无选举授权的自觉,也无至高权力的分享,但实际上,议院一旦运作,其制度逻辑(理性)自然地会产生自觉,分明有政体革命的趋势。然而,历史没有给晚清士大夫操作议院的更多时间,这一制度逻辑因而与中国无缘了。②

第三,议院上通下达,仅士大夫参与其中,实际上也存在一个隐性的授权行为,即便士大夫没有意识到这一授权性,也并不影响议院事实上对政府合法性的认同,即从国情与舆情的"不通"到"通"这一转变,士大夫以及由士大夫所"代表"的"被代表"的需教化的民众对政府的认受。因为"与被统治者的联系,传统总认为通过官僚机构就能得到最好的沟通。另外,政治支持通常是心照不宣的和消极的默认"③。而这一举措打破了这一传统。换句话说,西洋政体思想或明或暗地进入中国,不可避免地对中国君主专制政体造成冲击,而士大夫的选择更是将这一冲击扩展开来。

第四节　中国化与"西洋政制"制度

无论是君主制、民主制还是君民共主制,它们都无法独立支撑起一个国家的政治运作,而必须有相应的制度配合。此时的游西记关注到了文官制度、选举与地方自治制度、政党制度以及议会等制度,尤其是议会制度,成为这一时期关注的焦点。

---

① 薛福成:《出使英法义比四国日记》,钟叔河编,岳麓书社1985年版,第536—537页。

② 纵使历史没有给这一制度逻辑以发展空间,但并不能否认它的存在。换言之,历史研究的意义之一即是发掘这一制度逻辑,让它在新的历史条件下继续发展。

③ 张灏:《梁启超与中国思想的过渡(1890—1907)》,新星出版社2006年版,第20页。

就文官制度，刘锡鸿看到英国"各皆设有帮办。惟札仪无专官，隶于家部。百工各司其事，亦无总办者。……外埠总督，则以武职为之。英制，武职可补文官，文官不能摄武职。……文官未习其事，不可以挥麈谈兵，驱万人而就死地也"①。而张德彝《随使英俄记》发现英国文官通过考试选拔，他们不随选举的胜败而进退，不受选举政治的干扰而保持了行政的连续性，并通过法律严惩文官受贿行为、支付退休金、高薪养廉等方式保障文官阶层的纯洁性。张德彝盛赞此种制度，"盖为其所学为何，则永办何事，不惟事理通明，且识见日增也；又各官不拘大小，皆不兼职，故能一心视事云"②。此外，还有文官的入职宣誓制度、不得兼职经商规定以及欲以其职权代理他人事务之时的请示制度等。③ 就此看来，游西记对文官独立性有着充分的认知——体制、财政、资质与身份上的独立，其设立与运作都有法律保障，且文官在行政过程中也唯法律是从。

而选举，斌椿等均将之等同于"公举贤者"，所谓古罗马"传七世，为民所废，公举贤者治之，岁一易"④。就选举作为"选贤与能"的制度而言，国人似乎对其有着良好的印象，毕竟它从制度上实现了"选贤与能"的目的。即是说，斌椿等是在贤人政治的基础上理解选举，被选举人须是贤人，而非现代理解中的愚笨之士，其并不涉及选举与授权问题，是在人治而非法治的意义上，仅是选择贤人以执政而已。也正是在此意义上，中国接受着选举制度，即选举出来的一定是优秀人物。

但崔国因却认为，"其未举也，必先要结民心，将以求举也，其既举也，必求允治民心，所以报举也"。他在这里谈及选举"结民心""求举""治民心""报举"，乃是现代政治责任的展现。政治人物上台必须实现选举时的政治允诺，是现代政治学的语言。这似乎有超越贤人政治范畴的可能。且崔国因发现，这选举是公民权利的体现，华人之所以在美国被排挤，与其不入美籍而没有公民权有关，"美国土著系茵陈一种，与黑人相

①　刘锡鸿、张德彝：《英轺私记·随使英俄记》，钟叔河编，湖南人民出版社 1986 年版，第 85 页。

②　张德彝：《稿本航海述奇汇编》（六），北京图书馆出版社 1997 年影印版，第 256 页。

③　参见刘锡鸿、张德彝《英轺私记·随使英俄记》，钟叔河编，湖南人民出版社 1986 年版，第 357、448—449 页；张德彝《稿本航海述奇汇编》（五），北京图书馆出版社 1997 年版，第 255—256 页；钱德培《欧游随笔》，清光绪刊本，下卷，第 34 页。

④　斌椿：《乘槎笔记》，湖南科学技术大学出版社 1981 年版，第 16—17 页。

似，不归王化，画地而居。其居中土为民者，皆欧洲客民耳。顾欧洲客民入美籍，而中国客民不入美籍。入籍者得以举，不入籍者不得与举，而亲疏向背之势，遂冰炭不侔焉"①。这一认识非常现代，已是从权利的角度考虑问题。

当然，选举制度并非完美，张德彝既听说了英国选举的贿赂弊病，又目睹了法国贿选所引发的暴乱，②但他还是比较淡定，《随使英俄记》中以"奇"来概括，"是进则群进，退则群退，亦西国异俗也"③。而志刚在法国巴黎则见到了因选举而来的骚乱——"巴里司民众因公会选官不公，麇聚扰乱于通衢，拆毁房屋，搅扰商旅。乃派兵队沿街弹压，而未敢公然攻击也"，他批评道，"缘西法……不知弊又从此而生也。其暗室纯修、不求闻达者，反寂寂无闻焉"，西洋选举没有学到家，"建官惟贤，犹圣人在上，而后能野无遗贤乎"④。与此同时，崔国因看到了民选政治的党争问题，"查本年为美国公举总统之年，凡希冀为总统者，无不分布党羽，竭力招徕，扰扰营营，热中无已。而秘鲁、智利，至以争位，遂动干戈，以胜者攘不胜者之位，又其甚矣。以美较之，犹此善于彼也。然如宣文之力持正论，不事夤缘，无心于举而举之者，亦无多人。岂三代直道不行于今欤？盖非华盛顿创制之本意矣！"⑤这很容易让他调出传统政治有关党争的不良记忆，且他发现党争已经在秘鲁、智利引发了干戈，虽其比较了美国与秘鲁、智利在此问题上的不同，但他并未言明美国到底在什么地方不同于两国而没有引发暴力冲突，且从其"三代直道""华盛顿创制之本意"看，他仍然对政党政治不抱好感。

而黎庶昌却观察到，法国政局混乱与其不同政党意见不合有关，而西班牙前后任宰相有不同政党出身，这使他意识到，政党制度与一国政制密切相关，政党的进退得失将决定议会、政府首脑的胜负。而郭嵩焘关于英国的记录正说明这一事实，"凡会堂必明分两党，有附宰相者，有与宰相持异议者。而尝〔常〕取二者之数以相准，从者多而事行，不从者多而

---

① 崔国因：《出使美日秘日记》，胡贯中注，刘发青点，黄山书社1988年版，第387页。
② 参见张德彝《欧美环游记》，左步青点，米江农校，湖南人民出版社1981年版，第130、207页。
③ 张德彝：《欧美环游记》，左步青点，米江农校，湖南人民出版社1981年版，第333页。
④ 志刚：《初使泰西记》，钟叔河编，湖南人民出版社1981年版，第70—71页。
⑤ 崔国因：《出使美日秘日记》，胡贯中注，刘发青点，黄山书社1988年版，第436页。

事不行。遇大议不协，则会绅请退；再举仍不协，则宰相请退。从前格兰斯敦之退，亦以此也"[1]。且郭嵩焘还从法国政党变化发现了政治势力的变化，崔国因则通过对美国政党制度的考察，发现小党派仍然能够在现代政治中发挥它的功用。[2]

但毕竟"党"在中国传统政治语境中不是一个褒义词，[3]《礼记·仲尼燕居》有"辨说得其党"，韩愈《山石》有"嗟哉吾党二三子，安得至老不更归"，此"党"均指意气相投的人；《书·洪范》有"无偏无党"，《论语·里仁》有"各于其党"，方苞《狱中杂记》有"使其党人索财物"，此"党"均指由私人利害关系结成的小集团；"党"在古代一般都是在贬义上使用。因而，如何评价政党制度就是一个非常关键的问题。《欧美环游记》就认为，美国"二党如此争衡，后患恐不免焉"[4]。郭嵩焘也对法国政党持负面评价，"此间国事分党甚于中国……互相攻击争胜。而视执政者出自何党，则所任事各部一皆用其党人，一切更张。其负气求胜，挈权比势，殆视中国尤甚矣"[5]。薛福成则对英国政党发展中出现的"隐弊"——"一则植私党以广扶持，一则散货财以延虚誉也"[6]——表示担忧。因为以他对中国历史的了解，政党异化非常危险。

蔡钧却认为，政党政治有利于政见的统一与协调，为政治的稳定奠定了基础。他从国事处理的效果角度对政党做了一个西班牙政局的描述，即"西班牙之国分四党，而四党中均有酋目以主厥事，平日无事之时，可与之往来，酬酢晋接晤谈，则他日遇事易于商办，不致龃龉"[7]。凤凌也认为英国"两党相持，不得偏重，事必酌中"[8]，用薛福成的话说，英国政

① 郭嵩焘：《伦敦与巴黎日记》，钟叔河编，岳麓书社 1984 年版，第 301 页。

② 参见黎庶昌《西洋杂志》，钟叔河编，湖南人民出版社 1981 年版，第 53、55 页；郭嵩焘《伦敦与巴黎日记》，钟叔河编，岳麓书社 1984 年版，第 346 页；崔国因《出使美日秘日记》，胡贯中注，刘发青点，黄山书社 1988 年版，第 80 页。

③ 参见商传《从朋党到党社——明代党争之浅见》，《学习与探索》2007 年第 1 期。

④ 张德彝：《欧美环游记》，左步青点，米江农校，湖南人民出版社 1981 年版，第 108 页。

⑤ 郭嵩焘：《伦敦与巴黎日记》，钟叔河编，岳麓书社 1984 年版，第 101—102 页。

⑥ 薛福成：《出使英法义比四国日记》，钟叔河编，岳麓书社 1985 年版，第 618 页。

⑦ 蔡钧：《出国琐记》，光绪铁香室本，第 19—20 页。

⑧ 凤凌：《游馀仅志》，中华民国十八年刊本影印本，下卷，第 23 页。

党"一出一入，循环无穷，而国政适以剂于平云"①。郭嵩焘等也对英国政党持这一看法。②而黎庶昌的观点与之略异，认为其与中国党争截然不同，因为"无论何国，其各部大臣及议院绅士，皆显然判为两党，相习成风，进则俱进，退则俱退，而于国事无伤"③。与之相比，宋育仁的认识则更为现代。在宋育仁看来，结党营私乃是人之常情，"同类共事，利害相关，则引为朋党；利害不相及，则去之。其党分合无常，倾轧甚力，彼亦自知其然"，只要有"一切整齐之法律特密，凡造言诽谤、恶语怒詈，其人得控于有司，按治谤詈之罪"，则"党争"并不成其为问题，法治下的政党政治乃是"人多心竞而少谤言，有争论而无怒詈"④。他在此将法治与政党结合，强调法治对"朋党政治"弊端的克服，且增强了政党的政治正当性，为政党在中国的流行解除了思想上的负担。

关于地方治理，游西记发现英、美、德等国均采自治制度，即斌椿所谓"各乡公举六百人，共议地方公事……皆公举一人司地方公事，如古治郡者然"⑤，但关注角度各有不同。在郭嵩焘看来，英国"巴力门君民争政，互相残杀，数百年久而后定，买阿尔独相安无事"，是地方自治保障了英国普通百姓的日常生活不受高层政治斗争的影响。而张德彝从选举的角度看英国，首先是各官员"皆贤能殷富之民始被公举"，选举人与被选举人均为"富民"，因为"所举者系富民，故无贫黦之忧；因举之者亦富民，故无贿嘱之患"；其次，官员不能干预地方自治，"故无抑承俯注之难"，这是"以民治民，事归公议。有不获，则合绅耆以图之，有不当，则绅耆商诸美尔而改之"；最后，当市长不能处理某些问题时，可以寻求中央政府制定官方法律，这是"官助绅力而不掣绅肘"⑥，形成良好的官、绅、民关系。

很明显，这里并未见到选举的授权性说明，也未涉及权力的分立与制衡，郭嵩焘反而特别强调权力之间的协调与统一。而实际上，权力之间既

① 薛福成：《出使英法义比四国日记》，钟叔河编，岳麓书社1985年版，第227页。
② 参见郭嵩焘《伦敦与巴黎日记》，钟叔河编，岳麓书社1984年版，第830—831页。
③ 黎庶昌：《西洋杂志》，钟叔河编，湖南人民出版社1981年版，第55页。
④ 宋育仁：《泰西各国采风记（节选）》，载朱维铮编《郭嵩焘等使西记六种》，生活·读书·新知三联书店1998年版，第393页。
⑤ 斌椿：《乘槎笔记》，湖南科学技术大学出版社1981年版，第25—28页。
⑥ 刘锡鸿、张德彝：《英轺私记·随使英俄记》，钟叔河编，湖南人民出版社1986年版，第407、508页。

有合作又有制约，乃一体两面，这里仅言及一个方面。且这里对"富民"拥有选举权与被选举权表示认可，显然无视政治平等的观念。即是说，郭嵩焘的议院，非是全民的，而是仅及"士大夫"或者"富户"的机构而已。而李圭则从央地权限划分看美国，"各省政事，各督抚主之，伯理玺天德不预闻"[1]，用陈兰彬的话说，即"只征收关税、水陆兵柄，及外交立约等大事，归京朝主政"[2]。他们将美国州与联邦权力划分的现象与法律条文呈现了出来，这种央地关系乃是不同于晚清体制的类型，为晚清思考央地关系提供了另外一种视角。但可惜的是，他们没有进一步声明为何会有这样的现象出现。

《五述奇》既从选举角度，也从央地关系看德国的地方自治，张德彝详细罗列了联邦所享有的十一项权力，[3] 且特别注意到德国对地方保护主义的限制，即"凡人在德国列邦之内，不论入籍何邦，即为德民，准在各邦游行居住。虽非原籍，视与土著无异。列邦中不得私分畛域，任意驱逐"[4]。但这一规定也有例外情形，即"贫民流亡者"与"莠民不安本分者"，都可送还原籍，交由当地政府处理。就此而论，地方自治给国人留下了深刻而良好的印象，虽无权力分立与制衡的考虑，也无权利意识的考量，但他们毕竟接受了这一制度。

而宋育仁则从历史角度切入，对他而言，自治意味着大部分的官员由地方自行选举产生，即"通率英国地方官，由国授者，每敌司退克一人，计五十七人；由民举者，每汤一人，计二百人。此外振恤、保卫、学校、营造、税敛官，悉由民举，以社会为分治。宽乡一爬理司分为数社，狭乡数爬理司合为一社。每一社率有五官，由民举"。在这种自治制度的设计中，首先是"通率民举之官六倍于国授，而权职相等，互相维制"；其次是"无论民举、国授，皆就起地取人，进退皆由舆论"，因而"无盘踞把持与贪赃枉法、纵威殃民之事"；最后是这些官员"不司赋税、监工，故无衡征浮派。食禄有定，缺无肥瘠，而钻营、奔竞、贿赂之风自止"。很

---

① 李圭、徐建寅等：《漫游随录·环游地球新录·西洋杂志·欧游杂录》，钟叔河编，岳麓书社 1985 年版，第 200 页。

② 陈兰彬：《使美记略》，陈姜校注，《近代中国》2007 年第 17 辑。

③ 参见张德彝《稿本航海述奇汇编》（五），北京图书馆出版社 1997 年版，第 242—244、260—262 页。

④ 同上书，第 247 页。

显然，在宋育仁眼中，"中国今日地方官一切弊政皆所绝，无故其国内欣欣有驩虞之效"①，确实符合《周礼》"使民兴贤，入使长之；使民兴能，出使治之之义"的观点。

然而，宋育仁并没有停留在地方自治合乎《周礼》经义的表面，他通过对西洋社会的考察后认为，自治乃与社会的充分发育有着密切的关联。他的核心观点是，"西国之上下通情，得力于协会（亦称社会），而辅之以报馆"。第一，"协会者，国中同等及同业之人，相约联为一会。各有会所一区，书籍笔砚毕齐，在会者日至焉。各习其业，以时宴集，或有所讨论，或有所谋议。同在一社会人，平日则往还亲厚，庆吊相闻"，因而上等社会"皆世爵之家，与律师、博士以学名家者"，次等社会"则富商大贾"，于是有"上议院皆世爵，下议院多富商"的议事机构，故而"国中凡有学作、议论、著述，属次等社会者，下议院皆周知；属上等协会者，上议院、政府无不周知"。第二，有报馆，各有博学之人主持，则信息"四通八达如在一堂"。第三，"社会与公司相表里，联交结党者为社会，酿财谋利者为公司"。每一社会均由无数公司组成，而每一公司又有众多股东，此股东或为平民或为高官或为牧师，故而"工商之业，为举国身家所系，凡得与于议者，皆仰食其利"。因此，"通商为其国根本，故于争海口，占埠头，不惜全力。商之所请，公家必行，商之所至，兵即随往"。总之，"其一国际是一大公司、一大社会"。第四，公司与社会的区别在于"公司主利，社会主名"。正是看到这一点，宋育仁领悟了《周礼》"八曰友，以实得民；九曰数，以富得民"的真意，即"既裕才力，又通声气，本国之势自然完固。圣人用人，为富教所关，末世用之，为纵横所本。故战国游士，诸侯倚为轻重。汉初游侠，尚有遗风。所谓剧孟之来，隐若一敌国，譬如敌国之众人居腹心之地，则其本国自然受制矣"。第五，正因为西洋社会公司发达，所以有"西国之民（朱维铮注：'民'字讹，当作'君'字）权日轻，民权日重"；所以有"据人地，灭人国，夺外邦之利"。在宋育仁看来，"西人行之得计，已视为轻车熟路。俄、日群起而效尤，实彼本国之大利而邻国之大害"。第六，据此以诊断中国，则"病通商诸国为一大公司，病同教诸国为一大社会（天主、耶稣、

① 宋育仁：《泰西各国采风记（节选）》，载朱维铮编《郭嵩焘等使西记六种》，生活·读书·新知三联书店1998年版，第354—355页。

希腊同源而小异其流，教旨仍同，故易相合）。中国政教已驰，而孤立无助，不可不亟为谋矣"①。将"社会"这一现象概念化，且从"社会"的角度思考自治问题，表明宋育仁对自治问题的深刻思考。但从西方自治理论看，宋育仁的思考与之南辕北辙，自治的关键在人的自由、平等，在反对国家的强制干预；宋育仁对"社会"的分析则强调人群力量各种集合的伟大。② 而这却表明了宋育仁谋求国家强大秘方的心态。

此外，张德彝在《随使法国记》中有记录法国 1870 年公投的情况，即"三十一日，法外部遣告英、俄、澳、义四国，乞代议和，即日派员赴德营，乞暂停兵，以便选举各省会堂官，毕驷马未允。午后，'红头'数万，围守提督公署，声言要改'红头民政'。廷臣集议，示以翌日宣告，须通城人民保结，再为酌定。〔西历〕十一月初三日，巴里百姓保者五百五十万七千九百九十六名，不保者六万二千六百三十八名，改否未定"③。不知这则消息对当年的国人有何冲击，因为，此种大众民主而非精英政治的情形与传统观念有着非常大的距离，它与以间接选举制度为核心的代议制、总统制有重大的区别，这等于是民众直接决定国家的当下与未来。

事实上，无论其国是何种政制，议会均是它政治的关键机构。郭嵩焘通过对英国议会史④的分析认为，"推原其立国本末，所以持久而国势益张者，则在巴力门议政院有维持国是之义"⑤。因为议会乃"共议地方公事"⑥ 之所，且"其可否悉以众论而决"⑦。在刘锡鸿等看来，这议会沟通了选民与政府，"为上下枢纽"，即便有"民之所欲，官或不以为便"的事情发生，议会仍可"据事理相诘驳"，直至"众情胥洽"才能施行，因

① 宋育仁：《泰西各国采风记（节选）》，载朱维铮编《郭嵩焘等使西记六种》，生活·读书·新知三联书店 1998 年版，第 380—382 页。

② 宋育仁的分析类似于狄骥的社会连带理论，不知是否受到了狄骥的影响。参见［法］狄骥《法律与国家》，冷静译，中国法制出版社 2010 年版。

③ 张德彝：《随使法国记》，左步青点，钟叔河校，湖南人民出版社 1982 年版，第 95 页。据该书点校者考证，1870 年 11 月 3 日由资产阶级"国防政府"组织的巴黎全民投票，赞成（信任）票五十六万七千票，反对票六万二千票。此处"保者五百五十万七千九百九十六名"有误。

④ 参见郭嵩焘《伦敦与巴黎日记》，钟叔河编，岳麓书社 1984 年版，第 404 页。

⑤ 郭嵩焘：《伦敦与巴黎日记》，钟叔河编，岳麓书社 1984 年版，第 407 页。

⑥ 斌椿：《乘槎笔记》，湖南科学技术大学出版社 1981 年版，第 25 页。

⑦ 林铖、张德彝等：《西海纪游草·乘槎笔记·诗二种·初使泰西记·航海述奇·欧美环游记》，钟叔河编，岳麓书社 1985 年版，第 521 页。

而国家"举办一切,莫不上下同心,以善成之"①。

而宋育仁也通过英国议会史关注议会制度的起源,在他看来,议会制度起源于"西人好胜,其教重权,故通国之俗最争权"。具体来讲,首先是"百年前,官权亦最重,而教会抗之。顾耶稣教会,特缘教皇专政起。而解其权,不能夺其权,以至于蹈其故辙";其次是英人"因俗重利,得力通商,国有兴举,皆资于商财,爰仿教会,立商会。势渐趋重,遂揽国权";因而"英人转徙美洲,由耶稣教会人与商会为联,遂别立民主,乃由教会、商会推广,创兴议院";因而"诸国相观继起,因自然之势,行顺民之令,权归议院,而官权日轻"。显然,宋育仁误会议会制度起源于美国,但抛开这一误解来看,他发现是"争权"这一动因推动了议会制度的萌芽,是商业兴盛推动了议会制度的发展,且是传统势力与新兴势力联合推动了议会制度的最终成型。因此,宋育仁基本上理解了议会制度发展史上的关键节点。此外,他还特别强调了议会实施的另外一个关键性因素,即教育。在他看来,"议院为其国国政之所在,即其国国本之所在,实其国人才之所在。故人才聚于议院,而其源出于学校",而俄皇拒绝民间设立议院的观点——"我国学校未遍,民多未教者,遽令民举议员,必率意妄举,徒为乱法,无益于治"②——正是"议院之根本在学校"的有力证据。

因而,在这些士大夫眼中,议会乃是士绅议政的机构,它下通民情而上通朝廷,乃理顺"君臣民"三者关系的关键性机构,是制度化"民心"的实践,即制度化儒家"民心—天意—君王"逻辑的政治实体。③ 所以,在与马格理讨论议会制度时,刘锡鸿继续赞赏议会"据事理相诘驳"的特质,"今观其会堂辩论得失,各不相假;迨事归一是,众遂俯首相从,不存胜负之见"④。而黎庶昌认为,法国议会"当其议论之际,众绅上下来往,人声嘈杂,几如交斗,一堂毫无肃静之意"⑤,是其民政之表现。

---

① 刘锡鸿、张德彝:《英轺私记·随使英俄记》,钟叔河编,湖南人民出版社 1986 年版,第 83—110 页。

② 宋育仁:《泰西各国采风记(节选)》,载朱维铮编《郭嵩焘等使西记六种》,生活·读书·新知三联书店 1998 年版,第 344—348 页。

③ 参见谈火生:《"民主"一词在近代中国的再生》,《清史研究》2004 年第 2 期。

④ 刘锡鸿、张德彝:《英轺私记·随使英俄记》,钟叔河编,湖南人民出版社 1986 年版,第 125 页。

⑤ 黎庶昌:《西洋杂志》,钟叔河编,湖南人民出版社 1981 年版,第 61 页。

张荫桓则感慨美国国会多有议员"论事不合，挥拳相殴……何议员之勇也"①。他的感慨是否定议会的不严肃还是肯定议员的议会行事策略呢？张荫桓没有说明。而薛福成则首先肯定议会制度，而后在诸国之间进行比较。他认为，权力在上下议院之间平衡，在两党之间平衡，正是这种平衡，保持了英国政治的较平稳进行。②

正是在对议会有这样一种总体印象中，游西记不仅关注了两院关系、府院关系、议会权限等内容，还关注到了议员选任、议席分配、任期、会期以及议事规则等技术细节。以议员选任来说，刘锡鸿发现，英国议员多是富人，虽其国富，但其国家支出项目太过繁多，使得"宰相而下皆不足以给"，因而其国"仕宦皆富室，其志在名不在利，常数十年无以贪著者"③。崔国因也这样理解，"膺此任者之意，本不在此，盖视此为扬名成业之具，而非为养身肥家计也"④。而钱德培则从孟子"有恒产有恒心"开始解释，他说，"富则产业多，必自顾其身家，国固则民安，使其不自吝以失身家也"⑤。似乎，这里也没有政治平等的考量。其实，这很容易理解，因为在传统思维当中，民是需要被教化的存在，因而他们是能被代表或被代言的，自然没有参与政治的可能，政治从来都是读书人的事情，政治平等也就只是存在于士大夫之中了。

对君主国或君民共主国来讲，国王权力有多大，如何行使，乃是最重要的事情之一。刘锡鸿认为，英国政治乃"绅主之，官成之，国主肩其虚名而已"⑥。但《欧美环游记》却提出，英王似乎可以对议案发表意见，即"凡军国大事以及庶政细务，皆由议事厅会议。君主不允，入堂再议，多者三次；虽与主意不合，亦必俯如所请"⑦。且张德彝在《随使英俄记》

---

① 张荫桓：《张荫桓日记》，上海书店出版社 2004 年版，第 36 页。

② 参见薛福成《出使英法义比四国日记》，钟叔河编，岳麓书社 1985 年版，第 515 页。

③ 刘锡鸿、张德彝：《英轺私记·随使英俄记》，钟叔河，湖南人民出版社 1986 年版，第 102—103 页。

④ 崔国因：《出使美日秘日记》，胡贯中注，刘发青点，黄山书社 1988 年版，第 559 页。

⑤ 钱德培：《欧游随笔》，清光绪刊本，上卷，第 8 页。

⑥ 刘锡鸿、张德彝：《英轺私记·随使英俄记》，钟叔河编，湖南人民出版社 1986 年版，第 102 页。

⑦ 张德彝：《欧美环游记》，左步青点，米江农校，湖南人民出版社 1981 年版，第 132 页。

中，仍坚持这一看法。① 而钱德培认为，德皇的权力与张德彝之英王相若，其国"下院定议，则上之于上议院。上院定而批决于君，然后施行"②。而实际上，我们知道，英国乃君民共主国，"王在议会中"的理论盛行，国王无法绕开议会而行使权力，他只能在议会中活动。③ 即是说，英王不可能在实际上统辖英国政治，"肩其虚名而已"。但为何张德彝常游海外而有此英王权比德皇呢，是其误解还是另有图谋？

在上下议院关系上，刘锡鸿认为，"下议院绅士，为英国最要之选"，因其国"号令政事，每由此起，而后上议院核定之。亦有倡议直上，而交议于下者。然必下情胥协，乃可见诸施行"④。而薛福成等也支持这一观点。⑤ 郭嵩焘则提及法国上院"得撤去下议院之不如律者"⑥，似乎法国上议院不能同英美两国上议院一样行使表决权，而仅能依"律"审查下议院法案。果真如此吗？郭嵩焘为何会看到这样一幅图景呢？

就议会与政府的关系，各国各有其独具特色的实践。斌椿认为，英国首先需要依据议会通过的法案行事，因为议会法案"君若相不能强也"⑦。《随使英俄记》以此前英政府欲干涉俄土之战而议会不允为例支持这一说法。而崔国因等则发现，英国"各部大臣之任事，必由下议绅允准也"⑧。因而，郭嵩焘能看到英国首相及其内阁须接受议会质询的情形。

志刚看到美国总统"照准施行"⑨ 议会通过的法案，以张荫桓的话说，乃是"美政所从出，总统高拱仰承画诺而已"⑩。但《欧美环游记》却认为，美国总统对议会法案有封驳之权，但只能施行一次，以李圭的话

① 参见刘锡鸿、张德彝《英轺私记·随使英俄记》，钟叔河编，湖南人民出版社1986年版，第375页。

② 钱德培：《欧游随笔》，清光绪刊本，上卷，第8页。

③ 程燎原、江山：《法治与政治权威》，清华大学出版社2001年版，第68页。

④ 刘锡鸿、张德彝：《英轺私记·随使英俄记》，钟叔河编，湖南人民出版社1986年版，第102页。

⑤ 参见薛福成《出使英法义比四国日记》，钟叔河编，湖南人民出版社1986年版，第618页。

⑥ 郭嵩焘：《伦敦与巴黎日记》，钟叔河编，岳麓书社1984年版，第368页。

⑦ 斌椿：《乘槎笔记》，湖南科学技术大学出版社1981年版，第25页。

⑧ 崔国因：《出使美日秘日记》，胡贯中注，刘发青点，黄山书社1988年版，第435页。

⑨ 志刚：《初使泰西记》，钟叔河编，湖南人民出版社1981年版，第22页。

⑩ 张荫桓：《张荫桓日记》，上海书店出版社2004年版，第19页。

讲，是美国总统"当在位日，遇事倘国人不欲行，固不能强之使行；而国人欲建一议，改一例，伯理玺天德可遏止之，众亦无如何"①。

《随使英俄记》有介绍法国总统与议会的权限，但其介绍与曾纪泽的观察有所不同。在曾纪泽看来，"督抚有劾黜两司之权，意所欲为，犹可授意两司令其具详，两司不敢违拗，伯理玺天德则并此势力而无之，位虽尊崇，权反不如两院"②。在黎庶昌眼中，如果法国总统所领导的政党不能在两院中占据相对多数的席位，内阁很容易倒台。而郭嵩焘则看到法国总统"位定，国人尚无知者"③ 的情形。依薛福成分析，"法自庚午年改易民政，二十二年之中，已易相二十七次"，皆源于"其人皆负气好争，往往嚣然不靖"④。

在《五述奇》看来，德国两院在议案问题上均有独立权力，"虽云国院办事之权重，然民院亦可驳诘之。随时用款，民院尤可稽查之"；其法案"必经国民两院同议，可否以人数多者为定"；但"必经德皇与首相画押，方令官报、新报印出，晓谕通国"⑤。而郭嵩焘有注意到德国的府院之争，他认为，议会政治"须有以固结民心，涵濡导化，未宜更激之使动"⑥。

蔡钧则发现，西班牙施行议会主权制，内阁由两院任命，而"虽君主不能独操其柄"；但在西班牙内阁与议会之间，因"凡得公举为各部尚书及除外使臣者，必其人曾三任议院绅士，或为正副首领，或作议员，方可充当西国遴选"⑦，内阁可更为娴熟地处理与议院的关系。而对瑞士来说，议长就是其国元首，"管事七人，盖经理国政者，视各国尚书，而推一人为首，岁一更换。每岁六月、十二月两次议国事于此，管事七人皆至，俟两院议定，以次

① 李圭、徐建寅等：《漫游随录·环游地球新录·西洋杂志·欧游杂录》，钟叔河编，岳麓书社 1985 年版，第 200 页。

② 曾纪泽：《出使英法俄国日记》，钟叔河编，岳麓书社 1985 年版，第 169 页。

③ 郭嵩焘：《伦敦与巴黎日记》，钟叔河编，岳麓书社 1984 年版，第 887 页。

④ 薛福成：《出使英法义比四国日记》，钟叔河编，岳麓书社 1985 年版，第 515—516 页。

⑤ 张德彝：《稿本航海述奇汇编》（五），北京图书馆出版社 1997 年版，第 244—245 页。

⑥ 郭嵩焘：《伦敦与巴黎日记》，钟叔河编，岳麓书社 1984 年版，第 867 页。

⑦ 蔡钧：《出国琐记》，光绪铁香室本，第 16—17 页。

举行之"①。他们都在关注议会与政府的关系，就其现象在描述②。

关于议会权力，李圭认为，美国会权力"如会盟、征伐、通商、筹饷、出纳、选举诸端"③。以财政权为重，刘锡鸿等看到，英国财政预决算均需经议会批准才能生效，且有财政公开制度，即"每年度支出入，刊列细数，普示绅民，秘有虚滥，则人共诘驳之"，他赞其"此不惟见其公也"④。凤凌则正好记录了因李鸿章访英而来的财政公开方面的情况，他认为，财政之所以需要公开，是因为"以民财充公用，不得隐讳"⑤。郭嵩焘则将英国议会对财政预决算的控制看作英国强盛的原因之一。⑥ 钱德培等则观察到，英国议会可通过财政而决定战争，⑦《随使英俄记》关于法德1871年停战协议的签订过程记录即是例子。

西洋政治将财政看得最紧，视为最重要的权力，还可从增税争议中看出来。黎庶昌看到德国"官绅集者可二百人，宰相毕司马克立于台边，亦持洋纸向众宣诵。院绅或赞或不赞，良久方毕……此次所议，盖加税事，多与众意，亦多有未合也"⑧。

宋育仁则发现，英国议会在下列五种情况下享有司法权，即"一，议员阻挠大事；二，议员以未议之事先泄于人；三，登新报、著私书，诋毁议院；四，贿赂坏法；五，诬人以罪。有若五事，议院议之，以谳于上议院。上议院谳之，定其罪"⑨。

---

① 郭嵩焘：《伦敦与巴黎日记》，钟叔河编，岳麓书社1984年版，第890页。

② 参见张德彝《欧美环游记》，左步青点，米江农校，湖南人民出版社1981年版，第74页；刘锡鸿、张德彝《英轺私记·随使英俄记》，钟叔河编，湖南人民出版社1986年版，第618—619页；郭嵩焘《伦敦与巴黎日记》，钟叔河编，岳麓书社1984年版，第159页；黎庶昌《西洋杂志》，钟叔河编，湖南人民出版社1981年版，第53页。

③ 李圭、徐建寅等：《漫游随录·环游地球新录·西洋杂志·欧游杂录》，钟叔河编，岳麓书社1985年版，第200页。

④ 刘锡鸿、张德彝：《英轺私记·随使英俄记》，钟叔河编，湖南人民出版社1986年版，第83页。

⑤ 凤凌：《游徐仅志》，中华民国十八年刊本影印本，下卷，第8页。

⑥ 参见郭嵩焘《伦敦与巴黎日记》，钟叔河编，岳麓书社1984年版，第526页。

⑦ 参见钱德培《欧游随笔》，清光绪刊本，第12页。

⑧ 司马迁：《史记》，岳麓书社2008年版，第60页。

⑨ 宋育仁：《泰西各国采风记（节选）》，载朱维铮编《郭嵩焘等使西记六种》，生活·读书·新知三联书店1998年版，第343页。

即便如此，议会也并非无所不包，但李鸿章并不清楚。他在与英国皇家大银行董事商谈金融问题时曾误以为"凡专用金之法，或兼用银之事"银行均能"自专"、议院能议定所有国事，但按董事的说法，"议院之权，虽足以笼罩一切，然非无所不能之上帝也。愿就范围与否，仍在众人也"①。由此可见，国人关注某一现象，如果是想当然地去理解，实际上无法抓住问题的关键。

就议会的解读，王之春在认可议会有"刑赏与共而无上下壅淤之虞"优势的同时，强调其流弊太大，"权魁巨憨憨要结蓄谋，迫令其君使去位"②的事情已在巴西、智利等国发生过，这是"君臣之义未知讲求"的结果。而这一原因的追溯，是否意味着在中国这等强调君臣之义的国度就能上下放心地讲求议会制度呢？王之春并没有明言。对宋育仁来讲，正是议会制度的固有优点——"君不能黩武、暴敛、逞刑、抑人才、进佞幸；官不能怙权、固位、枉法、营私、病民、蠹国"——造就了议会制度在世界的风行。虽其存在"标榜贿赂之弊"，且"滥竽者颇众"，但于"议院全局无损"，当下"启政府揽权之渐"③正是对这一缺点的补充。

正因为议会制度能够成就君圣臣贤的良善政治，宋育仁主张，议会当在中国实行。但他认为议会制在中国《周礼》等典籍中即有古代样本，如"如古之乡校""古之太学"，但它们只清议而没能掌握国家大权；而"其上院，则如古世卿"。依《周礼》"询群臣，询群吏，询万民"来看，"治朝月令，众庶得人而听证，更宽于今之西制"，且"圣制昭明，先定民志，不必事事交议，时时争辩，以致争权无上耳"，因而，"西人略得其意，而不知治本"，导致贿选事件频发。即是说，"议院权虽偏重，而大通民隐，实为善政。其流弊至若彼者，由无礼教以立民志之本，故人人欲擅自主之权，视君如无，不夺不餍。即其得失，以证经术之治，可悟名教以定民志，为选士议政之本源"。但中国"当下"的问题在于，"经术不显，本原浸失，误认名教为涂民耳目，束缚黔首之具"，因而他主张，"中国如设议院，进士流而相与议政，先有礼义为持议之本，遇事奉经制为法守，有疑引圣言为折衷，较外国事易而功倍。

①　蔡尔康、林乐知编译：《李鸿章力聘欧美记》，海南人民出版社 1982 年版，第 110 页。

②　王之春：《使俄草》，沈云龙编，台北：文海出版社 1967 年版，第 320 页。

③　宋育仁：《泰西各国采风记（节选）》，载朱维铮编《郭嵩焘等使西记六种》，生活·读书·新知三联书店 1998 年版，第 348 页。

三代之治可复，名教之美益彰。如复因循苟且，但逐西人之功利，而不求诸本源。西人不知中国本末，已因我之政敝而议我之教非，习洋之徒，亦不自知其本末也。觉政不如彼，以为与教不相谋，则疑经术之本不能致治，愈用贪诈无议市井以从政，而摈士于门外。于采西政则买椟还珠，于治中国则饮鸩解渴。清流不深求治理，而但持名教之空文以议其后，庸有益乎?"① 宋育仁相信，经过中国化的议院，乃是儒家"君—臣—民"上下相通的制度性机构，能解决国内上下壅塞的蔽情。

设立议院，即便议院由士大夫主导，也必然出现一个最高权力的归属问题，即皇权与议会权力谁优先的问题。宋育仁在此察觉并以儒学观点处理了该问题。在他看来，教权大于皇权：第一，是"推广主教之权而立君"，因为"不知生民之始，无所谓国，有首出之圣人，众服其教，然后聚服教之众人而成国。草昧之际，无所谓君，有立极之圣人，章明至教……有教然后别于禽兽，有名教然后别于夷狄。生民之本，以教谓归宿"，因"民生无养不能施教"而"立教归其权于君"，故有"政在养民"之说。第二，是"君为教而设，非教为君而设。立君以保教权，非立教以保君权"，因为"天生民而立之君，使司牧之。作之君，作之师，君位即师位，尊君位即重教权，归政权于君，即归政权于教"；只因"经术不明，但用尊君卑臣之法，至于政敝不可收拾"，即造成当下"官吏承风穷权，自部堂至知县，皆盗有人君威福之柄"的情形；所以当前政府当允许"公卿、大夫、士，皆得议政，以献于君。古者五十命为大夫、公卿。大夫由士以选，天子之元子，皆士也。士未有行政之权，而应有议政之任，国有大事，受成于学，即此义也"②。由此观之，以儒学经典重新诠释西方议院，以纳入中国政制，宋育仁在教权高于皇权的论述中确立了议会权力的至高性。③ 一方面，这是对议会主权原则的"中国化"解读，另一方面亦在儒家基本理念中解决了皇权与议会权力的冲突问题。这是在将西方议会制纳入儒学的制度系统。

---

① 宋育仁：《泰西各国采风记（节选）》，载朱维铮编《郭嵩焘等使西记六种》，生活·读书·新知三联书店 1998 年版，第 340—348 页。

② 同上书，第 348—349 页。

③ 有关宋育仁"教权"议院的进一步讨论，参见朱俊《宋育仁教权议院考》，《法律史评论》第九辑。

第五节 小结

事实上，此时的游西记关注的焦点是技术，因为根据游西记的记录，他们走访了大量工厂，并有相当数量的文字介绍了他们对这一事实的看法，而后才是对议会、政府部门的关注。当然，越到后期，这样的关注越发明显。在这样的背景下，游西记猎奇西洋，对西洋政制观念与制度就更多是看而非学。即是说，游西记对西洋政制观念与制度的记录，呈现出来的更多的是介绍西洋政制世界发生着什么事情——强化、否定、拓展此前关于这一现象的介绍，[①] 也有对比中西不同并思考其中的原因，也有对西洋政制事物的评价，偶尔会有某种提倡性的意见。因而，游西记关于中西对比的分析、思考、评价与抉择——更多的是站在传统中国的立场——则少得多。

应当讲，他们是西洋政制进入中国的早期"探索者"，在中外政制理念之间不断建构近代的意义联结，将最高法概念的范畴从政治关系的现状拓展到政治体的建立与政治权力行使的规范。[②] 更为现实的是，这些对比、分析、思考、评价与抉择固然呈现了早期国人对西洋政制世界的认识角度、范围与方式，但这一认识的真假、深度与广度则需要仔细琢磨。

在现代政制理念方面，从对平等观的分析看，此时的游西记作者们一方面羡慕西洋妇女解放运动对于社会的贡献以及法律面前人人平等所带来的法治公平无私；另一方面又无法协调因平等而带来的与儒学理念的内在

---

① 之所以是"强化、否定、拓展此前关于这一现象的介绍"，是因为国内关于西洋的介绍已经存在，而作为游西记的主角，游西记作者在国内或已经阅读过，或在茫茫大海的航程中正在阅读，以期对未知世界有一个初步的认识，而当到达西洋世界之时，他们所见所闻自然的或是强化或是否定或是拓展这一认识。从郭连城始，游西记作者皆是如此。

② 之所以强调是中外政制理念，是从最高法作为一国政治关系的现状上讲的，并非是从政治统治的建立和行为规范的角度讲的，早期国人将西洋政制引入中国，是现代政制理念从现状发展到规范的过程。有关最高法概念的区分，详见 [德] 迪特儿·格林《现代宪法的诞生、运作和前景》，刘刚译，法律出版社2010年版，第1页；[英] 惠尔《现代宪法》，翟小波译，法律出版社2006年版，第1—4页。有关最高法概念在中国的流变，详见王人博编《中国近代宪政史上的关键词》，北京法律出版社2009年版，第一章"宪法概念的起源及其流变"。

冲突，左右为难。这意味着，他们关于平等的观念实际上才刚刚上路，左右不过是将要踏出第一步的样子而已。它要从农业社会的形态发展到工业社会的面貌，从经济平均主义向权利、机会平等发展，仍需经济环境、政治环境以及国人观念的更新。而游西记作者不过是刚接触人身平等观念，却又无法处理人身平等与儒学男尊女卑等理念的内在冲突。

从对自由观的介绍看，郭嵩焘认为英国言论自由来自政府的"宽典"，人民谈论政治是"非议朝廷"，因其无害而不为禁；张德彝等人仔细观察出版方面的事先、事后审查制度，认为这对于防止"伤风败俗"之风大有益处；张德彝白描德国结社、集会自由的情形——涉及政治内容时受到政府的特别观照；刘锡鸿、郭嵩焘、宋育仁等人对新闻（报纸）自由所彰显出来的巨大政治能量表示钦佩，隐有第四权力的架势。显然，就郭嵩焘等人而言，言论自由非关百姓而与士大夫关心政治密切相关，对于政府是自由的天敌也当然没有清晰的认识，即便对于新闻自由所呈现的"付之公论"也并非是对政府的不信任，从"清议"来看，也不过是主张不同意见罢了，远没有监督政府的意思。可能更多的还在于，他们绝大多数是清政府官员，即便不是，也是"读书人"——士大夫，在传统的观念里，站在"治国平天下"的立场，与自由的理念还有相当的距离，但也算对西洋的自由有了一个"遥远"的概念！

且说法治观念，凡游历西洋之人，均对西洋法律运行有着良好的印象，郭嵩焘的认识最为深刻，将法治与中国的德治对比，抓住了该问题的实质，即中国法律运行的关键在帝王，其良心责任的内在性没有西洋法律追求平等、公平理念对于责任的要求那样迫切。而其继任者曾纪泽的认识显然没有这样的高度，他将法律运行的关键放在百姓身上，既没有抓住西洋法治的核心所在，也没有注意到中国法治"法之不行自上犯之"的困境与出路。当然，他这样理解，与中国传统的"养民、牧民"思想有着重大的关联，从其"是故法纪者，国家之所以治百姓也"即可发现。但无论如何，从张德彝对德国司法独立的制度保障的实质性关注以及"善与法"的思考、宋育仁对权利与责任以及法律人共同体的关注看，这一时期对法治的理解还是值得肯定。

从政体观念说，游西记关注到西洋政体的多样性，间接性地开启了国人对于政体的认识。有人说，中国没有政体思想，因为中国仅有一君专政，在其视线范围内没有其他政体的经验，自然无法生发出如亚里士多德般基于政体比较基础上的政体思考。① 那么如今，西洋多种不同政体出现所带来的刺激性反应，也当开启国人在这一领域的探索。虽有郭嵩焘对西洋政体过于"取顺民意"的批评，但也不能低估他们对西洋政体的溢美之词。在寻求西洋富强原因的时候，除却薛福成、崔国因等部分归因于工商业与军事，大多数人倾向于认为，政制在此有着决定性的影响，于此可见一斑。与此同时，薛福成、崔国因、宋育仁等类型化地归纳了西洋政体的类型，兴许是验证国内所见资料的反应，说不定也是创新性的独到见解，反正他们迈出了类型化政体研究的第一步。且薛福成更是对君民共主政体表现出浓厚的兴趣，在民主政制与君主政制之间的多角度比较，算是国人对政体思想的初步认识。

在西洋政制体系的认识方面，一方面是游西记关注到文官制度、选举与地方自治制度、政党制度、议会制度等多个方面，另一方面也是他们对这些制度核心观念的把握。他们注意到文官制度是在选举政治中保持政事稳定的关键性因素，其对职权内事务的精通堪称专业而业务能力极强，且有多种制度性措施来约束文官以保持廉洁。而选举制度，他们从"选贤与能"而非权力授予的角度考察，固然抓不住要点，且对选举弊端所带来的后果心有余悸，但崔国因从选举作为权利角度对旅美华侨之所以受到歧视的分析，可谓亮点；而陈兰彬、张德彝从央地权力划分角度分析地方自治制度，算是抓住了分析西洋政制的关键。郭嵩焘对地方自治制度给英国百姓带来的好处——不受中央政局变动的影响，确实正中地方自治制度的靶心。宋育仁对地方自治的优势分析以及从"社会"角度的独特观察，亦扩展了对地方自治的理解。

就"党"在异域的表现，游西记看到了"党争"的隐忧，但更关键的还在于郭嵩焘、黎庶昌从政党角度分析政局，崔国因发现小党派作用，

---

① 参见王绍光编《理想政治秩序：古今中西的探求》，生活·读书·新知三联书店2012年版，序。也可参见梁启超1902年《中国专制政治进化史论》："中国自古及今，惟有一政体，故政治分类之说，中国人脑识中说未尝有也。"（《梁启超全集》第3卷，张品兴编，北京出版社1997年版，第771页）吕思勉在1926年认为，"政体可以分类，昔日所不知也。昔者习于一君专制之治，以为国不可一日无君；既集人而成国，则惟有立一君而众皆受命焉尔矣。……中国后世之政体，虽若一君专制之外，更无他途可出……"（《中国制度史》，上海教育出版社1985年版，第445页）。但笔者认为，中国古人缺乏对政体认识的原因，是没有这一概念工具，根据今人研究，中国古代政体即不止一种，可参见吴稼祥《公天下》，广西师范大学出版社2013年版。

这些认识确为政党制度带来了更多正面效应。但可惜的是，他们未能将政党竞争放在议会制中来考察。而宋育仁有关法治下的政党可以克服"朋党政治"弊端的观点，则表明他对政党制度的认识达到了新的高度。

就议会制度来讲，虽有议会"通上下之情"的判断，但对于议会辩论能达成共识、上下议会之间以及议会与政府之间权力划分的观察，都算抓住了议会的要点。但遗憾的是，他们是站在如何缓解国内行政"君臣民"上下不通问题的立场上审视议会，既没有看到议会选举的授权性，也没有关注到议院与国王分权而限制专制权力，这是其局限。① 即便是宋育仁对议会制度的创造性儒家式改造，仍然是如此。

实际上，游西记对西洋政制的认识，一方面是建立在他们对西洋政制理念的理解上，另一方面也表明了他们对西洋政制观念的认识。就他们的认识来说，固然一方面表明了他们对中国传统观念的坚持，另一方面也表明了他们对西洋观念不同于中国传统的理解；这一时期的认识，是不同于西洋政制的应然，也不同于西洋政制的实然，更不同于传统中国政制的情况，该认识呈现出复杂性：一方面是对西洋的部分理解，另一方面又是部分不解乃至误解；一方面是赞赏其政制的高明，另一方面却又从三纲五常出发发出反对声音。显然，他们在中西之间无法协调，因而对是否学习西洋政制还未达成共识。相比此前的"旁观者"与此后的"学习者"，他们更像是"探索者"，在观察，在对比，在犹豫，在抉择。

---

① 局限一词在此也并没有贬义，而是客观地认为，此时的游西记没有将议会制度更深层次的东西呈现出来，仅看到表面而已。

第四章

"学习者"眼中的"西洋政制"图景
(1901—1911 年)

第一节 "游西记"的行游立场或方法考察

就该时期游西记的行游立场或方法来讲,有两个方面的情况值得强调:一是行游者对法国大革命的反思,这透露出他们独特的政制观念;二是现代政制考察使团考察时的立场与方法,它表明了清廷高官对西洋政制的态度与预期。

一 法国大革命与现代政制观念

在西洋考察之际,康有为与梁启超均关注到法国大革命的情形,以期从中得到政治变革的经验与教训。对康有为来说,将法国放在英国、德国面前做一对比,即可知其得失。他认为,与英国的"安乐之福"比较,法国大革命是灾难,"宜其绝殊";与德国"以主权国权督率之得"相比,法国人有"自由散漫之失";而英国为"虚君"的君民共主国,德国君主则拥有更大的权力,法国是民主政治,这是关键;他劝谏国人毋学法国人,"法人之皋,使我高蹈,我无所鉴,惟法兰西革命自由,尘上血迷,民敝国虚,令我心凄"。因此,康有为悉心总结法国大革命爆发的原因,以此警醒国人。在他的理解中,法国大革命爆发于政府"压制过甚固",且有以哲学为基础的自由民权学说传播于法国,以至于"举国男女日读其书而心移俗易。巴黎集会,无人不谈自由平等,无人不攻教疑神,于是革命之种根隐成于国民之人心"。即是说,康有为认定,在压制与自由学说之间存在某种必然联系，但这种联系为何他却没有阐明，只是不断强调此间存在着关联。他对俄国沙皇亚历山大二世给予国人民权的行为表示担忧，因为在言论自由畅行之时给予民权无异于"自决堤而自淹"，因为"人心之愿欲，至无已也，得陇望蜀，其求无止"①。这是康有为从法国大革命中得出的血色教训。

以法国为例，其"当法之公选举议员一人也，至公至平，有若美国。大付之于无阶级、无资产之民，于是桀悍之乱民得厕其中矣"，而选举在美国却运行正常，为何制度在法美两国之间运行效果存在如此差异呢？康有为认为，法美两国国情不同，"故同病同方而异效，视乎其体之少老强弱也"，法国乃专制国家，而美国"起于新地，毫无旧积，一片白地，举用乎民，至公也"，法国妄用美国制度，"则为大乱大灾矣"②。法国大革命之所以以"无量血"购得"空文之自由平等"，有以下几点原因：

第一，康有为强调，法国大革命前的三级会议，"出于筹饷不足而求之民，非有合宫明堂公与国人之心，本原已不正矣"③。即是说，该会议并不合国人之心，成为革命导火索再正常不过。

第二，法国王路易十八空有"爱民之心，而无决断之才，依违宫府，号令数易"，导致本对国家改革寄予厚望的国人失去了信心，所谓"反覆足以致人心失散之不可"。因为"人心失矣，重兵解矣，王之立于民上，犹土梗块垒耳。敬神者犹跪坐拜之，不敬神者则抛掷碎弃之，经此数变，于是法之大革命成而君弑朝亡矣"④。即王室改革调动法人期望，却无法满足，法人因此失望而革命。

第三，如上所言，两国国情不同，但创议者只知召集革命，而"未定决议之法，又未审国民之情状、党派之内容、宫府之志愿必不同，上下之所求必相反，而不知预计之，以此合众，必溃而无成。岂惟兵成，必乱而生灾"⑤。即是说，革命的主导者未能根据国情与外国制度制定出符合法国国情的制度，因而导致革命之后无法很快建立新的秩序。

---

① 上海市文物保管委员会编：《列国游记——康有为遗稿》，上海人民出版社1995年版，第318—324页。

② 同上书，第321页。

③ 同上书，第325页。

④ 同上书，第322页。

⑤ 同上。

第四，正是基于以上因素，法国大革命实际上是"巴黎六十区乱民合成市会，无级序、无条理、无政才，不过求食之饥民悍者假藉之，以掠夺贵族之财及权而已。全国乡邑皆仿巴黎逐官吏而举人自治，招乡兵二十余万，乱民自推举将校，工人贫妇白昼持刀，首相弗勒萨被杀，官吏皆逃，贵族富豪皆被杀，烧领主之宫城，焚吏尹之衙署，有一二州数日间播第宅六七十家，掘坟墓无算，举国大乱，国民议会畏而徇之不敢问。十七日王族及贵族富家皆挈眷亡外国，王党不避亡者尽杀焉"。但也正是此种情形，使得"千年封建压制无理之政借此尽灭去之"①，却也造就了制度与期待之间的供需不平衡，使得革命很久都未平息。

第五，法国"自毁教杀僧以来，民无教义礼法以服从其心，纲纪荡然如猛兽，假于自由，以恣凶横，无君无师，无教无学，无礼无义，贼民兴，丧无日，岂能一朝居乎！"② 即是说，康有为强调革命如此残酷而持久，与法国对宗教的摧毁有密切关系。

因而，法国大革命留给了康有为深刻的印象。第一，"集国众之大事至难也，创始者无虑终知敝之谋，无见微知著之识，无果敢勇决之才，苟焉为之，事变繁生，防于此者起于彼，扶于东者例于西，至于败也，乃始以谋以力弥缝之，未有能免者也"，强调领导者必须有才有能而为国谋，否则害人害己还误国。第二，为国谋者，"苟但执验方而可以治病，不待审夫病者之老幼、强弱、表里、虚实，则天下执一《验方新编》，人人可以为名医矣。有是理乎？医一身既无是理，况诊一国之病，得其表里虚实，其理尤难，而谓可妄执他国之验方，以望瘳己国之痼疾，其可行乎"，必须详细考察国情与外国制度的差异而审慎创新制度。第三，法国所追求，实为"天下公理之至也。其要旨曰：人权平等也，主权在民也，普通选举也。此至公至平之理，圣者无以易之，实'大同世'之极则也"，但如求太平世，必先经据乱世、升平世一般，此理想"苟未至其时，实难躐等"，须知，"夫万法之对于人群，无得失是非，惟其适宜……民权固为公理，然不知制之，乃以不教之民妄用之"，必生祸端。这一观点与亨廷顿在《变化社会中的政治秩序》的结论有异曲同工之妙，

① 上海市文物保管委员会编：《列国游记——康有为遗稿》，上海人民出版社1995年版，第322页。

② 同上书，第327页。

他说,"任何一种给定政体的稳定都依赖于政治参预程度和政治制度化程度之间的相互关系。……如果要想保持政治稳定,当政治参与提高时,社会政治制度的复杂性、自治性、适应性和内聚力也必须随之提高"①。第四,从法国大革命看,"立法之学至深且远",需要有经验有创见且审慎之人为之。第五,法国大革命之所以出现恐怖政治,与其权力无所制有关,因"议院之有上下,以互相制也,田间少年勇悍之人,与贵位老成谨重之识,相剂而调之,乃底中和,而得中适宜",而法国"以主权在民,只有众议院而无上议院,民权既盛,剽悍持权,动辄屠诛,人皆不保,故贤士大夫不逃则戮"②。因而,康有为对革命越发审慎。

而其学生梁启超在反思法国大革命时也反对革命,他强调"美国之获自由,其原因必有在革命以外者,不可不察"。即是说,法国人民试图通过革命而获得美国人民同样的自由,乃是方向性的错误。因为"谓美国人之自由,以独立后而始发生则不可,世界无突然发生之物,故使美国人前此而无自由,断不能以一次之革命战争而得此完全无上之自由"③,所以法国、南美诸国试图通过革命获得自由,蹉跎几十年仍在自由的路途之中。他暗示国人,自由固然可贵,但通过革命的方式去追求,有法国的惨剧历历在目。

二　现代政制考察的理由与方法

古谚说"耳听为虚,眼见为实",戴鸿慈对西洋政制情形的基本立场即在于此。他对晚清读书人"惊叹于西方之文明,而欲弃吾国所有以从之"的行为表示不满,难道西洋译著就没有问题吗?难道传闻就不会失实吗?译著本身存在失真问题,而从未到达西洋去见识其图景的国人对这一失真译著的解读,自然更是偏离了西洋文明的真谛。他提倡"自其真相而观之,则国各有其政教风俗,与国俱立,不可磨灭者,而非身亲而目击者不知"④。即是说,戴鸿慈在西洋政制文化方面强调实证。

---

① [美]亨廷顿:《变化社会中的政治秩序》,王冠华、刘为与等译,生活·读书·新知三联书店1989年版,第73页。
② 上海市文物保管委员会编:《列国游记——康有为遗稿》,上海人民出版社1995年版,第326—327页。
③ 梁启超:《新大陆游记及其他》,岳麓书社1985年版,第570页。
④ 戴鸿慈:《出使九国日记》,湖南人民出版社1982年版,自序。

　　考察是一回事，而如何认识则是另外一回事。戴鸿慈认为，各国兴衰胜败皆有其真相，"不审其历史之沿革，施行之内容，而貌而袭之，则书院何以不学堂若？保甲何以不警察若？公局乡约何以不市会若乎哉？故一切政治，非躬至其地，假之时日，一一取而绎之，比较之，斟酌选别之，则其精微末由见也"①。即只有深入细致地考察其历史因由，其制度内容，其运作详情等方面，才能对西洋政制有一个全面而深刻的认识。

　　而载泽强调中国学习西洋有原则与方法。因"同居世界，必有同相维之谊。种族风土各殊，而心理则一"，且陆象山也认为"东海有圣人，此心同，此理同也；西海有圣人，此心同，此理同"，又今日"交通日近，名理日精，世界渐跻于大同，必有定行同伦之制者，可百世俟圣人而不惑"，因而他主张在法制、政教、兵农、工商方面"当因时损益，舍短取长，此可得而变易者"；但在道德伦常方面则须"修我所固有，不可得而变易者"。载泽的观点与此前张之洞《劝学篇》"中学为体，西学为用"颇为相似。此外，他在日本考察的结论对此也有某种印证，他说："大抵日本立国之方，公议共之臣民，政柄操之君上；民无不通之隐，君有独尊之极；其民俗有聪强勤朴之风，其治体有画一整齐之象。其富强之效，虽得力于改良法律，精练海陆军，奖励农工商各业，而其根本，则尤在教育普及。……法律以学而精，教育以学而备，道德以学而进，军旅以学而强，货产以学而富，工艺以学而兴。不耻效人，不轻舍己，故能合欧化汉学，熔铸而成日本之特色。"② 日本天皇权力未损而其伦常不大变，其道德随学而进，且易为人所接受，其结果是日本学西洋法制、政教等获得了前所未有的成功。而美国维尔士女学堂总校长也对戴鸿慈讲，"凡取法他国，仍须勿忘本原。中国以文章著于世界，务当保存之"③，而戴鸿慈认为这是"笃论"，须"附记"于游西记。

---

① 戴鸿慈：《出使九国日记》，湖南人民出版社 1982 年版，自序。
② 载泽等：《李鸿章力聘欧美记·出使九国日记·考察政治日记》，钟叔河编，岳麓书社 1986 年版，第 565—566、588 页。
③ 戴鸿慈：《出使九国日记》，湖南人民出版社 1982 年版，第 96 页。

第二节　挣脱"中国"束缚的"西洋政制"观念

一　政治上的平等观念

此前，游西记作者无法协调西方平等观念与"三纲五常"之间的冲突，左右为难。此时，游西记作者仍然未能彻底解决这一问题。因为西方平等观念有其内在前提，强调在"人的价值"层面上一切人都必须相等。"人的价值"不能进行分等评定，不同于任何类型的优良品质的概念，它与道德品质完全无关，强调"人"自身存在的意义和价值，是人作为人的尊严所在，是人生命价值的体现。因此，"人的价值"是一种终极态度，它无须也不能用其他更终极的术语来加以说明；它的终极性的根据仅在于人自身，其价值没有任何属性，只是在表明一种态度——对每个人的人性的尊重态度。① 而传统中国以天人关系为根本命题，强调宇宙以中央为核心、众星拱北辰而四方环绕中国的"天地差序格局"，因而人间生活同样当按照宇宙秩序来建构、分析、理解，即宗法等级自有其正当性。② 于是，这西方人性尊重的观念与中国"天地差序格局"的观念便内在地无法协调。这表明，平等观念进入中国，是在挑战传统中国的根本思维方式及其政治秩序。作为传统士大夫的游西记作者，实际上已意识到其中的冲突存在，他们在某些时候赞赏西洋的教育平等、法律面前人人平等——"正统领退了位，跟平头老百姓一样"③、政治平等——"其政最平等，人人皆有选举权"④，但仍纠缠于传统观念。

在对平等的认识方面，载振看到英国存在爵位制度，而爵位似乎意味

---

① 详见［美］范伯格《自由、权利和社会正义——现代社会哲学》，王守昌、戴栩译，吴福临、陈维政校，贵州人民出版社 1998 年版，第 128—137 页。

② 详见张烁《权利话语的生长与宪法变迁》，中国社会科学出版社 2012 年版，第 85—86 页。

③ 唐文治：《英轺私记》，载李德龙、俞冰编《历代日记丛钞》（第 148 册），学苑出版社 2006 年版，第 573 页。

④ 上海市文物保管委员会编：《列国游记——康有为遗稿》，上海人民出版社 1995 年版，第 79 页。

着等级差别，即"人有三等，一等是公侯伯子男，一等是绅士，一等是乡下的百姓"①，在他看来，这西洋也有主张等级制度的声音。而戴鸿慈也认为西洋"上自王公，下逮庶民，苟非奴隶，皆有自主权，其享受国民之权利维均。一介之士，虽执业微贱，苟其学成专门，皆足以抗颜宰相之前而无所恶"②。他认为，这就是西洋平等的真相。

该真相需从两方面分析，一方面，这里的人人皆有自主之权，是人格、尊严上的平等，在政治上是政治平等；且"学成专门"而能"抗颜宰相"，有儒学教化论的意味，强调学业有成的精英平等，即所谓"达者为师"。故此，戴鸿慈看到的是精英平等论。但另一方面，戴鸿慈在檀香山对夏威夷居民与美国公民做政治权利比较时，曾为其抱屈，"美人皆有选举美总统权，而檀人无之也。各省可公举上下院议绅，而檀人不能也"，这是法律的"不平等"，而美国对此却不予置评，"奈之何哉？"戴鸿慈似乎对政治平等、法律平等已有自己的认识。遗憾的是，戴鸿慈在美国参观"户部衙门"时，见"司事多用妇女"，他的理解是"妇人性质灵细，视男子为优，故电话交换、银行出入恒用之"，这只是美国"风俗使然"③。即戴鸿慈在此并未认识到就业上的男女平等。前番对平等的认识，实质上乃停留于男性之间。

在康有为看来，如果从反封建的角度看平等，那么"吾中国二千年，既改郡县后，人人平等"；如果对平等的理解放在日本明治维新禁止"亲王大臣喝道"上，那么平等在清初即已实现，即"吾国历朝京官唐宋至明，皆有仗卫，而本朝亲王大臣久禁喝道，数百年矣。与民平等久矣。朝士徒步游宴，视为寻常，盖数千年中国官民平等，且先于日本，未有若北京者"④。

梁启超则首先认为平等是条顿民族的特质，是其立国的元气所在，因而他还警告美国应慎重对待移民问题，即"使政治上社会上种种权利，全移于条顿以外诸民族之手，则美国犹能为今日之美国乎？吾所不敢知

---

① 唐文治：《英轺私记》，载李德龙、俞冰编《历代日记丛钞》（第148册），学苑出版社2006年版，第509页。

② 戴鸿慈：《出使九国日记》，湖南人民出版社1982年版，第24页。

③ 同上书，第61、64页。

④ 上海市文物保管委员会编：《列国游记——康有为遗稿》，上海人民出版社1995年版，第318、233页。

也"。其次，梁启超肯定，以美国为例，不平等现象随处可见，贫富差距、种族不平等都是美国社会的大问题。最后，梁启超发现，贫富差距的不断拉大可能导致社会向专制转化，即"以是之故，非徒富者愈富，贫者愈贫而已；抑且智者愈智，愚者愈愚。如彼摩尔根、洛奇佛拉之徒，以区区方寸之脑，指挥数千兆金之事业，支配数十百万之职员，历练日多，才略日出。而彼受指挥受支配之人，其智识乃不出于寸金寸木。……天下之大势，竟滔滔日返于专制，吾观纽约诸工场，而感慨不能自禁也"①。

总而言之，载振认定，爵位制度存在的社会存在着等级差别；而对平等的不同理解，使康梁师徒对西国社会的认识存在明显差异。

在女权的理解方面，康有为发现，美国女性在私权方面"皆与男子立于同等之地位。无论既婚未婚之妇人，皆有全权管理其财产，夫死之后，皆得为其子女财产之代理人。此实美国妇人权利优馀他国者一也"，且试图拥有选举权，即"盖据独立檄文人类平等之大义，白黑种之界限既除，则男女性之界限亦不可不破，此其理想之源泉也"。但康有为反对女性获得政治上的权利，他有三个理由：第一，女性获得选举权，"实则妇人干涉政治，在今日之社会，实利少而弊多，伯伦知理辈论之详矣，其法案之久不能通过也亦宜"。第二，有案例显示，女性不能胜任政治职务，即"澳洲之纽西仑、遏得力、西澳、忒斯米尼业诸省皆有妇人选举权，闻前十年纽西仑曾有一妇人被选为市会长，男子皆梗其号令，不久遂辞职云"。第三，女性不擅长行使选举权，即"其学务委员之选举权、被选权，则现今有十四省许诸妇人者。然彼等大率放弃此权，不知宝贵"②。总之，妇女进入政界，并非不可能，而是不可行。

此外，金绍城也对女权运动持谨慎态度。首先，他认为，美国的男女平等乃是西俗问题，即"我国人每艳称美国职女权至，并其秕俗而亦曲为之说，不知自由、独立为美国女界之长，而放荡则其流俗之敝；确守阁训为中国女界之长，而社会流传之谬习、互相菲薄者，固非徒羡他人，并己国之长而轻弃之者，亦未见为是也"。其次，挪威曾有一女议员，但其"无所建白"。最后，他以瑞典人对女权运动的反对"足备参考之资"，表明其立场，即"凡妇女止须在家管理内政，日日争议政选举之权，分心于

---

① 梁启超：《新大陆游记及其他》，岳麓书社 1985 年版，第 454、464 页。
② 同上书，第 584—585 页。

外，不但置家事于不顾，且置子女而不管，甚非计也"①。即金绍城强调，国外女权实践已经表明，女性就不应当获得政治权利。

在他们看来，女性获得政治权利是一件不幸的事情，既浪费了政治资源，又违背了男女自然分工事实。他们在这一问题上，没有权利平等的概念。

二　法律下的自由观念

自由是与奴性相对的一种特质，表明人意识到自身正摆脱某种约束或有真实的可选择项，不同于那种由于无知、逆来顺受或出于对魅力领袖的热爱而并未感到被剥夺了自由的情形，自由与挫折感或选择权相关。即是说，自由意味着秩序与责任，因为人自由不等于放纵，一个放纵散漫之人会不断陷入内在冲突、无出路的困境与反复无常当中，他虽然不受外在或内在支配力量的约束，却始终无法自由。更确切地说，放纵散漫之人虽不受外在束缚，却被自身欲望所束缚，他成为自身所有构成因素的冲突战场，被这些因素左右摇摆，最终将无可奈何地土崩瓦解。②

在现代法律世界中，自由乃是一个由法治所保护的、不受干涉的独立领域，贡斯当如是说。列奥·施特劳斯则表示，现代的自然权利理论把个人自由视为一宗权利，独立且优先于任何公民义务。③戴雪则认为，自由意味着被法律所救济的那种权利；而詹宁斯表示，自由是民主或自由法的根本内容，它并非是法律救济的呈现，反而是法律的前提并由法律所保护，自由意味着不受政府权力的干涉和限制。④鲍曼强调，自由既是社会整合、社会体系再生产得以完成的条件，又是社会整合方式与体系"运作"方式得以不断再造的条件，个体的自由是连接个体生活世界、社会与

---

① 金绍城：《十八国游记》，太原监狱石印本，第 31、72—73 页。

② 参见［美］范伯格《自由、权利和社会正义——现代社会哲学》，王守昌、戴栩译，吴福临、陈维政校，贵州人民出版社 1998 年版，第 1—24 页。

③ 参见［英］约翰·格雷《自由主义》，曹海军、刘训练译，吉林人民出版社 2005 年版，第 3、7 页。

④ 参见［英］詹宁斯《法与宪法》，龚祥瑞、侯健译，贺卫方校，生活·读书·新知三联书店 1997 年版，第 29—43 页。

社会系统间的中心环节。①

很显然，中国自古以来就缺乏这样的认识。即便古代中国有"皇权不下县"的传统与事实，但皇权可以在任何时候将触角伸到整个国家、社会的任何角落，它没有任何限制与顾及，因为"普天之下莫非王土，率土之滨莫非王臣"。在"圣王德性正义论"的世界，天或天道、天理蕴含于宇宙的每个角落，它意味着通天彻地的"天子"能够将德性笼罩整个人类社会，以"天子"为生活的中心才是中华世界的主题，因此，自由即便是法律下的自由，仍然意味着为所欲为、放纵与无节制。

应当讲，之前的"探索者"从自由的作用入手的介绍，并不涉及自由的价值，即便是法律面前人人平等，仍然强调法律对自由的限制，对自由之于权力的威胁有所警觉。而此时的"学习者"注意到自由在法国大革命中所扮演的角色，以及西方各国法律对自由的规定与保障，但对自由价值的理解仍在不自觉中受到自由现象以及传统思维的制约。

梁启超注意到美国教育自主的情况，即"美国教育之事，皆由各省自行管理，非中央政府所得干涉。政府虽设有一学报长官，不过调查报告而已，故美国无国立大学"②，这是一"怪异现象"。金绍城则关注到比利时创设政制时两党博弈对自由权的积极影响，其言论与宗教"皆得极端之自由"，其"报馆言论，除不得毁人名誉外，无论如何论说，皆可登载"③。这就是法律下——"不得毁人名誉"——的自由。

这是游西记对自由观认知的一个方面，而另一方面的情况则由康有为呈现。康有为对自由观的认识体现在两个方面，一是德国对自由的限制，二是中国自有两千年的自由史。在德国的自由现状方面，康有为首先看到德国对进口出版物的年检制度，其"一年之中检查两次。如查出不合法律之书报等项，限于两月内搜除净尽，后不许进口"。其次则注意到德国施行特务政治，警察"最有权，侦卒遍地，能禁止人言语，有攻政府及其帝者立拘幽之，酌其轻重以为拘之日月，虽报馆不敢肆言"。再次是德国法律对结社与集会的严格管控，即"常会有定章，暂会无章，惟于人有损者

---

① 参见［英］泽格蒙特·鲍曼《自由》，杨光、蒋焕新译，吉林人民出版社 2005 年版，出版导言。

② 梁启超：《新大陆游记及其他》，岳麓书社 1985 年版，第 524 页。

③ 金绍城：《十八国游记》，太原监狱石印本，第 58 页。

立即禁止。平时聚集友朋多人或出殡等事，必请得巡警凭照。军人聚会，巡警无过问之权。照法律可设常会者，一商业，一风俗，一教务，一学校。捐资设会逾五十马克者，必将捐数告知巡警，发给凭照"，对外国资助更是严格，需得到德皇的批准才能使用。最后是将德国对民权自由的态度与法国作对比，强调不好民权自由的德国人民上下合力，"去短集长而收其成，故其获效之大且速，尚在英之上"①。

而中国自有两千年的自由史，康有为的核心观点是"若废藩权，停旧藩之狩猎、裁判，免隶农人役税，民得为文武官，则我国秦汉时已久去其弊，得此平等自由二千年，在罗马未现之先。六朝寺产弥天下，经唐武德沙汰僧尼，已尽夺寺产矣，在日耳曼混一之先。其余保人民财产，听诸子分产，听信教自由，听出版言论自由，则自汉晋唐以来，法律已具有而久行之"，只是国人"久而忘之"。国人之所以忘记享有的自由，是他们"日在自由中，譬犹饱者之不复求食，暖者之不复求衣耳"；西人之所以对自由赞不绝口，乃是他们"犹驿卒之久苦桎梏，一旦得释，手足得以舞蹈，因以为至乐而忘蚊热也"。中国人对自由的享有与西洋当代自由相比较，"但无选举权耳"，其余则"自由之年代，自由之程度，已至先而至极矣"②。但选举权或者说以选举权为代表的政治权利，乃是人享有自由权的关键，因为没有保障的自由只是口头的自由。但康有为没有注意到这一点，因为从德国的自由观以及德国与法国的历史境遇上也无法找到这一点。

但现代政制考察大臣对自由的认识则与之不同。戴鸿慈认为，"人人于其权利范围之中，得以为所欲为，不受压制焉耳，非夫放纵无节之谓"，似是西国自由的真谛，即法律下的自由。然而他解释到，"欧美之民，无男妇老少，其于一切社会之交际，相待以信，和接以礼、守法律，顾公德，跬步皆制限焉。自其表观之，至不自由也"③。在他看来，法律下的自由并非真正的自由，受到法律拘束就不可能自由；以其用词"为所欲为""压制""放纵""无节"看，这才是他所强调的自由真谛。

---

① 上海市文物保管委员会编：《列国游记——康有为遗稿》，上海人民出版社 1995 年版，第 167—183 页。

② 同上书，第 145—232 页。

③ 戴鸿慈：《出使九国日记》，湖南人民出版社 1982 年版，自序。

与此同时，在端方等人看来，英国最高法是历代君主"惟向都市人民征收政务费用之际，与其都市以权利自由之保证渐渐而成"。且端方他们还强调，"臣民权利及重要者，非由法律，则不能限制之"，即如"人身自由（非依于法律不被逮捕、监禁）、财产所有权、居住移转之自由、住所之安全、受裁判所裁判之权利、信件之秘密、言论著作印行集会结社之自由等项"① 均由国会立法保障，其他法律不得限制，由最高法加以规定。由此看来，端方他们对法律下的自由、权利的认识与西国接轨，强调国民基本权利的最高法保障。而端方他们还专门论述了这些基本权利的特质。

人身自由，端方与戴鸿慈强调"臣民无各从所欲而为动作之自由，则不得自营生活发达必要之事件"，因而人身自由是臣民发达的第一要义。国家设法"不仅严罚私人任意监禁他人，即在官吏除以法律制定之情形外，亦不使之有滥为缚束人身之自由，而以此为宪法之一条"。且国家针对警察与刑法对此权利的侵害可能性而专门制定了警察法、刑事诉讼法以保障之。至于迁徙自由，他们谓之"居住移转之自由"，是臣民生活发达的必要条件，除非法律正条限制，如"预防恶疫之传染""保护自治体之财政"等不得已之事，不得限制之。通信自由，他们谓之"信书秘密"，因为"书信虽不关于秘密必要之有无，而此发信者与受信者，如防商机之漏泄或至害其经济上竞争之自由以及其他之事，不能枚举"②，因而国家需要在立法例外情形下保护之。此外，亦有信仰自由、言论著作结社与集会自由，也有住宅安全、所有权安全、公平裁判、登用均等等其他基本权利。这些基本的权利与自由，他们均认为是最高法上的国民基本权利，非依法不得限制。

三 理论中的法治观念

游西记对法治的关注，体现在四个方面，一是地理与法制的关系认识，二是对法治的理解，三是法律治理的实例观察与思考，四是对司法独立的特别关注。

就法律与地理的关系，在 18 世纪的欧洲已由孟德斯鸠在《论法的精

① 端方、戴鸿慈：《欧美政治要义》，中国社会科学院法学所藏本，第18、87页。
② 同上书，第167、169页。

神》中详细阐述，且由严复翻译为《法意》而于 1913 年商务印书馆出版。但在康有为游历西洋时，则显然未见这一翻译稿，不过他是否听说过这一观点则不得而知。无论如何，他在讨论英国现代政制制度的生成时，将其原因归结到了地理等因素。

英国能"创立民权宪法之美，汽机物质之学，及一切政治之美者"，都是岛国的原因，康有为如是强调。首先，欧洲大陆"港汊分歧，山岭错杂，险阻可恃"而竞争激烈，国王与封建主争夺权力，国王为达目的而笼络民众，给予民众权力，民权由此产生。其次，民权虽为欧陆"立国纷多之所致，非英能自产之"，但"惟英能保守延长之，而成立宪议院之法耳"，即议院乃在英国长存而能保护民权。欧陆国家不能保存议院，乃是因为"大陆诸国角立，岁役兵车，不日不月，无时不争，讲兵事者不专制，则威令不行，而战功不立，故兵争之国政制尚严"，而英国"英之君民从容酣嬉，苟非好事者登大陆而竞争，则几可闭关卧守"，且有"内讧自兴，而又小国寡民，人数百万，则君不甚尊，民不甚贱，旁观市府民政之激刺于耳目，于是与君争自有之权利，此自然之势，非英民有何特别之质也"[1]。此外，英国政治文明当时并非发达，还未养成政治习惯，即"其本出草昧，末有政法，君位不定，争乱相仍，故议会以静制动，以治待乱，因得有其权，积数百年，体遂坚固，宪法永定，民权永伸，议院之制遂为万国师"；更有英国为岛国，隔绝欧陆竞争而为桃花源，是理想的避乱之地，"故每当大陆之兵争大乱，德、法之名士、名匠、大商、富家皆走避于英，受廛为氓，英乃大开网罗而受之"，因而英国人才繁盛，有利于其国"政学工艺"等事的发达。故而，在康有为看来，"英之政法、学俗、民权、议院皆成于自然，非有意更张有所响慕而为之，以其出于自然，故施之民情至顺，措之事势至当，较之列国有意更张或不适宜者，自为事善也"。而中国历史上也曾有某些时刻与此类似，但为何未能产生议会制度呢？康有为认为，在六朝时，国中君位"数争，内乱频仍，则权落于大臣之手，而篡业成焉"，由于没有贵族；在春秋时有贵族，但"国人亦多立君杀君，若卫人立晋，莒人杀其君庶其"；只是在西周厉王时，周人放逐"厉王于彘，周召以共和治国，此亦与英议会之逐弑其君，而别事

---

① 上海市文物保管委员会编：《列国游记——康有为遗稿》，上海人民出版社 1995 年版，第 185—186 页。

拥立相同"①，但也未能成就现代政体，原因在中国政制古老，很难变动。

与此同时，与英国同处海外的马达加斯加、爪哇、吕宋、澳大利亚、古巴、中国台湾、西西里、日本等地又为何没有发生这样的奇迹呢？康有为认为，马达加斯加、爪哇、吕宋、澳大利亚在热带，"民皆蠢愚，既无从比较于英矣，且去大陆文明太远，民无生于岛中，地小而文明不开，无从濡染以启发其智慧"；而古巴、中国台湾开发太迟而不能与英国比较；而印度的锡兰，则受到印传佛教的影响太深，且"印以太热，民性惰而不能自张，况锡兰乎"；若西西里则地太小而不能久自立也；而日本则"濡染于中国之政治儒学矣，而中国一统无争，故日本无自大受其利，且渤海之隔，日本与中国相距三千里"，又日本"土地人民颇已广大，王者无劳贪求，亦无贵族合党，王室政体师法中国，亦少内乱"②，与英国同欧陆的政治、经济、文化联系大为不同。总而言之，康有为强调，英国法治的生成乃是地理与历史的偶然现象。

就法治的理解，戴鸿慈在与俄罗斯前首相维特交谈时了解到，现代政制并非空谈，如果"国民无普通智识与法律思想，则议法与奉法"都将无人，现代政制不可能实现。因为它是"凡事必以法律为基础，苟无法律，则事无可办"③。戴鸿慈所识的法治乃是依法治理，且他与端方另有论及法治与德治的差异。

对传统中国而言，天子临朝"中外奏章悉仰亲裁，与以批答而使有司执行"，他是治理的中心，其治理也依赖于上奏与执行之人的能力与德行，因而对天子而言，"选用官吏宁舍通于法律命令者，而取有道德能文章之士以登进之"，因为选择道德之士可以"化民成俗而得善良之处分方法"。这是典型的道德行政主义（德治），端方他们如是总结。而西国则"行政官吏——据法律命令而行，无论如何善事，苟法律命令未有明文，则不得为之，其法律命令之所定者，揆于事理亦当为之"④，这是典型的法令行政主义（法治）。

两种治理模式完全不同，他们强调，以结果论，"孰宜于今日，不辨

---

① 上海市文物保管委员会编：《列国游记——康有为遗稿》，上海人民出版社 1995 年版，第584—585 页。

② 同上书，第 188 页。

③ 戴鸿慈：《出使九国日记》，湖南人民出版社 1982 年版，第 225—226 页。

④ 端方、戴鸿慈：《欧美政治要义》，中国社会科学院法学所藏本，第 93—94 页。

自明"，那中国自当改良而向法令行政主义发展。事实上，法治在国家治理上有比德治更优异的地方：其一，"君主独裁之行政"是以君主及其臣僚的心性为标准，善恶在两可之间；而法治或现代政体的行政则必以"法律命令所定国家与人民间权利义务之标准，其可与者与之，可取者取之"，这是法治国主义；且法治虽"非以道德心为标准"，但其实合于"最高尚之道德主义"，因为现代政体的目的即是"人世最大之道德事业"，且有法律保障其实现，而德治却在两可之间无法保障这一道德事业的实现。其二，现代政制的精要在"明辅弼臣僚之责任及使臣民在国会得言其所愿"，因而责任大臣与议员在行政中以此为宗旨而行事，对于"每事之处分，悉令陈白，亦为不便，故必立一确定之准则，他日苟非必须变更，则永无变更者，使表其赞同之意，而后可以为常，所谓依于法律为行政之必要"，即依据经验而行政，比德治依善良方法而实行者更为可靠，即便拘泥于法令使一二"特别之处有戾人情背德义"，却成全全体的美善，是值得的。其三，法治之行政有单简敏速的效力，因为它办事不以个人意见而以法令为依据。其四，法治中的有司责任，既简单，又易于监督。其五，法治下的有司无行私枉法之事。其六，法治使人民有周知处分的权利。其七，法治也留有官吏的自由裁量权，在适用法令之时，"劳心性以行善政之范围"[1]，充分发挥了官吏的能动性。

而在法律治理的实例方面，《八述奇》记载了英国伦敦警察将一名擅自向国王进呈作品的作家逮捕，然因没有法律依据而不能"惩治"[2]，乃释放了该作家。金绍城则看到英国法院对女权运动游行过火行为的处理，其将"投石击下议院，并聚众殴辱巡警，拏获百五十人，分起审讯。以人数太多，凡阻隔行路者，一概释放"，而对于其他在场投石、殴打者则依警方掌握的证据而进行审理，即"①以石击巡警且批其颊，取得一石一手套以为证据。②以石击巡警不承认，自言有人可以证明并未掷石，召证人询问，但云吾未见其殴打，裁判官问此女被巡警拘获时汝亲见否，曰实亦未见，故所证仍无效。③殴巡警甚轻，监察官谓如能自认过失，则当释放，出犹强辩，既而巡警请一见证人至，始自认过失而释之去。④击巡警之帽，检察官谓，击帽罪甚小，此女年幼，可论令自行改悔，裁判官亦申

---

① 端方、戴鸿慈：《欧美政治要义》，中国社会科学院法学所藏本，第 93—97 页。

② 参见张德彝《稿本航海述奇汇编》（九），北京图书馆出版社 1997 年版，第 50 页。

饬而释之。⑤以石击巡警以报上星期被拘之仇，且声言将以手枪击之。⑥病院看护妇女击巡警，不承候再审。⑦击巡警声称，彼光推我，我故不得不殴之，不认罪，候再审。⑧掷石击破玻璃，获二人，其余人声称，下议院将我辈所递之，禀掷出我等求保全女子之权利，而政府深闭固拒，故不得不出蛮力以争之，云云。⑨以铁秤锤击玻璃窗，警巡取得四枚以为证"，因而在此次行动中，"纠众凡数百人，被拿获者百有五十，皆到堂询问。被拘禁者，仅十余人。余均释放"。在金绍城的理解中，英国当局如此处理，是源于此次游行是为"争选举选权，乃政治上之犯罪，且多系大族女子之尤学问者，而英国正当新旧两派角立，亦尚未得妥善调处之法。故对于此案，政府特别从宽发落"①。显然，英国法院对案件的处理是"以事实为依据，以法律为准绳"的，并非如金绍城一般是从政治的角度理解已进入司法程序的案件。而金绍城有如此看法，乃因为法治作为一种对案件乃至于政治事件的处理方式，对他而言很是陌生。

关于司法独立，端方与戴鸿慈认为，司法独立有其理由。一是"出于立宪政体之目的"，即臣民生活的发达，而"裁判公平即为发达此之第一要件"，因为它是臣民发达生活既成的保障，使之不减退的关键，它区别于其他行政保护臣民生活发达之未成方面。二是在于"适用法律命令之式"的独特性，即行政在于依大纲而因时、因地制宜，而司法裁判则讲求在适用法律之时"不容酌商"。端方他们是从行政与司法的差异角度强调两者的区分，是在区分意义上强调司法的独立性。这有其意义，以当下的知识来看，这并没有把握司法独立的精要，即防止行政等因素的干涉，虽然他们还介绍了司法独立的制度设计，诸如法官终身制，且禁"兼理他项行政事务"，非依法不得"命之免官、转官、休职、转任及加以惩戒之事"② 等。这个人的理解难免出错，而听他人讲解则能获得真知。载泽从"埃喜来"③ 处了解到，在英国，裁判官的职责就是"遵守法律，保护个人"；而司法独立强调法官"终身其事，非两议院弹劾，不得黜退"④。因为法院独立而不受政府节制、影响，秉公办事，国人才能信服，也才能够

---

① 金绍城：《十八国游记》，太原监狱石印本，第42—43页。

② 端方、戴鸿慈：《欧美政治要义》，中国社会科学院法学所藏本，第99—102页。

③ 载泽等人在英国考察政制时的政法学教员。

④ 载泽等：《李鸿章力聘欧美记·出使九国日记·考察政治日记》，钟叔河编，岳麓书社1986年版，第598—599页。

保卫庶民，不为大臣、勋贵、官吏所强迫与抑制。

而金绍城注意到司法独立对于中国收回领事裁判权的影响，首先是"监狱之事与司法相关联。司法不能独立，即监狱之改良不能期于完善"。其次是"我国之有领事裁判，实为司法独立之阻力，即于改良监狱不能无影响"；但英国却要求中国在收回领事裁判权前首先"改良刑法、监狱"①。在金绍城这里存在一个死循环，要收回领事裁判权需监狱改良，而这又受到司法独立的影响；而司法独立又受到领事裁判权的影响；但他似乎并没有注意到这个问题。而《八述奇》则有观察到英国法院审理兵部违法侵占他人专利权的案例，且"经大法官判，谓其法无论何人所创，用在是人呈送兵部之后，即为违理云"。这是一则"民告官"事件，在晚清似乎是不敢想象的事情，但在英国这个法治国家，法官"秉公处，虽国王亦无权谴责。遇事亦能律国王罪"②，这很符合逻辑。

但这些都不是对司法独立的直接研究，而严复在《考察各国司法制度报告书》中的观点才是有关司法独立的真知灼见。严复认为："中国司法前途欲求独立，不当从道德上分其人之善恶，先当从法律上论其事之曲直，今之为裁判官，有专以钩拒为能事，深文周内曲直，可以上下其手，而不察情理之平，裁判官之资格焉能养成乎？"③他强调司法独立的第一要义在于法官对法律而非道德、情理之类的遵从。而徐世英与徐谦则从司法与行政的不同特质入手，认为"司法独立之精义，在以法律保障人民，法律以确定为宗，而政治则则贵敏活，此司法与行政之所异其趣也"；而另一方面，司法人员亦是国家"官吏之一面，网维相系要，不能无行政之方于斯而谋其统一，而又不使受他部行政之干涉，则不能不划分司法行政于普通行政之外，而以法部总其成，而为之障"。在他们看来，所谓的司法独立的运作，乃是"司法行政之上奏权，惟法部有之，凡死罪案件之施行，在欧美各国，无论有无法部，莫不由司法大臣具奏，其余案件则无庸具奏，即照判决施行，一以见人命之重，一以省文牍之繁"，且其经费"皆由法部预算，经议会认可后，即径由国库发给，其司法上收入之款，则皆存之国库，但收支两不相涉，无论是否可资补助，司法经费要必取给

---

① 金绍城：《十八国游记》，太原监狱石印本，第 25 页。

② 张德彝：《稿本航海述奇汇编》（九），北京图书馆出版社 1997 年版，第 30—31 页。

③ 金绍城：《十八国游记》，太原监狱石印本，第 1 页。

于度支，此项经费以司法官之俸给居多数，至法庭建筑费，尤必宽筹"。因而，他们强调，清政府司法改革的要点有四，即"欲保护人民权利，则必规定登记法；欲减少罪犯来源，则必设感化院；欲养成司法及监狱人才，则必设法律及监狱学堂；欲考求司法成绩，则必从事统计报告，苟提倡而实行之，庶几日起有功耳"①。这是典型的学习心态，即从西洋政制中看到并了解到什么有良好功能，随即想到怎样引进中国以促进中国改革。

四　君权下的现代政体理念

"探索者"时期，游西记在富强与西洋各政体之间建构关联，多认为西洋政体有其优势，对议会政体念念不忘。但在"学习者"时期，清末国人经历了戊戌变法的失败，以及由民众主导救国的排外且逆时代潮流的义和团运动的惨败，中国丧失了更多富强、救亡的机会。对慈禧太后这位政治敏锐而又精明的掌权者而言，她必须表露出某种后悔的样子且制定政治改革的措施，以赢得外国的尊敬和国人的敬仰。因而，她在1901年1月、4月和8月的上谕中均强调政府变法修律、改革政体的决心，具体表现在废除科举考试，建立现代学校和派送学生出国留学方面。②她实质上并未在政制上有更多动作，但却鼓舞了国人对现代政体的热情，成为官民议论的核心议题。1905年日本在日俄战争中的胜利，让更多国人对现代政体产生期望，认为这是现代政体打败专制政体的明证。③在主流社会，改革政体成为最响亮的声音，但君民共主制却有维新保皇党人的开明专制之君民共主与立宪保皇党人的君民共主；④此外，革命党人更是主张推翻皇权而建立民主共和国。这表明，清末国人已经接受了西洋的现代政体观

---

① 徐世英、徐谦：《考察各国司法制度报告书》，载两广官报编辑所《两广官报》，台北：文海出版社1989年版，第1498—1499、1507页。

② 参见徐中约《中国近代史》，计秋枫等译，香港中文大学出版社2002年版，第389—413页。

③ 参见徐中约《中国近代史》，计秋枫等译，香港中文大学出版社2002年版，第413页；故宫博物院明清档案部编《清末筹备立宪档案史料》，中华书局1979年版，第29页；荆知仁《中国立宪史》，台湾联经出版事业公司1983年版，第175页；等等。

④ 详见张烁《权利话语的生长与宪法变迁》，中国社会科学出版社2011年版，第214—215页。

念，并已选择以君民共主政体或民主共和政体来改造传统中国。因而，此
时的游西记对政体的关注，已经转变为有关君民共主政体的认识。因为此
时的游西记作者大多是清廷高官，君民共主政体是其不二选择。

关于现代政制，游西记有最为重要的四项观点。一是载振关于英国君
民共主制及其民意的认知，二是金绍城关于美国教育引进有关选举实践的
内容，三是康有为对英国成就现代政体的原因分析以及他对现代政体进入
中国的判断，四是现代政制考察官员对现代政制的理解。

英国君民共主政体的运作，在载振看来是"君权轻，民权重"，政治
上的事情都是"议院里做主，皇上不过签个字，画个押罢了"；而比利时
的君民共主制也是"什么事情，都得议院里定规"；但议会也并非无法无
天，因为"议和议战，上议院也得听下议院的信，还得瞧新闻纸。新闻纸
说不能战，议院里就可不答应发饷。新闻纸说能战，议院里就跟他拨
款"①，民意对议会有着重大的影响，虽然在载振看来，这种影响是通过
报纸的方式呈现的。即便我们认为载振的观察有误，民意是通过选举而非
报纸在影响议会运作，但也并不能否认他对君民共主制中议院运作的总体
判断，议会乃至民意而非皇权是国家的最高权力。

选举这一制度的运作，在金绍城对美国教育的观察看来，需要从小培
养，即"盖君（美国人恒德盖儿）在美国创办蒙学，自出新意，令幼童
投票选举某为议员，再公选一人为总统，并选出二人订定法律，一人专司
裁判，若干人为巡警，若干人为律师。越数日，幼童自议律三条：一曰，
不得窃取粉笔到处涂抹；二曰，不得将废物到处乱掷；三曰，听讲时不得
顾他人耳语。议既定，经议员认可，总统裁定，然后通过。告之曰，此为
尔等共同议定之法，有不遵者，必互相纠察。于是，幼童无一人犯，此者
行之尤实效。且暗属立法、司法、行政三权之意义于其间"②。在该教学
中，它呈现出选举或民主运作的一大关键之处，即现代政体的权力分立与
制衡以及制度性规定对于选举或民主有着决定性的影响。虽然这一做法并
未在全美推行，但它的理念却很关键，即选举或民主，乃是在实践中成长
经验，并非在学术逻辑或口头宣讲中运作。

---

① 唐文治：《英轺私记》，载李德龙、俞冰编《历代日记丛钞》（第 148 册），学苑出版社
2006 年版，第 518—519、528 页。

② 金绍城：《十八国游记》，太原监狱石印本，第 37 页。

　　关于现代政体为何在英国成就，康有为在对英国历史的考察中表达了他的观点。康有为认为：首先，西洋"建侯世爵必虐使其民，日事戎兵，以争邻国，此其最大害，上观春秋、下观欧土中世，其事效亦可睹矣。然近者欧洲一切之兴皆赖封建世爵以产之"，现代政制也不例外，因为"大宪章之立，请愿书之求，民权之争，议院之成，今波及于大地而产生于欧洲者，一切皆非平民能为之，皆世爵为之"，其"世爵各有治地部民，其权力能常与其君主相抗，故君主有恶，诸世爵联合而废之，甚者弒之，众力相等，又不能以一人独篡。故复立君而誓之限之，此事势之自然，无中外而暗合者矣"。其次，英国王因而恨世爵之反抗，故而暗思"废抑世爵，势不能不引平民以抗世爵而助己，于是议院分为二。故平民之渐有权者，亦世爵之反激力有以生之，若无世爵之反激，可断欧土千万年无上下议院之诞生也，而更安得有立宪民权之事出?"最后，至于说为何英国能国内抗争不断，乃是其"与大陆不接，故兵事鲜少，民情从容；故得以余暇，上与其君争政"，不像欧陆诸国"强邻交迫，日困于兵，故惧外之心多，不得不并力以拒外。既当并力，则不能不听命于君主，而君主亦必行专制之政，乃易立国致强"①。因而，在康有为看来，英国产生以议会制为核心的君民共主制，乃有其特殊的地理、政治传统，是自然生长的结果。

　　正因为英国政体是自然而成，那么对英国有利的制度并不一定适合中国，即"自由云，立宪云，共和云，如冬之葛，如夏之裘，美非不美，其如手我不适何。吾今其毋眩空华，吾今其勿圆好梦。一言以蔽之，则今日中国国民，只可以受专制，不可以享自由"。他在此表明，一是未区分自由与共和等概念，即"夫自由云，立宪云，共和云，是多数政体之总称也"；二是强调政体的自然生成性，那中国已然形成专制，国人不可享自由乃是自然之理。但他同时亦说明，国人如欲自由，须"惟祝祷讴思我国得如管子、商君、来喀瓦士、克林威尔其人者生于今日，雷厉风行，以铁以火，陶冶锻炼吾国民二十年三十年乃至五十年，夫然后与之读卢梭之书，夫然后与之谈华盛顿之事"，这表明国人"无政治能力之事。其保守

<hr />

① 上海市文物保管委员会编：《列国游记——康有为遗稿》，上海人民出版社 1995 年版，第193—194 页。

心太重一端，人人共知"①。实际上，康有为所谈政体立基于政体的运作，即强调国人政治经验的重要性，而经验又需要养成，不可能一蹴而就，乃是二十年、三十年乃至于五十年的事情。

立基于国人没有自由民主的现代政制经验，康有为认为国情不同而不能强行引进他国制度，他以普鲁士如果学习英国为例说，"普与英同为条顿种，英为立宪法之祖，当普之兴也，已在英立宪法数百年之后，又经克林威尔革命之余。然普若早用英立宪之制，则普不能立国"。在他看来德国政体乃是"虽云立宪国实则兼君主专制国"，其"政治之美实甲百国，无利不立兴，无弊不立除，选吏既精，能用人，尤奉命，故内外百司莫不任职，皆德主威廉为之也"，其政制实际上有三方面值得考量。其一，在人才选用方面，该政体比政党政治有优势，政党政治"少能久，任未几，党败，旋即易宫。且政党所用只限党人，或以私情义当酬报，或有畏惮不易扫除，凡此皆不尽得人者"，而德国政制则"一君专制，多历年所，故用人可久于其任，举事易期成功。且合一国之人而陶用之，尤为多数，又不待报其党私，有所用舍，无所惮讳，惟以公行之，惟才是用，故专制而为贤君，其政治易举而尤美，诚非政党所能比也"，但其问题在于"贤君不世出，而暴主多，校其得失，不若政党之稳固"。于是有其二，德国政制而"有议院立法以维之，故大经大法不紊；有地方自怡以分之，故事理纤悉皆举"，其兼现代政制与专制君主的优点于一身，在君主与议会之间存有权力上的平衡，因为"有专制之英主，而无议院立法限之，则失于太横；无地方治佐之，则不能细入"，且认定它还有交通、通信上的优势。其三，德国的专制与法国的自由相比，法国"治效之不振如此"，而德国"治效之盛如彼"，原因即在"民权自由亦非最美之药，有君主专制之祸毒用之既得矣。然过用之，则奥国三十余党之争，遂致百政不举，而中南美诸国岁以争立民主致乱，刘民过半，而墨西哥总统爹亚以一党立国，专制二十余年遂能奠墨百年之乱争"，因而在康有为看来，"既有议院以民权立法后，君主本难专横，而有贤君专制以行政，则配制适得其宜"②。正是德国的这种政制使德国能够在群强竞争中后来居上。

① 梁启超：《新大陆游记及其他》，岳麓书社1985年版，第559页。
② 上海市文物保管委员会编：《列国游记——康有为遗稿》，上海人民出版社1995年版，第153—155、194页。

此外，康有为还在游历欧陆时发现德国有特务政治传统，德皇对"国中细微之事无不周知"，源于国内"警吏最有权，侦卒遍地，能禁止人言语，有攻政府及其帝者立拘幽之，酌其轻重以为拘之日月，虽报馆不敢肆言"，而"街谈巷议，酒馆茶寮不敢谈德主之短"，因而其"名为宪政实则专制已甚"。在与德国的政治比较中，他认为，"吾国实荡荡，言语恣意，攻政府及君上，苟不著文字，毫无检束，过于德远矣"①。因而，康有为对中国是否学习德国政制保留意见。

就现代政体的理解，端方与戴鸿慈认为，宪法是"诸法之渊源"，是"一国之大本、大法"，即为国家根本法，因为它规定了"国家各部机关之编制及权限并臣民之权利义务，在一切法律之上，而可为国家一切政务之基本"；其实质乃是"设立国会以通上下之情，其执行之权，则仍归诸政府，而明定国务大臣之责任"。而之所以要现代政制，他们认为，是为"举国家之全力提挈臣民之生活，助其发达；又以臣民之所愿，欲相资为理而增长国力"②。即上为国家增强国力，下为人民生活发达而为增强国家实力。

至于为何要现代政制，端方与戴鸿慈认为，其一，现代政体的臣民有"参与国政之权"，这使得国力强大。其二，君主专制国度，不设人民代表机关而由君主亲裁，其非依法行政而为依人为政，但仅君主"一人之聪明材力，普察内国之民情，远观列国之形势，万几亲密，必不暇给"，故而其亲裁乃是据"廷臣之拟撰"，不过"裁可之形式"，其变为官僚政治、胥吏政治，因而"求有一端不误国病民，而几不可得"；而西国有鉴于此而以"官僚之辅佐暨人民之偕赞，务使官僚所献替，国会所决议一致而同归"，这就是立宪政治。其三，清廷已处于"列邦竞争之时代"，而竞争靠兵力，而兵力在"臣民之能腾其负担"，而这又在国家"助长臣民生活之发达"，而臣民自知生活发达之所在，因而开议会"使全国臣民得尽其所愿言，内阁大臣因以定政治之方向，方向维何，夫亦曰凡关于民生之发达，确能见实效者，则居其职，否则退其职已耳。又令优于政策者，组织新内阁，于是助长臣民生活之事机，得以日进无已，而凡贻误大政之行

---

① 上海市文物保管委员会编：《列国游记——康有为遗稿》，上海人民出版社1995年版，第160、168—169页。

② 端方、戴鸿慈：《欧美政治要义》，中国社会科学院法学所藏本，第1—18页。

为，可以勦矣"。其四，君主现代政体之中，"或微有贻误，其平日责任，既不丛集于君身，而君主者得以其志气之神暇烛照，而速救之，此亦必不至有危及国本之事患"①，既保护君主，又保护臣民生活发达不致受到影响。

因而，现代政制对于清廷意味着君上统领立法、行政、司法、军事大权，在四方臣属的副署之下行使其权力，而责任由副署之臣属承担。在端方与戴鸿慈看来，这君上已非专制，因为其权力的行使需达现代政体保育民力、增进国力的目的，是"君主亦已有其权限，而不可逸于轨道之外"，君主权力受到限制，这就是现代政制，如君主"非经议会协赞，不定法律，非遵法律，不罪臣民，不课租税等"。而之所以要限制君主权力，是因为"君主亦犹是人"，他"或时有过失，以政策之误，有损民之利，悖立宪本旨，又或因过失而违背宪法之条规，当是时，则非难集于君主之一身，辱权力，损威严，政体将从此破坏"，因而各君主国宪法均规定一条，即"君主一身不可侵犯，是无责任之义"，而责任由责任大臣承担，因为这"君主有误政道或违宪法，则为辅弼者未尽其任"。虽宪法明记君主大权的内容，但"宪法所不载"②而关于国政之权力，君主亦得享有，因为君上乃是主权的象征，是国家权力的最终来源。而载泽从伊藤侯、埃喜来处了解到，现代政制意味着君上立法"必经议会协议"，不能以一人之意见而定。至于君主的责任，则因立宪后施行责任内阁制，君主行政由行政机关辅弼，即便"有舆论不服之事，亦惟诘责政府，或总理大臣退位，不得归于君主"③。他同端方他们一般地强调现代政府对君主责任的分担。他们都是在寻找既能改革政制而封民口，又能保全君上大权而不承担责任的方法。

至于如何改革政制，戴鸿慈从德国报纸知悉其精要，即日人青木强调，宪法乃是行政之花，而其根本则在地方自治制度；德国全民皆兵使得兵役思想"倾入于政治之中"，其地方少年为现役，而老者"以军人而尽地方之事务"，兵役成就州县治的素养，人人有自治的精神，改革政制之

---

① 端方、戴鸿慈：《欧美政治要义》，中国社会科学院法学所藏本，第 1—4 页。
② 同上书，第 32—33 页。
③ 载泽等：《李鸿章力聘欧美记·出使九国日记·考察政治日记》，钟叔河编，岳麓书社 1986 年版，第 576—581 页。

大旨即为"自治,自治之要在民兵"①。戴鸿慈与端方还认为,改革政制的核心在于立国会以通上下之情,以责任内阁执行之,即"国务大臣之所献替与国会之所参与,以为摄理大政制定法律之本,凡对于臣民之行政事宜,无不准乎!法律及法律范围内所发之命令,使有司执行之。又为保护臣民生活之重要权利,不许以行政权有所损。又如司法权,从一切行政事宜中分划独立,以公平保护臣民之权利,其国务大臣收支国帑,又必先以预算之数经国会之参与,极其平准,乃行"②。具体来说,端方等人从 18个方面探讨改革政制的工作,分别是皇室典章之发明、国家宪法之制度、宫中与政府之区分、立宪君主之权力、君主之至高顾问府、政府即责任内阁之编制、国会之设立、会计监督及预算之制、法律命令、立宪政体之行政原则、行政司法之分划及司法制度、陆海军之制度、中央行政各部之编制、中央行政各部与地方行政官署之关系、地方会议、地方自治制度、臣民之权利义务、非常警察及戒严之制度,实际上乃是从皇室、中央政府与国会和司法机关、地方自治制度、臣民权利义务四个方面在探讨,且前两个因素最重要。

这只是一个模糊的现代政制框架,但要真正落实到制度实践上,还有很长一段路要走。端方与戴鸿慈首先区分了宪法制定的不同方法,即敕拟宪法、共议宪法、民主宪法。所谓敕拟宪法即是"君主命其臣僚拟具宪法之草案,下之于高等顾问府,使议定而裁可之以公布于天下";所谓共议宪法即是"其宪法非由敕拟而定,必以之询议于臣民之代表机关,君民共议而始确定之";所谓民主宪法即是"当革命之后,人民先开宪法构成会,以议定宪法,因此以选定君主"。他们认为,这三种宪法在各君主国中,"拟宪法甚少,而共议宪法较多",因为一"以敕拟而定者亦得以敕废止、变更之,则宪法不能固定,而终归于无效",它与一般法律的制定、修改、废止没有任何差别,这意味着宪法上的臣民权利实质上没有保障;二则"宪法所定条项,若不洽于人民之意,则反动力因之而生,或反致于危国"。且在他们看来,从德国学者对普鲁士宪法的"君权论"解释看,"敕拟宪法与共议宪法二种,无甚异同",因而"与其取敕拟宪法,

---

① 戴鸿慈:《出使九国日记》,湖南人民出版社 1982 年版,第 132 页。
② 端方、戴鸿慈:《欧美政治要义》,中国社会科学院法学所藏本,第 1 页。

不如取共议宪法"①。这意味着，在这些支持改革政制的清廷臣眼中，"非实行立宪，无以弭内忧，亦无以消外患"②。

改革政制确实能以至高宪法的方式确认皇权的至上性，皇权在臣属的协赞下畅行无疑，而其责任则全由协赞的臣属承担；且改革政制以国会立法与预决算案表决权的方式换来臣民的纳税与兵役义务，使得全国上下通达；在立法、司法、行政、军事相互独立的情况下统一于君上，实是君上与宪法同尊。在这个意义上，权力分立与制衡在这里并未展现，它只是通过国会扩展了民众的政治参与，保障司法的公正与权限分明下权力行使的责任承担。从总体上讲，这是对传统政治体制的部分保留与突破。

第三节 改革与"西洋政制"制度

在新政时期，宪法是关注的重点，而其核心又在皇权、臣民权利义务、责任内阁、议会制度、政党制度、总统制度、司法机构与军事机构、地方自治制度等方面。且其对这些制度的认识，有不少突破了前人的地方。而前文已涉及臣民权利义务、司法机构与军事机构（即既区分行政事务与统帅事务，又强调二者统一于君主）方面，故不再重复。

在皇权方面，端方、载泽与戴鸿慈均无异议，而《欧美政治要义》在这一方面的介绍最为详细，它强调，无论君主、臣民抑或官吏，其权限均当有所规定，使之"不相侵越，而后为无弊"，因为他们预感"臣民得以参与国政，此种权利为向来臣民所未有，一旦新得，势必锐意用之，或侵君主之大权，或争官吏之职权，皆所不免"。因而，在未定宪法之时（实际上在已定宪法时也一样）须"昭明皇室之典章，以保持君主之权力及尊威"。端方他们强调，这里有两个理由：一是君主国与民主国异，君主分位"尊如神明，高如帝天，其固有之礼仪、权力"，为其尊严与"巩固国家之团结"的象征。二是君主专制的国家家国不分，"君主一家之典章与国家之法令，混同而无别，陵寝之典例，家室之法规，与政府及官署

① 端方、戴鸿慈：《欧美政治要义》，中国社会科学院法学所藏本，第18—25、35页。

② 夏新华等编：《近代中国宪政历程：史料荟萃》，中国政法大学出版社2004年版，第66页。

之制度，相并而杂行"，在进入君民共主国之后，则讲求权限分明，即"必明划臣民之别"，"君主之尊威、礼仪、财用"等属于君主，是皇室家宪内容。《欧美政治要义》强调，虽皇室有家宪，但其"皇室继承之次序及摄政之存废，其事关系于国务，虽已规定于家宪中，更当载其大纲于宪法之内"，因为"以宪法之一条明记皇室家宪之全部，与宪法有同一之效力，此即置皇室家宪于普通法令之上，不致等于普通法令而有变更之意"①。在端方他们看来，皇室家宪有四项重要内容，即皇位继承——采前君主之男系长幼之序、摄政——君主未成年与有重病时的有限摄政、皇族身份及特权——前君主之嫡出为皇族②，皇室财产③等。

在宪法的正式规定中，需要有"关于君位及君主大权之规定，其关于皇位继承及摄政之规程，则揭其详细于皇室典章而载其大纲于宪法"④的内容。君上大权的首要原则，端方他们强调，在于君上权力行使需得到国会、责任内阁、司法部门、军事部门的副署才能生效，而其责任由副署者承担，君主享有权力而不承担责任，这是改革政制的最大特征。至于君上大权则包括：一、召集国会，命其开会、停会、闭会及解散下院之权；二、裁可法律，命其公布执行之权；三、紧急时得发可代法律之命令权；四、发布一切补充法律之命令权；五、文武官任免权；六、除法律所定者外，有定官署编制之权；七、统帅海陆军之权；八、定海陆军编制之权；九、宣战、媾和及缔结条约之权；十、宣告戒严之权；十一、授予爵位、勋章一切荣典之权；十二、大赦、特赦、减刑之权；亦有名誉权，即强调一身不可侵犯、建设宫廷、守卫仪仗、敬称、徽章、国家之大礼等内容；且未载明于宪法之权力也均属于君主。⑤

君主享有大权，但正如上文所述，他不可能对方方面面的知识和内容

---

① 端方、戴鸿慈：《欧美政治要义》，中国社会科学院法学所藏本，第6、8页。

② 端方他们介绍了皇族的特权包括，皇族监督及皇族会议、皇族成年、皇族后见人、皇族婚姻、皇族诉讼、皇族岁费、皇族政权等方面的特殊规定。参见端方、戴鸿慈《欧美政治要义》，中国社会科学院法学所藏本，第12—14页。

③ 端方他们介绍的皇室财产包括从国库中支出的皇室经费、皇室世袭财产——不动产、皇室普通财产——动产、课税免除等。参见端方、戴鸿慈《欧美政治要义》，中国社会科学院法学所藏本，第14—17页。

④ 端方、戴鸿慈：《欧美政治要义》，中国社会科学院法学所藏本，第21页。

⑤ 同上书，第33—35页。

都有了解，虽有各大臣副署，但按端方等人的理解，仍然需要设立至高顾问府以备咨询。因为君民共主政体中的"内阁偏于行政，国会偏于人民，国家全体利害之问题究安所取"则有待于君主决断，于是必须有一团体以为君主就重要问题提供决策意见，使君上在"内阁、国会皆无偏倚"。这一机构中"有比内阁大臣员数较多之专任顾问官，由君主任命之"，其职能在"拥护国家之宪法，关于其增补、改正及解释而答君主之咨询"，"答皇室事务之咨询"，在"关于政府、国会争议"时"以国家中正之心辅弼君主"，在君上行使宪法上之大权（宪法及附属法令之改正、增补案；关于宪法及附属法令之解释争议；皇室典章内属于至高顾问府职权之事项；更动臣民既得之权利及既定义务之重要法律，如征兵法及公用征收法等；可代法律之敕令，即附说明于后之紧急敕令；关于财政之非常处分之敕令；依法律之委任加刑罚条项之敕令；国际条约；宣告开战；宣告戒严；大赦、特赦；内阁与国会间之纷争事项等）时以为之咨询。按端方等人的理解，就以上各事项与"重要法律敕令之裁可，行政各部之编制，殖民地及保护国之行政等"，君上必须咨询至高顾问府，而其他事务则权在君主。根据咨询规则，君主乃"咨询其全体多数之人，而非咨询于一二少数之人"，至高顾问府的意见"以会议所决定者由议长上奏，不得由各顾问官单独上奏，且开会议时，必须奏请君主临御"。此外，该机构是"专奉君主咨询者，不许受人民之请愿，不许与政府及他官厅直接交涉，唯于内阁或各部所上奏之议案，加以说明，以答顾问之疑义，其于议案有关系之官署委员，当使参列其间"，因而它必须在宫中与内阁区分中运作，即其"不能干与实际之政务"，且"无自发议一事之职权，唯于政府奏请裁可之事件为君主所咨询者，从而审议之"①。因为至高顾问府为君上的顾问，君上利益至高无上，自然不能受到其他因素的影响。

在责任内阁方面，戴鸿慈与端方强调，广义则与国家同义，狭义即指"辅弼君主而出纳其政令之处"，因而在君主失政、违背宪法时，他没有责任，是当任政府"疏于辅弼之责"，应当承担相应的失政与违背宪法责任。其中，第一位的是违背宪法的责任，因为现代国家首要的即是各政治主体依宪法享有其权利而承担其义务，"苟无匡正之途，则立宪政体将至有名而无实"。责任政府是与君主一同行使权力，故君主违背宪法，即其

---

① 端方、戴鸿慈：《欧美政治要义》，中国社会科学院法学所藏本，第 37—43 页。

也违背宪法,内阁违背宪法而承担违宪责任,这是必然的事情;而君主的违宪责任则因其"君主一身不可侵犯,立于一切指斥言论之外"①而断难加以责问,因而西人在此将全部责任归咎于内阁,于是内阁既承担越权、滥权等非君主参与的责任,也承担君主与之共同行为的全部责任。②

事实上,当君主行使政权时,政府审议之,明知其违背宪法则必须"直陈其是非",君主听而改之,不听而强令其执行,则内阁"亦惟有乞身自退而已";倘君主听其辞职,更任大臣,仍使之执行,新任大臣若执行而承担责任,不执行而复如是,屡经大臣之交替而结局相同,此违背宪法之制令"自不行而止"。就大臣贪恋权位而明知违宪而执行,则"天下之非难,议院之质问,集于一身,不信任之问题"兴起。而失政之责任则是政府未能依国家之力"助臣民生活之发达"且又依臣民之赞助以"增进国家之力"而产生的责任。故而,在这两者之间,违宪责任仅及于当事一人而"鲜及于全体",而失政则是"内阁全体之交替"。故而,内阁因其责任承担之故,对于"君主关于国务政令,不问其何事,必经由内阁,而国务大臣副署之",否则虽有"君主之敕令"③而有司亦不得执行,这就是现代政制责任内阁的首要原则。

于是,对于内阁责任的认定就成为一个必须面对的问题。虽端方他们强调"违背宪法者,宪法条章之字句有确切之标准,欲判定其违背与否,尚属不难",但在现代看来,这是误解;但其认为政治失政的判断才"实非易事"。就违宪责任而言,西国有纠弹违宪责任制度,端方他们认定普鲁士等国的制度不足法,因为"大臣若有收贿、谋反、滥用职权之私犯时,固可于普通司法裁判所提起诉讼,原无他官吏之区别之理由",而对于违宪行为因纯然公务上之过失时,则须从特别裁判制度以甄别,如美国、意大利由下议院起诉而至上议院审问之,戴鸿慈对此表示赞赏。至于其处罚,私行与公务上的犯罪需要区分,其惩罚"轻则处以免官、转官,重亦不过停止其再为大臣之资格,及剥夺之,不可及其他"。而对于失政责任,西国"无一定之标准"。戴鸿慈与端方还介绍了信任投票法、纠弹

① 端方、戴鸿慈:《欧美政治要义》,中国社会科学院法学所藏本,第44—45页。
② 表面上看,责任内阁也是"背锅侠",但实际上,与此前的清廷军机处相比,他们至少有权拒绝合作,这也构成了一种微弱意义的权力限制,并且,这种意义不应当被低估。
③ 端方、戴鸿慈:《欧美政治要义》,中国社会科学院法学所藏本,第44—52页。

法、预算拒绝法等，但它们"皆不足取，真适当于君主国者，惟有弹劾上奏之制"①，即议会多数见内阁有失政时，具理上奏君上，请其圣断以更替内阁，而君上亦必须尊重国会的多数意见。

此外，国家行政事务无论轻重大小，如果未能妥善行使，均存在责任，因而必得一国务大臣分任之，即"凡行政事务，必为一国务大臣所管辖，责任制度之下，不容有一种行政事务无管辖之责任大臣"，这是中央各部编制的第一要义。而行政职能的划分，端方他们强调，"宜区别其孰为可以相并行者，孰为利害相反者，其可相与并行者，使之属于同一大臣所管理，其利害相反者，在使之属于他大臣所管理，以各部分任之"②，这是中央各部编制的第二要义。简单划分，可分为两大类，一为增进国力，二为发达民生；而增进国力者再可分为军务行政、外务行政与财务行政，而发达民生者可再分为司法行政、育民行政等。就中央各部行政的权限，有普通职权与特别职权，特别职权乃是各部所特有的职权，而普通职权为各部所共有的权力，即各部对于所担任的行政事务，因欲实行其计划，有必须制定法律命令或废止改正时，得备案于内阁；本部及所辖诸厅的公务，其所需经费，得提出计算书而参与总务预算的编制；依官制或依其他法律命令所委任，得自发命令；统督本部及所辖诸厅的官吏制定其职务规程，高等官员的进退则经内阁而上奏，下级官的进退得自专行；解释关于其行政事务的法律、敕令以定其施行方法，并基于其解释，下指令、训令于下级官衙；裁判下级官衙间之权限争议，若该下级官衙所发命令及处分有违背法令或与本部行政计划不相容，则停止或罢废之。

在议会制度的认识方面，游西记在议员名额及其选任、议长与议会权限、议事规则等方面，还没有突破性进展，但在对议会的理解、府院关系等方面，则有些新看法值得探讨。

在议会形式方面，《欧美政治要义》强调其与国情有关，主张两院制乃有两个原因：一是采一院制时或"因一时之激动而离乎公平，或因党派之轧轹而流于偏颇"，不如两院制虽激动而依然稳定，虽有党争而因相互牵制而无所偏颇；二是一国臣民之优秀者必少，但以普通公选法选举则这

---

① 端方、戴鸿慈：《欧美政治要义》，中国社会科学院法学所藏本，第 56—61 页。

② 同上书，第 116—117 页。

些优秀人士不一定能选上，国会中仅有中下之人组成很不公平，不若上院由世袭或同族互选或君主敕命，而下议院公选。因中国无所谓贵族，"五等之爵曾无几人"，因此设上院必"敕任议员居其多数"而效"他人立贵族院之名"①，殊失其实。

在国会权限方面，根据国家改革政制的目的，即"助长臣民生活之发达"与"协赞以增进国力"，这些事业必为国家资财办理，而"国家之资财不能不课之于臣民"，一是臣民对于"国家事业之负担不可过重，免致涸竭民生发达之资源"，二是计量国家事业之"缓急轻重，以最合于助长臣民生活发达之方法为准，使消费国家之资财"不致浪费。因而对国家不得不有监督机关监督国家财政，即作为纳税主体的臣民选举所组成的国会负有此项重大使命：一是监督臣民负担的轻重，这是国会对臣民纳税的承诺；二是监督国库的收支及预算，这是国会对财政的事前监督；三是监督决算与会计检查院的设立，这是对财政支出的事后监督，因国会会期较短而"实无检查国库出纳事务之余暇"②，因而国会特设会计检查院以代国会检查，使其独立而直辖于国会，向其报告检查结论。

在财政方面，载泽的了解还不如端方等人详细，但其强调，现代国与专制国最大不同乃在于法律"必经议会协参"，强调国会立法权的重要性，即"凡法律之制定、改正、废止三者，必经议会之决议，呈君主裁可，然后公布"，这与专制国家立法为君主一人意见截然不同，是"全国人民相率遵守，无一人不受治于法律之下"的原因所在。至于国会对政府各大臣的监督，载泽也从埃喜来处知悉，这是国会的第三要务，因为根据其对国库财政的管理权力，它有权"诘问于政府"③，而政府不得不解答。

在选举法方面，端方认为有四种，即普通选举法、制限选举法、直接选举法和间接选举法。至于中国如何选择，则需视国情而定。

在府院关系方面，有三人发表了见解。载振特别关注君民共主制下的英王与议会的关系，他看到英国"君权轻，民权重，用人、行政、赋税、

---

① 端方、戴鸿慈：《欧美政治要义》，中国社会科学院法学所藏本，第66—67页。

② 同上书，第67—84页。

③ 载泽等：《李鸿章力聘欧美记·出使九国日记·考察政治日记》，钟叔河编，岳麓书社1986年版，第579、613页。

法制、禁令、营建、工作、会盟、战守这些事，都得议院里做主，皇上不过签个字，画个押罢了"，这是权力的一面；而在政治责任方面，他注意到"英国民权重到这么样，显然把事办错了。人家可得怪议院，不能怪皇上。他们这点道理还明白，不然做他们的皇上，可真没味儿了"[①]。载振将政治权力与责任作为考量的标准来思考英王与议会的关系，在权责相应中平衡了对皇权几近空壳的怨气。

而梁启超则在英国与美国之间作比较，强调二者的不同，英王"以形式上言之，则立法部之一员也"，因为根据"英国宪法本以国会为王所召集，以王为会议长，以听人民之疾苦，而制定匡救之法律者也"；而美国则"大统领非立法部之一员"，其宪法也"不许大统领及其阁臣提出法律案于议会"，因为美国宪法"实行孟德斯鸠三权鼎立之义，而界限极分明者也"；在他看来，二者不同的原因在于英国宪法"天然发达"，而美国宪法则"全加以人力"[②]。

康有为看到欧洲"欧洲君主立宪之国，比与英、意议院最有大权，与德、奥迥异。故国民极力经营议院，而王座乃屈在左右室，则各国无之，伸民权而抑王体至此极矣"。他十分诧异这些虚君共和的国度，一方面其君王仅是"虚名荣礼"，"用人、行政，皆相臣决定"；另一方面又需"奉行签名"而"又一切皆取王命"。因为，在康有为的世界，这番景象在中国则为"为汉献、晋恭，在各灭国，则为安南、高丽之王，皆大不祥之事"；而欧洲立此新制，强调在过渡之时，"免革命争王之惨祸，亦无一相篡夺之变"，是"异想天开，为中国数千年思想书籍之所无，而履齿未经者矣"[③]。康有为无法理解君民共主制中君上无政治实权的意图与图景。按《荀子·大略》所言，"天之立君，以为民也"，君主乃是秉天意为民而统领人民，无政治实权又如何统领呢？

在政党制度方面，金绍城注意到英国少数党派的政治功能，但也没能超过此前崔国因的认识程度，但金绍城却没有如崔国因一般对政党政治有信心，他从宋育仁法治下的政党政治退缩回朋党政治的认识水平，强调

---

① 唐文治：《英轺私记》，载李德龙、俞冰编《历代日记丛钞》（第148册），学苑出版社2006年版，第518—519页。

② 梁启超：《新大陆游记及其他》，岳麓书社1985年版，第490页。

③ 上海市文物保管委员会编：《列国游记——康有为遗稿》，上海人民出版社1995年版，第276页。

"欧美党派各抱政见，厥弊犹多。假使借行政之名，以行其植党之实，流弊更不知伊何底止矣。古人痛言朋党之祸，岂尽一无所见而云然哉？"①他对政党政治始终保持着高度的警惕。

与此同时，梁启超通过对美国历史的考察发现，美国政治进化史一方面是"日趋于中央集权"，而另一方面则是"最有力之两大政党权力消长史而已"。即是说，梁启超认为美国政治的本质之一即是政党政治，其国"支配政界之实权者"就是政党。而其最大的两党为联邦党与反联邦党（共和党与民主党），即梁启超所谓"其一则重学家所谓离心力，其二则所谓向心力是也。盖一则务维持各省自治之势力，一则务扩张中央政府之威严"，它们在"初次召集议院，而国会中之此两党已划然分明"②。即政党的形成有其历史文化背景，政治主张是政党的生命所在。

在总统制度方面，载振注意到美国总统选举的一些制度性规定，但没有超越前人的新看法。而梁启超则关注到美国总统的权限。首先，美国副总统"不过上议院一议长，且在院中无发言权，无投票权，实坐啸画诺之闲员耳"，因而美国政治人物均对此"敬而远之，将使彼无用武之地"。其次，根据美国宪法规定，美国总统享有以下权力，即"一、大统领有总督联邦海陆军及各省民兵之权。二、大统领有缔结条约之权，惟须得上议院议员三分有二之协赞。三、大统领有任用外交官、司法官及联邦政府各官吏（其宪法中特别规定之官吏不在此限）之权，惟亦须得上议院之协赞。四、有赦减刑罚之权（惟议院所弹劾之案不在此数）。五、遇大事故，有临时召集议院之权。六、国会决议之法律案，大统领有权拒之，或饬令再议（惟再议之后，若两院皆以三分之二多数通过前案，则大统领不得不画诺）。七、大统领有将关国国情禀告于国会，以政策呈荐于国会之义务。八、有效忠于法律之义务。九、有监督联邦官吏之义务"。最后，根据梁启超对战时与日常权限大小的比对发现，美国总统"在平时其权力甚小，在战时其权力甚大是也"，因为美国是联邦制国家，平时"国内行政大部分之权，在各省政府"，且又有上下议院法律规定，自然"行政部（大统领所属）无自由行动之余地"③；但在战时，大统领掌海陆军权，履

---

① 金绍城：《十八国游记》，太原监狱石印本，第44页。

② 梁启超：《新大陆游记及其他》，岳麓书社1985年版，第574—575页。

③ 同上书，第485—489页。

行其法律义务，将一切权力掌握在手中。

此外，梁启超还特别研究了美国历任总统的政绩，发现其大部分均十分平庸，他引用英人占士布利斯在《美国政治论》中的观点认为：第一，美国最杰出的人物通常不肯投身政界，因为"无首都"——"苟欲为联邦政治家，势不得不别家乡抛职业以居于幽静之华盛顿，非人情所甚欲故也"、美国人皆选举本地人、美国政界大问题不如欧洲多、美国政界少活气、美国立法权由共和国与合众国分掌而各有权限、美国人不喜欢爱慕虚荣之人、美国人的出身之路在实业界；第二，美国国势及宪法规定，无须非常之才担任总统；第三，美国建国以来就对专制武断政体深恶痛绝；第四，"英杰之士，多友亦多敌，此常理也"；第五，美国人有两重爱国心，一爱合众国，二爱共和国；第六，"高才之士，亦多有不自愿为大统领者"。且按英人所论，美国总统多为党派之傀儡，其"废置一在党中策士之手。既傀儡矣，则其好用庸才也亦宜"①。但美国总统只是在太平时为庸才，但在战时则非，因为美国人民知道事情轻重，日常则大统领庸才，却并非有害于国家，故可利用以为"党谋"。即美国政党谋私益，须不以侵害公益为界。

在地方自治制度方面，载振注意到美国各州自治"分立法、行法、司法三种"，且"行省总督，归百姓们公举"，而其下属则"由地方公举的，倒有十分之八，由总督挑选的，只得十分之二"②。这是地方自治的现象而已，而梁启超则关注到美国自治的精神。虽然在他看来，美国正"铲除村落思想"而"厉行帝国主义，日趋中央集权之表征"，但这"村落思想"正是其自治精神，是"美国人建国之渊源，经百余年之进化，而至今犹未能脱其范围者"。正因为美国有地方自治，所以美国"有两重之政府，而其人民，有两重之爱国心者"。在梁启超理解中，此种"联邦政府与各省政府之关系"是美国发达的关键所在。因为"譬诸建筑，先有无数之小房，共营造不同时，其结构不同式，最后乃于此小房之上为一层堂皇轮奂之大楼以翼蔽之。而小房之本体，毫无所毁灭，毫无所损伤。盖小房非恃大楼而始存立，大楼实恃小房而始存立者也……故各省政府，譬则

---

① 梁启超：《新大陆游记及其他》，岳麓书社 1985 年版，第 491—499 页。

② 唐文治：《英轺私记》，载李德龙、俞冰编《历代日记丛钞》（第 148 册），学苑出版社 2006 年版，第 607—608 页。

小房也；联邦政府，譬则大楼也"，因而美国国会分上下两院，"各代表此两原素之一。其下议院，则代表国民也。其上议院，则代表国民所构造之小国家"①。而康有为则在考察德国地方自治的基础上提出向其学习的建议，强调中国议会政治首在"政党最忌多，否则有奥国之祸"，且不能以省籍分民，讲究地方自治之时当"其税学、刑法、警察亦不妨别自为区域，以移旧俗。且适地势与民宜，务令分极精详妥贴，然后若网在纲，足以自治也"②。康有为的意思很明确，在自治的不同职能下划分不同的自治选区，以避免形成政治的地方割据或地方寡头。

　　戴鸿慈从德国报纸上知悉，日人青木强调宪法不过是行政之花，而其根本则在地方自治，德国的地方自治经验在于：一是以"小学校之法教村市自治之制度"以为州县自治的素养；二是以兵役思想倾入政治之中，即现役为地方之少年而老者以"军人而尽地方之事务"，故而人人有自治精神，其"立宪之要在自治，自治之要在民兵"③。载泽从埃喜来处知悉，地方自治同样为英国宪法的起点，为"各国推崇取法"④。《欧美政治要义》则强调，地方自治有三要素，其一是"中央行政各部与地方行政官署之关系"⑤，其二是地方会议，其三是地方自治制度。

　　在央地关系上，需要区分地方官职权上的四种事务，一是直辖统治事务，二是直辖地方事务，三是地方行政事务，四是自治事务；前两项事务涉及中央行政各部职权，而后两项事务则纯属地方。且为"明中央集权之义，图地方行政之统一"，必须明确遵守三项原则：一是对地方官职权的划分"全权在中央政府"；二是所谓的法律位阶问题，即"自治体之决议及条例规则，不得违背国家及地方之法令，地方之法令不得违背国家之法令，故自治体之决议条例规则，须经地方官之认可，地方官之法令，须经中央政府之审议，以其责任发布之，即须国务大臣副署之"；三是在下级

---

　　①　梁启超：《新大陆游记及其他》，岳麓书社 1985 年版，第 568—569 页。

　　②　上海市文物保管委员会编：《列国游记——康有为遗稿》，上海人民出版社 1995 年版，第 164 页。

　　③　戴鸿慈：《出使九国日记》，湖南人民出版社 1982 年版，第 132 页。

　　④　载泽等：《李鸿章力聘欧美记·出使九国日记·考察政治日记》，钟叔河编，岳麓书社 1986 年版，第 610 页。

　　⑤　端方、戴鸿慈：《欧美政治要义》，中国社会科学院法学所藏本，第 132 页。

命令与处分等有"违背国家及地方之法令，或有害公益"时①，上级机关及其官吏有停止与取消之权。

而所谓的地方会议，是"君主依于代表中央政府之总督、巡抚之辅弼与地方议会之参与而行其权"，因为中央关于全国政务有国会，而在地方关于各省政务，则有设立地方会议的必要。在中央是"以军务、财政、外交等事为增进国力之目的居多"，而在地方则是"以发达臣民之生活为目的者居多"。且又因为"在交通不便之国，一地方之事情实难上通于中央政府，且各地方之民情，亦各不同，其不利之处尤多"，更是需要设立地方会议。至于地方会议的编制情况，则需根据每省的情况以"特别之法律定之"，需充分考虑到辖区的人口多寡与结构等情形。② 而其权限，则有建议及上奏建议之权与地方自治之权等，而其有关会期等方面的规定则与国会类同。其关于"省垣之事，除奉君主敕令外"③，所有财政出入及地方兴办各事，由其册录报告，并交上级有关机构宣布于众。

至于地方自治制度，有关于地方自治的两项理由需要说明。一是地方公共事业非以众多团结力量出资而不能完成，这需要出资各方的同意，但这一同意的成立因事业重大而越发困难，因而需要制度化的组织来完成此项事业。即在国家（自治编制法）的指导下"变自然之团结为公然之编制而为决定其意旨之会议与实行其决定之机关"④，于是，地方自治机构出现。二是为减少官吏与地方行政费用，且国家行政事务得在地方落实，也需要地方自治机构。

而之所以需要利用地方自治机构来完成国家行政事务，是因为自治与官治相比，在某些事情上面更具优势，并非只是减少官吏与节约国用，还在于：一是地方行政事务不比国家行政事务的全局性而有其特殊的需求，其可在"不害国家全体之大势"的情况下，依地方的具体情况而"定其方针而执行之"；二是官治强调对各级人民"须一体公平保护，而国家之慈爱不可因贫富贤愚有所偏倚"，但择贤良优异而奖励却是"发达民生之要事"，地方自治制度可"使贤良优异者得自拔于庸众之中，而径行其意

<hr/>

① 端方、戴鸿慈：《欧美政治要义》，中国社会科学院法学所藏本，第143—144页。
② 同上书，第147—151页。
③ 载泽等：《李鸿章力聘欧美记·出使九国日记·考察政治日记》，钟叔河编，岳麓书社1986年版，第673页。
④ 端方、戴鸿慈：《欧美政治要义》，中国社会科学院法学所藏本，第155页。

旨于自治团体之内"而收民生之效。自治机构享有法律上赋予的地方自治权,但这种权力的行使却容易出现"滥用职权或侵权限或违反法律命令或害国家及地方之公益或浪费资力或过重人民之负担"①,因而上级必须对其进行监督。

其监督有四个方面:一是对自治会议的监督,其重要决议与条例须上级认可始有效力;而其违背法令与公益则须停止执行;依法而当决议,自治会议未决议时,上级可代而决议;自治会议"不慎其议事而情节稍重"时,须解散之。二是对自治体参事会(自治体的执行机关)的监督,对其违法与有害公益的决议,须停止之;对其决议而未决议时,须上级自治会代决议。三是对自治吏员的监督,上级对其懈怠执行公务,须"惩戒其吏员"。四是自治机构的财政监督,其关于财政的重要决议必经"地方及上级自治体之认可"而始有效力;又依法需要自治体费用来执行国家及地方行政事务,自治体拒绝支付时,地方官可强制其"加其支出额于预算"。② 在比利时,针对自治体议员不称职者,"由君主黜之,议政院亦有弹劾之权"③。他们是在自治之于国民生活发达尤其是国家实力增强的意义上解读。

第四节　小结

无论是出洋避祸的康梁师徒,还是出洋考察现代政体的五大臣,抑或于式枚、金绍城、徐世英与徐谦,均有非常明显的学习西洋政制的意图,其出洋目的正是考察西洋政制的情况。对个人而言,是进一步了解西洋政制的理论、制度及其运作的实情;对大清王朝而言,是寻求某种智识上的真切认知,以为改革政制的推进提供官方意见,在面对民间改革政制呼声时,有足够的知识储备予以应对。正是在此意义上,他们乃是西洋政制的"学习者"。

他们向西洋各国学习现代政体的理论、制度及其实践经验,就其立场而言,学习而非调和中西是其主流,当然,他们对传统思维的依赖与运用

① 端方、戴鸿慈:《欧美政治要义》,中国社会科学院法学所藏本,第157—164页。

② 同上书,第154—165页。也可参见载泽等《李鸿章力聘欧美记·出使九国日记·考察政治日记》,钟叔河编,岳麓书社1986年版,第598、606—610、671—678页。

③ 载泽等:《李鸿章力聘欧美记·出使九国日记·考察政治日记》,钟叔河编,岳麓书社1986年版,第675页。

仍然存在，毕竟他们是传统之子，无法与之决裂，因而他们在此时不再是单纯地提出并运用各种类型的"以中释西"观点，而是在对西洋政制观念与制度的历史、理论与现实全面了解后，基于中国国情而提出或肯定或否定的意见。应当讲，在此学习过程中，他们仍然是在中外文明之间对比、思考并抉择，以建构中外政制交流间的意义联结。

就平等观念而言，载振有感于英国的爵位制度，认为这是"天地差序格局"在英国的呈现。戴鸿慈则认为，西洋国人皆有平等的自主权，学业有成而能抗衡宰相，美国妇女就业是风俗使然。他对平等的理解，政治上是权利平等，经济上则各地风俗各异，就其"学成专门"而言，有精英论的倾向。康有为将平等界定为禁止"亲王大臣喝道"。梁启超将政治上的平等视为美国的立国之基。由此可见，戴鸿慈等人对平等的认识，仍停留于"天地差序格局"的前见之中，在试图理解西洋平等时，不自觉地回到"三纲五常"的宗法等级思维，于是呈现出平等认识上的以风俗论之。因而，康有为、金绍城对西洋女权运动持保留意见。而梁启超则显然是游西记作者中最特别的一位，从其对平等分属贫者、富者、智者、愚者等来看，他对平等的认识最接近西洋，将之建立于人的价值、尊严之上，肯定人作为人在价值上是相同的。他已经摆脱了农业社会对平等的建构，向现代工业社会的平等迈进。

康有为注意到德国法律对自由的诸多限制，并从该限制出发，认为中国法律并无此限制，因而有两千年的自由史。戴鸿慈与端方也注意到，西洋自由，只需要各国在立法例外情形下保护，即非依法不得限制。在戴鸿慈看来，这并非真正的自由，受法律约束就不可能自由。因而，游西记作者们所理解的自由，乃是法律下的自由或被法律所限制的自由。那么，在中国这样的君主国度，法律由君上制定，即自由为君上所赋予，是君上大权的恩赐，那么自由在法律之下或自由被法律所限制，均是自然而然的事情。由此思维出发，由改革政制大臣与皇帝主导的政制改革，其成果《钦定宪法大纲》的规定便可以理解了。应当讲，他们对法律下自由的认识，以及此时的政制改革的认识，同日本《大日本帝国宪法》的制定者们位于同一水平，因为《大日本帝国宪法》在复古、保守中强调天皇万世一系与神圣不可侵犯，同时坚持近代的政制改革立场。[1] 然而，这一立场与

---

① 参见［日］三浦隆《实践宪法学》，李力、白云海译，中国人民公安大学出版社2002年版，第2—8页。

西洋对自由的理解有实质性的差距。在西洋人看来，自由是自治、自我约束，是与奴性相对的一种状态，是摆脱了某种制约的有选择权的状态，是一种独立的价值；法律下的自由，意味着自由被侵害能够寻求法律救济；意味着由自由所创造的民主能够对权力及其法律产生实质性影响，或者说，自由是对抗权力的被国民保留而被法律所保护的一种权利；自由并非是被法律所限制，而是被法律所保障，随着时代的发展，更是一种对国家的请求权。因此，游西记对西洋自由的理解，错入了它的对立面。

游西记对法治尤为关注。康有为认为，英国法治与其地理、历史因素有密切关联，因而难以学习。张德彝等人注意到西洋各国对法律及其法官的尊重，他们处理案件，依法而定。按戴鸿慈与端方在《欧美政治要义》中的观点，法治区别于德治，强调依法而行，坚持责任追究，不以个人意见为转移。按严复的观点，所谓法治乃是从法律上论事的曲直，非从道德上分其人的善恶。这一认识，与西洋对法治的界定差距不大。法治在西洋，意味着政府受法律统治，政府权力由法律所规定且限定，越权、滥权、怯权等行为均要追究法律责任。

作为"学习者"的游西记作者已经选定了现代政体，他们已从对议会制的种种探索中确认，君民共主政体是大清王朝政制改革的方向，他们向西方学习，即寻求现代政体的理论、制度与实践的西洋经验。载振注意到英国民意通过报纸来影响议会运作。金绍城观察到美国人对选举、现代政制经验的教育推广。康有为强调英国议会制受其地理、传统的影响；德国君民共主制使德国后来居上。端方与戴鸿慈则强调现代政制既直接增强国力，又在发达民生时间接增强国力，将注意力放在了国家强大上面。就此而论，游西记并未注意到现代政制，尤其是国家权力的正当性论证，英国已是议会主权至上，美国是人民主权至上，德国是皇权下的议会主权。游西记作者关注的仅仅是君民共主政体能够消弭国内的异见，坚持皇权至上性，在此之下设置咨询性质的资政院与现代行政部门，追求上下通达与行政效率的提升。考政大臣对选举与授权的关系，对宪法与人民的关系，对皇权与议会的关系的认知，是开明专制类型的，与实质上的君民共主仍有距离。

局限于时代、地位的认知，游西记作者对西洋政制的认识似乎不尽如人意，但他们对国家富强的执着，对中外政制意义联结的首创精神，仍有鼓励的价值。在中外政制间对比、思考、抉择，他们贡献了他们的智慧。

第五章

清末“游西记”中的“西洋政制”
图景的历史影响

游西记对清末政制观念与制度有无影响是本书主题纵向上的重要问题，但这很难回答。因为西洋政制通过三种渠道进入中国，游西记仅是其中之一，一般情况下很难在清末政制观念、制度与游西记之间建立确实的因果联系。但本书仍必须试图在其间寻找建立某种因果联系的可能性。

第一，游西记对清末政制观念的影响有两个层面。一是及于游西记作者本人，即游西记作者行游西洋的经历对他的政制观念产生了怎样的影响，以至于在清末有怎样的言论呈现出来。二是及于清末政制思想，或其他国人因阅读游西记而受其影响，或游西记作者行游西洋后的言论对整个清末政制思想有着怎样的影响。但事实上，因清末文人写作没有现代学术论文的规范性要求，其文章基本不标明思想来源，很难确定他们是否受到了游西记的影响。笔者曾检索过“全国报刊索引”上的清末报纸、期刊，有大量文章介绍西洋政制思想，但文章作者却没有在文中表明其思想来源。因而，游西记之于清末政制思想的影响，很难引用这些材料来证明。这里，有三个限定需要说明。一是游西记作者的言论必须是在其行游西洋之后表达的。二是游西记作者的言论必须是在清末而非民国时期表达的。三是游西记作者的言论确实受到了行游西洋经历的影响，而非此前即有的观念或受到其他西洋观念进入中国路径的影响。

第二，游西记对清末政局有着怎样的影响，可从两个方面来论述。一是出洋考察政制的五大臣怎样推动清末的政制改革运动，或者说五大臣出洋考察政制对清末政制改革产生了怎样的影响。二是清政府的驻外使节在其上呈朝廷的奏折中怎样表达他们对政制改革的观点，或者说他们在晚清政制改革运动中发挥着怎样的作用。

第一节　　"游西记"与清末政制思想

游西记对清末政制思想的影响，可从两个方面来观察，一是宏观方面，二是微观方面。

从宏观上看，游西记必然对清末政制思想产生影响，只是这种影响应从间接方面言之。首先，游西记成书后被多人传阅，在小范围内产生了影响。以林𬬱的《西海纪游草》为例，它有被时任兵部尚书、闽浙总督部堂的左宗棠存阅，有被镇闽将军英桂存阅并作序，有被福建巡抚徐继畬存阅并题记，有福建督粮道署兴泉永兵备道沔阳周揆源、南昌万鹏、周立瀛、王广业、王道徽作序。林𬬱并非士林大贤，而其游西记的影响如此，则其社会影响应当比这更为广泛。其次，游西记被大量印刷，成为一般商品在市场上销售。以《海录》为例，安京考证它有杨炳南版、魏源版、《舟车所至》版、《海山仙馆丛书》版、《小方壶斋舆地丛钞》版、吕调阳版、《海外番夷录》版、冯承钧版等。事实上，就游西记中大量使臣记录而言，它们首先被总理各国事务衙门馆藏，其次被《小方壶斋舆地丛钞》的编者在光绪十七年、二十年、二十三年收录并印刷，另有诸如江南制造总局等单位出版。从出版角度看，既然游西记能被大量出版，即意味着在当时是非常有市场的，换言之，游西记有大量的读者，他们在不同程度上都会受到游西记观点的影响，自然也有了解西洋政制的内容。再以郭嵩焘的游西记为例，其《使西纪程》的出版引发了国内关于洋务的争论，保守派不断攻击郭嵩焘及其游西记观点，致使他很快离职并至死都未能得享朝廷的立传赐谥。最后，从游西记作者的记叙中我们了解到，此前出版的游西记很快成为他们行游西洋的常备参考资料，他们在漫漫的航程中阅读游西记，以期能对西洋世界有更多的了解，西洋政制自然是其中的内容之一。在某种意义上讲，游西记成为行游西洋国人的必备参考，西洋政制的观念与制度自然对他们产生了影响。

从微观层面看，我们固然不能找到资料证明行游西洋的经历对每一位作者的政制观念都产生了影响，但我们也确实能够找到较为可靠的证据证明游西记对部分作者的政制观念产生了影响，并对清末的政制思想产生了影响。从个体层面讲，行游西洋的经历对戴鸿慈、端方、李经迈、康有为、梁启超的政制思想的形成有重大影响。从社会层面讲,游西记中的西洋政制观念与制度对清末政制思想亦有重大影响,如五大臣出洋考察的游西记对清末官员的影响,梁启超《开明专制论》所引发的政制论争。

事实上,游西记在宏观上对清末政制思想的影响,不过是逻辑上的证明,即游西记对清末思想产生了影响,政制思想作为社会思想的一部分,游西记必然对清末政制思想有影响。这里的证明力并不强,正如我们在游西记中的序或题记中很难发现这些作序者或题记者谈及西洋政制观念与制度一样。质言之,游西记对清末政制思想影响的证明,应从微观上考察。

一 "游西记"对其作者政制思想的影响

有两处文献表明,行游西洋的经历对戴鸿慈等人的政制观念造成了影响。在《出使各国考察政治大臣戴鸿慈等奏请改定全国官制以为立宪预备折》中,戴鸿慈等人认为,"诚以未改官制以前,任人而不任法,既改官制以后,任法而不任人。任人不任法者,法既弊虽圣智犹不足以图功。任法不任人者,法有常虽中材而足以自效"[1]。这里,戴鸿慈等人以任人、任法这一对范畴讨论法治问题,表明他仍受到传统思维的影响,并没有全盘接受西方的法治理论;但是,"法既弊虽圣智犹不足以图功""法有常虽中材而足以自效"则表明,戴鸿慈等人已开始跳出传统的任人、任法思维,赋予这一对范畴新的含义。即戴鸿慈等人在这里认为,圣贤并非治理的关键,因为坏法让圣贤也难以治理,相反,常法使一般人都能将治理进行下去。法治意味着常人治理的常态化,这是戴鸿慈等人的法治观念,虽然只是有关法治的只言片语,亦足以表明行游西洋的经历影响了戴鸿慈等人的法治观念。

在光绪三十三年二月三十日戴鸿慈《致任公先生书》中,戴鸿慈认为,"夫修律者,立法部之义务也,司法调度司法警察者,司法省之义务也,秋朝现审者,大审院之义务也,今以一人之责任,兼三权而有之,其不丛弊者几何。且以修律一事,即令公诸司法省,尚未符进入立宪国体制,何况立法者此人,执法者此人,委任检察局员各级审判局员者亦此人。窃恐宣布之后,译诸报章,为环球立宪国所指笑,是以不揣固陋,提

---

[1] 故宫博物院明清档案部编:《清末筹备立宪档案史料》,中华书局1979年版,第167—168页。

议翻案,走蒙各堂采择"①。戴鸿慈致信梁启超先生时,正值清廷部院之争。② 作为法部尚书的戴鸿慈认为,作为修律大臣的沈家本兼大理院正卿与权力分立原则相悖,应"翻案"而重新厘定部院权限。换言之,戴鸿慈为达到重新划分部院权限的目的,以权力分立原则为依据,认为修律大臣兼任大理院正卿可能导致大理院侵蚀法部权限,遂提出此要求。这里,戴鸿慈以权力分立原则为论据,表明他受到了西方政制观念的影响,作为曾经的政制考察大臣,不排除这一影响来自他行游西洋的经历。

　　行游西洋的经历对端方政制观念的影响,可从其上奏朝廷的奏折中分析。端方认为,世界上最好的政制是以法为中心的现代政制,最差的政治是以人为中心的专制政制。即"专制之国,任人而不任法,故其国易危;立宪之国,任法而不任人,故其国易安。夫任人者何以易危?任法者何以易安?此不可不论者也"③。他强调,专制国不可能以一人之力治理天下而不待左右之帮助,势必委任官吏,国家事务越是繁杂,委任官吏越是多。当官吏人人皆贤时,则事有可为;但官吏不能尽贤,这是势所必然。尧舜的朝廷亦有四凶之罪,何况其他时代。以不贤官吏治理百姓,百姓必定会怨恨君王,君王的地位因此而危险,则国事必定艰难,官吏更加平庸而贪婪,国民则更有离散之心,国家危亡随之而来。现代国家则以宪法为国家根本大法,不可轻易动摇,国家一切法律命令和国人一切言行举止,皆在宪法之内,自国主至于国民皆遵守宪法而不可违反。此时的议会与责任内阁负有立法与行政之责,君主不必负实际责任,人民怨恨官吏最多及于议会与内阁,最大的政治危机不过是改选议会与改组内阁,君主常安而国家常安。④ 故而,端方表示,"专制政体之国,万无可以致国富兵强之理也""苟内政不修,专制政体不改,立宪政体不成,则富国强兵之效将

---

　　① 丁文江、赵丰田:《梁启超年谱长编》,上海人民出版社1983年版,第380页。

　　② 即大理院与法部就权限划分的争议,详情参见张从容《清末部院之争初探》,《现代法学》2001年第6期。

　　③ 端方:《请定国是以安大计折》,载沈云龙编《端忠敏公奏稿》,台北:文海出版社1967年版,第692—693页。

　　④ 参见张海林《论端方的渐进主义思想及其在江苏的实践》,《南京大学学报》(哲学·人文·社会科学)1997年第2期。

永无所望""中国而欲国富兵强，除采用立宪政体之外盖无他术"。① 至于君主制和共和制，端方认为，这只是形式之分，并无优劣之别。"所谓任法而不任人者，不仅君主立宪政体为然也，即民主立宪政体亦然，所重者不在君主民主之别，而在立宪与专制之别。立宪之所以异于专制者，于宪法之有无别之。"② 质言之，中国采何种形式的现代政制，取决于我们的历史传统与公民文化程度。他说，"各国之历史情事不同，一国有一国之国是，决非可以相袭者"，西方各国也往往同中有异。他以其行游西洋的见闻为例，"所至各国，见其国之政治往往与其国人们风俗之程度互相比附，及交其贤士大夫，与之议论，益深知其政策之行不能各国统一而微有所异同参差者，非不欲尽趋于至美至善之域也，实以人民之程度不均，施措因之而微异"③。因此，"中国以数千年之古国，其固有之文明，实已深厚博大，于世界本有甚高之价值，若仅以维新之故而一切舍己从人，不惟理所不可，亦势所不能"④。对于如何推进现代政体在中国的确立，端方主张渐进式改革，先模范试点，然后推广，以减少社会的震荡和破坏，以点带面，以量变促质变。即"西国政法家之说曰，凡事名义虽属重大，而内容仍为简单，虽以改制度、易历法、更权量诸大事，一言朝出，万姓夕遵，此属于流通办法者也。至于条理密制，意蕴复繁则必先立楷模，再求仿效，然后推广。如母子之递生不能骤然蕃衍，此属于模范办法者也"⑤。质言之，这是"庶民德、民智相将并进，且又秩序不乱，安全幸福得以保存"⑥。行游西洋的经历，使端方的政制思想越发完善，成为政制改革的清廷大员。

行游西洋的经历亦影响了李经迈对地方自治的看法。他认为，地方自治的目的是"本地之绅民，集本体之款项，图本地之公益"，因而，"情势既洽，措施较易。中国沿海各省，近亦有议仿行者"。他注意到，地方自治必然对现有的权力格局产生影响，那么，"第官吏之行政之权，与地

---

① 端方：《请定国是以安大计折》，载沈云龙编《端忠敏公奏稿》，台北：文海出版社 1967年版，第 705 页。

② 同上书，第 696 页。

③ 同上书，第 786—787 页。

④ 同上书，第 711 页。

⑤ 同上书，第 781 页。

⑥ 同上书，第 711 页。

方办事之权，必须预为分晰，断不至因侵越而生冲突"，假若有官吏不当干预地方自治事务，则可"准赴司法官控诉秉公判决"，但是，"地方官进退职权，不可操之于自治会"①。对李经迈而言，地方官升迁降黜之权是上级政府乃至中央政府最重要的权力，不能交与地方，以致发生地方割据的事情。就此而论，李经迈是将地方自治制度作为一个独立制度，并非将之视为现代政制的一部分，也因此，他对地方自治的认识有限。

行游西洋的经历对康有为后期政制思想的形成同样有非常重要的影响。他在1905年写《法国游记》时，亦写有《物质救国论》，二者可互参，表明是《法国游记》的看法促使他写作了《物质救国论》。在《物质救国论》中，康有为进一步表述了他对自由的看法。第一，自由含有法律之意，并非日本翻译的"放手放脚，掉臂游行，无拘无管，任情肆意，不怕天不怕地之谓"。第二，法国言自由为释放，有其语境，是"以民人对君主之压制言之耳，非就普凡人伦事理言之也"，就是孟德斯鸠的自由，亦是如此，仍强调自由含有法律之意。第三，自由含有法律之意，即意味着它是有限的自由，并非无限的自由。当今世界各国宪法上的自由，均是具体的"一事之自由，而非普通之自由"。换言之，自由是具体的，是有法律的，并非"上无法律，下无阻碍，恣意悠浪，绝无拘检"。第四，自由在儒学中亦是如此解释，即子贡所谓"我不欲人之加之我也，吾亦欲无加之人"，强调各有其名与分，各有界限，自由与礼法是联系在一起的，这是一阴一阳之道。从人的社会性角度讲，一个人的世界是自由的，两个人的世界的自由是有法律限制的。第五，在自由涉及法律的情况下，中国讲究的自由是解放妇女、奴隶上，但并非在解放国民意义上——因为国民本就无限制；至于索取选举权方面的自由，康有为却认为选举权并非自由权，自由权涉及个人，而选举权是政治权利。②易言之，康有为认为，自由是个人的法律下的权利，并非哲学上的单纯自由。这与他对法国大革命的观察是联系在一起的，正因为法国启蒙运动以无量血购无量自由不成，这使他意识到自由的法律价值。

同时，行游西洋的经历使康有为对地方自治产生了极大的兴趣。他在

---

① 丁文江、赵丰田：《梁启超年谱长编》，上海人民出版社1983年版，第719页。
② 参见康有为《物质救国论（节选）》，载汤志钧编《康有为政论集》，中华书局1981年版，第564—574页。

《论省府县乡议院宜亟开为万事之本》中认为，民权公议是清末中国最应当重视的问题，在交通尚未发达，财政困弊而外交压迫的中国，地方自治是最宜举行的政事。因为这地方自治的议院开设，是"上无损于君权，中有助于有司，下大纾于民气，利无不举，情无不通，款无不筹，今日救中国之第一政，莫先于是矣"。简言之，地方开设议院，第一，民权开放，民气大伸，地方百姓关注地方事务，集地方之力发展地方，无有精力支持革命；第二，使地方官大权在握，周知民情，既发展地方又不至于影响行政；第三，关键是订立章程，确定议院与地方行政权的界限，并对其权力冲突设置解决方案；第四，这为开国会奠定了思想与人才基础。① 康有为对地方自治充满信心。

此外，列国行游亦使康有为对现代政体的认识有了进一步的发展。在《布告百七十余埠会众丁未新年元旦举大庆典告藏保皇会改为国民宪政会文》（1906 年 10 月 21 日）中，康有为认为，现代政制不同于专制，专制是"望之一贤君而足矣"，现代政制则是"合君民而共图治者也"。② 他将现代政制理解为整合国家的最佳方式，看到了现代政制功能的一个方面。在《海外亚美欧非澳五洲二百埠中华宪政会侨民公上请愿书》（1907 年）中，康有为认为，中国政教的观念皆是孔子经义的发展，现代政体来自孔子《春秋》，《春秋》定君臣名分，君不是全权，民也不是无权，各有其名与分，但却未能发展出机构（即国会）来守护这一誓盟，古代中国政制是"宪法若有而若无"，故而近代中国败于西洋。③ 因此，中国当行现代政体，立国会以守君臣誓盟，使君民各担其责，共图国治。

梁启超《开明专制论》写于 1905 年，正式刊登于 1906 年的《新民丛报》。④ 此时，他已从美洲大陆回到日本。丁文江、赵丰田认为，"先生从美洲归来后，言论大变，从前所深信的'破坏主义'和'革命排满'

① 参见康有为《论省府县乡议院宜亟开为万事之本》，载汤志钧编《康有为政论集》，中华书局 1981 年版，第 580—582 页。

② 参见康有为《布告百七十余埠会众丁未新年元旦举大庆典告藏保皇会改为国民宪政会文》，载汤志钧编《康有为政论集》，中华书局 1981 年版，第 597 页。

③ 参见康有为《海外亚美欧非澳五洲二百埠中华宪政会侨民公上请愿书》，载汤志钧编《康有为政论集》，中华书局 1981 年版，第 610 页。

④ 梁启超 1905 年作《开明专制论》，源于《梁启超全集》上所记"1905 年"，其刊登于《新民丛报》1906 年 1 月出版的第 73 号，连续刊登至是年 3 月的第 77 号。

的主张,至是完全放弃,这是先生政治思想的一大转变,以后几年内的言论和主张,完全站在这个基础上立论"①。这种转变发生在"善变"大家任公先生身上,是可以理解的。张灏先生指出:"鉴于梁对民主制度的热情,人们原先期望他的这次美国之行会加强这种热情,但梁为这次旅游而写的大量笔记却显示出了一个远非乐观的态度。"② 列文森亦认为,在1899—1912 年间,梁启超表现出由文化主义向国家主义的蜕变。③ 黄宗智也指出,1903 年前的梁启超心目中的权威人物是穆勒、福泽等自由主义思想家,但1903 年后却膺服于新的权威伯伦知理的国家主义学说。④ 许纪霖表示,这时的梁启超从国民主义向国家主义转变。⑤ 应当讲,美洲大陆的见闻使梁启超对政制思想的认识发生了很大的转变,从自由主义向国家主义转向。

梁启超在1903 年即提出"民主专制"一词,但在1906 年发表《开明专制论》以前,未见其明确使用过"开明专制"术语。有考证认为,最早使用这一语词的是陈天华。⑥ 1905 年10 月20 日,《民报》的创刊号发表了陈天华的《论中国宜改创民主政体》一文,有"吾侪既认定此主义,以为救中国,惟有兴民权,改民主;而入手之方,则先之以开明专制,以为兴民权改民主之豫备,最初之手段,则革命也"⑦。梁启超在《开明专制论》的"著者识"中亦提及"本篇因陈烈士天华遗书有'欲救中国必用开明专制'之语,故畅发其理由,抑鄙人近年来所怀抱之意见也"⑧。梁启超所言陈天华遗书,是指陈天华于1905 年12 月7 日自杀前所

---

① 丁文江、赵丰田:《梁启超年谱长编》,上海人民出版社1983 年版,第334 页。

② 张灏:《梁启超与中国思想的过渡(1890—1907)》,新星出版社2006 年版,第163—164 页。

③ 参见[美]列文森《梁启超与中国近代思想》,刘伟、刘丽译,四川人民出版社1986 年版。

④ See Philip C. Huang, *Liang Ch'ch'ao and Modern Chinese Liberalism*, Washington: University of Washington Press, 1972.

⑤ 参见许纪霖《政治美德与国民共同体——梁启超自由主义民族主义思想研究》,《天津社会科学》2005 年第1 期。

⑥ 参见姜萌《辛亥前开明专制思想的发生及其影响》,《东岳论丛》2011 年第11 期。

⑦ 陈天华:《论中国宜改创民主政体》,载刘晴波、彭国兴编校《陈天华集》,湖南人民出版社1982 年版,第209 页。

⑧ 梁启超:《梁启超全集》(第三册),张品兴编,北京出版社1997 年版,第1451 页。

写《绝命辞》与《致湖南留学生书》，有"当今之弊，在于废弛，不在于专制，欲救中国，惟有开明专制"①。这里，梁启超坦言，开明专制是他近年来的思考，这是否意味着他并未受到美洲大陆之行的影响呢？答案是否定的。该否定是说，不否认开明专制是梁启超美洲之行前就已存在的思考，而是说该思考在1905年成型是受到了美洲大陆之行的影响，是它促使梁启超反思此前的君民共主观点而转向开明专制论，这是他之于中国现代政制道路的转变，他在游西记中坦言，"一言以蔽之，则今日中国国民，只可以受专制，不可以享自由"②。总之，新大陆之行让梁启超看到了现代政体所需的条件以及国人在这方面的不足，至少使得梁启超对开明专制的观点更加确信，在1905年写就《开明专制论》。

从概念上看，梁启超将"制"界定为"发表其权力于形式，以束缚人一部分之自由者也。以其束缚人自由，故曰裁制、曰禁制、曰压制；以其所束缚者为自由之一部分，故曰限制、节制；以其用权力以束缚，故曰强制；其权力之发表于形式者，曰制度、曰法制"。即权力即是制，形式化为制度、法制，或者说，制度与法制的本质就是权力。从来源上看，"制"源于竞争，既有同类竞争，又有异类竞争，竞争带来秩序的混乱，而"制"正是为了重新获得秩序，即是为调和竞争或助长竞争。梁启超指出，"必有秩序，然后彼此之行为，可以豫测其结果而不至冲突故。比内部无冲突，然后相结集以对外故。虽然，所谓秩序云者，非自始焉放任之而可以自致者也。其得之也，必以强制。强制者，实社会所以自存之一要素也。所谓以强制助长竞争者，此也"③。因此，是"有国家然后能制，能制斯谓之国家"。那么，所谓"专制"，必然"专"的是某种国家权力。以二分法言之，即有专制国家与非专制国家之分。非专制国有"君主贵族人民合体的非专制国家""君主人民合体的非专制国家""人民的非专制国家"，专制国有"君主的专制国家""贵族的专制国家""民主的专制国家"。就此而论，"专制者非必限于一人而已。或一人，或二人以上，纯立于制者之地位，而超然不为被制者，皆谓之专制"④。质言之，专制意

①　陈天华：《致湖南留学生书》，载刘晴波、彭国兴编校《陈天华集》，湖南人民出版社1982年版，第233页。

②　梁启超：《新大陆游记及其他》，岳麓书社1985年版，第559页。

③　梁启超：《梁启超全集》（第三册），张品兴编，北京出版社1997年版，第1451页。

④　同上书，第1453页。

味着一国存在着制者与被制者的二元区分，从权力的表现上看，制者"必能任意自伸其权力于无限……专断以规定国家机关之行动"，被制者因而无法得到确实保障。梁启超认为，这专制有完全与不完全的区分，不完全专制意味着未规定国家机关的行动者——"势力之体不完全"，或虽有规定却属空文——"势力之用不完全"。① 而所谓"开明"是就"制"发表其权力于形式为良而言，故"开明专制"是"由专断而以良的形式发表其权力"。更具体讲，"其立制之精神，在正定各个人之自由范围，使有所限而不至生冲突者，良也；虽有所限，而仍使之各绰绰然有自由竞争之余地，而不妨害其正当的竞争者，良也；抑或虽甚妨害其正当的竞争，几夺其自由之大部分乃至全部分，而其立制之精神，乃出于国家自卫所万不容已，则亦良也"②。质言之，这"开明"是在为国家利益而非制者个人私利。

　　开明专制着眼点在国家利益，那与其他政制相比优劣如何呢？梁启超认为，制度优劣，"惟适是求"。"开明专制"毕竟有其"开明"之处，故有其适用之时与国；毕竟有其"专制"之处，故其时有限。从时间上看，"开明专制"适用于"国家初成立时""国家当贵族横恣，阶级轧轹时""国家久经不完全专制时""国家久经野蛮专制时""国家新经破坏后"，原因是此时的国家权力并未统一，需以"开明专制"使之统一。从国家来看，"开明专制"当久用于"民智幼稚之国""幅员太大之国""种族繁多之国"，原因在幼稚国需长时间教化，而另外两国亦需长时间处理其内部复杂的纷争而统一权力。但无论如何，"开明专制"是一个阶段，"经过之后，即进于立宪，此国家进步之顺序也"③，若经此阶段而退入野蛮专制，则必生革命。对晚清中国而言，梁启超认为，它是不完全专制，既没有恰当规定国家机关的行动者，也没有将现有规定恰当落实，即体用皆不备。从"开明专制"适用国方面看，它既是"民智幼稚之国"，又是"幅员太大之国"，还是"种族繁多之国"。因此，晚清中国宜久用"开明专制"。

　　晚清中国宜用"开明专制"，梁启超从三个方面论述。一是此时的中

---

① 梁启超：《梁启超全集》（第三册），张品兴编，北京出版社1997年版，第1454页。

② 同上书，第1455页。

③ 同上书，第1464页。

国不能行共和政制。从历史来看,共和政制因习惯而成就者常安,因革命而成就者常危。原因是革命暴动后的国家四分五裂,权力很难统一,便是暴动领袖统一了权力,却是出现领袖篡夺权力而为专制,此时的国民民智未开,无有共和国民资格,难以成就共和国。从共和国的政制看,它是议院政治,议院多数须有判断政治得失的常识,政党还必须发达,但晚清中国显然还不具备这一条件。便是地方自治培育了国民的政治能力,但在梁启超看来,地方自治仍不同于中央共和,"地方自治,则有别掌握最高主权之中央政府以临其上,则调和其利害冲突也较易。故能为中央共和者,必能为地方自治,而能为地方自治者,未必能为中央共和"①。二是此时的中国不能行君民共主制。原因在人民程度未及格,即"在程度幼稚之民,往往因辩论而生意见,因意见而生仇仇,故吾中国向来议事之场,动则挥拳拔刀,数见不鲜矣。夫各国议院,虽亦不能无骚扰,然整理议院之职,议长任之,议员皆有服从议长之习惯,故权不可假于外。若万一滋扰过甚,议长不能节制,致警察入而干涉焉,其或在院中犯现行罪而致逮捕焉,则应享之特别权利扫地尽矣。若屡演此恶剧,而议院之地位遂危"②,也在施政机关未整备,包括"国籍法尚未编订""学校尚未遍立""租税法尚未备""选举必有选举区,而我今未划定""今者户口之统计,地图之测量,均不确实""今者地方地址制度未颁""今者警察未普及""今者诉讼法未定""今者铁路未多,交通不便""今者民法未制定""今者刑法未制定""今者行政司法,混为一炉""今者行政法未颁"③ 等,严重影响了现代政体的建立。梁启超认为,建立现代政体,使宪法一经颁布而告施行,需国家机关自身不违宪而取信于民,需先颁布诸法而养成用法之才,依次而已。三是此时的中国当以开明专制为政制改革。换言之,梁启超仍然将现代政体作为中国政制发展的目标,只是需要经过开明专制这一特殊时期罢了。

二 "游西记"对清末政制思想的影响

考察游西记对清末政制思想的影响,可从两方面入手,一是政制考察

---

① 梁启超:《梁启超全集》(第三册),张品兴编,北京出版社 1997 年版,第 1480 页。
② 同上书,第 1484 页。
③ 同上书,第 1485 页。

大臣的游西记对清末官员的影响，二是梁启超《开明专制论》所引发的政制论争。

　　五大臣出洋考察各国政制后，即上奏清廷要求改革政制，引发了朝野内外关于现代政体的争论。御史王布瀛认为，改革政制当慎重，认为有利之处必有其弊，古来的改革均非常谨慎，上奏论改官制、开议院、投票举员、地方自治的弊端，主张谨慎采择各国政制之长而去其短。正黄旗蒙古都统吕海寰亦认为，变法自强是时势所趋，但法与弊每相因，利害总相乘，变法改制应当谨慎，需防其隐患，他上奏论兴办学堂及征兵的隐患。候选道许珏认为，改制前应先清官吏，以使官民上下一体。①

　　而御史刘汝翼反对改革政制，认为政制的关键在朝廷的独断而非政界、学界的意见，改制涉及君权与民权之间的界限，朝廷当"断自宸衷，坚持宗旨，以定国是，而息纷争"。内阁学士文海上奏反对改制，认为其有六大错：一是改制并非富国便民之计，有削夺君权的可能；二是改制设立大总理主持，是欲学日本权在幕府将军，败坏国家；三是欲行改制诸君并无悉心考究良法，而是借此机会揽权，耽误大局；四是变法改制诸君并未考虑各国风土人情的差异；五是变法改制诸君变法速成，恐使内外不安；六是改制会废止庚子之变后的改革。因此，文海请求朝廷查核五大臣所考政治并裁撤厘定官制馆折。御史胡思敬亦上奏反对改制，认为这是倒行逆施之道，将使党争之祸越发激烈。② 外务部员外郎辜汤生也反对改制，认为中国内政的关键在依成宪，外交事务则宜定规制，他请求朝廷降旨不准改旧章，上创行新政的奏折。③

　　显然，五大臣是支持改制的，他们在政制改革过程中不断上奏朝廷，表明其改制主张。此外，亦有众多士人上奏支持改制。江苏学政唐景崇支持改制，上奏折论政制改革的四个关键点，即首先朝廷先当阐明改制宗旨，其次应断定改制主权，并普及国民教育以造就改制资格，最后施行地方自治政策以养成改制的基础。内阁候补中书朱兴汾亦支持改制，他上奏

　　① 参见故宫博物院明清档案部编《清末筹备立宪档案史料》，中华书局1979年版，第122—123、169、408—410页。

　　② 参见夏新华编《近代中国宪政历程：史料荟萃》，中国政法大学出版社2004年版，第76—79页。

　　③ 参见故宫博物院明清档案部编《清末筹备立宪档案史料》，中华书局1979年版，第307—313页。

要求朝廷设立各级宪政编查馆以汇集中外法律,在此基础上厘定改制草案。出使美国二等参赞官吴寿全认为,改制使全国上下一心,内外一气,去私秉公,共图治理,请求朝廷宣布宪法规则,使国人周知法律范围、自由权限,以防止民心动荡。学人慕寿祺发现国内学说纷说而宗教不明,他上奏朝廷请求尊孔,以为改制基础。御史徐定超则主张学校课堂应添讲宪法,请求朝廷将钦定宪法讲义发交地方官研究、各学堂学习。出使俄国大臣胡惟德支持改制,奏请朝廷颁布地方自治制度以为政制改革。御史王诚羲认为,更改官制应当分未改制与既改制两个阶段进行。[①]

清廷内部关于改制政体的争论表明,这一争论是由五大臣出洋考察后的游西记及其改制奏折所引发,不论支持抑或反对,卷入争论的士人对西洋政制思想都有了更进一步的认识。换言之,五大臣的游西记确实对清末政制思想有着重大影响。此外,梁启超的《开明专制论》亦引发了清末国人对政制的进一步思考。

事实上,梁启超《开明专制论》一经发表,即引发了晚清士人的强烈关注。杨度在 1907 年 4 月致信梁启超说,"《北京日报》中有一满人投书,论中国此时不可遽立宪,但可行开明专制。记者驳之,谓立宪则立宪耳,无所谓开明衔专制政体,又闻汪穰卿之报,宗旨亦类是,论者有以咎兄者,弟《新报》第四期有与兄一文,论旨之相同,多回护之意,然于开明专制则不敢提一字,兄俟见报后或以文答之,此节利用两报为机关之一作用也"[②]。杨度此语深刻而具体地反映出梁启超开明专制论在晚清政坛的巨大反响,又形象揭示出各方对此理论的态度,支持者有之,反对者有之。

赞同或同情开明专制的人大约可分三类。一类是思想开明的作家等文艺知识分子,他们少有参与到具体的政治当中,只是有此倾向而已。如吴趼人在《新石头记》第二十六回"闲挑灯宾主谈政体"中创造了"文明专制"一词,并加以阐述,有研究认为,吴趼人的"基本观点甚至语气都几乎与《开明专制论》一模一样"[③]。一类是梁启超的政治有朋,擅长

---

① 参见故宫博物院明清档案部编《清末筹备立宪档案史料》,中华书局 1979 年版,第 113—116、290—291、313—315、451—452、714—716、991—993、1001—1002 页。

② 杨度:《复梁启超函》,载刘晴波编《杨度集》,湖南人民出版社 1986 年版,第 410 页。

③ 张超:《吴趼人"文明专制"思想探微》,《郑州大学学报》1996 年第 4 期。

理论，学贯中西，执掌舆论，却多徘徊于实际政治之外。如张君劢在1906 年底有《穆勒约翰议院政治论》发表于《新民丛报》，认为中国的当务之急是发展教育，培养国民素质，以为改制创造条件。① 这一渐进改革思路与梁启超如出一辙。再如严复，他亦有梁启超一般的忧虑与建议，1905 年与孙中山在伦敦会晤时表示，"以中国民品之劣，民智之卑，即有改革，害之除于甲者将见于乙；泯于丙者将发之于丁，为今之计，惟急从教育上著手，庶几逐渐更新乎"②。严复在《政治讲义》中进一步指出，威权专制是一种"危治，非长治久安之局面"，但就实际情况而言，"亦不得已而思其次者"。③ 严先生与梁启超几乎同调。一类是体制内的知识分子或满人，由于身份使然，他们的政治主张并不明显表达，但显然，他们是最有力的支持者。④

就反对者而言，革命派显然是主力，他们通过机关报《民报》与梁启超先生辩论。胡汉民反驳梁启超，认为汉唐盛时已是开明专制时代，中国为开明专制久矣，现在已具备共和政制的条件。⑤ 显然，胡汉民认可了开明专制这一观点，只是在国情判断上与梁启超不一致。而汪精卫则从概念上批驳梁启超，"开明专制，本有广狭二义，语其广义，则专制之善良者，悉为开明专制"，而狭义则"必政权生大变动之后，权力散漫，于是有以立宪为目的，而以开明专制为达目的的手段者"。那么，按广义概念来讲，清廷是专制的，必须以革命来推翻；按狭义概念来讲，既然开明专制须在政权大变动后发生，那革命派的革命行动正是使政权大变动，然后建立现代政体。⑥ 汪精卫通过定义的转换和现实的揭露来反驳，虽然未能将梁启超的观点驳倒，但却使得梁启超的观点对革命的冲击降至最低点，维护了革命的现实基础。

张鹏园先生认为，梁启超与革命派的论战实际上影响到了革命派的政治主张，"这一辩论发生在中山先生的革命思想由理论进入实际的时期，

① 参见郑大华《张君劢传》，中华书局 1997 年版，第 16—17 页。
② 严璩：《侯官严先生年谱》，载王栻编《严复集》（第五册），中华书局 1986 年版，第 1306 页。
③ 严复：《政治讲义》，载王栻编《严复集》（第五册），中华书局 1986 年版，第 1550 页。
④ 参见姜萌《辛亥前开明专制思想的发生及其影响》，《东岳论丛》2010 年第 11 期。
⑤ 参见胡汉民《〈民报〉之六大主义》，《民报》第 3 号，1906 年 4 月 5 日。
⑥ 参见汪精卫《驳〈新民丛报〉最近之非革命》，《民报》第 4 号，1906 年 5 月 1 日。

任公立于反对的立场，虽斥论难免参杂感情成分，却不无中肯之处，不无借镜的价值"，"影响到革命派的约法训政思想"。① 邹鲁亦指出，"同盟会颁布《革命方略》之军政时期"与陈天华在"民报发挥革命时代宜行开明专制之说"相同，"此开明专制四字，即梁启超利用以反驳民报所主张民权主义之论据也"。② 由此看来，梁启超行游美洲后的思想变化导致清末政制思想发生了重大转变，有关"开明专制"这一政制的争论由他所引发。

第二节　"游西记"与晚清政制改革

一　五大臣的政制考察与晚清政制改革

　　五大臣出洋考察政制乃是晚清政治中的一件大事，它对晚清政制改革产生了若干实际影响：一是扩充见闻，增进了统治集团内的改制倾向。五大臣分两组各带随员 30 余人，历时 7 个多月，行程十多万里，对日、美、英、法、德等十多个国家的现代政治进行了全面考察。途中，五大臣随员"削牍怀铅，随时记载"，且会通驻外使节详加考核，又令留学生翻译外国著述，掌握了第一手的丰富资料，回京后"复门纂辑"成为中文图籍，载泽等人成书 67 种 146 册，另采辑东西文书籍 434 种，戴鸿慈等人编《欧美政治要义》4 册 18 章、《列国政要》32 册 132 卷、《续列国政要》32 册 94 卷。这些资料上涉国家政治，下述地方自治，远及古罗马法律，近叙各国三权分立制度，《大公报》称其"包罗宏富，足称大观"。五大臣回国后即将这些书籍上交朝廷，"有效地传播了考政大臣的实地见闻，并使地主阶级内部的开明思想得到增强。特别是，考政大臣在介绍列国宪政的同时，明确提议仿行宪政，这就使统治阶级上层自俄日战争后初现的立宪要求，由此而得到鼓励"③。因而，国内政制改革的呼声更为高涨。

---

　　① 张鹏园：《梁启超与清季革命》，"中央研究院"近代史研究所 1969 年版，第 232、241 页。

　　② 邹鲁：《中国国民党史稿》，商务印书馆 1947 年版，第 1266 页。

　　③ 参见罗华庆《论清末五大臣出洋考政的社会影响》，《中国社会科学院研究生院学报》1992 年第 4 期。

　　二是"排击俗论",促成了政制改革的宣布。五大臣出洋实际上是由孙宝琦、江督周馥、鄂督张之洞、粤督岑春煊、直督袁世凯等的奏请——"简派亲贵,分赴各国,考察政治,以为改政张本"①而推动。此时,慈禧太后主张,"立宪一事,可使我满洲基础,永久确固,而在外革命党,亦可因此消灭。候调查结局后,若果无妨害,则必决定实行"②。因而,1905年11月的上谕是"前经特简载泽等出洋考察各国政治,著即派政务处王大臣设立考察政治馆,延揽通才,悉心研究,择各国政法之兴与中国治体相宜者,斟酌损益,纂订成书,随时呈进,候旨裁定"③。此时,一些排汉思想强烈的清廷亲贵仍认为"立宪政体利于汉人,而满人历朝所得之权利皆将因此尽失,故竭力反对之"。在考政大臣归国后,慈禧和光绪召见载泽两次,召见端方三次,召见尚其亨、戴鸿慈各一次。④

　　他们首先向西太后介绍"日本立国之方,公议共之臣民,政柄操之君上,民无不逼隐,君有独尊之权",改制后皇权不失;再以英国政治"一事之行,必由君主之决成,无虑事权之不一"继续强调皇权的存在性;甚至他们以法国"立宪之体,大权仍集于政府,居中驭外,条理秩和"⑤,向朝廷强调皇族不会失去权力。其次,他们又向清廷强调改制可弥内乱,即"一二不逞之徒,责难专制政体"⑥、"海滨洋界,会党纵横,甚者倡为革命之说,顾其所以煽惑人心者,则曰政体专务压倒,官皆民贼,吏尽贪人,民为鱼肉,无以聊生,故从之者众。今改行宪政,则世界所称公平之正理,文明之极轨,彼虽欲造言,而无词可借,欲昌乱而人不有从,无事缉捕搜拿,自然冰消瓦解"。且他们还向清廷倡言,中国在国际舞台中受到不公正待遇,也是因为"专制,谓为半开化而不以同等之国相待"。考政大臣为清廷着想,直言快语而"不避忌讳,一效其忱"。西太后与光绪帝"似乎有悟于此,表现出'大为感动',那些赞同改制的朝廷大员虽各

　　① 戴鸿慈:《出使九国日记》,湖南人民出版社1982年版,第8页。

　　② 宋教仁:《清太后之宪政谈》,《醒狮》1905年第1期。

　　③ 故宫博物院明清档案部编:《清末筹备立宪档案史料》,中华书局1979年版,第43页。

　　④ 参见陈荣勋《清末五大臣出洋考察政治的历史作用》,《齐鲁学刊》1990年第4期。

　　⑤ 故宫博物院明清档案部编:《清末筹备立宪档案史料》,中华书局1979年版,第6—15页。

　　⑥ 端方、戴鸿慈:《请平满汉畛域密折》,载中国史学会编《辛亥革命》(四),上海人民出版社1957年版,第41页。

有所图，亦以考政大臣所言为依据驳斥反对派"①。

经 1906 年 8 月 27 日、28 日两次改制与否的廷臣会商、激烈争论后，终于请行改制。从考政大臣归国到 9 月 1 日清廷颁布政制改革上谕只有一个多月的时间，其中"大臣阻挠，百僚抗议，立宪之局，几为所动。苟非考政大臣不惜以身府怨，排击俗论，则吾国之得由专制而进于立宪与否，未可知也"②。总而言之，考政大臣在清末政制改革方面确有很大贡献。

三是参与决策，初步制定了官制改革的基调。戴鸿慈与端方在回国后于光绪三十二年七月初六、初七即向朝廷上《出使各国考察政治大臣戴鸿慈等请改定全国官制以为立宪预备折》《出使各国考察政治大臣戴鸿慈等请设编制局以改定全国官制折》，而清廷在一周之后即向内阁下《宣示预备立宪厘定官制谕》《派载泽等编纂官制奕劻等总司核定谕》，时间不可不谓之速，而这暗示着朝廷对五大臣改定官制以为政制改革的充分信任。

在《宣示预备立宪厘定官制谕》中，清廷首先强调时局危机，"现在各国交通，政治法度，皆有彼此相因之势，而我国政令积久相仍，日处阽险，忧患迫切，非广求智识，更订法制，上无以承祖宗缔造之心，下无以慰臣庶治平之望"，而后肯定载泽等人对该危机的判断，即"国势不振，实由于上下相睽，内外隔阂，官不知所以保民，民不知所以卫国"，外国经验则在"实行宪法，取决公论，君民一体，呼吸相通，博采众长，明定权限，以及筹备财用，经画政务，无不公之于黎庶。又兼各国相师，变通尽利，政通民和有由来矣"。因而，朝廷预备改制立宪，认为改制是"大权统于朝廷，庶政公诸舆论，以立国家万年有道之基"，而改制的问题则在"目前规制未备，民智未开，若操切从事，涂饰空文，何以封国民而昭大信"，故而朝廷为改制的预备，有"从官制入手，亟应先将官制分别议定，次第更张，并将各项法律详慎厘定，而又广兴教育，清理财务，整饬武备，普设巡警，使绅民明悉国政"③ 的安排。

而在《派载泽等编纂官制奕劻等总司核定谕》中，清廷先强调厘定

① 罗华庆：《论清末五大臣出洋考政的社会影响》，《中国社会科学院研究生院学报》1992年第 4 期。

② 端方、戴鸿慈：《请平满汉畛域密折》，载中国史学会编《辛亥革命》（四），上海人民出版社 1957 年版，第 42 页。

③ 故宫博物院明清档案部编：《清末筹备立宪档案史料》，中华书局 1979 年版，第 43—44 页。

官制的原则是"当酌古准今，上积本朝法度之精，旁参列邦规制之善，折衷至当，织悉无遗，庶几推行尽利"，而后安排"载泽、世绩、那桐、荣庆、奎俊、铁良、张百熙、戴鸿慈、葛实华、徐世昌、陆润庠、寿耆、袁世凯公同编纂"，安排"端方、张之洞、升允、锡良、周馥、岑春煊选派司道大员来京随同参议"，安排"庆亲王奕劻、孙家鼐、翟鸿禨总司核定，候旨遵行，以昭郑重"。① 在此安排中，五大臣有载泽、戴鸿慈、端方三人参与其事，可谓重用。而在官制编制局成立后，考政大臣的随员周树模出任副提调要职，另有五人被委以"评议""考定""核定"等重任。另有随员刘若曾因学部为除去士习民风中对仿行现代政制的"壅塞"而被奏准受职为首席"谘议官"。② 事实上，改定官制和设立编制机构，均是据端方和戴鸿慈的提议而获准，而后官制编制局拟官制，"大抵依端制军等原奏斟酌而成"③，领班军机大臣奕劻在核准裁撤军机处和决定成立责任内阁时设置资政院、大理院、审计院等，也基本上是以考政大臣所提"三权分立"设想为蓝本。④

四是推动了改制派在中国的形成和改制运动的发展。按陈荣勋的话说，这"载泽等奉命出洋考察政治，立宪遂成为中国士大夫的口头禅，中国的立宪思潮也进入了一个新阶段"⑤。1906 年 12 月，康有为发表公告；1907 年元旦，康有为将保皇会改名为国民宪政会，又更名为帝国宪政会，康有为还准备回国参与改制活动。1907 年 10 月，梁启超在日本东京正式成立"政闻社"，发表宣言，创办《政论》。张謇则在端方归国途经上海时拜会了七八次，"竭力劝其速奏立宪，不可再推宕"；1906 年 12 月，张謇、汤寿潜、郑孝胥在上海成立了中国第一个改制团体，即预备立宪公会。1907 年杨度在东京成立了宪政讲习会；同年冬季杨度又与谭延闿等在长沙成立了宪政讲习会湖南支会，又更名为湖南宪政公会。

据统计，政制改革诏令颁布后，全国共有公开结社的政治团体 668

① 故宫博物院明清档案部编：《清末筹备立宪档案史料》，中华书局 1979 年版，第 385 页。

② 参见《汪穰卿先生传记》（第 4 卷），汪诒年校补，中华书局 2007 年版，第 1—2 页。

③ 中国史学会编：《辛亥革命》（四），上海人民出版社 1957 年版，第 19 页。

④ 参见罗华庆《论清末五大臣出洋考政的社会影响》，《中国社会科学院研究生院学报》1992 年第 4 期。

⑤ 陈荣勋：《清末五大臣出洋考察政治的历史作用》，《齐鲁学刊》1990 年第 4 期。

个，这是五大臣出洋考察的政治气候所带动的。① 并且，借五大臣出洋考察之机，朝野改制派力量结合形成了一股强大势力。在朝的君民共主派与在野的君民共主派一致要求君民共主改革，后者希望改革后的清政府出台有利于自己的政治经济政策，而前者则希望借助后者的经济力量增强自己在统治集团中的地位和声望。预备立宪公会即是在督抚岑春煊的撮合下成立的，他捐助了经费一万元，且每年提供活动经费一千元；袁世凯则多次向朝廷推荐张謇，张謇则为袁世凯鼓吹，强调他同日本明治维新名臣大久保利通相当；杨度在北京成立宪政公会本部，也得到了袁世凯支持；1908 年 3 月，张之洞、袁世凯保奏杨度获候补四品京堂衔，进入宪政编查馆。

此外，在有关政制改革支持与反对的诸多奏折中，有《刘汝骥奏请张君权折》（光绪三十一年十二月二十日）、《江苏学政唐景崇奏预备立宪大要四条折》（光绪三十二年闰四月十六日）、《内阁中书刘坦条陈预备立宪之法呈》（光绪三十二年六月初九日）、《御使王布瀛奏改官制开议院投票举员地方自治之弊折》（光绪三十二年六月十九日）、《候选道许珏陈言宜先清吏治折》（光绪三十二年八月初九日）、《内阁学士文海奏立宪有六大错请查核五大臣所考政治并即裁撤厘定官制馆折》（光绪三十二年八月二十二日）、《御史王诚羲奏更改官制应分未立宪与既立宪两期次第推行折》（光绪三十二年八月三十日）、《给事中刘彭年奏立宪宜教育财政法律三者并举折》（光绪三十二年九月初二日）、《正黄旗蒙古都统吕海寰密陈兴办学堂及征兵宜防隐患折》（光绪三十二年十一月二十日）、《学人慕寿祺为学说纷出宗教不明请饬尊孔以立宪政基础呈》（光绪三十三年七月二十八日）、《内阁候补中书朱兴汾请设立各级宪政编查馆汇集中外法律以厘定立宪草案呈》（光绪三十三年九月二十二日）、《御史徐定超奏请进讲时添讲宪法并将钦定宪法讲义发交地方官研究各学堂加课折》（光绪三十四年四月初五日）中先提及五大臣出洋考察这一事件，而后论述其关于改制以及改制举措的或支持或反对意见。而这表明，在这些人看来，正是五大臣出洋考政这一重大事件的发生，对政制改革的历史发展产生了重要影响，以至于他们在谈论政制改革的时候，不得不提及这一事件。而这亦表明五大臣出洋对政制改革的重大影响。

---

① 参见陈荣勋《清末五大臣出洋考察政治的历史作用》，《齐鲁学刊》1990 年第 4 期。

　　另有 1907 年出使德国考察政制的于式枚，他在出国前上书《奏立宪不可躁进不必预定年限折》，强调依其随李鸿章历聘欧美各国的经验，"宪法之用，各国不同"，日本经验在"多用德国之制"，它与"中国政体最为相近，诚如袁世凯原奏所谓，柯则不远，询度攸资者也"，中国改制是"知必以本国所有者为根据，而采取他国所有以辅益之，在求其实而不徒震其名"。因而，改制能定下期限强求，而当"预为筹备，循序渐进，先设京师议院以定从违，举办地方自治以植根本，而尤其要者，在广兴教育，储备人才。此外凡与宪政相辅而行者，均当先事绸缪，而不容迟缓者也"①。出国后又于光绪三十四年三月十七日上书《奏立宪必先正名不须求之外国折》，他认为，根据他对各国宪法条文的"逐处参较"，"有其法为中国所本无，而不必仿造者，有鄙陋可笑者，有悖诞骇者，有此国所拒，而彼国所许者，有前日所是，而后日所非者"，结论是宪法条文"固缘时势为迁移，亦因政教之歧异"。于式枚强调，中国改制"行之善，则为日本之维新，行之不善，则为法国之革命"，因而，改制需要特别慎重，需要"选降谕旨，既极周详，分定年期，尤为明划。……实为利而不为害，窃在士而不在民。……故必正名定分，然后措正施行。孟子之言治乱，归于正人心，息邪说，拒诐行。礼经之言节制，所以决嫌疑，别同异，明是非。此皆先哲之至言，实为近今之急务"②。即是说，中国改革政制必须根据国情展开。

二　20 世纪的其他"游西记"与晚清政制改革

　　清政府的驻外使节亦在晚清政制改革运动中发挥着他们的作用。出使俄国的大臣胡惟德于光绪三十二年七月十八日上书《奏请颁行地方自治制度折》，强调地方自治制度的关键在"一曰明定府县官吏职务权限。……一曰设立府县议会、参事会……"③强调划分地方各部门之间的权限。

　　出使德国大臣杨晟于同年七月二十八日上书《条陈官制大纲折》，他认为，外国的官制精要在"一、协赞立法，宜权置法制撰定之官也。……

---

　　① 夏新华等编：《近代中国宪政历程：史料荟萃》，中国政法大学出版社 2004 年版，第 67—68 页。

　　② 故宫博物院明清档案部编：《清末筹备立宪档案史料》，中华书局 1979 年版，第 338 页。

　　③ 同上书，第 716 页。

一、郑重司法,宜别设各级裁判之官也。……一、疏通监察,宜暂存整肃风宪之官也。……一、联合中央行政各部立政府以一事权也。……一、改正地方制度,立行政自治之别,而多置参事官、民举官,以增进地方之发达也"①。"增进地方之发达"一语,与端方等上奏《欧美政治要义》中的改制目的相同。

出使奥国大臣李经迈于光绪三十三年四月二十二日上书《奏兴学宜重普及教育理财宜由调查入手折》,他认为,根据他对奥国的研究以及他在奥国所获得的资讯,该国的经验在兴学与理财,因而他向朝廷提出改制建议。此外,他还向朝廷上了《奏地方自治权限不可不明求治不宜过急片》。在该奏折中,李经迈认为,"地方自治,欧洲各国办法大略相同,原以为本地之绅民,集本地之款项,图本地之公益,情势既洽,措施较易。中国沿海各省,近亦有议仿行者,第官吏行政之权,与地方办事之权,必须预为分析,断不至因侵越而生冲突,如虑官吏阻阂,盖可准赴司法官控诉秉公判决,而地方官进退之权,不可操之于自治会"。且他认同奥国政治家所言,即"中国举行新政,诚为自强之需要,然求治不宜过急。日本变法之初,各国皆虑其因速而致乱,幸其环地本小,转移尚易为力。中国幅员太广,人数太多,风俗各殊,教化尚未普及,与环球各国情形皆有不同,目前改革之道,只宜对症发药,逐渐改良,免蹈危机"②。在他看来,政制改革应当稳妥进行。

出使美国二等参赞官·分省补用知府吴寿全请宪政编查馆大臣奕劻于同年十二月十一日代奏《请宣示宪法规则以杜民气嚣张折》,主张"先将宪法规则迅速宣示,使天下咸知法律范围、自由权限,固有万不能稍为侵越者"③。这是宪法"弥内乱"的主张。

镶黄旗蒙古都统张德彝则于同年十二月十六日上书《条陈整顿官制统一钱法等事折》。他认为,立宪的关键在"一、官制急宜整顿也。……一、钱法宜求统一也。……一、教务宜尚和平也。……权衡宜求划一也。……一、旗人虽经改除,仍宜划一录用者也。……一、吸食鸦片,须

---

① 故宫博物院明清档案部编:《清末筹备立宪档案史料》,中华书局 1979 年版,第 391—401 页。

② 同上书,第 719 页。

③ 同上书,第 315 页。

先明示所由，后者勒令断瘾也。……一、国乐、国歌及军乐，中华自古有之，废弛日久，今宜重整统归一律也"①。即是说，改制的关键并非宪法的颁布，而是具体改革措施的出台。

出使美墨秘古国大臣张荫棠于宣统三年七月十五日上书《为时局危亟请速行宪政折》。他主张，在此敌侮民离的危机之际，朝廷当"明定国是，励行宪政，持急进以救危殆"。后又于同年二月二十日上书《奏陈设责任内阁裁巡抚等六项文职官制折》，强调国家设官是"以敷政执法，保邦安民，权责轻重之调剂，制度质文之递变，各当其时，原无累世不改之法，当积弊既久，以后尤责有焕发更新之谋"，主张改革官制的关键在"一、宜设责任内阁，宜总司全国政纲，励精图治也。……一、宜设枢密院议官之职，宜广揽才俊，宣德达情也。……一、宜设不隶内阁之大审及会计检查两院，以完司法之独立，重财政之考覈也。……一、宜改并寺、院以敏事节费，消纳闲曹或分期裁撤也。……一、宜悉裁巡抚。……一、宜尽裁府缺。"另有奏折《奏内阁总理应由朝廷任命并请早定宪法速开国会折》，强调"总理大臣之任所以必要简在帝心出自朝命"。他还强调，规划的法制不难悉臻美备，但措施政务却贵在动惬机宜。②

这些驻外使臣均从其海外所见、所闻、所思出发，从各个不同的角度针对政制改革表达自己的观点，推动政制改革运动的发展。

第三节　"游西记"与中国政制的现代化

实际上，就游西记的内容以及他们向清廷所上建议奏折看，他们在清廷上层推动了以下事项（价值与制度两个层面）在中国的发展：

第一，使皇权受到限制。虽然政制考察大臣在考察日记、报告、奏折中不断强调改制使皇权永固；但实际上，原本没有边界的权力一旦落实到宪法文本上，即意味着它受到了宪法文字的约束，即便这一权力在宪法上规定到"神圣而不可侵犯"的地步，也表明皇权受到了文字含义的固定，

① 故宫博物院明清档案部编：《清末筹备立宪档案史料》，中华书局1979年版，第320—327页。

② 同上书，第359、549—556页。

宪法固定且限定了皇权。根据现代政体的要求，整个国家都应当同时受制于同一法律的统治，即宪法及其法律体系的统治，皇权至上也规定在宪法之中，因而君上也应当生活在宪法之下，宪法限制着皇权。且根据他们对责任制度的理解与建构看，皇权的任何行使必须得到其他大臣的副署，而其违宪与失政责任由副署大臣承担，而这一责任限制着大臣为君上无限担负责任的可能，即君上并非在任何时候都能获得大臣的副署，这是对君上大权的限制。

第二，人民自由、安全、平等等权利正式进入政治视野。政制考察大臣对自由、安全与平等等国民基本权利的解读各有不同，但这种解读本身表明他们正视了这一权利要求的存在。即便强调这些基本权利均是在法律之下，受到法律的诸多限制，但它仍然表明这些基本权利存在于法律之中而被赋予普通国民，这是国人第一次获得政治法律上的正面对待。即是说，国民基本权利的观念已经在政府中存在，权利要求的第一步已经踏出，无论这一步多小多微弱，也意味着翻天覆地的剧变。

第三，司法独立在中国成为一个重要声音。传统司法一直附属于行政，而政制考察之后为清廷重量级大臣所鼓吹，意味着作为法治重要支撑点的司法独立在中国的某种生成性。他们对德治等治法与法治的区分表明，他们对法治的真切体认；他们对专制与现代政制的区分亦表明，他们对法治乃至现代政制的某种认同，而这种认同意味着法治在中国社会的生根。

第四，权责统一的责任制度主义观念与制度引入。道德社会对责任的追溯模糊而抽象，责任在相互推诿中消失。而作为法治重要基点的权责统一观念的近代生长，则意味着法治在中国政治社会乃至法律社会的壮大。它成就了对权力者权力行使的警惕与警告，为政治发展提供了良性的制度环境。

第五，地方自治观念与制度在中国的激活。地方自治制度将中国的地方治理经验法制化，激发了国人建设美好生活、建设美好家园的巨大热情，使其更有责任感和使命感，更为现代政治经验的培育提供了制度性的实践空间，培育着国民的现代政治素养。而这正是清末改制派存在的根基，他们正是站在地方自治之上，以其领袖的身份在代言，代表他身后的家乡父老或选民在向政府提出属于他们的声音。虽然他们可能是旧式人物，但在自治制度机制与权利观念激发下的权力欲求中，他们也能成就选举政治为人代言的功能，而他们正是在如此行动。

　　而这些政制价值观念与制度观念在中国政府高层的发酵，意味着它成为中国社会的一大声音，即表明由它所引发的权利欲望在发酵，且即将成为中国社会的最强音。根据亨廷顿的分析，这些观念告诉国人这些制度上的权利乃是其应当获得的，这会诱发国人对权利的欲望，在社会动员尤其是改制派与革命派的动员之下，将是一股强大的社会改革乃至革命的浪潮，改革与革命取决于现行制度对此欲望的满足程度。即如果现行制度改革能够满足改制派乃至一部分革命派的要求，那清廷还能存在；如果现行制度拒绝进行满足这些要求的改革，那必将导致改制派倒戈革命派而推翻清廷，而辛亥革命正是在这样的情况下发生的。① 应当讲，这些改良政体的观察、政制价值与制度观念的引进与传布，考验着清廷执政者改革政体的决心、行动与能力。

---

　　① 参见 ［美］亨廷顿《变化社会中的政治秩序》，王冠华、刘为与等译，生活·读书·新知三联书店 1989 年版。

第六章

"游西记"考察"西洋政制"的全景省思

分阶段研究呈现游西记关于西洋政制认识的基本细节，但细节可能会掩盖问题意识的深度与内涵。因而，本书必须对游西记之于西洋政制的认识有一个总体性的判断。这一总体性的判断基于对以下问题的不断追问。第一，游西记作者行游西洋的目的何在？第二，游西记作者不止一位，他们有不同的文化立场，这一多元立场是否会影响游西记对西洋政制的理解？第三，游西记作者行游西洋面对西洋政制时，究竟有着怎样的心态？更进一步讲，作者在比较中外文明时经历了怎样的心路历程？第四，在游西记中，西洋政制到底是怎样的？第五，行游西洋，游西记作者在中外政制间对比、思考、抉择，并建构两者间的意义联结，这必然会引发作者对两个文明的比较——孰优孰劣，即文化认证情况如何？

基于以上问题，下文全景式省察游西记考察西洋政制的情况，将从行游西洋的目的、行游西洋的立场、游西记作者的行游心态及其对西洋政制的认识、西洋政制的真实图景、游西记的文化认证方面展开。

第一节　行游西洋的目的追问

在传统国人的心目中，远行海外乃是迫不得已的事情。中国早期出洋海外的人不是为了避祸就是为了谋生，下南洋已是非常艰难的决定。谢清高在西洋闯荡多年，也不过是为了谋生。至于说为知识的目的而行游西洋，则是很晚近的事情。就谋生而论，林铖在美国公司工作而须前往美国一年，这一行程在其友人万鹏看来，险阻重重，若非林君"孝义醇笃"

而能置生命于度外，不可能"履险如夷"而归慰闾望；在王广业看来，林君远游海外，乃是"读万卷书行万里路"的壮举，践行圣人"诚之所至，异类可通"①的规矩。

事实上，那未知的海外蛮荒之地，若非万不得已，"不立危墙之下"的君子绝不会前往。以清政府办理外交而论，许多文人士大夫从朝贡制度的视角看待中外关系，认为办理外交事务有失身份。倭仁即在 1867 年坚决辞谢总理衙门的职务，为找借口而在上班的第一天故意坠马，以受伤为借口拖延至朝廷批准其辞呈为止。②在军机大臣阎敬铭看来，"正人君子不屑于处理外交事务"③。仅处理外交事务即有如此情绪，那派往外国的驻外使节又当情何以堪呢？

实际上，朝廷派员驻扎海外，乃是为中外交际之情便，"惟近来中国之虚实，外国无不洞悉；外国之情伪，中国一概茫然。其中阻隔之由，总因彼有使来，我无使往。以致遇有该使崛强任性、不合情理之事，仅能正言折服，而不能向其本国一加诘责，默为转移"④。但仍有人不甚理解。1875 年郭嵩焘被任命为中国驻英公使时，其友人即对此感到沮丧，李鹤年、冯誉骥均极力劝阻他不能去蛮夷之邦，李慈铭在日记中更是写道："郭侍郎文章学问世之凤麟，此次出山，真为可惜。"⑤直至 19 世纪 70 年代末，李慈铭仍谴责政府派遣外交人员前往海外的壮举。但对郭嵩焘而言，担任驻英公使乃是为国为民。他说，"意以为时艰方剧，无忍坐视之理，苟有所见，岂可不言？然而末世之人心盖亦可知矣。无益而徒取尤，无谓也"⑥。而曾纪泽等外交官也抱着为国效力的态度前往西洋，当然这

①　林铖、张德彝等：《西海纪游草·乘槎笔记·诗二种·初使泰西记·航海述奇·欧美环游记》，钟叔河编，岳麓书社 1985 年版，第 28—32 页。

②　参见费正清编《剑桥中国晚清史 1800—1911 年》（下卷），中国社会科学出版社 1996 年版，第 210 页。

③　费正清编：《剑桥中国晚清史 1800—1911 年》（下卷），中国社会科学出版社 1996 年版，第 216 页。

④　参见《恭亲王等奏请派蒲安臣权充办理中外交涉事务使臣折》（同治六年十一月初二日），载钟叔河编《初使泰西记》，湖南人民出版社 1981 年版，附录二，第 4 页。

⑤　费正清编：《剑桥中国晚清史 1800—1911 年》（下卷），中国社会科学出版社 1996 年版，第 216 页。

⑥　郭嵩焘：《伦敦与巴黎日记》，钟叔河编，岳麓书社 1984 年版，第 11 页。

也不排除他们前往西洋是为了寻找中国战败之因以及西洋强大之由，当然前提是他们意识到中国的落后。

与之相对的则是张德彝之属，在外交场合不过"舌人"而已，其八次外交官经历有七次记于其《航海述奇》系列中。在他看来，这海外公务旅程不过是"猎奇"时间，他花费相当笔墨介绍西洋的各类"稀奇"，在《随使法国记》《随使英俄记》《五述奇》《八述奇》中均详细介绍西国儿童的各类游戏情况。

这是行游西洋缘由的一个方面，但它没有讲清楚的是，为何从不向外国派遣外交官的大清帝国会改变这一传统，到底是何原因导致这一转变的出现。在本书看来，这当归因于中国对外战争的失败。战争在近代中国乃是一催化剂，它总是在中国近代化最关键的地方发生，或者说战争之后的中国近代化进程又陡然进入了另外一种状态。

第一次鸦片战争惊醒了少数传统知识分子，魏源著《海国图志》，梁廷枏著《海国四说》，徐继畲著《瀛环志略》，姚莹著《康輶纪行》等，即便他们因"知识有限、材料有限"而有不少常识性错误，但其"筚路蓝缕，前驱先路，其功不可没"，国人通过阅读这些著作，大体上还是能知晓各国的地理、气候、物产、疆域、人口、政治制度、宗教、技艺等方面的基本情况。但问题在于，这些著作出版后，多数人熟视无睹，仅有少部分官僚和知识分子对此感兴趣。战败的痛苦，很快被人遗忘，"议和之后，都门人复恬嬉，大有雨过忘雷之意。海疆之事，转喉触讳，绝口不提，即茶坊酒肆之中，亦大书免谈时事四字，俨有诗书偶语之禁"①，王韬看到，"其时罢兵议款，互市通商，海寓晏谧，相习无事。而内外诸大臣，皆深意言西事为讳，徒事粉饰，弥缝苟且于目前。有告之者，则斥为妄"②。因为在中国朝野士大夫的眼中，"鸦片战争不过堂堂天朝偶尔被夷狄战败，是天朝的奇耻大辱，然而'小屈必有大伸'，今后尚有'以张天讨'的机会"③，这是历史经验的结论。但根据蒋廷黻的分析，这是由于中国人太守旧，而中国文化是士大夫的生命线，他们缺乏大无畏的精神面

---

① 邹小站：《西学东渐：迎拒与选择》，四川人民出版社 2008 年版，第 117 页。

② 王韬：《弢园文新编》，生活·读书·新知三联书店 1998 年版，第 138 页。

③ 李定一：《中华史纲》，中国长安出版社 2012 年版，第 493 页。

对现实，二十年光阴白白浪费了。① 因为这个世界已经不再是传统的游牧与农耕时代。但国人基本上无视了第一次鸦片战争带来的信息，在"缺乏全国规模的紧迫感"② 的情况下继续原本的生活。

但第二次鸦片战争，却使得大部分国人真正惊醒过来，因为湘军、淮军勃起而有大批新兴汉族士大夫步入政治高位，满洲亲贵在英法联军攻入北京时亲身感受了西洋武力加诸的刺激，③ 他们开始承认中国正处于大变局的关键时刻。广东前巡抚黄恩彤 1865 年强调，中国已面临几百年来最大的一次变化。丁日昌 1867 年断言，中西接触的扩大乃是一千年来所发生的最大变化。李鸿章 1872 年声称，西人东侵是三千年来所发生的最大变化。曾纪泽则声称这是五千年来最大的一次变化。④ 张之洞书之为亘古未有的奇变，因为这种变化太大而不能根据过去的经验来认识。⑤ 它意味着在交通、军事、经济、政治上前所未有的改变。

在交通方面，李鸿章在 1862 年致沈葆桢的一封信中谈道，中西杂处方兴未艾，这种情况已不可变更。两年后，王韬以同样的语气写道，现下外国人从地球上的各个角落向中国聚集的确是史无前例的事件——天下的大变局，并且这种变局将会一直持续下去，直到全世界成为一大同族而后已。⑥

在军事方面，清廷高级官员杨昌濬在 1874 年强调，西洋各国以船坚炮利之势已称雄海上三十余年，近来更是争奇斗巧，层出不穷，实为千年未有之变局。李鸿章也指出，西洋可怕的军事威胁表现在其破坏性的大炮上面，它可摧毁中国最强大的阵地，使得沿海以及内地的军事要塞都无法防御；轮船和电讯还提供了快速交通通信设施，助长了西洋的军事优势；因而西洋乃是中国数千年来所面对的最强大的敌人。李鸿章在 1874 年的奏折中称："历代备边多在西北，其强弱之势，客主之形，皆适相埒。且

---

① 参见蒋廷黻《中国近代史》，武汉出版社 2012 年版，第 17—19 页。

② 费正清编：《剑桥中国晚清史 1800—1911 年》（下卷），中国社会科学出版社 1996 年版，第 185 页。

③ 参见李定一《中华史纲》，中国长安出版社 2012 年版，第 494—495 页。

④ 参见曾纪泽《曾纪泽遗集》，喻岳衡点校，岳麓书社 1983 年版，第 135 页。

⑤ 详见费正清编《剑桥中国晚清史 1800—1911 年》（下卷），中国社会科学出版社 1996 年版，第 186 页。

⑥ 同上书，第 186 页。

犹有中外界限［在长城］。今则东南海疆万余里，各国通商传教，来往自如，麇集京师及各省腹地……实为数千年来未有之变局。"① 崔国因则认为，"往古之战，不过弓矢干戈，其制易，其费轻，且无交锋于海面者"；而当下国家交往则"常考究他国之炮台坚与不坚，炮之巨与不巨，兵舰之大与小、新与旧、寡与多，以定该国之强弱，而后于交涉之道判厚薄，分亲疏，别敬肆"，此"实生民以来所未有也"②。

在经济方面，19 世纪 60 年代的夏燮和李宗羲讨论过中西贸易的情况，而郑观应则强调，中西大规模贸易是中国历史上从未有过的重大事件，丁日昌于 1867 年对西洋表示惊讶不已。19 世纪 70 年代，李鸿章和吴云都指出，新时代在中国已出现，因为中国也开始采用轮船和机器，他们将技术看作变局的核心，因而将之引进以应对变局；薛福成也认为，西洋技术实开千古未创之局。③

在政治方面，黄恩彤于 1865 年时认为，"迨英吉利互市开关，粗就条理，而米利坚、佛兰西各使踵至，均不免非分之干。其余各小国亦窃睨其旁，妄生觊觎。洵数百年来中外一大变动也"④。恭亲王奕䜣和李鸿章在 19 世纪 60 年代末和 70 年代初都曾强调，外国人不仅在沿海活跃，而且侵入内地，甚而闯入京师，按李鸿章的说法，这是西人"阳托和好之名，阴怀吞噬之计。一国生事，诸国构煽。实为数千年来未有之变局"⑤。杨昌濬和王文韶也有此忧虑。邹诚敏锐地发现，列强对中国的包围乃是前所未有的变化，唐宋时代中国只需专注于西北边界，明代只需专注于东北边界，在 19 世纪后期却已是四面八方均备受外敌入侵。丁日昌在 1874 年的奏折中强调，中国已经完全被外敌包围，法国以安南为基地威胁广西、云南和贵州，英国殖民印度以后，威胁四川和云南，俄国赫然耸立北方而威胁新疆、甘肃、陕西和满洲，东南沿海七省则经常处于西洋海上列强的入

① 周盛传：《周武壮公遗书》，周家驹编，台北：成文出版社 1969 年版，卷 1，第 1 页。

② 崔国因：《出使美日秘日记》，胡贯中注，刘发青点，黄山书社 1988 年版，第 259—260 页。

③ 详见费正清编《剑桥中国晚清史 1800—1911 年》（下卷），中国社会科学出版社 1996 年版，第 189 页。

④ 中国史学会编：《鸦片战争》（第 5 册），上海书店出版社 2000 年版，第 409 页。

⑤ 李鸿章：《李文忠公全集·奏稿》，邱迎春、唐小轩等编，时代文艺出版社 1998 年版，卷 24，第 1063 页。

侵威胁之下。①

正是感受到中国正处于大变局的时代,王韬、丁日昌、郑观应以及郭嵩焘等人都试图解读并提出应对之方,他们从经典中寻找思维的线索,《易经》"穷则变,变则通"启发了他们,他们强调这种变局乃是"运会",是天意的表现,严复即认为,中国正经历自秦以来的最大变化,而变化原因不可知,但如果非要为之起名,则是"运会",它一旦运作起来,即使是圣人也不能改变其进程。郭嵩焘提及尧舜,皮锡瑞提及朱熹、程颐等先贤,王韬、李鸿章、郑观应则提及孔子,如果他们生活在 19 世纪,面对运会也必将强调自强以应变。严复更是强调,圣人乃是运会的产物,他们不可能抗拒变革,而是预见变局之运会而应时势行动。变局是中国发展的契机,中国当"自强"以应天变,洋务运动正是应此而生,而这正是中国政府派遣驻外使节以及公派留学的背景。②

中国在中法战争中"不败而败"的结果实际上已经暗示了"自强运动"的破产,因为单纯引进技术以及出台某种局部性政策,并不能保证中国在"大变局"时代与诸国竞争时,能够取得胜利。而甲午中日战争的惨败则意味着"自强运动"事实上的破产。随之而来的《马关条约》以及列强在华特权的扩张,民族与国家危机迫使国人的危机意识明确强烈起来。这是转折点,"西洋的思想和价值观念首次从通商口岸大规模地向外扩展,为 90 年代中期在士绅文人中间发生的思想激荡提供了决定性的推动力"③。翻译已由官方转向民间,民营出版社开始大规模地印刷西洋读物;④ 学会大量创办,以影响传统士绅;新式学堂或由传统书院改制而来,或新创办,大量招收学生以培养新国民。这些措施都意在开民智而应新"变局"。虽经戊戌政变的打击,以及庚子政变、八国联军侵华的影响,但这毕竟是中国近代史上第一次普遍的国民教育运动,它培养的诸多青年成为日后中国各方面的中坚力量。⑤ 而八国联军侵华则迫使清政府为

① 详见费正清编《剑桥中国晚清史 1800—1911 年》(下卷),中国社会科学出版社 1996 年版,第 188—189 页。

② 同上书,第 190—191 页。

③ 同上书,第 323 页。

④ 参见熊月之《晚清西学东渐过程中的价值取向》,《社会科学》2010 年第 4 期。

⑤ 参见李定一《中华史纲》,中国长安出版社 2012 年版,第 533 页。

应变局而有新政的出台，即便它是慈禧"迫于环境，而为笼络人心之计"①，但其对人才的培养以及商业的发展提供了较好的社会与制度环境。日俄战争中日本的胜利则为中国的制度变革提供了方向性的指引，清政府此后"开始认真地考虑立宪政体的可能性。这次战争的后果产生了很大的推动力，因为它被认为是立宪政体战胜了专制政体"②。因而，清政府开始推动政体改革的进程。③

即是说，战争在中国近代历程的每一个关键节点④都发挥着关键性的作用，它促使国人意识到这个时代的特殊性，即这是一个"大变局"的时代。在第一次鸦片战争时期，少数边缘士大夫知悉，这是技术竞争的时代；在第二次鸦片战争时期，多数士大夫和清廷部分亲贵知悉技术对于国家的重要性，但少数士大夫却强调政制改革才是关键；在中法战争以及甲午战争之后，中国士大夫明白，"变局"并非应在技术上，关键在政制，但焦点却在行政改革上；日俄战争迫使中国士大夫相信，只有政治改革（或革命⑤）才能应对"变局"的挑战。对"变局"认识的不断深入，国人对海外世界的了解越发迫切，行游海外的行动也就越发频繁。

正因为中国从"天朝上国"的美梦中惊醒过来，中国从传统"天下"观开始走向近代"国家"观，已然意识到这是一个全球化的时代，中国正面临着社会达尔文式的生存竞争，弱肉强食、优胜劣汰的现实迫使国人思考中国的发展与前途。⑥而这样的忧虑，始于国人对三千年未有之变局的认同，在洋务运动时期的游西记中已有广泛呈现。但此前也并非没有此

---

① 陈恭禄：《中国近代史》，中国工人出版社 2012 年版，第 396 页。

② 费正清编：《剑桥中国晚清史 1800—1911 年》（下卷），中国社会科学出版社 1996 年版，第 499 页。

③ 据刘笃才的分析，清廷预备立宪并非骗局，而是清末统治者认真权衡自身利害做出的政治抉择。参见刘笃才《关于清末宪政改革的几个问题》，《中国法学》2002 年第 1 期。

④ 关键性节点和事件是历史制度主义的时间理论中的两个非常重要的分析范畴。关键性节点是指在历史过程中某个特殊的时间点，这个点上发生了重大的事件，对后面的历史发展产生了重要的影响。所以关键性节点究竟在什么时候出现不是可以预知的，而是反推的或者是假设的。反推时必须借助事件的出现才能得出结论，假设时也必须找到最终的制度遗产的终结，故而，关键性节点要依赖于事件，找到了事件就能分析出关键性节点的位置。详见刘圣中《历史制度主义——制度变迁的比较历史研究》，上海人民出版社 2010 年版，第 157 页。

⑤ 这里的"革命"乃是其本意应用，即指政体的变更。

⑥ 熊月之：《中国近代民主思想史》，上海社会科学院出版社 2002 年版，序言。

类担忧,郭连城在从意大利回国之时即谈道,中国地理书籍"卷轴无几,其中所载,未尽详明。且所言者,大半只属中土偏隅,而乃名之曰'天下之地舆',未免小之乎视天下矣"①。在他理解中,中国不过是世界之一国,并非世界之中心,世界也并没有围绕中国而存在。但这仅是他一个人的看法,就像林则徐、魏源、徐继畬一样属于少数派,他们认同中国并非"天下"中心的观点。而一旦知晓中国并非"天下"的中心,那中国又是处于一种怎样的环境呢?

张德彝在初游海外时即发现,清末中国乃处于"战国"一般的时代,"秦西各国无非合纵连横,时合时离,互相吞并,其势比之战国无殊。其中或王或伯,各国争雄,大抵以甲兵而谋土地耳"②。而战国争霸的历史记忆提醒国人,这是一个列国竞争的时代。钱德培强调,中国强邻四逼,必不能开关独守,因而他提出中国"电报铁路开矿制造,自不容缓,苟能次第举行,不让人先,仍使天生之物不速竭,其源则人所无者,我独有;人所不足者,我所馀。富强之势莫可与,京行见统一地球,盖归藩服亦事之所必有者也"③。这是他关于中国争霸的建议,但中国毕竟还处于改革前的状态,以海外华人的境遇来说,陈兰彬发现西人谈及华人"必备极丑低,又凭臆论说,凡可以欺凌华人者,无不恣意言之,甚且谓国政尚由民主,所有设施,官府断不敢不准行。间有持论稍平者,究亦祝少而诅多,各处日报连篇累牍,多系此种语言,令人阅而愤懑"④。而张荫桓、崔国因等凡担任过驻美使馆工作人员的国人均有此发现,国不强而其民在海外亦备受欺凌。就华人在海外备受欺压而言,中国在列国竞争时代所处地位可想而知。

因而,薛福成极力强调,这个时代颇似春秋之后"战国之初。俄罗斯以一面制三面,诸国畏之忌之,如六国之摈秦;而俄之日趋强盛,颇如秦献公,孝公之时。英之国势,与俄相匹,而富强过之,殆犹楚宣王威王之时,初并吴雄,地广人众,而衰微尚未见也。法兰西本霸国之余,拿破仑第三其犹齐闵王乎?德意志用贤才以勃兴,地不甚大,而国势可抗英俄,

---

① 郭连城:《西游笔略》,上海书店出版社2003年版,第131页。

② 林铖、张德彝等:《西海纪游草·乘槎笔记·诗二种·初使泰西记·航海述奇·欧美环游记》,钟叔河编,岳麓书社1985年版,第570页。

③ 钱德培:《欧游随笔》,清光绪刊本,上卷,第59页。

④ 陈兰彬:《使美记略》,陈姜校注,《近代中国》2007年第17辑。

殆犹赵之几与秦楚相匹乎？美国僻处一洲，自辟疆土，亦犹燕之僻在一隅，而战争之祸较寡焉。奥斯马加、意大利四战之国，犹韩、魏也。中国尚文德而不兢〔竞〕武力，颇有宗周气象，然犹似在春秋之前，非若战国二衙之弱小也。土耳其处两大洲之中，为英、俄、法所窥伺，孰先得之，皆足以广地而张国势，恐不免如战国之宋，为齐、楚、魏所分裂也。日本国虽小，常有与诸国颉颃之意，其犹中山乎？其余诸国，殆如泗上十二诸侯焉耳。呜呼，天下事有始必有终。今之形势，吾不能测其所终极。倘有如佛经所谓金轮圣王者出乎，当在一千年以内，未可知也"①。何如璋也认为，"窃以为欧西大势，有如战国"，所以"各国讲武设防，治攻守之具，制电信以速文报，造轮路易通馈运，并心争赴，唯恐后时。而又虑国用难继也，上下一心，同力合作，开矿制器，通商惠工，不惮远涉重洋以趋利"。因而，中国"土地之广、人民之众、物产之饶，有可为之资，值不可不为之日，若必拘成见、务苟安，谓海外之争无与我事，不及此时求自强，养士储才，整饬军备，肃吏治，固人心，务为虚挢，坐失事机，殆非所以安海内、制四方之术也"②。此外，宋育仁等也有此类看法，强调身处战国时代，国家命运一如战国七雄般面临着优胜劣汰、弱肉强食的危险。

在国人意识到中国身处"大变局"的全球竞争时，实际上意味着中国中心观的破产，中国的国家—主权观念、民族主义观念正在形成。③ 民族主义虽在19世纪90年代才在中国初现，但作为一种精神状态却已在60、70年代萌芽，"许多开明人士，特别是沿海一带开明人士（例如王韬和郑观应）的排外情绪与其说是出于文化上的考虑，不如说是由民族主义的感情激发而成。零散的民族意识的出现既表现在政治方面，也表现在经济方面。在官场中，对于国家主权的意识和主张在国际事务中采用均势的理论，是政治民族主义的明显象征。在通商口岸，与西洋进行商战的思想，是商业民族主义的基础。但是无论在哪一种情况下，民族意识是随着由来已久的中国中心主义的逐渐破产而开始出现的"。而中国中心主义的

---

① 薛福成：《出使英法义比四国日记》，钟叔河编，岳麓书社1985年版，第477—478页。

② 罗森等：《日本日记·甲午以前日本游记五种·扶桑日记·日本杂事诗〔广注〕》，钟叔河编，岳麓书社1985年版，第100页。

③ 许纪霖：《文化民族主义者的心路历程》，载李世涛编《知识分子立场——民族主义与转型期中国的命运》，时代文艺出版社2000年版，第311—312页。

破产，其迹象在"大多数有心改革的绅士们不再把外国人比作禽兽。四十年代和五十年代，包括象林则徐和龚自珍等著名的改革派在内的士大夫，在书写西洋国家的名称时，一般是加上兽字的偏旁（通常是犬字旁），但是在七十年代以后这种写法就显著减少了。除了象羁縻一类的陈词滥调以外，郭嵩焘的文集，包括散文、诗词和奏稿诸卷，都没有把外国人比作禽兽"；此外，还有另外一个迹象，即"随着时间的推移，'夷'字愈到后来就用得愈少（与英国续订的天津条约禁止在官方文件中使用此字）。魏源在 50 年代写道，西洋人讲礼貌、正直、有知识，根本不应该称之为'夷'。魏源指出，他们是奇异之才和良友。一些开明思想家用不同的名词称呼西洋：黄恩彤把西洋称为'远'（遥远的国家），丁日昌称之为'外国'，其他许多人如恭亲王、丁日昌和薛福成则称之为'西洋'。40和 50 年代的许多排外著作把西洋人称为'夷'，但是在 70 和 80 年代这些著作再版时都改称为'洋'了"。民族主义在经济方面的表现，则是强调商战策略，即工商业蕴含着中国的利权，中国运用这些利权同外国商人竞争，以此击败外国。为了达到利用工商业作为武器的目的，其"在十九世纪末需要有更广泛的结构：包括对外贸易中的商品交换、贸易章程、海关税率、条约、设立领事馆和派遣外交使团出国"①，且它还因政治民族主义的初现而得以加强。

政治民族主义明显地表现为关于国家主权的意识。"治外法权，在道光时代的人的眼中，不过是让夷人管夷人。他们想那是最方便最省事的办法。至于协定关税，他们觉得也是方便省事的办法。每种货物应该纳多少税都明白地载于条约，那就可以省除争执。"②但在 1860 年之后，中国在逐渐吸收西洋的国家主权和国家平等观念时却发现，中国的主权在条约中已经受损。文祥即于 1868 年同英国公使阿礼国说，如果外国放弃这一权利，那中国可允许外商和传教士在内地任何地方居住，那如果保留此权，则中国将竭力把外国人和围绕治外法权的纠纷限制在通商口岸以内。郭嵩焘担任驻英公使时也同英国索耳兹伯里勋爵讨论过这个问题，曾纪泽也曾"强烈要求总理衙门积极正视这个问题。他在《中国先睡后醒论》一文

---

① 费正清编：《剑桥中国晚清史 1800—1911 年》（下卷），中国社会科学出版社 1996 年版，第 221—227 页。

② 蒋廷黻：《中国近代史》，武汉出版社 2012 年版，第 21 页。

中，要求中国人尽快取消治外法权。事实上，郑观应早在 1881 年以前就已经批评了西洋人的法律权利"①。此外，关税税率、最惠国条款也都让国人意识到国家主权正在丧失。国家主权意识的兴起进一步刺激着国人的全球竞争观念，这激发着国人对海外世界的了解以及变局经验的寻求。

总而言之，战败使国人意识到中国正处于"大变局"时代。国家主权在战争中丧失，不利于国家的全球竞争。为应对变局，我们需要了解外国，这促使国人走向世界。走向世界的国人通过对比中外各国情形而在进行文化认证，其结论是中国在文化上正处于劣势。因而，中国需要为谋求富强而进行国家改革，有人强调行政上的革新，有人强调政治体制的改革，有人依据中国政治经验而提出革新方案，有人却强调列国竞争时代的中国需要学习外国经验。这推动了国人的海外行游。

第二节　行游西洋的立场追问

立场通常会影响看问题的视角，进而对观察的结论产生重大影响。以游西记而论，其作者不一，有保守派如刘锡鸿、陈兰彬，有改良派如郭嵩焘、张荫桓，有官方身份的如张德彝，有私人身份的如王韬。在这样的不同之间，西洋的观察是否会呈现完全不同的图景呢？

一　保守与改良的较量

以保守派的刘锡鸿同改良派的郭嵩焘为例。之所以这样选择，是因为两人既立场不同，又为驻英公使使团正副代表，矛盾重重，具有保守派与改良派的鲜明特征。而对二人进行观点比较，则需分析他们在同一问题上是否有不同看法。事实上，他们在技术、报刊、日本变法、法治、议会、英国政治问题上都发表了各自的意见。

在技术问题上，刘锡鸿在出国前后均持一致立场，即反对机器在中国的推广。以铁路为例，他在上海时强调，"窃谓吾人持论，当直言铁路之造，不惟有害于中国，并有害于英"，原因是在铁路建设过程中"复毁其

---

① 费正清编：《剑桥中国晚清史 1800—1911 年》（下卷），中国社会科学出版社 1996 年版，第 228 页。

田庐坟墓",必然招致众怒而引发反抗洋人的作乱行动,这"不惟沿海商贩地方被其蹂躏,且径达印度之铁路,亦适足以资贼用,而反噬为忧",非火器精良便能抵挡,一如美国独立战争时的反抗和广东三元里的反抗。在前往英国的途中再从经济的角度坚持铁路不当设于中国的论点。他认为,假如铁路铺设而火车行于中国,则"裸股肱、执策绥、操舟挽輂以度载人货者,莫不尽废其业"而成为盗贼,这必然影响中外贸易;且中国旅客、商贸皆不如欧洲,则"火车开造铁路,工费不赀,非厚取脚价,不足以偿本息",但中国往来货物多为"日用朴素之需",不可能承受高运费,而华人安土重迁少有往来需求,便是往来也无法承担高额旅费,铁路设于中国则投资无法收回。其后在英国遇英人博朗反诘此观点,刘锡鸿又以铁路易为叛军所用、中国无法承担过多外债于铁路建设,再次谴责西人观点是"医足疾,辄断其筋而续以他物",不可取法。

再以技术为例,刘锡鸿强调,首先,西学乃实学,"皆杂技之小者。其用可制一器,而量有所限者也",且致趋利竞争,多生萌乱;而中国圣道讲求仁义礼智信,"天下生民,日日相接,不外此五伦",其"蔼蔼乎,秩秩乎,雍穆整齐",无有奋争心与贪欲杀机,止息干戈而无"生灵之祸",因而圣人"究其禁奇技以防乱萌,揭仁义以立治本,道固万世而不可易"。其次,便是技术有其大用,中国有"聚工匠巧者而督课之,使之精求制造以听役于官,犹百工居肆然者",无须士大夫躬身自为。最后,机器耕作固然"为人节劳",且为富者"省雇耕之费",但却也使人因此而懒惰,且致"贫民失衣食之资者"①,得不偿失,非是治国者所能为。②总而言之,刘锡鸿反对现代科技。

而郭嵩焘则对西洋科技充满兴趣,他认为,"计数地球四大洲,讲求实在学问,无有能及太西各国者",前有利玛窦、南怀仁、汤若望在中国最出名,后有"定大、谛拿娄、阿文、虎克、斯博得斯武得",他们都是大学问家。这里,郭嵩焘将西国技术提升到了"学"的层次,强调必须是读书人专门钻研。在他理解,单纯学习西洋技术,无法把握西洋技术的

---

① 刘锡鸿、张德彝:《英轺私记·随使英俄记》,钟叔河编,湖南人民出版社1986年版,第161页。

② 详情参见刘锡鸿、张德彝《英轺私记·随使英俄记》,钟叔河编,湖南人民出版社1986年版,第48—49、51、127—130、159页。

精髓，它已成为一门学问，是一整套的知识体系。在技术的背后，乃是"电学、化学、光学、热学之精微"①。因此，郭嵩焘不仅不反对技术，而且主张学习西洋科技背后的知识；学习西洋不在工匠，而在读书人。

在报刊问题上，刘锡鸿认为，伦敦的报纸乃"清议所系"，因为英国不同政见者对政治的批评，以及当政者对异见的回复与声辩，均可见于报纸，而英国国王则根据报纸上的多数意见而"为事之举废弛张"。他对报纸这一现代事物持肯定意见。与此同时，郭嵩焘也发现，西国所发生的一切事情，报纸均有刊载，国民"议论得失，互相驳辨"，也登载于报刊。且在他看来，这报纸有《周礼》三讯制度之美意。但他与刘锡鸿不同的是，他注意到报刊意见无"恣意妄为者"，有其制度根据，即"执政亦稍据其所言之得失以资考证，而行止一由所隶衙门处分，不以人言为进退"②，强调新闻自由对英国报纸行业的重要性。

在日本变法问题上，刘锡鸿发现，日本"政令改用西法，并仿其衣冠礼俗"，而西人均鄙视日本国的做法，认为它"太自失其本来"。在他看来，这就像"容闳华官洋服，马格理以为羞"③一般。刘锡鸿强调本国文化的正统性与重要性，在他看来，这是立国之本。而郭嵩焘也注意到日本"大率官职皆仿西洋而略异其制"，他认为，这是使"商情与其国家息息相通，君民上下，同心以求利益"，中国远远不及。即是说，郭嵩焘认可日本的政制变革，强调其举措充分调动了全国各阶层的积极性，批评中国的洋务举措没能达到这样的程度。他发现，日本学习西洋技术花费良多，但其仅以机器制币即获利超过二万万，这是一条国家富强的正道，它得以富强的根基在"人才胜而诸事具举"④。因而，郭嵩焘对学习西洋技术、政制均表示认可。

在法治问题上，刘锡鸿在与马格理讨论国人为何不守法时已表明其观点。他认为，这国人不守法乃是"驭众难于驭寡"，即中国人多。这一观点遭到马格理的反对，华人不守法乃是中国法制自身的原因，即中国"法密而不果行，行之亦不一致，故人多幸免心"，又"中国待官吏宽，有罪

---

① 郭嵩焘：《伦敦与巴黎日记》，钟叔河编，岳麓书社1984年版，第190页。

② 同上书，第73、401页。

③ 刘锡鸿、张德彝：《英轺私记·随使英俄记》，钟叔河编，湖南人民出版社1986年版，第64页。

④ 郭嵩焘：《伦敦与巴黎日记》，钟叔河编，岳麓书社1984年版，第261、364、392页。

未必皆获谴，获谴未必终废弃，故敢于干冒典刑，以为民倡"，且"中国官各有界限，百姓非所管辖，虽目睹其恶，亦隐忍以避嫌，故官势孤，而耳目难遍"①，对此，刘锡鸿并未提出反对意见。这意味着，刘锡鸿虽在"治法"思维中思考中国法治问题，但并不排斥来自法治方面的意见。

而对郭嵩焘来说，西国法治贵在"法律面前人人平等"，且与中国"治法"相比有其优势。因为中国"治法"的核心在圣人治民以德，而德有盛衰，这导致天下治乱循环，这是它最大的缺陷；西洋"法治"则治民以法，强调立法者、执法者与守法者同受治于法，以法律上的责任规制国民，因而国民"直言极论，无所忌讳"，无所谓天下治乱循环的问题。因而，郭嵩焘主张中国从"治法"走向法治，避免"其法日修，即中国之受患亦日棘"②的局面出现。

在议会问题上，刘锡鸿注意到英国议会辩论得失"各不相假"，而待议会决议之后则"众遂俯首相从，不存胜负之见"③。因而，他对议会制度表示满意。而郭嵩焘也观察到西国议会意见繁多，但议会制度的功能则在"求一是"，用意至美。但在实际运行中却出现意见相持不下的情形，即"其著名为首者，不乐变易其说以相附会，又念此事之不可以更持异议，则往往托故先行，若自示未经与议者"，在他理解，这是"负气而不相下"④，相当可笑。

对英国政制，刘锡鸿认为，"官不称职，则舆论可以易其官；绅不审义，则官权可以去其绅"，两者"交相维制"；但事实上是"黜官易，黜绅难，黜官以就绅时多，黜绅以就官时少"，绅权在总体上更具优势。但"宰相之进退，视乎百姓之否臧。而众官之进退，又视乎宰相之进退"⑤，常常导致相互"倾轧"，是其弊端。郭嵩焘也认为，西国政治"以民为重"，一切皆取顺民意，即便君民共主国，大政方针皆出于议绅，这是民

① 刘锡鸿、张德彝：《英轺私记·随使英俄记》，钟叔河编，湖南人民出版社1986年版，第64页。

② 郭嵩焘：《伦敦与巴黎日记》，钟叔河编，岳麓书社1984年版，第343、627页。

③ 刘锡鸿、张德彝：《英轺私记·随使英俄记》，钟叔河编，湖南人民出版社1986年版，第125页。

④ 郭嵩焘：《伦敦与巴黎日记》，钟叔河编，岳麓书社1984年版，第528页。

⑤ 刘锡鸿、张德彝：《英轺私记·随使英俄记》，钟叔河编，湖南人民出版社1986年版，第85、206页。

权重于君权的表现。这易导致民众携民意而"动辄称乱以劫持"①的情形出现，是其弊端。

面对英国政治，刘锡鸿认为它"无闲官，无游民，无上下隔阂之情，无残暴不仁之政，无虚文相应之事"，这是其优点；但却"三纲"不讲，与孔子"治国之要，曰节用"精神相悖，这是其死穴。在他理解，英国"教民、养民、整军、经武"皆不惜重费，常有"不必用而用，不当用而用"②的情形，如此"用而无节"，便是告罄天地之所有，也不足以供应英国的需求。因而，对刘锡鸿而言，英国政治实不值得提倡。但对郭嵩焘来讲，中国以文明教化程度区分文野，"三代以前，独中国有教化"，因而有"要服、荒服之名"，远离同心圆之中国者皆可视之为夷狄；但自汉以来，中国教化日益"微灭"，政教风俗西国"独擅其胜"，盛衰变化之间，西国视中国"犹三代盛时之视夷狄"③。在他理解，中国士大夫只知文明之义而自傲，实在是"伤不起"！西洋文明乃是独立于中国文明的另一种文明，以文明而论，西国值得中国学习。

就以上的比较来看，郭嵩焘与刘锡鸿在技术、日本变法、英国政治等问题上有不同意见，而就其相同意见而言，郭嵩焘的认识程度也远远超过刘锡鸿。这由他们的文化立场所决定。④因为刘锡鸿始终以一种不对等的心态在观察西国，他带着远比郭嵩焘更为沉重的传统文化包袱，他对西国的理解离不开"三纲五常"这一核心，因而他无法解释英国政治何以"无闲官，无游民，无上下隔阂之情，无残暴不仁之政，无虚文相应之事"，只能说它不节用。

二 官方与私人视角的比较

以官方身份的张德彝同私人身份的王韬为例，将视线定格在1868—1870年两人对西洋的不同观察上面。之所以这样安排，乃因为王韬是改良派的代表人物，而张德彝则是同文馆培养出来的第一批职业外交官，且张德彝自谓"舌人"，在游西记中少有发表个人意见，且在国内思想界也

---

① 郭嵩焘：《伦敦与巴黎日记》，钟叔河编，岳麓书社1984年版，第575页。

② 刘锡鸿、张德彝：《英轺私记·随使英俄记》，钟叔河编，湖南人民出版社1986年版，第109—110页。

③ 郭嵩焘：《伦敦与巴黎日记》，钟叔河编，岳麓书社1984年版，第490页。

④ 参见尹德翔《东海西海之间》，北京大学出版社2009年版，第269—276页。

少有声音，算是一个相当保守的外交官。他们都具有相当的代表性，且几乎同年考察英国，因而考察他们之间的观点同异，有其价值。

在专利的认知方面，王韬发现英国有专利制度，即"凡人创造一物不欲他人摹仿，即至保制公司，言明某物，纳金令保，年限由五六年至二十年。他人如有摹仿者，例所弗许。违例，准其控官而罚锾焉。设贫人创物，无力请保而乏资自造者，可告富人令验；如效，则给价以求其法，往往有一二倍之价而获利至千百倍者"。他认为，国家设立专利制度以保障其收益，是因为这专利创新"竭心思，广见闻，不惜工本，不避劳瘁，不计时日，遍访寰区，历试诸法"，成本很高；而为保护和促进技术的发展，专利制度也功不可没；倘若没有专利制度，"他人坐享其成，无所控诉，谁甘虚费财力以创造一物乎？"①王韬肯定专利制度对技术发展的重要意义。张德彝也没有批评或否认专利制度，他发现美国人创造一物一器，国家都"准其将图式报官存照"②，许其四年专利保护期，以便"创者获利"，保护期后才允许他人仿造。

在解释西国男尊女卑方面，张德彝认为，这是"乾卑坤尊，亦地气使然也"③。而所谓地气使然，乃源于这样一种认识，即"英俗无事不与中国相反"，原因在"或由赋性使然，或因其地在中华对面，故风俗制度，颠而倒之欤？皆不得而知也"，张德彝能肯定的是，"昼夜时刻，伦敦较北京迟至八点钟。如北京午正，伦敦寅正也；北京子正，伦敦申正也"④。王韬也发现，英国风俗是"女贵于男"，其国"婚嫁皆自择配，妇女偕老，无妾媵。服役多婢媪，侯门甲第以及御车者则皆用男子"⑤。在王韬看来，这与风俗相关，至于风俗背后又有何道理，他没有解释。似乎，风俗乃是自然而然的事情，无须纠结，它客观存在，英国人习以为常，行游者尊重当地风俗即可。

---

① 王韬等：《漫游随录·环游地球新录·西洋杂志·欧游杂录》，钟叔河编，岳麓书社1985年版，第115页。

② 张德彝：《随使法国记》，左步青点，钟叔河校，湖南人民出版社1982年版，第73页。

③ 同上书，第59页。

④ 刘锡鸿、张德彝：《英轺私记·随使英俄记》，钟叔河编，湖南人民出版社1986年版，第532页。

⑤ 王韬等：《漫游随录·环游地球新录·西洋杂志·欧游杂录》，钟叔河编，岳麓书社1985年版，第107页。

在中外文化对比方面,张德彝至少有两点认识。一是他发现西人古时有"羡古"之心,而今则强调"今胜于古",无复华人之慕三代情形,其有"金世""银世"与"铁世"的区分,而当下无非"铁世界"而已。二是他发现中外虽"生民亿兆,彼此相距数万里"而语言、嗜好各异,交通不达,但"衣服虽诡异,而喜则亦喜,忧则亦忧,情无或异;风俗虽不同,而好则皆好,恶则皆恶,性实大同",这是天下一家的表现。且张德彝还从语言学的角度观察,他发现英语、法语、俄语、德语虽"音之轻重高下不等,而字则无不同",均是"爸爸""妈妈",这是"天下生民之所重者父也母也"①,亦有此意。王韬则在回答英人"中国孔子之道与泰西所传天道若何"时认为,孔子之道是人道,而人道意味着必然有人存在,"人类一日不灭,则其道一日不变",西人论道溯源于天,但"传之者,必归本于人",其"非先尽乎人事,亦不能求天降福",同样是重人事,中外所同,而前有圣贤云"东方有圣人焉,此心同,此理同也。西洋有圣人焉;此心同,此理同也"②,这就是道之"大同"。

在对西国政治的评论方面,张德彝注意到,英国政治有两党竞争,其"二党如此争衡,后患恐不免焉",他不看好这政党政治;而其国选举,则"竟有具帖挽人保荐,约定奉银若千,以酬其劳",这是"大公无我之权,变为假公济私之举矣";因而,张德彝认为,选举数月之前的"济贫扶困诸仁政一一举行"③,是为笼络人心而求选举,是愚弄百姓的"沽名钓誉"之举。张德彝至少在选举与政党政治问题上保留了意见。王韬则认为,英国"以礼义为教,而不专恃甲兵,以仁义为基,而不先尚诈力,以教化德泽为本,而不徒讲富强",因而其国"官无讥察之烦,吏无诘诃之扰,从无以异服异言而疑其为宄为慝者。入其境,市不二价,路不拾遗"④,是为"升平之治"。他肯定了英国政治的良法善治。

---

① 张德彝:《欧美环游记》,左步青点,米江农校,湖南人民出版社1981年版,第178—192页。

② 王韬等:《漫游随录·环游地球新录·西洋杂志·欧游杂录》,钟叔河编,岳麓书社1985年版,第97页。

③ 张德彝:《欧美环游记》,左步青点,米江农校,湖南人民出版社1981年版,第108、130页。

④ 王韬等:《漫游随录·环游地球新录·西洋杂志·欧游杂录》,钟叔河编,岳麓书社1985年版,第124、127页。

从以上分析可知，张德彝与王韬均肯定了专利技术的客观作用，以及中外文化"心同理同"这一事实，且同时对西国"女贵于男"的现象认识不足，只是对英国政治的看法持有不同意见。而这种现象的出现，源于张德彝、王韬作为传统知识分子，均有传统文化的视域，他们不可避免地从中国文化出发审视西国文化、政治现象。但张德彝与王韬对传统文化的信心与态度有所不同，王韬作为在野从事翻译、新闻事业的乡绅，他在冷静的反思中试图寻找中国的出路，因为他更为关注外国日常政治及其成果；而张德彝作为职业外交官，发表意见更为谨慎，至于他关注英国政治的弊端，除却吹毛求疵之外，亦有对外国政制自身危机的警惕，以及作为传统士大夫对外国政制影响国人的警惕，他试图告诉国人，外国的"月亮"不见得比中国的圆。

第三节　"游西记"与现代政制观念的清末初生

一　陷于纲常中的平等观念

在"三纲五常"为上的中国社会，最不缺乏的就是等级，在君臣、父子、夫妇之间普遍存在着权利的差异，以形成森严的等级社会。因而，平等观念在国人眼中极其刺眼，它在清末中国实际上并未完全形成，这表现在国人一方面羡慕西人享受着"法律面前人人平等"的生活，另一方面却又坚持在差别意义下理解平等，因而平等观念在此表现为立法上的不平等与法律下的平等共存。

在1800—1866年间，林𬭁无法理解美国建立在种族、性别之上的平等观念，这很正常，因为国人少有关于平等的观念。而到洋务运动时期，平等在斌椿、张德彝那里，中西观念开始了较量，他们无法理解西人男性对女性的绅士风度，而钱德培在理解西洋绅士风度的同时却又强调西洋女性出嫁从夫。对于"法律面前人人平等"，张德彝惊讶于西洋王室出行无异庶民，而郭嵩焘则对西国法律"无所歧视"表示钦佩，但薛福成、王之春则对其法律强调子殴父刑罚同于父殴子的规定表示不满，认为这有违圣人之道。钱德培认为，西国女王参政，实际上是带着耳朵过来听而已；曾纪泽则对西国妇女要求政治权利的行为感到不满，认为这是人心难餍；

李圭在批评中国"女子无才便是德"时主张恢复女学，强调女子并非仅能"吟红咏绿"，但西国女子主张参政则"太过"，因为她们已经在教育、工作以及继承方面与男性享有同等权利。

王之春对平等的理解也没有超出这一范畴。在新政时期，游西记一方面强调"法律面前人人平等"对于国家法治的重要性，而另一方面却又坚持基于差别的不平等。载振即注意到西国的爵位制度，他理解为西洋将国民分为三等，一为公侯伯子男，一为绅士，一为乡下百姓。康有为强调如果平等仅是禁止亲王大臣喝道，那中国在清初即已实现；如果平等在于反封建，则中国在改郡县之后即已实现；西国女性在私法方面尽享平等，但不应获得政治上的权利。梁启超强调平等乃是美国的立国之基，因而才有他对美国移民的警告；他发现，美国在财富、种族等问题上存在大量的不平等事实。金绍城则强调西洋男女平等是习俗问题，而就西洋女性拥有政治权利却不当行使来看，他认为女性不应当获得政治权利。总而言之，平等观念在清末国人的眼中，一方面是不平等现象存在于西国各处，而另一方面则是强调"法律面前人人平等"。因而，他们对西洋平等观念的认识并没有根本性的突破，没有意识到"平等作为一种价值和主张是依赖于构成正义社会基本结构的独立因素——自由或权利而存在的"[1]，它主张权利与机会的平等，这"有助于促进人类生存质量的提高"[2]，仍然陷于"三纲五常"而不能自拔。

从"语境"上讲，清末士大夫仍生活在小农经济社会，虽然这一经济正面临着解体的危险。[3] 19世纪后半叶，国外资本、官方资本以及民间资本投资现代企业，中国的近代化产业体系初步建立；20世纪最初十年，民族资本及其中产阶级成为中国社会不可忽视的一支政治力量；[4] 但它毕竟仍在转型之中，仍未彻底实现工业化。立基于农业社会的宗法思想在此时自然有优越于西方工业社会平等观的本土优势。或者说，国人在未脱离农业社会语境之时，实际上很难彻底摆脱宗法思维的束缚，很难从"天地

① 韩水法：《平等的概念》，《文史哲》2006年第4期。

② 韩水法：《论两种平等观念》，《中国社会科学院研究生院学报》1988年第4期。

③ 详见黄宗智《略论农村社会经济史研究方法：以长江三角洲和华北平原为例》，《中国经济史研究》1991年第3期。

④ 详见张烁《权利话语的生长与宪法变迁》，中国社会科学出版社2012年版，第184—190、240—241页。

差序格局"的思维定式中走出来。平等固然是对人性尊严与价值的肯定，其人性的光辉很是耀眼，对工业社会的助力自然更为突出。但对转型中的农业国家而言，平等一方面是工业社会的诱惑，而另一方面则是农业社会的掣肘，平等观念的变迁即是转型的过程。虽然这两个过程很难同步，但却也互有关系。沉淀几千年的农业思维向工业思维转变，在某种程度上，该思维的转变可能落后于社会的转型。因而，清末国人陷于"三纲五常"而不能自拔。

二　被法律控制的自由观念

自由在游西记中，是从新闻自由向基本权利扩展。涉及新闻自由的报纸早在19世纪40年代即被林铖注意到，它使政治得以公开而"官民无私受授之弊"，但他对新闻自由却没有认识。而刘锡鸿、郭嵩焘、李圭均对报纸的政治功能表示满意，但却没有论及背后的新闻自由理念。而宋育仁在考察英国报纸的时候，注意到英国的报纸章程，强调"今其记闻传播，但无造言恶詈，余俱不讳"，且"政虽不以此决从违，民得因此知国事。论治民心，一时遍国中百姓或及联名献议，两院议允，及得施行。故国政报馆亦自重声望，不妄发言"①，对新闻自由有了一定的了解。

就言论自由，郭嵩焘认为它对政治影响不大，故而英国政府不予禁止；但德国对言论自由的限制，却让他发现言论自由同议会的关联性。张德彝考察了英国、法国、德国关于出版社自由的规定，强调其不能有碍风俗，国家通过事先或事后审查的方式管理。而德国还对政治性的集会与结社进行了规定，强调必须事先申请，且警察有强行解散集会的权力。康有为也发现德国对出版、结社、集会自由有颇多限制，而这在中国并不存在，因而中国有两千年的自由史。清廷大员戴鸿慈、载泽、端方等则认为法律下的自由并非真正的自由。由此而论，自由在法律对其限制、控制、管制之下逐渐进入国人的视野，从一般法律权利上升到宪法基本权利的高度，从国家对自由的规定到国家以"自由"换得国民的纳税、服兵役义

---

① 宋育仁：《泰西各国采风记（节选）》，载朱维铮编《郭嵩焘等使西记六种》，生活·读书·新知三联书店1998年版，第379页。

务，法律下的自由为清政府所接受。但是，他们对自由观念的源流并不清楚，① 对自由作为一种价值观念的追求更是缺乏了解，以至于对法律下的自由是"一定国家的公民或社会团体在国家权力所允许的范围内进行活动的能力，是主体受到法律约束并得到法律保障的、按照自己意志进行活动的权利"② 的理念非常陌生，认为它并非真正的自由。

这一自由观念同西洋世界的理解有相当的差距。对西洋国人而言，自由意味着摆脱了某种限制或有确实的选择权，他们意识到他们的自由，他们并非奴隶，他们在自由的世界里自我约束，强调自由与责任的法律关系。在法律当中，无论是寻求法律救济也好，还是通过民主程序抗衡权力也罢，自由在法律上有请求权能与救济权能。法律下的自由意味着政府的保护，在现代社会更表明是一种针对政府的请求权能，作为一种积极的权利存在。而清末游西记对自由的解读，强调对自由的法律限制，达寿的理解很有典型性，即自由不过是涂饰宪法外观以慰民望，因为法律由政府制定。③ 首先，自由为法律所恩赐，更确切地说是由皇帝陛下所恩赐；其次，自由被法律限制，而法律由政府制定，一般国民没有任何发言权。自由在此时被法律所限定，既非西方的消极自由，更无关积极自由，而是无所谓自由。即是说，清末游西记所确认的自由观念，为国人所创造。

三 司法独立意义上的法治观念

至于法治观念，其在与"治法"观念的斗争中初现。在 1866—1900 年间，法治思维在孕育。郭嵩焘即发现中国乃是德治，专注于个体而对责任的强调过低，将国家盛衰系于一人过于危险；西洋法治则人己兼治，专注于责任，强调法律的正义与平等，有明显的优势。刘锡鸿则以治法思维同坚持法治思维的马格理讨论中国人的守法问题，他发现马格理对问题的分析更为精确，治法思维相比法治思维明显不足。但陷于"治法"思维迷思的并非刘锡鸿一人。张德彝一方面在政治的角度理解英国法治，似乎是地方官好名而不讲究暴力威胁，因而民众尊敬官员；另一方面则在讨论

① 关于西方自由主义的源流，参见陶红梅、陈葵阳《西方自由主义的源与流》，《学术界》2012 年第 5 期。

② 付子堂：《关于自由的法哲学探讨》，《中国法学》2000 年第 2 期。

③ 详见夏新华编《近代中国宪政历程：史料荟萃》，中国政法大学出版社 2004 年版，第 63 页。

法律与习惯的时候发现,法律在制度性方面优越于习惯,而善政需要法律的制度化支持。曾纪泽强调法律运行的关键是百姓,百姓支持则法律运行良好。此时,他们都有关注到司法独立这一制度事实,强调法官独立而能与君主抗衡,需要制度来保障这种独立性。宋育仁则在观察西人对权利、责任的强调中发现,权利、责任在"教驰俗弊"之时,能够养成"服善之公";且还注意到英国"依法治国"的情况,法律人共同体在其中发挥着重要作用,律师并非"讼棍"一般地玩弄法律,而是在诉讼中维护当事人的合法权益,他们使得案情"无不通"而无冤案发生,且在法律有不完善时,能够推动法律的修改。

在 1901—1911 年间,法治思维得以初现。金绍城一方面从政治的视角理解英国法院处理"女权运动"游行示威引发的冲突,另一方面则强调司法独立对中国收回领事裁判权的积极影响。张德彝则理解英国法官对兵部侵害他人专利权的不利判决。严复强调司法独立的第一要义在法官遵从法律而非道德、情理。徐世英、徐谦从司法与行政的不同入手,强调司法应当独立于行政。载泽从埃喜来那里了解到,法律为保护个人而存在;戴鸿慈则了解到,法律乃行政、司法的基础;《欧美政治要义》则强调法治与德治的巨大差异。中国是道德行政主义,而西洋则是法令行政主义,就中西国家治理的结果看,法令行政主义优于道德行政主义。这种优越性表现在:一是道德行政主义以心性为标准,善恶在两可之间,不如法令行政主义以法律为准绳;二是道德行政主义以善良方法为执政基础,不如法令行政主义以经验为执政基础;三是法令行政主义简单迅速;四是法令行政主义责任明确;五是法令行政主义的有司无法徇私枉法;六是法令行政主义使人民周知处分之利;七是法令行政主义给予官吏充分的自由裁量权,使他们能够充分发挥能动性。因而,端方他们强调中国当从道德行政主义转向法令行政主义。

正是在此意义上,法治思维在清末初生。① 因此,它是"破"治法思维在中国的主导而"立"法治思维在中国的初现。当然,它还存在很多问题,以程燎原教授关于治法与法治的五项区分看②:(一)在法律是否

① 可参见朱俊《论法治思维的初生——清末游洋记研究》,《西安电子科技大学学报》(社会科学版)2014 年第 3 期。

② 程燎原:《中国法治政体问题初探》,重庆大学出版社 2012 年版,代序。

作为一治国工具方面,从司法与行政的区分以及行政法院的设立看,法律在试图超越工具论而成就治理政府的工具。(二)在法治能否与人治结合方面,金绍城从政治的角度看英国司法,曾纪泽纠结于人治与法治;但张德彝发现法律对于"善政"的优越性,宋育仁从法律人共同体角度看法治,郭嵩焘与端方将德治与法治对立起来思考,以及严复坚持法治的第一义在法官遵从法律而非道德,都表明法治正在突破"治法"的樊篱。(三)在追求目标方面,宋育仁关于权利定分止争的观点并非与正义相关,他关于"讼者"误译为律师的批评也未见对正义的肯定;从端方等人的思考上看,初生的"法治思维"的目标并未"突破"秩序的范畴。(四)在"使法必行之法"方面,刘锡鸿与马格理关于国人守法问题的争论表明,刘锡鸿并未将视线放在宪法上面;而曾纪泽关于法律运行在百姓而不在国家的认识,也未将宪法视为"使法必行之法";政制考察关注的是内平弭乱而外安列强,[1]并没有关注到以宪法为核心的政制体制能够确保法律的必然运行。(五)在法治是否为现代政体的特性、精神与原则方面,从(四)以及法官、法院权力的认识上看,初生的"法治思维"并没有透露出这一层意思。他们对司法独立的认识,更多是在行政与司法的区分上,因而强调地方上的司法独立与其制度保障,对权力分立制衡没有更多的讨论,即便对英国法官不受国王制约的认识也仅是点到即止,对行政干涉司法没有明确的认识,因而对法律内在追求正义没有完整的把握。

四 偏向于君权的现代政体观念

关于政体,游西记注意到西洋有君主政体、民主政体、君民共主政体,且政体在各国有不同的呈现。在郭嵩焘看来,一方面是西国民气太重,大政出于议绅,君王履遭行刺而未尝严惩,且未议及预防方案,这是西洋君臣之纲未定的结果;另一方面又权责分明,政事更张,政通人和,其良善政治之议会值得学习。议会乃是沟通君民上下的新桥梁。在薛福成看来,民主国政权在平民,政治人物若想获得政权就不得不魅求之,虽合孟子"民为贵"之说,却民气过嚣而朋党角力;君主国则主权太重,全权操于上而莫能旁挠,国家兴衰危亡只系于君王一人,得贤则喜,得桀纣

---

① 参见载泽《奏请宣布立宪密折》,载夏新华等编《近代中国宪政历程:史料荟萃》,中国政法大学出版社 2004 年版。

则危，而国王贤良可遇而不可求；君民共主国则平衡了民主国、君主国的利弊，既为孟子等先贤所倡导，也为西国所实践。因而，薛福成极力主张中国当从君主国向君民共主国发展，既是顺儒学圣人之意，也合英国强盛之经验。宋育仁注意到，德国在君上、议会之间保持着一种微妙的权力平衡；美国三权分立更是权力维持着均衡状态。

在 1900 年后，游历欧美的人倾向于德国的政制，以康有为为代表。康有为不断强调英国政体形成的特殊性，它孤悬海外而能吸收欧陆的文明、学者与财富等，且它国内的政治传统中有封建领主与君上的斗争，在斗争中逐渐生成以议会体制为核心的君民共主制，他国不具备学习的相同条件。而德国政制则不存在这样的问题，康有为指出，德国名义上是现代政制，实际上则是君主专制，但其政治兴利除弊，任用贤良，百官任职尽心尽责，良善于各国。它在任用人才方面优越于政党政治，不因选举而变更政治方略；不强调自由而能避免法国政治的乱局；有议会立法维持国内政治，有地方自治维持地方发展，兼现代政制与专制之优点于一身。因而康有为极力主张中国学习德国政制。《欧美政治要义》则强调现代政体下国民有参政权，这能使国家强大，且避免人亡政息的弊端，助长国民生活发达以利国家竞争之实力，推行责任内阁制度能够避免将政治责任推卸给君上，因而应当积极推动现代政体在中国的生成。由此看来，他们对西洋政制观念的了解，还未触及权力的分立制衡、公民基本权利保障等核心，[①] 仍在边缘晃荡！[②]

实际上，现代政治在中国的初现，与议会制度、地方自治制度观念在中国的生成有密切关系。在游西记的视野中，议会制度实现儒家"选贤与能"的理想，给斌椿等人留下了深刻印象。崔国因表示，议员在选举前须结民心以求举，而在选举后又需治民心以报举，这是议会制度的关键。美国华人之所以受到排挤，与其没有积极加入美国国籍而无选举权有关。但在张德彝看来，西洋的议会选举存在贿选弊端，法国即因贿选发生暴乱，志刚见此暴乱即大肆批评，认为这是党争。黎庶昌也注意到法国政局混乱与政党意见不合有关，崔国因则注意到南美政局不稳与政党政治相关，但美国却是小政党也有其政治作用。张德彝对政党政治颇有疑虑，按薛福成

---

① 参见何勤华《中国近代宪法学的诞生与成长》，《当代法学》2004 年第 5 期。

② 事实上，这也有可能是某种政治策略。

的说法，议会中的政党政治培植私党，且有贿选嫌疑。但蔡钧却肯定政党在政治意见统一方面的作用，凤凌也认为英国议会政治幸有两党相持而意见中允，郭嵩焘对美国政党政治颇有担心，却对英国议会政党政治表示赞赏。黎庶昌则强调西国的政党与中国的党争之党截然不同。即便对政党的意见不甚统一，对议会是西洋政治的关键却没有分歧。郭嵩焘认为这是英国政治稳定的关键所在，它能讨论公事而听民意。刘锡鸿肯定议会在沟通选民与政府方面的枢纽性作用。在他看来，议会是制度化儒家"民心—天意—君王"的政治实体。基于这样的判断，刘锡鸿善意解读英国议员多为富人，原因是国家支出项目过多，需要节省经费，其在名而不在利，符合治国平天下的要旨。崔国因也强调这是扬名成业之具，非养身肥家之举。钱德培以"有恒产有恒心"解释之。

至于议会在总统制、君民共主制、民主制中的权力关系，也是如此解释。他们对权力制衡这一套理念没有实质性的理解，而是在儒学的视野中对它加以解读，即将它纳入中国政治的范畴，强调君民之间的沟通，开辟了官沟通君民之外的第二通道，弥补"官"在清末君民沟通中的不畅。很明显，这与洋务运动时期强调技术而主张对行政进行改革有关。

宋育仁则维持了此前国人对议会的良好印象，构建了以教权为中心的议会制度观念。在他看来，议会起源于英国人的"争权"，商业兴盛推动了议会制度的发展，传统势力与新兴势力联合推动了议会制度在英国的最终成型。在此历程中，英国的教育发挥了重大作用，因为教育培养了争权的人才，即"聚于议院，而其源出于学校"。同时，宋育仁认为，结党营私乃是人之常情，党争并非议会制度的问题，英国议会政治强调法治对"党争"弊端的克服。议会政治"君不能黩武、暴敛、逞刑、抑人才、进佞幸；官不能怙权、固位、枉法、营私、病民、蠹国"，这是其优势，党争与贿选无损此全局。因而，宋育仁强调议会当在中国实行，而《周礼》中即有其古典形态。他强调，议会在中国是以士大夫为主导，其理论为教权对君权的统率，是"推广主教之权而立君"，是"君为教而设，非教为君而设；立君以保教权，非立教以保君权"[1]。

载振注意到君民共主政体中君上在"无权"与无政治责任中权责相

---

① 宋育仁：《泰西各国采风记（节选）》，载朱维铮编《郭嵩焘等使西记六种》，生活·读书·新知三联书店1998年版，第348—349页。

应。而梁启超则强调英王乃是立法部的一员，不同于美国三权分立中的议院权力独立。康有为认为，欧陆国家以议会剥夺王权而避免革命惨祸，是异想天开，因为中国数千年的典籍中均没有此思想。在端方他们看来，议会形式与国情有关，两院制在贵族众多的国家，而中国有爵位之众绝少，一院制即可。现代国家目的在于助长臣民生活发达与增进国家实力，这就需要民众纳税来实践；但臣民负担不能过重，且国家纳税收入需按轻重缓急以实现现代国家之目的，这就需要作为纳税主体的国民选举代表以组成议会来处理事关国民生活的这两项事务，议会的权力根源即在于此。

这是游西记关于议会制度的认识，它与议会制度在国内的传播情形一样，"只是一个传达舆情的机构而不是权利义务聚集的场所"，王人博教授批评道，他们"设计的用心是服务于他们的大目标：拓宽言路，通上下之情，消除君、臣、民间的隔阂，以改革专制政治"①，因而他们"误读"了西洋现代政制。

在地方自治制度方面，郭嵩焘强调，这是英国史上政局动荡而地方安然无恙的关键性制度，它保障了普通百姓日常生活不受政治的影响。张德彝则强调地方自治各员参与选举，是因为他们富裕而无贪污受贿之举；地方自治制度则保障了地方公共事务听取本地居民意见的可能性，地方官员并不能干涉自治官员对自治事务的处理；而自治官员不能处理时，还可寻求中央政府制定法律，形成官、绅、民良好的互动关系。李圭则强调美国地方自治制度划定央地权限，各自事务均在其权限中独立行使，张德彝即详细列举了德国央地权限的规定，他强调自治地方不能非因法定事由而任意驱逐其他地方的本国国民。

宋育仁强调，自治意味着自治地方官员均由民选，且各有不同职责，他们的进退皆由本地居民以选票决定，能免除清末地方治理中的弊端，合乎《周礼》有关地方治理的记述。在宋育仁看来，西国之所以能实现地方自治，乃在于国家的社会有多种，由同等及同业者相约联合而成，内部团结而能发出自己的声音；有报馆提供各种资讯；且有公司与社会相表里而工商业发达，使其能在社会中推动发展商业的动议，在议会中决议，公司主利而社会主名；西国君权日轻而民权日重。相比中国，这些条件还大多不具备。

---

① 王人博：《宪政文化与近代中国》，法律出版社 1997 年版，第 38 页。

梁启超强调，美国的村落思想正是其自治精神，其国有两重政府，其国民因而有两重爱国心，而这正是美国有上下议院的根源所在，这是使美国发达的根本制度，但美国政府却试图铲除"村落思想"而行"帝国主义"，他表示疑惑。康有为则在德国注意到自治可因不同事务而划分出不同的自治区域，相互之间不一定完全重合，这有利于铲除政治上的地方割据或地方寡头。在戴鸿慈看来，德国的自治经验在于学校以及兵役教育培养了国民的自治素质。端方他们则认为，自治的关键在于央地权限的划分，地方会议以及地方自治的制度安排，通过制度将各自治单位的权限、责任划分清楚，且通过法律将各单位的政治责任固定下来，即可实现地方自治。

然而，如同其他观念，清末国人对地方自治制度的认识仍不系统，还未达到纵向分权的认识高度，对其内涵——区域自治、主体自治、权力自治和规范自治①——的认识也局限在区域自治与规范自治两个方面。当然，这样的批评对古人过于严苛，他们对自治的赞赏以及分析思路都已表明其苦心孤诣！

第四节 19世纪中后期的"西洋政制"实景

19世纪70年代，第二次工业革命相继在西方各国展开。伴随着第二次工业革命的进程，西洋世界发生了翻天覆地的变化。自然，西洋法律也紧跟着在变化，19世纪中后期的西洋政制进入了另外一个时代。可以说，清末国人游历西洋，在某种程度上在经历着这种变化，而这种经历对清末法政世界的变化有着直接或间接的影响。上文介绍了清末国人眼中的19世纪中后期西洋政制图景，这只是他们笔下的那个世界，而这个图景与19世纪中后期的西洋政制实景不可能完全一样，但两者之间也并非没有联系。事实上，它们之间的这种联系和区别，对今天的我们理解清末中国人怎样以及如何认识西洋世界有着非常重要的指示性意义。因此，我们有必要了解19世纪中后期的西洋政制实景。

---

① 参见谢晖《地方自治与宪政》，《行政管理改革》2012年第12期。

一　女权运动与平等

19 世纪中后期，西洋世界掀起了女权运动，在高等教育、投资经营、民主选举等领域主张并实践男女地位与权利的平等。

在高等教育方面，玛丽·沃斯通克拉夫特在 1792 年出版《女权辩护》一书，抨击当时英国社会中男性强势压迫女性以及社会为女子提供的教育不适当问题，强调女子应享有同男子一样的平等受教育权利。艾米丽·戴维斯则根据当时女子受教育层次较低的问题，在 1866 年提出设立女子学院的主张，并在 1869 年建立了英国第一所寄宿制女子学院——剑桥大学格顿学院。1878 年，伦敦大学是英国历史上第一次赋予女子在考试、学位（医学除外）、荣誉以及授奖等多方面权利的大学。1889—1892 年，苏格兰各大学已经准许妇女进入所有课堂并允许获得所有学位。1892 年，威尔士大学规定妇女有资格获得各种学位与职务，且特别声明准许她们享有大学的正式成员身份。达勒姆大学是英格兰除牛津大学和剑桥大学外最后一个授予女子学位的大学，它在 1895 年才准许妇女学习所有课程并获得除神学之外的所有学位。从总体上看，当时的英国各大学并不是所有专业都准许女性进入，有些课程只是允许旁听，但这仍然是一种进步，它从表面上打破了男性主导高等教育的樊篱，让越来越多的女性拥有接受高等教育的机会。[1] 1897 年，戈尔登、纽汉姆等女子学院约有 784 名女性获得学士学位。[2] 另据英国“大学学位授予委员会”的统计，1900 年女学生占英国大学生人数的 16%。[3]

同时，19 世纪的英国中产阶级妇女还大量进入投资经营领域。首先，运河、铁路股份因其投资风险小而收益较为稳定，普遍受到中产阶级妇女的青睐。早在 1845 年，除利物浦、曼彻斯特铁路外，妇女投资者占总投资者的 1/3，持有全部股份的 16%。1865 年，妇女持有埃克赛特、福伊、林恩、惠特比、怀特黑文五个港口 13% 的航运船只股份。其次，此时的政府债券、银行、保险等金融市场的妇女投资者人数和总量也在不断上升。

---

① 参见孙杰明《19 世纪后半期英国女子高等教育的产生及原因分析》，《中华女子学院学报》2011 年第 4 期。

② See Martha Vicinus, "Independent Women", *Feminist Review*, Vol. 24, No. 1, 1986.

③ See Carol Dyhouse, *No Distinction of Sex? Women in British Universities 1870—1939*, Women S Studies International Forum, Vol. 21, No. 1, 1995.

早在 1810—1840 年间，妇女投资政府有价证券的人数就从 34.7%上升到了 47.4%，持有资金也从 23.1%上升到了 32%。1856 年妇女在首都储蓄银行持有 17.4%的股份，在一些特殊项目中也占有 1/3 的股份。在 1873—1908 年间，利物浦银行的投资者 32.7%为女性，持有 16.4%的股份；马丁银行的投资者 23.3%为女性，持有 30.9%的股份。阿尔斯特银行 1877 年的女性股东持有 32%的股份，1892 年持有 40.8%的股份。同时，1898 年的保诚保险公司的女性股份持有者占 33.1%，持有总资本的 23%。最后，她们还投资经营工商业企业。史料显示，她们不仅利用亲属和社会关系网帮助男性企业主筹集资金、经营企业，还提供技术指导，甚至是直接经营企业，在小企业中发挥着重要作用。从数据上看，1851—1871 年，英国女性就业人数从 2832000 人增加至 5413000 人，商业、公共管理、医药领域雇佣女性人数从 95000 人增加至 138400 人，增长率为 44.9%。① 1851—1911 年，女性职员从 2000 人增加至 166000 人，占职员比例从 2%增加至 20%。② 从法律角度讲，此前的已婚女性没有独立法律权利，她的"人身、财富、她的个性、她的收入、孩子所有的一切都通过婚姻转到丈夫的控制下"③。但是，在 19 世纪早期，妇女在四种情况下可以从事商业贸易活动：一是丈夫在法律上被放逐而无法履行庇护责任；二是在习惯法许可的范围内；三是女性在婚前或婚后与丈夫订立协议；四是她具有平等操作独立财产的资格。④ 据研究，19 世纪的英国妇女在财产继承权、立遗嘱权、已婚妇女财产权等方面都比前辈获得了更多的权利。在 1876—1914 年间，格拉斯哥 423 起案件中，女性作为唯一遗嘱执行人的有 139 宗，男性作为唯一继承人的有 226 宗，男女共同继承的有 58 宗。⑤

---

① See J. A and Olive Banks, "Feminism and Family Planning in Victoran England", *Eugenics Review*, Vol. 56, No. 4, 1956.

② See D. Bythell, J. Lewis, A. V. John, Unequal Opportunities: Women's Employment in England 1800—1918, *Sings Journal of Women in Culture & Society*, Vol. 40, No. 2, 1988.

③ See Robert B. Shoemaker, *Gender in English Society 1650—1850*, London: Routledge, 1998, p. 6.

④ See Alison C. Kay, "The Fondations of Female Entrepreneurship-Enterprise, Home and Household in London 1800—1870", *Business History*, Vol. 52, No. 2.

⑤ See Eleanor Gordon, Gwyneth Nair, "The Economic Role of Middle-Class Women in Victorian Glasgow", *Women's History Review*, Vol. 9, No. 4, 2000.

在 1888 年格拉斯哥教区法庭确认的 452 份立遗嘱记录中,有一半是妇女,有 55 人的个人财产超过 20000 英镑,占妇女立遗嘱者的 1/4,财产在 2000—5000 英镑有 34—39 人,数量超过男性。① 在 1857 年的《婚姻及离婚法》中,法律确认如果妇女没有任何过错而被丈夫抛弃,法院将保证她分居后所拥有的财产权。在《1870 年已婚妇女财产法》中,法律规定"已婚妇女因从事任何职业、工作或手工艺,或者因独立经营而得到的工资收入,她因凭借文学、艺术或科学技术获得的现金和财产,以及用这类工资、收入或财产投资所得全部利息,都应被视为和确认是她独立拥有和处理的财产,这类工资、收入、现金及财产将是她本人的收入有效凭据"②。在《1882 年已婚妇女财产法》中,法律规定"一个已婚妇女应该能够根据她自己的标准签订或修订契约。在合同中,或侵权行为,或其他行为,她可以作为原告或被告,在所有方面都假设她是单身女性,她的丈夫不必要与她一起成为原告或被告,或者作为一个群体行为,或者执行其他的法律诉讼,或反对她。所有的行动和程序启动的前提都必须是她有独立的财产权"③。

在民主选举方面,英国的女性主义者对妇女的平等权利主张进行了论证。巴姆贝斯夫妇进一步继承了玛丽·沃斯通克拉夫特在 1792 年出版的《为女权辩护》中的思想,在 1841 年发表了《选举改革宣言》,倡导将女性选举权写入宪章。同时代的卡特琳·伯拉贝尔综合了欧文主义、宗教千年盛世说和宪制运动,倡导妇女不仅应当获得政治与社会解放,还应当获得教职方面的解放。海伦·泰勒强调,"上帝创造男人和女人就是让世界组成和谐的整体,并没有贵贱之分,是男人擅自利用权力控制女人,规定了她们应该干什么而不应该做什么,什么是合适的,什么不合适,什么该学,什么不该学,他们不公正地对待并侮辱她们。这种被保护被压迫的事实并不是说妇女在精神上和能力上就只能服从于男人。作为一个独立存在的个体,有思考的权力,每一种思想都打上自我的烙印,并努力去实现自

---

① See R. J. morris, Men, *Women and Property in England 1780—1870*, New York: Cambridge University Press, 2005, p. 99.

② See David C. Douglas and George W. Greenaway, *English History Document*, Volume Ⅸ. New York: Oxford University Press, 1996, p. 537.

③ See Mary Lyndon Shanley, *Feminism, Marriage, and the Law in Victorian England*, Sage Publications Inc. , 1993, p. 126.

己的天赋,拒绝服从男性权力……自然教导我自由地实现对世界的责任"①。而约翰·密尔的《承认妇女的选举权》《妇女的屈从地位》《妇女参政权》等则成为当时女权问题的重要文献。密尔认为,生理因素以及以生理为基础的自然法原则是导致妇女受奴役的根源,并认为这种奴役关系不同于其他奴役,这是女性在被灌输"其理想性格与男性大为迥异"的基础上自愿同意并接受的,但这种理念是与现代法制原则相悖的,妇女同男性一样应当拥有参政权利。② 总体而言,他们提出了以下几方面的理由:第一,根据洛克、卢梭等自由主义先辈的天赋人权等理论,妇女同样有选举权等权利;第二,对公民责任、权利义务观念进行新解析,说明妇女应享有相应权利;第三,强调女性的性别优势与性别差异下的两性平等,从女性立场重构公私概念;第四,女权主义者在家庭概念上注入新内容。③

在实践方面,1866 年,1500 名妇女包括哈利特·马蒂诺、玛丽·萨默维尔等中产阶级妇女杰出代表共同签署了一份"女士请愿书",标志着妇女选举权运动正式开始。1876 年,经营一家小店的英国中产阶级下层妇女莉莉·马克斯韦尔因偶然原因成为一名女性选民,在投票日前往投票站进行了她人生的第一次投票。她是英国 19 世纪中叶中产阶级妇女参与议会选举的第一人。为推动妇女有秩序争取权利运动的开展,妇女参政会全国同盟于 1897 年成立。妇女组织在曼彻斯特、伦敦、布利斯特等地不断扩张,至 19 世纪末,"全国妇女选举权协会"的势力已经延伸至 17 个乡镇。1867—1880 年,妇女要求选举权的请愿、公共集会多达 1300 场,将几百万张请愿书送交国会。④ 她们通过向报纸写信发表观点,如海伦·泰勒于 1871 年在《威斯敏斯特概览》上匿名发表《关于女士请愿书》一文;有出版报纸杂志宣传女性选举权实现,如巴巴拉·利·史密斯创办的《英国妇女概览》,莉迪尔·贝克尔创办的《妇女参政报》等;有组织大

① See Patricia Hollis, *Women in Public 1850—1900*: *Documents The Victorian Women's Movement*, London: Routledge, 2012, p. 294.

② 参见王赳《平等抑或屈从——19 世纪英国女权云的思想探源》,《浙江学刊》2008 年第 3 期。

③ 参见潘迎华《19 世纪英国妇女选举权运动与自由主义》,《世界历史》2002 年第 6 期。

④ See Patricia Hollis, *Women in Public 1850—1900*: *Documents The Victorian Women's Movement*, London: Routledge, 2012, p. 63.

规模群众集会，进行巡回演讲等；有通过父兄或丈夫的社交网络展开宣传；有参与地方政府工作或主动参与专门委员会工作以推动运动发展。① 所有行动表明，妇女在选举权方面的努力即将获得突破。

事实上，选举权方面的平等进展不仅体现在妇女身上，还体现在其他公民身上。1865 年，美国国会通过宪法第 13 修正案，正式废除奴隶制。1866 年宪法第 14 修正案则赋予黑人公民权，并强调未经正当法律程序不得剥夺任何人的生命、自由或财产，规定黑人人口在选举中不再以 3/5 计算。但不纳税的印第安人仍然没有选举权。1869 年宪法第 15 修正案规定不得因种族、肤色或曾为奴隶而剥夺其公民投票权。1867 年英国第二次议会改革，降低了财产数量的限制：城镇中凡缴纳济贫税又拥有住房的人可以成为选民；寄居者在房租达到每年 10 英镑时拥有选举权；农村中有 5 英镑财产或租用年值 12 英镑地产的人拥有选举权。1884—1885 年的第三次议会改革，英国赋予成年男子以普选权。②

二　国家与自由

自由在 19 世纪中后期也发生了重大变化，此时的思想家们关注自由与国家及其秩序的关系，因而法律对于自由的认识和理解也有了转变。

在 19 世纪早期，法国人贡斯当即以时代为标准区别了古代人的自由与现代人的自由，其核心是古代人的自由主要是保证公民最大限度地行使政治权力，而现代人的自由首先是预防权力以保障公民独立。在古代令人向往的政治模式与社会现实之间存在着一种无法消弭的悖论，公共领域与私人空间不存在明确界限，这是一种现代人无法忍受的极端威权政治。现代人的自由力图将自由扩展到所有人身上，保证个体享有私人快乐的权利，这是其优越性所在，但它的潜在矛盾与危险却是快乐无法实现人的全部道德理想，人性中还有更高的自我发展目标。如果说古代人的自由的危险在于强调政治权力而忽视了个人权利，那现代人的自由危险则正好相

---

① 参见杨帆《19 世纪英国中产阶级妇女维权与参政实践》，《安庆师范学院学报》（社会科学版）2011 年第 9 期。

② 参见郝铁川《当代中国法制的阶段性与超越性——与 19 世纪英美法制之比较》，《中国法学》2007 年第 2 期。

反。这是一种辩证的互补关系。① 贡斯当对自由的思考构成了法国乃至西洋世界对法国大革命追求自由的一种反思。

法国大革命发表了《人权宣言》，但并没有在法国共和政体中落实那些自由原则。米歇尔·维诺克认为，作为法国大革命英雄的"拿破仑通过欧洲使大革命永存，但也同样践踏了大革命：自由不再被列入纲领。即使是革命者痛恨的旧制度，亦从来没有像帝国那样专制"②。为使现代人的自由在法国得以落实，从政治观点来看，19 世纪的法国知识分子区别于 18 世纪哲人与 20 世纪知识分子的是"介入"，即他们给自己确定了政治参与的职责，尽力去获得议席，成为大臣或部长，甚至是政治首脑。这种政治的参与性就是当时他们对当下秩序的反思，对自由秩序建构的反思。③

在英美世界，斯宾塞将达尔文的生物进化论特别是"自然选择"学说应用于人类社会，提出了以"适者生存"为核心的社会达尔文主义，主张文明是不可避免的进化的产物，最大的善就是让社会及其文明进步不受阻碍地自由发展，在政治上主张放任的个人主义。因此，对斯宾塞来讲，自由是人正常生活的先决条件，而同等自由则是社会正常发展的先决条件，每个人都有追求自己自由的权利，因而该自由受到其他人类似自由的限制，因而自由以不干涉他人为内容。从社会的角度讲，个人自由的实现依赖于社会其他人自由的实现。④ 斯宾塞的美国信徒威廉·萨姆纳认为，自然法则是统治社会的原动力，人类社会同自然界一样，必须经历弱肉强食的竞争才能获得发展，因而他强烈反对政府干预。在他看来，"竞争成为美德，而控制成为邪恶"⑤。这种观念在美国大行其道，与美国的

① 参见韩伟华《两种自由之争——贡斯当"古代人的自由与现代人的自由之比较"探微》，《史林》2010 年第 1 期。

② 参见［法］米歇尔·维诺克《自由之声：19 世纪法国公共知识界大观》，吕一民等译，中国人民大学出版社 2006 年版，导言。

③ 参见潘宇《自由历史的回望——评〈自由之声：19 世纪法国公共知识界大观〉》，《中国图书评论》2008 年第 12 期。

④ 参见李本松、王纪波《斯宾塞的国家政治观、伦理道德观和自由观》，《郑州轻工业学院学报》（社会科学版）2006 年第 4 期。

⑤ See Henry Steele Commager, *The American Mind*: *An Interpretation of American Thought and Character Since the 1880's*, New Haven: Yale Univ. Press, 1950, p. 201.

个人主义、新教伦理、古典主义结合形成了自由放任主义,为美国经济界的垄断奠定了思想基础。然而,针对这股思潮,有反对的声音出现。华德即认为,竞争并非生命的法则,而是死亡的规律,这是以自由竞争之名行垄断、兼并之实。① 华德提出了实用主义的自由观,为约翰·杜威的实用主义奠定了基础。他认为,社会进步不同于自然界,是人为选择的结果,如果说自然界通过毁灭弱者而获得进步的话,那么,人类则通过保护弱者而得到发展。② 在 1886 年美国经济学会的成立声明中,经济理论界亦开始反对自由放任,接受了国家干预的思想,"我们把国家视为一个教育的和道德的机构,其积极支援是人类取得进步所必不可少的条件,我们承认个人进取心在工业生活中的必要性,但同时也认为放任主义学说在政治上是不安全的,在道德上是不健康的,它将国家和公民之间的关系作了不适当的解释"③。换言之,19 世纪的自由思想开始转向接受政府干预。

与此同时,自由的法律实践也在发生变化,新闻自由、婚姻自由得以逐步实现,契约自由等则有所限制。在新闻自由方面,英国于 1853 年废除了"知识税",这是报刊业争取出版自由的里程碑。④ 英国新闻史学家斯蒂芬·高斯就认为,伴随着知识税的废除,以及一系列反压制斗争的胜利,英国报刊业出现了从官方控制到大众控制的转变,自由主义报业体制得以确立。⑤ 在法国,1881 年确立了新闻自由原则。当然,这是人类自由史上的标志性事件。⑥ 在婚姻自由方面,英国于 1836 年规定政府机关登记的婚姻效力,突破了过去宗教对婚姻的束缚;在 1898 年规定结婚无须举行宗教仪式。1857 年,英国法律规定,只要夫妻间一方有通奸情况,无

---

① See Henry Steele Commager, *The American Mind*: *An Interpretation of American Thought and Character Since the 1880's*, New Haven: Yale Univ. Press, 1950, p. 209.

② See Richard Hofstadter, *Social Darwinisml in American Thoughts*, Boston: The Beason Press, 1964, p. 79.

③ [美] 梅里亚姆:《美国政治思想 (1865—1917)》,朱曾汶译,商务印书馆 1984 年版,第 198 页。

④ 参见宋立民、庄泽虹《19 世纪英国激进主义报刊的繁荣与衰亡》,《清远职业技术学院学报》2014 年第 5 期。

⑤ 参见唐亚明、王凌杰《英国传媒体制》,南方日报出版社 2007 年版,第 32 页。

⑥ 参见潘宇《自由历史的回望——评〈自由之声:19 世纪法国公共知识界大观〉》,《中国图书评论》2008 年第 12 期。

过错方即可申请离婚，无须举证该通奸已构成重婚或对另一方有虐待。在美国，到 19 世纪中后期，各州着手废除立法离婚，1880 年立法离婚完全消失，只要法官认为离婚是合理的，就可以判决离婚。[①]

在自由的法律限制方面，1900 年实施的《德国民法典》对以《法国民法典》为代表的三大原则，即所有权绝对、契约自由和过失责任原则进行了限制。[②] 更多的限制在劳动、经济和行政法律方面。在自由资本主义时期，西洋各国纷纷颁布"工厂法"。德国于 1891 年颁布《德意志帝国工业法》，法国于 1847 年颁布了《劳动保护法》，英国于 1908 年颁布了《煤矿业限制法》，以及于 1910 年颁布了《工厂及作业场法》，俄国于 1882 年颁布了《雇佣童工、童工劳动时间和工厂监督机构法》等。此时的劳动立法开始缩短劳动时间并扩大适用范围，增加了改善劳动条件等规定，出现了工资保障方面的法律，开始承认工会的合法地位，出现了保险立法和解决劳资纠纷方面的一些法律。[③] 以英国为例，这一时期颁布了《雇主责任法》等一系列保护性立法以进一步限制雇主的自由，让其不能随意侵害工人权益，在承认工会合法地位的情况下承认集体谈判的合法性，为工会争取经济利益奠定了基础，社会思潮由古典自由主义向新自由主义转变。[④] 在经济法方面，美国于 1890 年制定了世界上第一部反垄断法《谢尔曼法》。而德国学者于 1906 年提出了这一概念，并于 1909 年出台了德国的《反不正当竞争法》。

在行政立法方面，美国在教育领域推行义务教育，强调国家的国民教育义务。19 世纪中后期，在国会议员、工会组织、妇女组织、教育团体以及进步人士等多种力量的推动之下，普及义务教育的运动在全美国开展起来。它主张由国家承担教育儿童的主要责任，通过调整税收政策和启动公共财政以建立面向全美儿童的学校教育体系与制度。1852 年，马萨诸塞州通过义务教育法，要求所有 8—12 岁的儿童必须接受每年 12 周的教育，其中 6 周是必须连贯的。此后，各州相继通过义务教育法，截至

① 参见郝铁川《当代中国法制的阶段性与超越性——与 19 世纪英美法制之比较》，《中国法学》2007 年第 2 期。

② 参见夏新华编《外国法制史》，北京大学出版社 2011 年版，第 302 页。

③ 参见郭捷编《劳动法与社会保障法》（第四版），中国政法大学出版社 2012 年版，第 32—33 页。

④ 参见金燕《19 世纪下半叶英国的劳动立法》，《学海》2014 年第 3 期。

1890 年，有 27 个州通过了该法案。法案规定所有儿童都必须接受教育，直到他们完成八年制的小学教育或年满 16 周岁。[①]

在警察法领域，英国自 1829 年建立了新警察制度，但新警察的社会形象却十分糟糕。为推动警察制度的发展，19 世纪中晚期，英国启动了警务改革。1829—1856 年，英国国会相继通过了大伦敦警察法，1835 年市镇自治机关法、1839 年郡警察法、1856 年郡和自治市警察法，在这些法案中，新警察的权利得到限制，专制形象得到淡化，出警效率大大提高，服务范围扩大，满足了社会和居民的需求，创造了相对平安的市镇环境，形象得以改善。[②] 在此过程中，我们发现，英国警察逐渐从守夜人变成了服务生，这是英国国民对秩序要求的满足，换言之，自由在英国社会发生了一些微妙的变化，并非只是消极自由，而有积极自由的含义。

事实上，自由的这种变化确实非常微妙。以卫生立法为例。英国于 1840 年颁布了《种痘法案》，要求种痘官对三个月内的婴儿实施种痘，费用由济贫税支付，授权济贫委员会负责。在 1853 年又修订了该法案，实行强制种痘，除私人医生种痘外，父母必须在婴儿出生三个月内到公共种痘处为其种痘，如其生病则可以顺延两个月。1861 年该法案再次修订，要求各地选举产生的监察委员会任命种痘官，在婴儿未按规定种痘时，地方政府可以起诉该父母，由地方法院判决。该项内容在 1867 年的修订中被再次重申，14 岁以下的儿童必须种痘，并要求地方政府加大对违法者的惩罚力度。1853 年的法案对违法者的处罚是只需支付一次性的罚款或承担一段时间的监禁；而 1867 年的法案则是实行连续累积的惩罚，导致违法父母一次又一次地被惩罚，除非最初的罪过被勾销。1871 年法案将种痘交给地方政府委员会，授权其任命种痘官，由其查找并确认婴儿的种痘情况，并向监察员上报违法案例，违法者最高可处以 25 便士的罚款，拒绝支付罚款者将被监禁。但在反种痘派看来，种痘是私事，拒绝从公共角度思考集体免疫的好处，这是他们的自由，神圣不可侵犯。因为种痘直接破坏了身体的完整性，侵犯了个人的权利，个人有权决定是否种痘，而

---

① 参见柴英《国家责任与儿童教育——论 19 世纪末期美国的普及义务教育运动》，《历史教学》2012 年第 12 期。

② 参见吴铁稳《论 19 世纪英国新警察社会形象的变迁》，《苏州科技学院学报》（社会科学版）2012 年第 4 期。

不是国家强制种痘。19世纪80年代，伦敦大学学院的退休教授F.W.New-man在反种痘派刊物《种痘调查人》上强调，"议会无权以任何公共卫生为借口戕害一个健康人的身体；更无权残害一个健康婴儿的身体，没有一个立法者拥有这样的权利"①。反种痘派领袖Rev. William Hume-Rothery指出，"它只有根据他们自己的权利进行自愿的和审慎的行动才能进步，在他们的范围和能力之内行使他们的责任，很明显国家远远没有这样做……在这种情况下限制并阻碍他们的发展"，"即使种痘是现在最大的好事，实施它也不是国家的责任"。②为反对种痘，英国的反种痘派在1871年后初具规模，主要由反对任何形式的种痘、最早卷入诉讼程序的父母以及那些反对种痘法案的人构成。它具有非常鲜明的跨阶级色彩，领导者大多来自中上层，参与者主要是中下层尤其是工人阶级。他们的策略是立足地方，对抗中央；组织宣传，支持隔离，国会游说，废除种痘。在他们的努力之下，其影响在地方日益扩大。因1895—1896年天花大流行导致格洛斯特镇约4万人中出现了2000多例天花患者，有434人在此事件中丧生。在此过程中，他们再次扩大了影响力。在1898年的下议员选举中，大批反种痘派议员当选，使1898年的法案中加入了"良心条款"，即在四个月内，父母如果不为其孩子种痘，需说明理由，并获得两名议员同意后获得豁免证书，法律将不再追究其责任。到1898年年末，根据该法案颁布的豁免证书多达203143份。1901年，种痘与隔离都被议会接纳为预防天花的措施。1907年，100名反种痘派入选下议院议员，他们主张扩大被豁免婴儿的范围。这使得婴儿种痘率从1906年的78%下降到1909年的60%以下。至1946年《国家卫生服务法》颁布，强制种痘被取消。③

总之，这一时期的自由是在实践中被保障的。

三 形式法治的初步形成

法治在19世纪中后期继续完善，形式法治逐渐在英国形成，德国出现了正式的法治国理论，实践中则有法律教育的改革、法院改革以及以刑

① See D. Proter, R. Porter, "The Politics of Prevention: Anti-Vaccinationism and Public Health in Nineteenth Century England", *Medical History*, Vol. 32, 1988, p. 238.

② Ibid., p. 241.

③ 参见毛利霞《国家强制与个人自由的交锋——19世纪后期英格兰反种痘运动》，《历史教学》2014年第2期。

法改革为核心的法律改革。

　　形式法治在英国的形成,不仅受到了功利主义的影响,还受到了分析实证主义以及历史法学的影响。边沁提出的功利原则,其实际目的就是把它作为立法和行政标准而不是主要作为个人行为的标准,是一条政治原则而非一条伦理原则。边沁从个人权利优先立场出发认为,法治政府是用以减少更大的恶的一个恶,一切权利都是法律创造而非天赋的,立法以及法治的目的就在于使最大多数人的最大幸福得以实现,即保存人民的生命、达到富裕并促进平等和维护安全的生活目标。根据该原则,政府应当保护公民自由,公民也应当遵守法律;同样,公民可以对政府行为做出价值判断,并做出接受或反对的回应,就是"严格地服从,自由地批判"。与此同时,奥斯丁将功利主义与实证主义结合,用比较分析的方法和逻辑推理,创立了实证分析法学,使法学理论"科学化"了。从法治的角度讲,奥斯丁的贡献在于严格限定法的范围,主张严格意义的法的独立性以及作为行为模式的公开性、规范性、普遍性、明确性、可接受性等特征,为法治的发展奠定了形式理论基础。而历史法学也关注实在法,通过历史的法或者历史过程中的法对现实法治做出经验性的逻辑性的解说。其贡献在于,强调法学研究必须贯穿历史观点、历史方法,历史、社会、民族等因素对法律的产生和演变的决定性影响,侧重于研究历史的法对现实法的历史、道德和社会意义,注重习惯法,强调习惯法是来自真实具体的社会和生活的法,是国家制定法的坚实基础,是真正的法。它为法治确定了历史的根基。[①] 正是在此理论基础上,形式法治在英国得以形成:强调以历史经验为基础的理性和经验的统一,强调以普遍契约关系为法治文明的第一社会要素,强调实在法的重要性,强调最大多数人的幸福的重要性。

　　在德国,"法治国"用语最早出现于 1798 年出版的普拉西度斯《国家学文献》,它将国家与法律结合,并从法律的角度来探讨国家观。其后,米勒教授在 1809 年出版的《国政艺术之要术》中将司法部长称为"法治国的代表",暗含国家必须依据法律来治理之意。此后,1831—1834 年莫尔的《法治国原则的警察学》,1830 年史塔尔的《法律哲学》,1864 年贝尔的《法治国一个构想的发表》,1872 年格耐斯特的《德国的

　　① 参见张彩凤《英国古典法治理论的告别与超越:走向另一种法治基础主义——19 世纪英国法治理论的现代转型》,《中国人民公安大学学报》2001 年第 5 期。

法治国与行政法院》，1878 年毛鲁斯的《作为法治国的现代宪政国家》，这些作品不是单纯地适用法治国这一术语，而是提倡并宣传法治国理念。① 在此过程中，法治国概念形成。法治国理念在德国一开始就受到自由主义的影响，上述作品几乎都引用了孟德斯鸠"权力分立"理论，表明他们对行政滥权的担忧。同时，19 世纪的立宪主义，以及国家奖励民间汇集并集中资本，其前提都是充分保障人民的财产权利，政府给予人民最大的自由，尽量给予人民最少的干涉，强调政府的守夜人角色。因此，这一法治国概念是"古典的"，与现代追求实质正义的"社会法治国"概念不同。② 这一时期，德国的法治国原则同样强调"法律保留原则"，即人民权利的限制以及国家行政权力的行使都需要立法者通过法律方可为之。③ 这表明，法治国的概念确实已经初步形成。

在实践方面，西洋各国均进行了法律教育改革。德国在 19 世纪 70 年代统一后保留了 19 世纪初期的以国家司法考试为基准的法律教育制度，大学是法律教育的主体。1877 年制定的《法院组织法》是以法官作为培养目标，分学术与实践两个阶段。美国也在 19 世纪中后期为应对社会需要改革了法学教育，最终确立了一种独立的、研究生水平的大学法学教育体系。而英国此时也在准备法学院教育模式。法学家白芝浩在 1870 年发表《什么是好的律师?》的演讲，分析了律师会馆学徒制法律教育的优势，也认为这种教育模式使学生获得的知识是零碎的、不系统的，大学教育模式可以克服这种弊端。④ 戴雪于 1883 年 4 月 21 日在万灵学院发表《英国法能否在大学里讲授?》演讲，认为大学的法律教育是把法律作为一个整体来处理的，分析法律和界定法律概念，将大量的法律规则归纳为一整套的法律体系，有助于法律的改革创新和法律目的的实现。⑤ 与此同时，英国大量的城市学院创立，伦敦国王学院就于 1831 年 10 月 8 日举行

---

① 参见陈新民《德国 19 世纪"法治国"概念的起源》，台湾政治大学《法学评论》1996 年总第 55 期。

② 参见陈新民《行政法学总论》（第 6 版），三民书局 1997 年版，第 1 页。

③ 参见陈新民《德国行政法学的先驱者——谈德国 19 世纪行政法学的发展》，《行政法学研究》1998 年第 1 期。

④ See Walter Bagehot, *Literary Studies by the Late Walter Bagehot*, Longmans, 1905, pp. 521-279.

⑤ See A. V. Dicey, *Can English Law be Taught at the Universities?* London: Macmillan, 1883.

开学典礼,它开设了法学课程,学生三年修业期满,成绩合格,就可以获得学术证书。1836 年 12 月 28 日,国王威廉四世颁布特许状,宣告伦敦大学由国王学院与伦敦大学学院合并,它可以授予法学学士、法学博士学位。伦敦大学对于英国法学教育的意义,比 1753 年布莱克斯通在牛津大学的教学改革更为重要。它的法律课程面向未来的法院法官、教区牧师和国会议员,不仅为文科毕业生提供了一种有效训练,还把自由教育的好处带给了高校学生。①

此外,英国也在进行法院改革。它于 1873 年通过了 1875 年生效的《司法法》,对英国法院组织和程序进行了重大改革。最高法院组建,包括高等法院和上诉法院,而高等法院则由王座法庭、普通诉讼法庭、大法官法庭、财政法庭和海事、遗嘱检验、离婚法庭组成。② 这次改革结束了英国普通法院和衡平法院数百年分立对峙的历史,将所有法院都统一在一个系统当中,简化了法院组织与诉讼程序,排除了法院管辖重叠的可能,废除了传统令状制度及其诉讼形式。③ 此项改革有利于英国法治的发展。

同时,各国刑罚改革也在进行,从野蛮走向文明。以英国为例。到 19 世纪 60 年代,谋杀未遂、鸡奸罪废止死刑,只有叛逆罪、伴有人身伤害的海盗罪、谋杀罪以及对国王造船厂、兵工厂的纵火罪才维持死刑。④ 并且,在 1868 年,英国国会通过了《死刑修正案》,还改革了死刑执行措施,规定对死刑犯的处决必须在监狱内部执行,废除了持续千年的公开处决制度。⑤ 同时,英国的监狱模式也在变化,从债务监狱发展到新式监狱,改善监狱条件;并强调用剥夺人的社会性的方式来迫使犯人反省并改邪归正;用新式强制劳役制度来对付那些最邪恶的犯人或累犯,试图用惩罚肉体的方式来洗涤心灵。⑥ 在少年犯方面,英国于 1851 年在伯明翰召开了第一次全国研讨会,并认为英国应当建立两种少年管教机制,一是少年

---

① 参见韩慧《19 世纪英国大学法律教育的开展》,《政法论丛》2013 年第 6 期。

② 参见夏新华编《外国法制史》,北京大学出版社 2011 年版,第 172 页。

③ 参见何勤华编《外国法制史》,法律出版社 2011 年版,第 162 页。

④ 参见王磊《19 世纪英国的死刑改革》,《贵州社会科学》2013 年第 2 期。

⑤ 参见王晓辉《19 世纪英国公开处决制度的废除及其动因分析》,《华中科技大学学报》(社会科学版)2013 年第 3 期。

⑥ 参见陆伟芳《从野蛮残酷走向文明人道——19 世纪英国刑罚的变迁轨迹》,《学习与探索》2014 年第 5 期。

教管所，一是少年劳教所。并于 1853 年召开了第二次伯明翰会议，并进一步申明教管机制应当由社会团体组织建立，政府负责授权、监督、提供财政支持。在 1854 年《少年犯法案》中规定，16 岁以下的少年犯在监禁一段时间（1—2 周）后送至少年教管所改造，期限为 2—5 年，英国政府则负责教管所的资格认证和监督管理，治安法官负责向教管所遣送少年犯，少年犯父母必须每周支付 5 先令以维持其基本费用，其他费用由国家支付。1857 年的《劳教所法案》则希望进一步改善英国 5 万多名流浪儿童的处境。1879 年的《即决审判法案》则允许治安法官通过简易程序审判少年犯。1893 年的《教管所法案》则允许少年犯不必经过短期监禁直接遣送至教管所。1899 年的法案则将教管机制与监狱体系区别开来。[①] 这种改革着眼于预防、培养、改造，矫治性与预防性并重，开始关注儿童的健康成长。

在所有这些法律改革背后，我们发现了这一时期的立法模式的基本状态。以美国食品安全立法为例。19 世纪的美国食品安全问题十分严峻，食品掺假泛滥成灾。据美国著名食品史专家洛林·古德温的研究，当时美国生产的猪油中含有作为防腐剂使用的生石灰和明矾，干酪中则有汞盐。[②] 在 1880—1900 年间，美国各州都加强了食品安全立法，弗吉尼亚州即在 1878 年、1886 年、1890 年三次修订 1786 年的食品安全法律，以遏制食品掺假。从 1848 年《进口药品法》颁布至 1906 年《联邦食品与药品法》颁布，美国国会议员们在此期间相继提出的各种食品法案多达 103 部，在 1900 年前即有 4 部重要法案出台。从其立法模式来看，是美国政府针对美国社会剧烈变迁的"回应性"立法行动。[③] 事实上，伴随着第二次工业革命，西洋世界发生了翻天覆地的变化，各国均通过立法维持社会稳定，通过法律来回应社会变化。这是将法律作为国家治理的重要手段，进而可以在某种程度上讲，法治已成为西洋各国国家治理的基本方式。

---

① 参见许志强《由惩罚到教化：英国 19 世纪的少年犯罪问题与管教机制改革》，《史学理论研究》2013 年第 3 期。

② See Lorine Goodwin, *The Pure Food*, *Drink and Drug Crusaders*, *1879—1914*, Jefferson, N. C：McFarland, 1999, p. 43.

③ 参见吴强《论 19 世纪美国的食品立法》，《武汉大学学报》（人文社会科学版）2012 年第 5 期。

四　政制改革与现代政体

19 世纪中后期的西洋社会急剧变化,无论是思想界还是实务界,都期待从法律尤其是政体方面予以回应,各国在现代政体方面都有各自的思考与实践。

在思想方面,"品格"或"能力"论成为政治话语,是当时政治辩论中的常用语。英、法、德三国的自由主义者都通过应用"能力"话语来论证本国公民的选举资格。英国自由主义者在 1832—1928 年间的选举改革中始终坚持"能力"话语,以表明自己对于选举的态度。根据 Alan S. Kahan 的研究,19 世纪英国议会在基于个人品质上的选举资格方面,以及阶级荣誉与利益方面限定选举能力。[①] 这是西洋各国自由主义者汲取法国大革命的教训,他们不认同其以革命的方式实现自由的目标,他们试图通过有条件限制的方式来逐步实现普选的目标。自由主义者认为有两种可破坏社会的专制,即来自上层的绝对专制和来自下层民众的多数专制,他们必须同时两线作战。因此,他们试图通过培养人们的政治参与能力来达到广泛参与的目标。在他们看来,只有大众都具有了参政的相应能力后,自由的理想才能够实现。事实上,通过"能力"话语,自由主义者将自身的权利诉求合理化了,对政治能力的审查就成为其关于是否扩大普选人群的关键性问题。因而,政治能力的标准就是重中之重。

克伦威尔的女婿、陆军中尉爱尔顿认为,"这个政府的基本构成使得我们必然关注这个王国的永恒利益,从而使得代表这个王国根本利益的权力掌握在那些总体上理解这种利益的人手中。如果我们不承认这一点,那么我们简直就是在剥夺所有人的财产和利益,不管是继承的土地,或现在拥有的财产,或者是其他一切的财产,我们就是在剥夺这种国民宪政的最基本的构成……"[②] 他的核心观点是,公民权应当限定在那些跟国家利益有关的人的范围内。即是以某种财产利益为核心的观点。该观点是自由主义源流中的重要资产,可追溯至霍布斯与洛克。霍布斯认为,财产权是最

---

① See Alan S. Kahan, *Liberalism in Nineteenth-Century Europe: The Political Culture of Limited Suffage*, Palgrave Macmillan, 2003.

② [英] 彼得·斯特克、大卫·韦戈尔:《政治思想导读》,舒小昀等译,江苏人民出版社 2008 年版,第 381 页。

高统治意志的派生物；而洛克则强调，财产权先于政府存在。① 从历史来看，无论是社会群体角度还是个体角度的论证，财产都是个人才智能力运用的重要依据。因为一般认为，拥有财产者为保护其财产往往希望社会安定，就是"有恒产有恒心"之意。与此同时，另外一个标准则是"智识"和教育水平。罗素勋爵就认为，作出政治选择的能力才是关键，即"选民应是智识隽永、品行高洁、独立自主，也就是说他们应该具备选择的才智，做出良好选择的心愿，以及将此心愿付诸实行的力量"②。此外，"智识"并不仅仅与天分、教育经历有关，还与一定形式的生活经历有关。在当时的自由主义者论证中，生活在大城市的公民往往比生活在农村的同等财力与教育水平的公民更加富有"智识"。③ 当然，这两类标准并不存在明显冲突，而英国国会辩论也常以"财产与智识"作为标准用语。④

在这个常用语背后，是思想界关于"品格"的论证。赫伯特·斯宾塞就认为，政治家所持的最高目的就是培养品格；格林认为，一个人要试图改善他人的生存状态，所能做的就是去消除良好品格形成的障碍，或提供有利于其良好品格形成的条件；西季威克也表示，让人们处理自身事务是可以让他们得到更多的智慧和品格的。⑤ 而约翰·密尔也在关于商业文明、自由、代议制政府、女性地位等多个领域反复讨论"品格"问题。在早期，密尔关注到商业文明发展对于财富和知识传播的重要性，但它却导致大众专注于赚钱，迷失在群体当中。因而，他提出要规划出"用来鼓舞个人品格的国家教育制度和政体形式"⑥。在密尔看来，品格是"对全部政治制度的主要检验"⑦。代议制之所以是最理想的政府形式，不只是

① 参见［美］谢尔登·S. 沃林《政治与构想——西方政治思想的延续和创新》，辛亨复译，上海人民出版社 2009 年版，第 327—328 页。

② See Lord Russel, *Hansard*, 12 December, 1832, p. 497.

③ See Macaulay, *Hansard*, 2 March, 1831, p. 193.

④ 参见毛汉青《19 世纪英国选举改革之自由主义政治文化》，硕士学位论文，复旦大学，2010 年。

⑤ See Stephen Collini, *Liberalism and Sociology：L. T. Hobbouse and political argument in England 1880—1914*, p. 29.

⑥ See John Stuart Mill, *Civilization*, Collected Works of John Stuart Mill, XVII, Generally Edited by J. MLRobson, Toronto University Press, 1965—1991, p. 136.

⑦ See Jose Harris, "Liveralism and Sociology：L. T. Hobbouse and Political Argument in England 1880—1914, by Stefan Collini", *Social History*, Vol. 5No. 3, 1980, pp. 487-490.

它实现了每个人维护自己的权利与利益，且通过个人能力的发展增进多样的繁荣，更重要的是"对人的性格的影响问题……优越于其他政府形式"①。详言之，消极被动的品格导致懒惰、放纵与嫉妒，为专制独裁统治所喜爱；积极自主的品格导致人积极进取，为多数人统治所喜爱。②

　　在法国，贡斯当提出了"中立性君主"学说，具有"复合代表制"的理性含义，对传统君主制和分权共和制进行的合理整合，对19世纪中后期的欧洲国家学说以及20世纪初的施密特宪法思想都有启发意义。③ 实际上，这是贡斯当对当时法国政治的回应。他区分了王权与大臣权力，并认为王权是中立权力，大臣权力是能动权力。贡斯当对王权的概念进行了扩展，意在重构并使之普适化，提供一种王权与政府权力关系的新式架构，以为法国的革命势力和复辟势力的和解奠定现代政制的理论基础。在他看来，新王权是超脱于立法、行政、司法的一种调节性权力，其核心功能是监督这三项权力各负其责，以维持政制秩序的平衡。更确切地讲，王权是一项高于其他常规权力的上级权力，它是中立性的、至上性的。因为如果不中立，就可能演变为专制权力；如果不至上，它就无法担当护宪之责。此时，王权构成共和国秩序的一部分，是宪法约束下的"立宪君主"，不同于专制王权。④

　　在德国，受到法国大革命与拿破仑战争的影响，德意志各邦在19世纪着手改造旧制度，普鲁士的改革对后来德国政治制度有着深刻的影响。从其结果来看，德国走的是"特殊道路"。从其宗旨上看，自由、民主仍然是改革的宗旨，人的权利也仍然是神圣不可侵犯的，要保护它就必须建立合理的政治制度。推行普鲁士改革的自由派官僚的共识是，政制改革的关键应当是"行政组织的合理化，建立宪法政治，反对专制主义，消除国家和社会之间、政府和百姓之间的鸿沟"⑤。然而，在承认自由、民主、

---

　　① ［英］密尔：《代议制政府》，汪瑄译，商务印书馆2007年版，第47页。

　　② 参见 ［英］密尔《代议制政府》，汪瑄译，商务印书馆2007年版，第48—52页。

　　③ 参见田飞龙《新君主制与中立性权力——平贡斯当的〈适用于所有代议制政府的政治原则〉》，《天府新论》2014年第1期。

　　④ 参见 ［法］贡斯当《古代人的自由与现代人的自由——贡斯当政治论文选》，阎克文、刘满贵译，商务印书馆1999年版，第49—222页。

　　⑤ 徐健：《"行政自由"和"宪政自由"——19世纪上半叶普鲁士自由派官僚的政治思想及其实践》，《北大史学》2005年第11辑。

有限政府、宪法政治的原则下，他们对合理政治制度的认识不同于其他国家。斯泰因的思想具有代表性，他不反对三权分立，却不认为英国式的议会政治适合于普鲁士，权力的分配方案并非只有一种，公民代表直接或间接参与政府事务同样可以实现这样的效果。他说："普鲁士没有国家宪法，最高权力不是在国家首脑和国民代表之间分配的。"[①] 这里，斯泰因的权力分配并非是三权分立意义上的，而是政府事务在公民内部的责任分配。因此，他认为，根据正确原则建立起来的政府可以起到宪法作用。在普鲁士的自由派那里流传着这样的一种观点，即优秀合理的行政方式相当于成文宪法，甚至超过了宪法的刻板文字。尼布尔就表示："自由主要是建立在行政制度而不是宪法上的!"[②] 因此，德国的行政改革集中在公民参政和地方自治上面。

在俄罗斯，贵族、官僚和知识分子是自由主义思想的载体，在1905—1907年的俄国革命中，他们最为活跃。这些改制派在法制国家、代议制机关对行政机关的监督、社会舆论对国家政策的影响方面，都提出了自己的主张。然而，他们的主张面临着实践层面的难题，一般民众和上层统治者的法律文化水平低，缺乏社会监督和议会政治的经验，阶级和团体普遍存在利己主义，改革只注重眼前利益。因此，这些因素促使激进派提出了非常彻底的革命主张，而自由改制派的主张则失去了社会基础，没有号召力。他们与西欧的自由派相比，因为客观条件的限制，使他们无法有效抵制右派和左派的压力，限于独立无援的境地而让位于激进派。这是一种不充分的自由主义力量。[③]

与此同时，各国的政制改革也在推进。在英国，1832年后，选举制度改革进入快车道。1832年6月7日，英国第一次议会改革法案生效，包括选举权与议席分配两项内容，由三个相对独立但相似的文本组成，分别对英格兰和威尔士、苏格兰、爱尔兰做出了规定。根据法案规定，年值10英镑房产的公民有选举资格，这使得中产阶级成为选民主体，店主替代工匠成为选区最大的职业团体。但是，中产阶级并没有获得政治上的控制权，只是在

---

① See Ernst R. Huber, *Deutsche Verfassungsgeschichte seit* 1789, Stuttgart, 1957, Bd. 1, S. 291.

② See Kurt G. A. Jeserich, Hans Pohl, Georg-C. von Unrch, *Deutsche Verwaltungsgeschichte*, Stuttgart, 1983, Bd. 2, S. 310.

③ 参见张广翔《19世纪下半期—20世纪初期俄国的立宪主义》，《吉林大学社会科学学报》2003年第6期。

更大程度上分享了权力，而工人阶级大多没有选举资格。① 1867 年 8 月，英国第二个改革法案通过。该法案规定，城镇缴纳济贫税且有房产（无论是有产权还是租用）的公民都有选举权，寄居者房租年达 10 英镑也有选举权，农村年值 5 英镑财产或租用年值 12 英镑地产的公民都有选举权。这导致工人阶级大都获得了选举权，只有矿工和农业工人被排除在外。② 在 1872 年，秘密投票法通过，英国选举公正性增强。但大选中的"候选人拉票、宴请以及贿赂事件仍然普遍存在"③，选民找不到投票站就不投票，谁高价就投票给谁。直到 1883 年，《选举舞弊和非法行为禁令》通过，在最大程度上减少了选举过程中的冒名顶替、威胁和贿赂等行为。在 1884 年，英国议会通过新《选举法》，在 1885 年通过了《议席重新分配法》，适用于全英国。选举法案将城镇农村的选举资格统一起来，凡持有年值 10 英镑以上房产、土地等财产的公民都有选举权，这使得选民从 300 万增加到 500 万，基本上实现了成年男子的普选权。议席分配法案则重新分配了 138 个议席，按人口比例重新划分选区，彻底打破了古老的双人选邑和选郡制度，还设置了单选区制。当然，此时的女性仍然没有选举权，直到 1918 年，30 岁以上的妇女才如愿以偿地获得了选举权。

伴随着普选工作的开展，责任内阁制度作为宪法惯例被确定下来。该制度有以下内容："内阁由下院多数党组成，首相由国王从多数党中任命；内阁对议会负责，内阁在得不到下院多数信任时，必须集体辞职或请求国王解散下院重新选举，新选举的下院仍对内阁不信任，内阁须再次集体辞职，另行组阁。"④ 在内阁制确定下来的同时，英国的两个旧政党——托利党和辉格党也逐渐演变成保守党和自由党，其活动范围也由原来的以议会为主转变为面向全国，逐渐发展出较为严密的全国性政治组织。在政治发展过程中，英国的两党制很快形成，成为英国政治生活中的重要组成部分。⑤

① 参见刘成《民主的悖论——英国议会选举制度改革》，《世界历史》2010 年第 2 期。
② 参见宋立民、庄泽虹《19 世纪英国激进主义报刊的繁荣与衰亡》，《清远职业技术学院学报》2014 年第 5 期。
③ 刘成：《民主的悖论——英国议会选举制度改革》，《世界历史》2010 年第 2 期。
④ 参见夏新华编《外国法制史》，北京大学出版社 2011 年版，第 181 页。
⑤ 参见郝铁川《当代中国法制的阶段性与超越性——与 19 世纪英美法制之比较》，《中国法学》2007 年第 2 期。

与此同时，文官制度也建立起来。所谓"文官"，就是国家机关中的文职工作人员；在英国则是以文职录用，报酬由议会通过的款项给付的国家工作人员，具体包括常务次官以下的政府官员。这一制度的建立得益于19世纪英国成熟的市民社会。在工业革命的影响下，英国出现了更多的市民组织；并且，自由公平竞争的观念在此时成为整个社会的基本准则；新闻自由为整个社会的政治监督提供了舆论支持；而英国的现代选举政治则为文官制度的建立提供了政治条件；国家意志的表达功能与执行功能的区分越发明显。正是在这样的背景下，英国国内出现了事务官与政务官区分的主张。1855年5月21日，英国政府颁布了第一个关于文官改革的枢密院令——《关于录用王国政府文官的枢密院命令》，规定成立一个独立于政府部门之外的机构——文官事务委员会，不受内阁和各部门的控制，不与任何政党发生关系，由三名高级官员为委员。该委员会的责任包括：第一，对各部门推荐的文官候选人进行条件审查，对其是否胜任文官工作的知识水准进行考试——试卷由该委员会组织学者制作；第二，制定考试规章制度和录用标准（经财政部批准生效），统一管理各部门考试，审查考试合格者，分配预录用人员，经6个月试用期后由用人机构决定是否正式录用；第三，政府任命文官必须经文官事务委员会审查资格。但是，枢密院令同时强调，考试不是严格意义上的竞争，而是有范围的限制性竞争。19世纪60年代末，支持公开竞争考试的呼声越来越高，内阁不得不妥协。在内阁决策之前，有调查显示：在1855—1868年所录用的9826名文官中，仍有7033人未经竞争性选拔而得到任命，经过有限竞争选拔2765人，完全经过公开竞争考试的只有28人。因此，英国内阁于1870年6月4日颁布了第二个改革文官制度的枢密院令。该令规定："多数重要文官职位必须按照文官事务委员会的要求，通过公开竞争考试，择优录用；委员会的委员在财政部的监督下，有权独立决定被录用文官的基本条件。但为了减轻保守势力的压力，法令又规定，外交部和内政部可以例外。某些高级官员（如法官和各类视察员）的职位仍可不经考试而由内阁直接任。"① 1871年，英国内阁又颁布了关于聘用临时雇员的枢密院令，该令规定："从此以后临时雇员统称为办事员；实行统一的工资标准，每小时10便士，取消原来生病和假日期间照付薪酬的权利；所有办事员均

---

① 阎照祥：《英国政治制度史》，人民出版社2012年版，第349页。

须通过文官事务委员会的考试，然后根据需要分配到任何部门工作。"①至此，英国的文官制度初步建立。

在美国，南北战争决定了联邦的命运，北方战胜了南方，使美国的政制进入了另外一个阶段。1865 年的宪法第 13 修正案废除了奴隶制；1868 年的宪法第 14 修正案通过，使各州权利得到限制，公民权利得到了更充分的宪法保障；财产法上确立了土地自由转让制度，诉讼程序方面的改革使程序得以简化；确立了普通法上的判例理论，使美国的法治形成了以法院为中心的判例制度；全国统一各州立法委员会于 1892 年成立，起草标准法案以供各州议会采用。② 美国的政制改革在扎实推进。

在法国，法国大革命的影响仍未消退，旧势力与新势力之间势均力敌的较量在 19 世纪还未结束，但在 19 世纪中后期，法国的政制格局基本稳定下来。自 1791 年以来的宪法变迁，在 1875 年得到了基本的稳定。1875 年宪法是法国历史上最长寿的宪法。作为君主派与共和派妥协的产物，该宪法内容虽不完备——由《参议院组织法》《政权组织法》和《政权关系法》三个宪法性文件组成，但它肯定了共和政体，赋予总统广泛权力，又易于修改，较大程度上适应了法国政局，使法国在政治进程中发展为比较典型的议会共和制国家。③ 当然，该宪法的缺陷在于没有一般性原则规定，没有专门规定司法权，也没有对公民权利进行规定，但它却使得法国的政局稳定下来，为革命后如何建立稳定政局提供了历史范本。

在德国，德皇于 1871 年 3 月在《北德意志联邦宪法》的必要修改的基础上颁布了帝国宪法。该宪法规定：第一，帝国实行君民共主制，皇帝拥有广泛的权利，有立法权和行政权，有权任命宰相和其他高级官员，而议会基本上无权任免宰相和各部大臣；第二，帝国实行联邦制，各邦成为帝国政府之下的地方自治单位，普鲁士具有霸主地位；第三，帝国立法权由联邦议会和帝国国会共同行使，而普鲁士在联邦议会、帝国国会中处于优势地位；第四，宪法还规定了邮电制度、关税制度、海上运输制度、铁路制度和军事制度等。④ 从历史来看，这部宪法是俾斯麦的呕心之作，他

① 徐志强：《现代社会与政治体系下的 19 世纪英国文官制度改革》，硕士学位论文，河南师范大学，2014 年。

② 参见夏新华编《外国法制史》，北京大学出版社 2011 年版，第 210 页。

③ 同上书，第 254 页。

④ 同上书，第 293—294 页。

企图平定来自全国各方面的压力，即皇室、中央政府、地方各州政府、普鲁士与各州之关系等。从其内容来看，1871 年宪法基本上反映了德国当时的政治势力状况，普鲁士在帝国中的影响力最大，德皇、宰相拥有最大的权力，而联邦议会与帝国国会权力相对较小，而人民普遍缺乏参政意识，也缺乏相关权利。

西洋各国此时的现代政体改革，无不透露出各国的政治状况。从某种意义上讲，宪法不仅需要规划国家未来的政治发展，还会反映当时的政治局面，宪法是在历史进程中逐渐完善的。现代政体不是凭空的逻辑创造，而是政治的实际过程，是在历史进程中伴随着政治思想及其政治行动而变化的，任何脱离实际的宪法文本都终将被现实所抛弃，它必须在政治势力的相互牵制中动态平衡地发展。

第五节 清末"游西记"中的"西洋政制"图景与文化认证

晚清保守人士曾廉在写给朋友的信中强调，清末"变夷之议，始于言技，继之以言政，益之以言教"[①]。在他看来，清末国人对西洋的认知经历了从技术到政制，再到思想的转变。而这一认知路径的转变，实际上暗示了传统文化在国人心目中的地位在日益下降，它越来越不能成为治国的指南。这是中国文化衰微的表现，以文化认证而论，这是文化劣势的结论。但为何国人会有传统文化劣势的认证结论呢？关于这一点，我们应考察清末游西记在中西文明之间的文化认证情况。经由此认证，我们才能进一步了解他们为何会有关于"西洋政制"的这样一幅图景。

事实上，游西记在中西文明之间对比、思考、抉择以建构意义联结时，实际上也在其间进行着文明对比的工作。此间有五种声音：一是强调中国文化的优势地位，以此解释西洋或批判西洋；二是强调西学中源，不必学习西洋；三是强调西学中源，主张学习西洋；四是强调西学中源，主张借西洋而解经典，进而返古以救时；五是西洋文明乃是独立于中国的

---

① 详见费正清编《剑桥中国晚清史 1800—1911 年》（下卷），中国社会科学出版社 1996 年版，第 363 页。

文明。

　　强调中国文化优势地位的是郭连城、志刚等人。郭连城（1859—1860年）作为基督徒行游西洋，在理解《圣经》创世七日为一周时，认为这符合中国传统经典《易经》与《史记·天官书》的观点。他这是"以中释西"，将中国置于中西文明对比的主体位置上。

　　而志刚与王芝则承认西国的富强。志刚（1868—1870年）在纽约见有图书馆，认为其"略同宁波天一阁之制。可谓善用其富"①；王芝（1871—1872年）则认为，瑞士"国无专主，乡里各举善士未治，无苛法，无繁征无急赋，欧罗巴极乐之国也。民风富仆，山川景物清胜，可悦欧罗巴诸国"②。但他们均发现西国富强误入了歧途。志刚的疑问在于西洋何以因"异教"而欺侮华人。他考究西教后认为，其以兼爱为教，"又实近乎墨氏"，且其"人人自认其天父，不但无其父，并无其君矣，则墨而兼杨矣"，西教与儒家相差甚远。在与传教士交谈时志刚强调，"习教者，西人也。传教者，神甫也。既有神甫以教人，何以不教以爱人之道，而听其嗜杀争利，所贵乎神甫者何在乎？"这是西教自身的问题，以巴黎贿选骚乱来说，"缘西法以保荐设官，惟从其众，而不知弊又从此而生也。其暗室纯修、不求闻达者，反寂寂无闻焉。然则建官惟贤，犹圣人在上，而后能野无遗贤乎"；以西国五伦而论，其"概以朋友之道行之"。幸而"近今泰西颇购求儒书"，似乎又表明西教亦将"当必有道以处此"③。而王芝则对英国重机器而不重人力表示疑惑，他认为，"英吉利，所以为此机巧者，惜人力不乎，惜人力是爱人也。爱人而使人失其业，异哉！且天地生物以为人用人制，物以养人，未闻以物废人者。人废国必随废，弊端百起，无靖日矣"④。在他们看来，西洋富强偏离了圣道，导致弊端丛生；只有回归圣道，才是富强的王道。

　　而刘锡鸿（1876—1878年）基本上也遵循志刚的逻辑，认为英国"无闲官，无游民，无上下隔阂之情，无残暴不仁之政，无虚文相应之事"，但它却不符合孔子"治国之要，曰节用"的主张，因为英国政治

　　① 志刚：《初使泰西记》，钟叔河编，湖南人民出版社1981年版，第20页。
　　② 王芝：《海客日谭》，沈云龙编，台北：文海出版社1968年版，第295页。
　　③ 志刚：《初使泰西记》，钟叔河编，湖南人民出版社1981年版，第33、69、71、62页。
　　④ 王芝：《海客日谭》，沈云龙编，台北：文海出版社1968年版，第223—224页。

"无一不殚力讲求。其于教民、养民、整军、经武,尤能不惜重费,然常有不必用而用,不当用而用者"。在与日人井上馨交谈时,刘锡鸿强调,"祖宗制法皆有深意,历年既久而不能无弊者,皆以私害法之人致之。为大臣者,第能讲求旧制之意,实力奉行,悉去其旧日之所无,尽还其旧日之所有,即此可以复治。若改弦而更张,则惊扰之甚,祸乱斯生,我中朝敢不以贵国为戒乎? 金、银、煤、铁等矿,利在焉,害亦存焉,非圣天子所贪求也"。在与波斯藩王交谈时则表示,中国落后只是暂时之事,"天道祸盈而福谦。如俄之贪噬无厌,安知不夺其魄,使之骤致丧败,若拿破仑之灭亡? 强弱胜败,何常之有。大清威行四裔,殆二百年。自咸同间,蟊贼内讧,财力稍困。朝廷顾借民命,不肯黩武于西洋,其势遂似于弱。今扫平海内,渐靖西陲,武功既成,一意政教,不及数载,纲维大张,国威自可复振",但反对采纳西洋技术,因为"方今政府,谋于朝廷之上制造大火车。正朝廷以正百官,正百官以正万民,此行之最速,一日而数万里,无待于煤火轮铁者也",且"夫农田之以机器,可为人节劳,亦可使人习逸者也;可为富民省雇耕之费,亦可使贫民失衣食之资者也。人逸则多欲而易为恶,失衣食亦易为恶,而忧时者,独以义塾救之。塾多贼少之言,殆深明治道者所必蒩矣"。在他看来,"彼之实学,皆杂技之小者。其用可制一器,而量有所限者也。子夏曰:虽小道,必有可观者焉;致远恐泥,君子不为",且"中国自天开地辟以来,历年最多,百数十大圣继起其间,制作日加精备,其言理之深,有过于西洋数倍者。西洋以富为富,中国以不贪得为富"。① 刘锡鸿对西洋技术一直保持着高度的警觉。

主张西学中源而不必学习西洋的是曾纪泽。他(1878—1881 年)认为西学不出易学的范围,"有文学政术,大抵皆从亚细亚洲逐渐西来,是以风俗文物,与吾华上古之世为近",从"中国皇帝圣明者,史不绝书,至伯理玺天德之有至德者,千古惟尧舜"看,"西人一切局面,吾中国于古皆曾有之,不为罕也";至于西国"火轮舟车、奇巧机械,为亘古所无",但"机器之巧者,视财货之赢绌以为盛衰。财货不足,则器皆苦窳"。事实上,"巧不如拙",因为"中国上古,殆亦有无数机器,财货渐细,则人多偷惰而机括失传"。因此,"观今日之泰西,可以知上古之中

---

① 刘锡鸿、张德彝:《英轺私记·随使英俄记》,钟叔河编,湖南人民出版社 1986 年版,第 33、109、110、125、128—130、140、159—160 页。

华，观今日之中华，亦可以知后世之泰西，必有废巧务拙，废精务朴之一日"。而墨西哥公使巴德洛也认为，"五大洲中，立国最早，声名文物可考见者，盖无出中国之右者"①。曾纪泽的逻辑是西学源于中土，中土有今日技术落后的局面，则西洋也必有未来落后的局面，因为工商业发达是以耗费资源为前提的。

　　强调西学中源说而主张学习西洋的是凤凌。他（1893 年）认为，"各国制度新奇，实中国所流传散失"，学习西洋不过是找回中国旧有制度而已。凤凌认为，"勿徒袭其外貌，务在识其大端，要在心存君国，凡一切苟且偷安，委靡骄奢迁就之习，力为挽回富强，其在是也"②。对他而言，学习西洋不在表面，而在其富强的根本大道，这是救国。

　　强调西学中源而主张借西洋以返古救时的是钱德培、薛福成与宋育仁等人。对西学中源说的论证，钱德培（1877—1882 年）与薛福成不同。钱德培反驳西洋无圣人而知"衣食居处"是不约而同的观点，"天下以中国为最古，圣人出而教民以衣食宫室，俾遂其生。泰西各国未尝有圣人之教，而后世亦知衣食居处，盖仍从中国声教之所讫或云从"。其逻辑是，"譬如东邻，偶建一阁，我虽不与之交而远而拟之，亦不难仿造一亭，由进而远，则数万里不啻一邑"，东学由是而西渐，西人是"赖以有中国，更赖中国之有圣人"。至于机器，在钱德培看来，中国古已有之，"轩辕氏见飞蓬而作车，见落叶而作舟，即中国创造机器之始"，西国人少而以贸易为宗，故"必增设汽机以助机器，俾得多成货物出外行销"，这机器是补西人人力之不足，而中国人多则少用机器，并非"泰西独尚机器"。且"化学光学重学理学医学算学，何莫不自中国开其风"，西人不过是"袭取而精究之，分门别类。凡人得精一艺者，即可致身富贵，故不惜宫本以相试验，事理愈推则愈广"。西人"希耳司参戎"颇服中国，"教会之善，创物之早，立国之古，并云西国之能事无非肇自中华，惜华人敷衍了事，因循贻误者多，故一切实学反为虚文所累，苟能免忌讳，除成见，从善革非，则富强当在万国上，向慕之诚溢于言表，惜年届七秩，不克远来投效，而仪型上过之心，则未尝去诸怀抱"③。西人溢美之词，使国人

────────────

① 曾纪泽：《出使英法俄国日记》，钟叔河编，岳麓书社 1985 年版，第 177—178、193 页。
② 凤凌：《游馀仅志》，中华民国十八年刊本影印本，下卷，第 11、30 页。
③ 钱德培：《欧游随笔》，清光绪刊本，上卷，第 48 页，下卷，第 8、28 页。

心有戚戚焉!

与此同时,薛福成(1889—1894年)对西学中源说的论证,从三个方面入手。一是强调西学多有暗合中国经典之意,即"《管子》一书,以富国强兵为宗主,然其时去三代未远,其言之粹者,非尽失先王遗意也。余观泰西各邦治国之法,或暗合《管子》之旨,则其擅强盛之势亦较多";且"《庄子》一书,寓言也,亦卮言也,而与近来泰西之学有相出入"。二是从西学的起源看,"由英法德美诸国而溯罗马,溯希腊,溯埃及,其根源有不可没者。……埃及在阿非利加洲之北境,希腊在欧罗巴洲东境,当时疆域兼涉亚细亚洲之西境,罗马兼跨亚欧阿三洲之境,则诸国学术之由东而西,益显然可证焉"。三是反驳地理大发现破中国圣人"天圆而地方,天动而地静"旧说。他强调,"西人所测方圆动静,言其形也;圣人所谓方圆动静,言其道也",两者所谈完全不同。天之圆是"阴阳始终,寒暑往来,循环无端",地之方是"华岱江河,各有定位,不能移易";圆的关键在于动,而方的关键在于静,动静皆是相对而言,"譬如大舟行海,舟中之窗户几席,虽与舟俱动,而在舟中未尝不静"。薛福成认为,古之圣人虽"不能环游地球",却并非不知地球之圆,因为"未到其时,圣人不肯显言,未涉其境,圣人不必赘言",在他看来,"圣人虽有所不论,而一字一句,义蕴宏深,实已无所不该"①。薛福成在此暗示,中国在近代的失败,并非圣人教化——儒学经典本身出了问题,而是时人对其理解存在重大误差。

但他们均发现,西学虽源于中土,但也存在一些问题。钱德培即认为,"西人于格物致知之学,固不得谓之不究心,然往往浅于此者,反不能得其来历,辨别分类,如博古者以中国物指为印度所产,中国土产与日本悬殊,彼亦不能分别,往往并列一类识,草木者,牡丹与芍药同名而只别其种……此则荒谬之极,然其著书之名则已大振于欧洲各国"②。而薛福成则强调,西洋各国"当勃兴之际,一切政教均有可观;独三纲之训,究逊于中国。即洋人亦或推中国为教化最先之邦,似未尝不省悟及此;然一时未能遽改者,盖因习俗相沿之故。余谓耶稣当西土鸿荒初辟之时,启

<hr>

① 薛福成:《出使英法义比四国日记》,钟叔河编,岳麓书社1985年版,第253—254、326、499—500、505页。
② 钱德培:《欧游随笔》,清光绪刊本,下卷,第8页。

其教化，魄力甚雄，然究竟生于绝域，其道不免偏驳"①。即是说，西学自身存在问题，对它的某种"借鉴"（借西洋来重新解释经典②），需要谨慎。

与钱德培不同的是，薛福成同时承认清末的中学也存在问题。他根据《春秋左氏传》讥讽齐侯"不务德而勤远略"判定，近世学问的毛病是过于强调"务德"而"不勤远略"。他认为，在国家"全盛之时"强调"务德"而忽略"勤远略"，尚能够敷衍了事，但在多事之秋则万万不行。外国皆知中国"不勤远略"，故而其"莫不欲夺我所不争，乘我所不备，瞰瑕伺隙，事端遂百出而不穷"。因为"不勤远略"，中国失去琉球、越南、缅甸、珲春一带及黑龙江以北之地、布哈尔、布鲁特、哈萨克诸回部、哲孟雄、什克南、廓尔喀诸部，而朝鲜也岌岌可危；因为"不勤远略"，中国海外华人无领事保护而受尽欺侮；因为"不勤远略"，中国远洋商务船只局限在南海之内。在他理解，这是"学术之误"，它"误国家误苍生"。此外，中学对"利"的认识也存在类似的问题。薛福成认为，圣贤"以言利为戒"是"颠扑不破之道"，这是在告诫聚敛之徒当戒利而修身，就"一身一家者言之"；《大学》平天下章即"半言财用"，而《易经》则"乾始能以美利利天下"，圣人并不"讳言利"，而"生财有大道，生之者众，食之者寡，为之者疾，用之者舒"正是"治天下之常经"。后人不明圣人之言而一味戒利，"不问其为公为私，概斥之为言利小人"③，也误国误民。

因而，在他们看来，中国需要借西洋文明而返古以救时。借西洋，在于"东洋诸国力摹西法者，日本也；南洋诸国力摹西法者，暹罗也。南洋各邦，若缅甸，若越南，若南掌，或亡或弱矣，而暹罗竟能自立，不失为地球三等之国，殆西法有以辅之"，因而，"今之立国，不能不讲西法者，亦宇宙之大势使然"。但西法并非"西人所得而私"，它是"天地间公共之道"④，学西洋不过是借西洋而已。以"先王明刑弼教"为例，宋育仁（1894—1896 年）强调，"明刑弼教"之旨在汉武帝之时即失真意，为

---

① 薛福成：《出使英法义比四国日记》，钟叔河编，岳麓书社 1985 年版，第 273 页。

② 参见程燎原《"洋货"观照下的"故物"——中国近代论评法家"法治"思想的路向与歧见》，《现代法学》2011 年第 3 期。

③ 薛福成：《出使英法义比四国日记》，钟叔河编，岳麓书社 1985 年版，第 584—586 页。

④ 同上书，第 132、231 页。

"好严方，任酷吏，经生不敢正驳律令，依违其词"，而"经术以讹传讹，沿袭至两千年之久"，西法则"以刑弼教之用"，"深合于先王除苛解娆，不以禁暴安人者害人"之旨。因而，宋育仁借西洋而明先王"明刑弼教"之意，即"要知先有教，然后不率教者有刑。即知明刑乃所以弼教，自无异于法轻不能禁奸，法外之弊在所必除，又无论矣"。于是，宋育仁批评中学、西学的不足，即西学不知本，"不问其何以能禁暴止奸"，而中学则不明经义而为"中国自古如是"；借西洋是为明经义，而非要学西洋的政教，其学则"国本危，名教将为天下裂"①。

再以《春秋》为例，宋育仁强调，"穷观今日之西戎，有制度、文章、聘盟、朝会，俘人之君必加礼，灭人之国必复封，与水草游牧变夷蛮无道者迥殊，但可视为春秋之吴楚，不能待以春秋之潞狄。国富兵强，人和政理，正宜进之以礼，不能威之以兵。因其公法，引经为之正定，明其所疑，译而布之各国。西人好胜，亦好精微之思，必能由攻生悟，不令自行。所谓不战而屈人之兵，经术之用也"②。在钱德培看来，中国借西法之后，"不让人先，仍使天生之物不速竭，其源则人所无者，我独有；人所不足者，我所馀。富强之势莫可与，京行见统一地球，盖归藩服亦事之所必有者"③。钱德培对中国未来充满信心。

强调西洋文明乃独立于中国文明的是王韬、郭嵩焘、崔国因、王之春等人。王韬（1868—1870年）与崔国因的论证方式基本相同。王韬在苏格兰游历，见其"官无讥察之烦，吏无诘诃之扰，从无以异服异言而疑其为宄为慝者。入其境，市不二价，路不拾遗"，认为这是"宽大之政，升平之治"，因为它"以礼义为教，而不专恃甲兵，以仁信为基，而不先尚诈力，以教化德泽为本，而不徒讲富强"④。在他看来，这是西国的文明。

而崔国因（1889—1893年）则强调美国议院、报馆、警察之设有尧舜之世"路不拾遗，夜不闭户"的图景；其国富强，在"防利源之夺于他人而已。其五谷、麦粉之运入他国，欲其免税，必有免他国之税则以相

---

① 宋育仁：《泰西各国采风记（节选）》，载朱维铮编《郭嵩焘等使西记六种》，生活·读书·新知三联书店1998年版，第357—358页。

② 同上书，第356—358、407页。

③ 钱德培：《欧游随笔》，清光绪刊本，上卷，第59页。

④ 王韬等：《漫游随录·环游地球新录·西洋杂志·欧游杂录》，钟叔河编，岳麓书社1985年版，第124、127页。

报施,则他国亦防利源之为所夺也。现在美国之麦粉运入中国者,每年数十万捅,皆不纳税"①。至于西国何以讲求仁义而并非根源于儒学,王韬认为,这在"东方有圣人焉,此心同,此理同也。西洋有圣人焉;此心同,此理同也。请一言以决之曰:其道大同"②。

郭嵩焘(1876—1879年)则从历史等角度强调西国文明乃独立于中华文明的另一种文明,其"以智力相胜,垂二千年。麦西、罗马、麦加迭为盛衰,而建国如故。近年英、法、俄、美、德诸大国角立称雄,创为万国公法,以信义相先,尤重邦交之谊。致情尽礼,质有其文,视春秋列国殆远胜之";与中国相比,"此间富强之基,与其政教精实严密,斐然可观……其谨守例案,与办事者循资按序,委曲迟难,视中华亦有过之",若说"讲求实在学问,无有能及太西各国者。二三百年前利马窦、南怀仁、汤若望先后来中国,最为有名。此次至伦敦,所见定大、谛拿娄、阿文、虎克、斯博得斯武得谈论电学、化学、光学、热学之精微,益见英国学问人人讲求";若说政制,其国则"国政一公之臣民,其君不以为私。其择官治事,亦有阶级资格,而所用必皆贤能,一与其臣民共之。朝廷之爱憎无所施,臣民一有不惬,即不得安其位。自始设立议政院,即分同、异二党,使各竭其志意,推究辨驳,以定是非,而秉政者亦于其间迭起以争胜。于是两党相持之局,一成而不可易。问难酬答,直输其情,无有隐避,积之久而亦习为风俗。其民人周旋,一从其实,不为谦退辞让之虚文。国家设立科条,尤务禁欺去伪。自幼受学,即以此立之程,使践履一归诚实。而又严为刑禁,语言文字一有诈伪,皆以法治之,虽贵不贷。朝廷又一公其政于臣民,直言极论,无所忌讳。庶人上书,皆与酬答。其风俗之成,酝酿固已深矣"③。

王之春表示,德国"富强之道有三,一举国皆兵,风气视武职为最荣,人人皆愿当兵,三五年始受他业,平时常备兵四十万,有事调集,新旧兵可三百万,最多可兵五百万;一铁路六通,四辟车位,皆有定数,四

① 崔国因:《出使美日秘日记》,胡贯中注,刘发青点,黄山书社1988年版,第107、245页。

② 王韬等:《漫游随录·环游地球新录·西洋杂志·欧游杂录》,钟叔河编,岳麓书社1985年版,第97页。

③ 郭嵩焘:《伦敦与巴黎日记》,钟叔河编,岳麓书社1984年版,第91、119、190、434页。

五日间通过之兵可尽集边界；一饷有专款，兵之所至，饷即随之。法国前所偿巨款，至今存储未动，须待议院会议也。德皇自己亦为兵官，每行街市与居民相交接，有疾病则咻之。下情不壅于上闻，故民气和穆，群愿效忠而赴义。每遇阅兵演炮，立亲自列队，如临大敌"①。义务兵役制、交通、军费均指向军事，在王之春看来，德国富强就是军事强大。

他们认为，西洋文明独立于中国文明，并不表示中国不当学习西洋。相反，我们应以平等的心态真正理解西洋，在此基础上学习西洋。黎庶昌在效率上比较中西制呢之法，认为"西人可为百者，中国只能为一"，西法在效率上有明显优势，学习西法是很自然的事情。对他来说，中国"十余年来，中国颇讲自强之术，然兵船未能逾新加坡一步。现虽遣使驻扎各国，而商贾不能流通，行旅不至于锡兰"，这是没有找到恰当方法，其法实在"若能仿西国火轮车船公司及电报信局之例，岁领国家之经费，而官为主持，庶几权利可收，富强可以渐致。释此而不务，吾未见其可也"②。而对王韬来说，西学"有不必学而学之者；有断不可学而学之者"③，需要在这里做出区分，并非西学都当学习。他认为，"冈本近日又著《要言类纂》，就古今言理诸书，综其要而隐括之，皆孔孟遗意。彼以为是说也，遍天下可行也，于泰西学士之言，则独摈之，是亦具特识者"④。王韬强调，中学并非不可取，西洋仍需学，只是需要区分学习的内容。

这五种声音出现的时间不一，大体情况是中国文化居于绝对优势地位的观念最先出现，它是中国中心观的必然产物，中国自古以此观念审视其他文明。而后其他观念初现，几乎并存于世。而西学中源说源自明末西学第一次东渐后国人的反应，在康熙帝钦定后成为官方解释，⑤进而成为国人面对西学挑战的第一反应；它在19世纪初期因西学东渐而再次兴起，虽有1853年、1858年出版的《格致新学提纲》正副卷以及1857年出版

---

① 王之春：《使俄草》，沈云龙编，台北：文海出版社1967年版，第191—192页。

② 黎庶昌：《西洋杂志》，钟叔河编，湖南人民出版社1981年版，第89、180页。

③ 王韬等：《漫游随录·环游地球新录·西洋杂志·欧游杂录》，钟叔河编，岳麓书社1985年版，第462页。

④ 罗森等：《日本日记·甲午以前日本游记五种·扶桑日记·日本杂事诗［广注］》，钟叔河编，岳麓书社1985年版，第453页。

⑤ 参见葛晋荣《"西学东渐"与清初"中西会通"的科学观》，《北京行政学院学报》2004年第5期。

的《西国天学源流》系统证明西洋学问独立发展的历史,在学理上当给予其"迎头一棒"①的打击,但多数士大夫却"熟视无睹"②。

根据全汉升的研究,清末国人熟视无睹西学独立而大兴"西学中源"说,乃有三个原因:一是"西学既是源出中国的,那末,这本来就是国货,便用不着排斥了";二是这证明了中国人的聪明才力不下于西人,故西人所能之西学,中国人当然亦可学而能;三是"西学既源出中国,则他在古代的中国已经存在,所以采用西学即以复古"③。而汤学奇认为,此时的"西学中源"说是早期改良派和资产阶级改良派自身学识的表达,亦是对付旧派的策略,是"为了争取更多的同志"④。张元隆则认为,这是"由于传统文化积淀而成的华夏中心主义的心理定势所规约","是由凝结于士大夫中的唯古是法的价值取向所困扰","是由中国士大夫意会性、模糊性思维惯性在起作用"⑤。王尔敏亦强调,西学中源说的再起,应该是中国文化优势地位受到西洋乃独立的强势文明挑战的反应,即对西学的出现提供"合理解释",因为国人在面对西学时,认为有必要在中国的视域中安顿它,而这一安顿必然涉及解释的问题,即假定中学为源头,寻找历史上的"证据托为假说之根据",创造了"一种学理性信仰基础"。而之所以选择中学为世界学术的起源,乃是人类自我中心意识的反映,是其"自信自爱与维护固有光荣"的条件反射,这是在"极力提高民族光荣与自信",尤其是在受到挑战时。从众多士大夫的反应来看,这一解释系统并非"一二人所能杜撰",而是"同时代大众交互传习发明与补充而完成统一时代之新学说",因为它是"循众说共有之一种愿望",寻找历史文献的解释而"必定有其理性一面",即是说,"无论程度高下如何,但必然有相当的说服力"。这不过是文化立场的问题,而立场从来都无所谓对错。当然,这种民族情绪影响了国人对西学的客观认识,但据伽达默尔的视域融合来看,"前见"必然存在,国人的此种反应在学术上也就不当过于苛责。何况,王韬、郭嵩焘还提出西学乃独立文明这一观点呢?虽然他们也在某种场合以中学附会、假托西学,但这种附会并"不在假托故

---

① 邹小站:《西学东渐:迎拒与选择》,四川人民出版社 2008 年版,第 106 页。
② 王韬:《王韬日记》,中华书局 1987 年版,第 151—152 页。
③ 全汉升:《清末的"西学源出中国"说》,《岭南学报》1935 年第 2 期。
④ 汤学奇:《"西学中源"说的历史考察》,《安徽史学》1988 年第 4 期。
⑤ 张元隆:《"西学中源"说探析》,《学术月刊》1990 年第 1 期。

事内容，而在所表达之思想与信仰"①，即是王韬、郭嵩焘对中学的信心而已。当然，它的一些弊病，诸如不科学、迁就文化沙文主义等亦不容忽视。

"西学中源"说在清末的起起落落，是中国人自身文化心理变化的一个表征。由此表征，我们知晓，西方文明越来越被国人所认识、所理解、所接受。而正是在此过程中，"西洋政制"图景在国人心目中也越来越清晰，"西洋政制"进入了中国，成为中国文化不容忽视的一个需要被吸纳的重要因素，在理论与实践中逐渐成为中国文化的一个有机组成部分。

第六节　小结

我们发现，清末"游西记"中的"西洋政制"与当时西洋各国的政制实景有所不同。然而，造成这种不同的原因，首先可能是笔者所接触并介绍的西洋各国政制实景材料"失真"；其次是作为主体的清末中国人受其认知能力所限而没有看清；最后是作为主体的清末中国人在自我认知需求下的选择性认知。

第一个原因无须多言。第二个原因意在说明，清末中国人游历西洋，是第一次与西洋政制面对面交流，且这种交流经历了旁观、探索、学习的过程，从"以中释西"到从西方认识西方的过程，从陌生到逐渐熟悉，这符合一般的认知规律。必须强调的是，西洋政制作为一种完全异域的文明，不同于中华文明，作为认知主体的清末中国人要想跳出那种耳濡目染的思维方式，以可以说是完全对立的思维方式来认知，需要一定的时间和契机。更何况，人在认知事物的过程中，往往受到自我经验的影响。以伽达默尔的诠释学来解释，就是人在认知的过程中，实际上是自我视域与他者视域的融合以形成新的视域。在这里，清末中国人认知西洋政制，不仅要受到传统中国文化的影响，还要受到西洋政制这一知识主题的影响，两种影响都不可避免，在此情况下形成了他们对于西洋政制的认知。第一次，这种认知可能与实际情况有重大差异；第二次，第三次，第四次……随着认知次数的增加，认识会不断深入，最终会有较为深刻的认识。而实

---

① 王尔敏：《中国近代思想史论》，社会科学文献出版社 2003 年版，第 65—66 页。

际上，清末中国人对西洋政制的认知，亦是如此。

第三个原因意在说明，清末中国人游历西洋，"考察"西洋政制有其目的，是有选择的，表明了他们的认知主体身份。毫无疑问，作为"旁观者"，那个时候的游历者对西洋政制一无所知，也没有认知上的目的性，纯粹是猎奇性质的考察。从"猎奇"这一主观心理来看，所有能够激发他们好奇心的事物，都可能进入他们的视线范围，然后在某种特定的场合记入他们的"游西记"中。这种不带目的本身就是一种目的，"猎奇"的前提是中国没有，与中国不一样，从这个角度讲，"西洋政制"进入他们的视野是必然的事情。作为"探索者"，他们带着明确的目的，就是去西洋"考察"政制，探索西洋政制的前身与现世，探索西洋政制的操作规程，探索西洋政制引入中国的可能性。这里，他们的目的就是希望从西洋政制那里找到中国政治改革的方向与方法，以解决中国国内的政治危机。但是，他们去西洋，并非直接带着这个目的，因为是在工作之余或借工作这个机会去认识西洋政制。这个时候，他们相对从容，能够在中西之间，西洋各国政制之间来回对比和思考。而作为"学习者"，清末国人的目的性就非常明确了，就是去西洋考察政制，目的直接，尤其是政制考察使团。即便是那些外交官或者自费考察者，因政制改革在国内的火热程度，毫无疑问，对现代政制的认知需求极大，去西洋就不可避免地要去考察现代政制。这个时候去西洋考察政制，比之前一个时期，更为急迫。并不是在治国模式间选择，因为政制考察使团实际上已经有了相对明确的目标。他们这个时候去考察，是去学习这种现代政制模式的内容，如何展开，如何进行。带着目的，自然表明了他们的主观能动性，因而他们对西洋政制的考察就有了选择性，看哪些，不看哪些，是受到目的限制的。这种限制，并非是明确的，而是盘旋在脑海当中的，不自觉地影响作为认知主体的清末中国人。

此外，还有另外一个发现，那就是西洋政制的实景同时也限定了清末国人的认知。既然是去考察西洋政制，那么这个实际存在的西洋政制就在那里，就是那个样子，它也限定了考察者的认知内容。这个内容既包括主题，也包括主题之内容。从主题上看，西洋政制有平等、自由、法治与政体方面；从内容上看，西洋政制的平等主要体现在选举权平等、男女平等等方面；自由主要体现在新闻自由与权利、婚姻自由与权利等方面；法治主要体现在以法院为中心的各种司法活动当中，更体现在司法与立法、行政的关系当中；现代政体体现在以宪法或民意机构（民权机构）为核心的政治安排及其政治结构当中。清末中国人去考察，只能看到这些内容。这些内容限定了清末中国人对现代政制的思考。因为西洋在讨论选举平等时提出了"品格"论，故清末中国在讨论选举权问题时也提出了能力问题，即清末中国公民是否有能力参与民主政治，是否具备参与民主政治的素质，诸如此类。

结　语

历史在回望中体现其价值，我们在历史中寻找经验以及问题的原初症结。而本书不过试图在游西记的研究中找到近代国人为何以及如何理解西洋的政制观念与制度，这些政制观念与制度又如何在他们的脑海中生成，生成的政制观念与制度是传统的还是西洋的，对时局又会产生怎样的影响。

在游西记中，清末国人确实是在中外政制间对比、思考与抉择，建构两者之间的意义联结。在1800—1866年间，他们是"旁观者"，在游西记中零散介绍西洋政制的情况，他们毫无政制的敏感与自觉。但他们毕竟介绍了西洋政制，即在无意间建构了两者间的意义联结。事实上，历史往往就是在这样的不经意间掀开新的一页。自1866年后，这些游西记作者们变成了"探索者"，在游西记中大量介绍西洋政体，在中外政制间展开对比，思考其得失，并对其在中国的前景进行评估，确实是在建构西洋政体在汉语中的话语体系。他们大都倾向于议会政制，将之作为上下通达的舆情机构，还未上升到政治机构的地步，更遑论议会主权的高度。但议会作为一种咨询机构，即便现在没有实权，却有全国人民及其阶层力量作为后盾，又有西方议会理论及其运作经验在前，它已是一颗政制现代化的种子。这种潜力不可低估，但也只是潜能而已，它必须面对中国的历史与国情，在中国人民的政治实践中将它的潜能发挥出来。自1900年后，国际国内形势剧变，没有太多的时间让清政府纠缠于议会制度，改制成为举国上下的呼声，君民共主制在慈禧太后的上谕中有了曙光。因而，游西记的视线转向西洋君民共主政体的理论、制度及其实践，从"探索者"转向"学习者"。其中，平等观念仍然在"三纲五常"中纠缠，自由观念走向法律的限制，法治正试图从道德主义中走出来，君民共主思想在增强国力的口号中强调皇权下的权力分工合作——以宪法明文规定之。就此而论，游西记作者在中外政制观念间的对比、思考与抉择可见一斑。

这是战争阴影下失败者向成功者学习的真实情况。就其历史进程而言，"老师"总是在欺负"学生"。这里，固然有学生基于沉重的文化包袱而未学到西洋政制的真谛，也在于政制作为人类生活最精华的技艺必须有足够的实践积累，更在于这一学习环境的特殊性，即战争时期或非常状态。① 在非常状态下学习西方政制，自然是功利性十足，更是对西洋政制之于非常状态的情形特别关注。

在非常状态下，西洋政制同样举全国之力以应对之，即平等、自由、法治与政制在此时均与日常政治有所不同，它们在此刻都暂时处于冷冻状态，让位于非常政治时期的领袖意志。当然，领袖意志亦在民主、法治的非常状态框架当中，其目的是尽快结束非常状态以回复到日常政治，使宪法的基本秩序恢复正常运转。在非常状态下，应对危机、灾难即可获得国家正当性与合法性，个人的权利与自由亦让位于国家权力应对非常事态。

从这个角度评估清末游西记对西洋政制的解读，我们固然能够看到他们对传统思维的依赖与坚持，但也必须注意到非常状态对它的特殊影响。质言之，富强与救亡这一时代主题赋予清末国人特殊的使命感与紧迫感，固然影响了他们对西洋政制的理解，却也同时让他们特别关注西洋政制对非常状态的处理。他们对西洋政制的特殊理解，就此而论，当同情之理解。这是必要的浅薄。

事实上，清末游西记对西洋政制的考察，构成了中国建构现代国家体系的一部分。清末中国的不断战败，使越来越多的中国人认识到"落后就要挨打"的真理。于是，越来越多的中国人开始思考中国的"不落后"之道。睁眼看世界（准确说是看"西洋"），清末国人从学技术到学政制，开始追赶西洋。不论其立场或方法存在怎样的问题，又不论其认识有着怎样的误读，他们都是真诚地为了中国。看稀奇的"旁观者"确实见

---

① 紧急状态，黑塞能够导致宪法障碍或者国家紧急状态的情况，即施密特所言之例外状态，阿克曼所谓之宪法政治，它与宪法秩序或常态政治相区别。详见［德］黑塞《联邦德国宪法纲要》，李辉译，商务印书馆 2007 年版，第 546—578 页；［德］施密特《宪法的守护者》，李君韬、苏慧婕译，商务印书馆 2008 年版，第 93—178 页；［美］阿克曼《我们人民：宪法的变革》，孙文凯译，法律出版社 2009 年版，修订版译者序。

识了西洋奇观,而正是这种不经意的观察,却构成了中国人最早认识世界的窗口,虽然这一窗口有点儿小,且装置了"花玻璃"。

随后,越来越多的文人士大夫为了认识那个真实的西洋,渡过茫茫大海,在从事外交工作的同时观察着这一异域世界,西洋政制观念与制度的全景正在他们面前缓缓展开。由于受到传统中国文化及其立场等的影响,他们对这一政制的了解与西洋政制的原初情况还有不小差距。但他们却是真诚的"探索者",在不同的西洋政制间对比、思考并抉择。他们在为古典帝国的现代转型思考着方向与路径。他们并不反对建构现代的国家体系,而是强调需要对传统以及现代的国家体系有一个通盘认识,在此基础上思考中国国家体系的未来走向。正是在这样的背景下,我们应理解其"西学中源"的各变种,并非是反对现代国家体系的建构,而是如何稳妥地转型。于是,19 世纪末有行政改革的呼声——试图通过绩效带来的合法性稳定意识形态的合法性。[①] 这里,行政改革虽然是在传统的帝国体制内做微调,即便是立议院,其职能仍然局限在通民情方面,但它是作为现代国家体系的一部分被采纳的,即便其仅有"现代"形式而实有"古典"内容,却已表明了现代国家体系建构的某种可能或者说先声。此时的国人并不拒绝西洋的现代政制,只是需要根据国情做某种"在地化"处理。故而,这里说清末国人不反对现代国家体系的建构。

然而,这一努力并未取得实效,无法通过绩效取得合法性,更不能稳定传统意识形态的合法性。因此,晚清中国只能谋求建立现代的程序合法性。在确定了转型的方向之后,我们看到,20 世纪初国人对西洋政制观念与制度的探索达到了一个高潮。此时,他们是"学习者",渴望对西洋政制观念与制度有一个全面的把握,悉心考究西洋政制的方方面面。言其为"学习者",是我们看到他们受制于"亡国灭种"的危机感,在单纯地向"西方"或"东洋"学习,没有此前阶段的对比性探索精神。[②] 在清末"变法修律""政制改革"的运动中,我们看到了他们对现代政制的追究,他们正建构着中国的现代国家体系,这一体系既脱胎于古典帝国体制,又接续着现代政制,或者说,中国的现代国家体系在扎根古典帝国体制的情

---

① 有关国家合法性问题的思考,参见赵鼎新《当今中国会不会发生革命?》,《二十一世纪》2012 年第 12 期。

② 参见附录 A 和附录 B。

况下长出了现代政制的新枝丫。

　　当然，这是一种历史的努力，我们能够从中发现诸多不足，但更重要的是，我们必须承认它是中国现代国家体系建构的首次尝试。局限于认知与历史条件，这一努力虽未能成功，但确有足够的经验可以汲取，然而时局却并未给当时的中国太多时间，以至于中国的现代国家体系建构时间不断延长。生活在 21 世纪的我们，现在有足够的时间来反思这一段历史，从中挖掘关于现代国家建构的更多思考。

旁观者游东洋：1854—1893 年的
游东洋记研究①

幕府时代的日本在与荷兰的贸易往来中保持着同欧洲的联系，因而其国内有用荷兰语研究西洋文物的"兰学"，但日本并没有因此而步入现代化。事实上，日本乃因美国被里（伯利）将军的军舰威胁而被迫签订同美国的通商条约，结束了两百多年的锁国政策，正式开始其现代化的征程。在这一事件中，国人罗森出力不少，因为他是伯利将军在香港邀请的翻译官卫廉士的朋友，他"搭花旗火船游至日本，以助立约"②，见证了1854 年伯利将军的日本行动。因而，他的《日本日记》乃是有关这一行动的第一手资料。而张德彝随蒲安臣出游欧美，途经日本，留下了中国外交官关于日本的最早印象。此后晚清政府向日本先后派驻了何如璋（1877—1880 年）、张斯桂（1877—1882 年）、黄遵宪（1877—1882 年）、傅云龙（1887 年）、顾厚焜（1887 年）等大臣，③ 他们分别留下了《使东述略并杂咏》《使东诗录》《日本杂事诗》《游历日本图经余纪》《日本新政考》等资料。此外，王韬（1879 年）、佚名（1880 年）、李筱圃（1880 年）、黄庆澄（1893 年）先后自费游历日本，也留下了《扶桑游

---

① 附录 A 和附录 B 并非本书题目所含内容，但是东洋作为中国人认识现代政制的一个有机组成部分而言，如果不加以探讨，会显得中国人认识现代政制的图景研究有些缺憾。故在正文之外，补充中国人通过东洋近邻日本认识现代政制的图景，作为看西洋政制的补充或者说对照，以全面呈现中国人认识现代政制的图景。

② 罗森等：《日本日记·甲午以前日本游记五种·扶桑日记·日本杂事诗［广注］》，钟叔河编，岳麓书社 1985 年版，第 12 页。

③ 这一名单仅是笔者所能搜集到的作者名录，肯定除此之外还有不少人物游历日本，且有著作留下。

记》《日本纪游》二种、《东游日记》等资料。这些资料不仅记录了日本那些年政治、经济、文化各方面的变化，也记录了他们对此变化的不同看法，因此都是研究国人如何面对东洋的最好材料。

一　游东洋记的中国立场以及审慎类比、变通态度

在游东洋记关注日本及其所呈现出的"西化"图景时，有以下几点值得特别关注。

第一，黄遵宪在考察日本警察制度时，将其与《礼记·周官》做类比，称其"兼周官司救、司市、司暴、匡人、撢人、禁杀戮、禁暴氏、野庐氏、修庐氏数官之职"，虽后世"北魏时设候官，名曰'白鹭'"[①]，不过"略类此官"[②]，赞赏西法至善。他用"略类"一语结论，表明其类比之谨慎，易于理解警察制度的功能，但肯定中国古非有之，因而西方警察法确实值得称道。

第二，黄遵宪之于政党、黄庆澄之于议会，注重全面评估这一制度的优劣得失。黄遵宪一方面看到政党具有强大的联合力，即我们强调的政党具有组织、宣传的政治动员能力；另一方面又特别恐惧政党可能存有比之"汉唐宋明党祸"[③] 更为严重的灾难。即便我们站在法治的立场上，肯定法律框架下的政党运作可以避免"党祸"问题的出现，但我们也不能否认黄遵宪看问题的全面评估立场，不过是囿于认识的不足而导致评估不充分而已。黄庆澄同样如此。

第三，佚名观察警察制度时，表现出强烈的中国问题意识，他充分肯定西方警察制度对于地方治理的优势，但却从中国可能立法不善、"无此实心任事之人"[④] 出发认为，即便国人"乐从"此制度，但它却不应当引入中国，因为它可能"百弊丛生，反为民害也"[⑤]。我们固然可以批评佚名以静态角度看待制度引进的问题，但却不能否定他从中国实情出发对制度引进的评估态度。

---

① 罗森等：《日本日记·甲午以前日本游记五种·扶桑日记·日本杂事诗［广注］》，钟叔河编，岳麓书社 1985 年版，第 634 页。

② 同上。

③ 同上书，第 592 页。

④ 无名氏：《日本纪游》，宋汉辉编，光绪铁香室本，附杂记，第 23 页。

⑤ 同上。

第四，从黄庆澄认定华盛顿对议会制度创设的考虑"得国而传子孙，是私也；牧民之任，宜择有德者为之"是"欺人之谈"①，且华盛顿不可能与"唐虞之揖让"②比肩看，以他为代表的国人此时有着某种汉文化沙文主义心态。这与"古已有之"相比，文化自信心过于膨胀，已超过合理之界限而明显"蛮不讲理"，因为在他看来，只要是中国有的，都比外国的好。

第五，王韬在日本与友人谈论"中西诸法"时，特别注重"天理""人情"，强调"善为治者，不必尽与西法同"③，即主张引进西方制度时，需充分注重本国实情，善于变通制度。他以西方七日一休制度为例认为，"然贸易场中亦有不甚守者。至于贫民工作谋生，以一日之劳供一日之食，若安息日无事可为，一家子女何从糊口？即以六日所入积为一日之用，亦或有所不能。故安息日可行于富贵者，藉以养身心，恣游览，其贫贱者不能行则听，亦王道不外人情也。若如西国教士之语，以此日为事天，而甚至于禁食，夫天何日不当事，岂独此日哉？苟一日事天，而六日违天，何益之有？"④在王韬看来，制度是为人服务的，不是人去适应制度，礼拜制度不能保障人的生活，人自然不当依据它而生活。

二　游洋记中的日本倒幕维新运动

关于日本倒幕运动的发生，张德彝强调"日本各郡土王贰于大君"⑤，何如璋强调这是"萨乱"之举，都认为天皇行动占据了大义名分；而佚名却认为这与德川幕府同美国签订通商条约有关，即"德川氏因之失据。国王乘此夺其政"⑥。张德彝、何如璋的意见虽与佚名不同，但他们都看到天皇在此次运动中废除了各地诸侯，收回了采地，仅给岁俸，而国权归于一统。

这是"明治维新"的前提，天皇将诸侯权力收归中央才能开始大刀

---

① 罗森等：《日本日记·甲午以前日本游记五种·扶桑日记·日本杂事诗［广注］》，岳麓书社1985年版，第350页。

② 同上。

③ 同上书，第439页。

④ 同上。

⑤ 张德彝：《欧美环游记》，左步青点，米江农校，湖南人民出版社1981年版，第35页。

⑥ 无名氏：《日本纪游》，宋汉辉编，光绪铁香室本，第22页。

阔斧的改革：岩仓具、木户孝允、大久保利通等访问欧美，改正朔，易服色，改设太政院、元老院、大审院与九省而有现代政体，颁县治条例及事务章程，颁敕奏官犯罪条例，禁典卖土地于外国人，禁买卖人口，改正父祖被殴律，禁复仇，诏许与外人婚，颁布经济措施等。其结果是"近趋欧俗，上自官府，下及学校，凡制度、器物、语言、文字，靡然以泰西为式。而遗老逸民、不得志之士，尚有敦故习、谈汉学、硁硁以旧俗自守者，足矜已"①。这一看法与佚名、李筱圃类似，均看到日本明治维新造就不少遗老遗少，"今则非但不能拒绝远人，且极力效用西法，国日矣贫，聚敛苛急，民复讴思德川氏之深仁厚泽矣"②。

在佚名看来，"殊不知，慕西法而无生财之道适足以自耗其财，今自通商改用西法之后，国用不继，不得不苛敛于民，丁税地税关税之外，甚至茶棚地摊无不有税，百计搜罗，一年所入五千余万元之多，我中国十八省之地，并地丁监关各税，统计岁入亦不过此数，乃以仅当我中国一省之地，徵敛如此之钜，民力其何以堪，我中国之民涵濡圣德，轻徭薄赋日在"③。他认为，学习并实践西法，乃是耗钱的事业，非是生钱的产业。郑孝胥则认为，明治维新存在重大问题，"其自通商以来……其务营外饰，而府藏足支，实自取法欧人，而体段粗具。利固验矣，害亦随之。租税太重，则民弗克堪也；刑法太轻，则下无所畏也。党会愈盛，则奸人得以煽其徒也；议院既开，则政府莫能安其位也。有练兵之名，而非常养之额，则士卒无固志也；为共主之说，而失可持之柄，则君上如具文也"④。但黄遵宪的看法则与此相反，"明治元年德川氏废，王政始复古，伟矣哉中兴之功也"⑤。即是说，郑先生不看好日本维新事业，而黄遵宪则强调日本天皇制度在此维新事业中的功劳。

按黄庆澄的说法，"维新之治，其下之随声逐响汹汹若狂，则可笑。其上之洞烛外情，知己知彼，甘以其国为孤注，而拼付一掷，则既可悲，

①　罗森等：《日本日记·甲午以前日本游记五种·扶桑日记·日本杂事诗［广注］》，钟叔河编，岳麓书社 1985 年版，第 107 页。

②　无名氏：《日本纪游》，宋汉辉编，光绪铁香室本，第 22 页。

③　无名氏：《日本纪游》，宋汉辉编，光绪铁香室本，附杂记，第 2 页。

④　罗森等：《日本日记·甲午以前日本游记五种·扶桑日记·日本杂事诗［广注］》，钟叔河编，岳麓书社 1985 年版，第 107 页。

⑤　同上书，第 580 页。

又可喜。嗟乎！古来国家当存亡危急之秋，其误于首鼠两端者，何可胜道，日人其知所鉴矣。虽然，犹有说：凡人之病，元阳将绝，医者必投桂附以侥幸万一，迨其既复，又宜授以镇静之品而善其后。此古圣相传之方也，请告之东人之善医国者。或曰，如子之言，日本维新之政，诚为得矣。然则，我中国自道咸以来，柔远之道，中兴诸公，亦几费擘画，从而效之，不亦可乎？庆澄曰：是又不然。夫君子之观人国也，必洞观其上下是在情形，反覆推勘，然后悉其利弊所在，亦犹医然。按病拟方，其间移步换形，相去不容以发，是故不得仅以皮相论也！"① 黄庆澄的意思是：第一，对国家行为予以评价，需全面而审慎；第二，中日两国的国情不同，不能盲目学习日本；第三，在国家生死存亡之际，不可首鼠两端而浪费时机与精力。

不得以皮相论，道出了评价国家及其行为的关键，但问题在于，以明治维新为例，国人又当如何清醒认识且妥当评价，是笑，是悲，是喜，还是慎重反思？

三　旁观者笔下的东洋法政价值

日本虽与中国不同，但作为儒家文化圈的一员，都缺乏对自由、平等、责任政府等方面的现代认识。但自国门洞开，日本便主动融入西方，在自我的独特解读中引进西方法政的核心观念，自由、平等、法治、政体逐渐在日本生根发芽，长成属于日本文化的现代法政价值观念。这些法政价值观念经过日本的消化与吸收，固然已不再是"原装货"，但其能促进国家向现代化方向发展的功能却是晚清中国所必需的。西方化固然不对，但现代化却是全球化国家的选择，在日本认识、吸收、消化西方法政价值观念，对国人来说未尝不是一种选择。

（一）畸形的平等观

平等观念在日本的遭遇具有两面性。一方面，明治维新后的日本"尽去拜跪俯仰之仪"②；又大兴女学，"故船户车夫妇人女子无不识字"③；且

---

① 罗森等：《日本日记·甲午以前日本游记五种·扶桑日记·日本杂事诗［广注］》，钟叔河编，岳麓书社1985年版，第338页。

② 同上书，第588页。

③ 无名氏：《日本纪游》，宋汉辉编，光绪铁香室本，附杂记，第5页。

国内自 "维新以来，有倡男女同权之说者。豪家贵族，食则并案，行则同车。时逢国典，或有家庆，张灯夜会，为跳舞之戏，多妇媚士依，双双而至"①。西方强调人格、尊严同等高贵的平等观念似乎已在日本生根发芽。但另一方面，日本政府却又将国民分为华族、士族、民族三等，"以此别贵贱、区门第"②，绝对背离了平等观念的主张。

如果放在西人眼中，这颇难理解。但站在日本的立场，这却很容易理解。日本明治维新面对独立与欧化问题采取的是以政府为主导的国家主义，强调臣民而非国民立场，追求政治自由而非个人自由、国家独立而非个性解放，因而日本政府为了国家的政治、法律、经济、军事利益，自然可以主张废除跪拜礼仪、执行教育平等政策等，也能强调国民在政治上的不平等性。③

（二）国家主义的自由观

正因为日本强调国家自由而非个人自由，在明治维新时，黄遵宪仅提到日本有人提倡美国自由民主学说，且在谈论日本政党时略微提及他对自由的理解，即 "自由者，不为人所拘束之义也，其意谓人各有身，身各自由，为上者不能压抑之、束缚之也"④。在他看来，自由的重点在人身自由，至于思想自由似乎也能从 "不为人所拘束" "压抑之" 中解读出来，尤其是结合他大花笔墨谈论新闻自由的时候。他认为，新闻纸 "源出于邸报，其体类乎丛书，而体大而用博，则远过之也"，其 "以讲求时务，以周知四国，无不登载。五洲万国，如有新事，朝甫飞电，夕既上板，可谓不出户庭而能知天下事矣"，它启发民智，"知古知今，益人智慧，莫如新闻"。因而新闻行业在日本获得了极大发展，"明治十一年计：东京及府、县新闻纸共二百三十一种；是年发卖之数，计三千六百一十八万零一百二十二纸。在东京最著名者，为《读卖新闻》《邮便报知新闻》《朝野新闻》《东京曙新闻》，多者每岁发卖五百万纸，少者亦二百万纸云。先

① 罗森等：《日本日记·甲午以前日本游记五种·扶桑日记·日本杂事诗［广注］》，钟叔河编，岳麓书社 1985 年版，第 697 页。

② 同上书，第 409 页。

③ 参见［日］松本三之介《国权与民权的变奏——日本明治精神结构》，李冬君译，东方出版社 2004 年版。

④ 罗森等：《日本日记·甲午以前日本游记五种·扶桑日记·日本杂事诗［广注］》，钟叔河编，岳麓书社 1985 年版，第 590 页。

是文久三年，横滨既通商，岸田吟香始编杂志，同时外国人亦编《万国新闻》”①。正是在这种发展过程中，日本的政治自由得以凸显出来，“会中或论时事、驳政体，刊之新闻纸。苟他党有不合者，摘发而论之，则必往复辩论，务仲其说而后已，其大概也”②，举例来说，明治“四年废藩立县，改革政体，新闻论说颇感动人心”③。

在报业的发展过程中，报纸可能“诽毁时政，摘发人私”，因而黄遵宪理解日本政府“设诼谤律、新闻条例，有毁成法、害名誉者，或禁狱，或罚金”的做法，并发现这并不必然导致新闻行业的衰落，反而是对这一市场秩序的激活，“购读者益多，发行者益盛。乃至村僻荒野，亦争传诵”④。

事实上，新闻自由最重要的是监督政府，但在黄遵宪的记录中，我们能见到报纸可能“诽毁时政，摘发人私”，不复体制外“第四权力”的功能。不过，这颇符合日本以政府为主导的国家主义特质。

（三）“同受治于法”的法治观

黄仁宇认为，法治即是数字化管理方式。那么，关注到某种类型的数字化管理，即摸到了法治的大门。黄遵宪注意到日本有完整的统计制度，“统计表者，户口、赋税、学校、刑法等事，皆如史家之表，月稽而岁考之，知其多寡，即知其得失。西人推原事始，谓始于《禹贡》。余考其法，乃史公所见周谱之法也。[《日本国志·职官志》：统计院（明治十四年始设），斡事兼检查官一人，以一、二、三等官充书记官（无定员）、属官（无定员）。凡国中之土地、户口、农业、工作、商务、船舶、财政、兵力、刑法、文教，督令司职者详查其事，确稽其数，编次为表，上之本院，本院统而编之。其表多为方罫形，或为圆图，或为旁行斜上之式，使览者瞭然于国力之盛衰、政治之得失。俾枢府诸臣，得握其要而施治焉。]”⑤。

事实上，黄遵宪不仅注意到日本的数字化管理模式，还在关于“权

---

① 罗森等：《日本日记·甲午以前日本游记五种·扶桑日记·日本杂事诗［广注］》，钟叔河编，岳麓书社 1985 年版，第 642 页。

② 同上书，第 592 页。

③ 同上书，第 642 页。

④ 同上。

⑤ 同上书，第 639—640 页。

限"的思考中领悟到了法治概念的核心内涵，即"余闻泰西人好论'权限'二字，今读西人法律诸书，见其反复推阐，亦不外所谓权限者。人无论尊卑、事无论大小，悉予之权，以使之无抑；复立之限，以使之无纵。胥全国上下，同受治于法律之中。举所谓正名定分、息争弭患，一以法行之。余观欧美大小诸国，无论君主、君民共主，一言以蔽之曰：以法治国而已矣。自非举世崇尚，数百年来观摩研究、讨论修改，精密至于此，能以之治国乎？磋夫！此固古先哲王之所不及料，亦后世法家之所不能知者矣"①。黄遵宪在此强调，西方关于法治、权限的认识超越了儒、法两家。事实上，他在强调法律面前人人平等时，与西方法治观念契合了。且这种契合并非"西化"的表现，从其"此固古先哲王之所不及料，亦后世法家之所不能知者"②来看，这是对传统思想由外而内的超越，是对法治观念信服基础上的"华化"。

此外，黄遵宪、黄庆澄还注意到日本司法的情况，即"日本府县署不理刑案，居民口角细故，均由裁判所到决。其与外人交涉小事，亦由裁判所会判"③。但这一记录只是表明日本刑事案件的管辖而已，并没有涉及司法独立的任何内涵，因为这里的府县不理刑案，并不表示不理民事案件，更不涉及司法权与立法、行政权的关系问题。事实上，日本司法独立第一案乃是 1891 年警察津田三藏刺杀俄罗斯皇太子尼古拉未遂案，④ 在时间上仅有黄庆澄可能知晓此案，但他却没有任何关于此案的记录。不过，作为从专制帝国出来的他，不理解司法独立、法治对于国家建设的意义，可以理解。

（四）以天皇制为核心的政体观

在没有成文宪法与法治惯例的国度，将君王无限的权力以文字的形式固定在宪法之上，成就现代政体，就是一种进步，因为它表明皇权并非深不可测，文字毕竟还是一个圈，为权力划定了某一个范围。按日本天皇对现代政体的理解，"立宪政体，盖谓仿西制设立国法，使官民上下分权立

---

① 罗森等：《日本日记·甲午以前日本游记五种·扶桑日记·日本杂事诗 [广注]》，钟叔河编，岳麓书社 1985 年版，第 633 页。

② 同上。

③ 同上书，第 324 页。

④ 参见俞飞《日本司法独立第一案》，《法治周末》2011 年 10 月 11 日第 21 版。

限，同受治于法律中也"①。

虽然从天皇颁布的敕令"联即位之初，首会群臣，以五事誓神明，定国是。幸赖祖宗之灵，群臣之力，致今日小康；顾中兴日浅，未臻上理。联乃扩充誓文之意，更设元老院，以定立法之源；置大审院，以巩司法之权；又召集地方官，以通民情，图公益，渐建立宪政体，欲与汝众庶俱赖其庆，汝等其体朕意……朕今欲本我国体，斟酌海外各国成法，汝其条列以闻，朕亲裁之"② 来看，权力仍集于一身，宪法仅是对中央权力的某种划分法定化而已。黄遵宪看到的仍然是实权君主，天皇并没有损失任何权力，不存在任何与其相抗衡的权力出现，与现代政体的实质颇为悬殊，但这"官民上下分权立限，同受治于法律中"③ 还是表明了皇权自有其界限。

对于权力的制衡观念，传统士大夫如果没有接触过国内的西学著作，自然没有生发的可能，而其在日本当然也就不可能以此为标准来审查日本的现代政体；另外，日本的现代政体由于没有权力制衡的表现，自然也就无法将这一观念传递给国人。佚名也同黄遵宪一般，在其关于明治维新措施的记录——"官制有三院九省，其太政院大臣及左右大臣，如中国之宰相军机，亦有以亲王而授斯职，内阁隶于太政院，此总持国政者。大审院掌刑律，内外理刑，有司隶之，元老院掌议事，上下议员隶之。九省……皆秉成于太政院，外建三府……而多不隶于府，有事则直达省府，县地方设立裁判所，审理词讼，县官之下又有一等至九等属官及十几等出仕数十人，各有月俸，似即书吏之流"④ ——中，我们分明注意到，这里的权力概念与传统中国皇权下的权力设计没有太大差异。但这就是国人对日本现代政体的认知。

四　旁观者笔下的东洋法政制度

日本明治维新在其历史上有着绝对重要的位置，其原因是它第二次大规模引进外国制度，继"唐化"之后的"欧化"。正是这些"欧化"制度

① 罗森等：《日本日记·甲午以前日本游记五种·扶桑日记·日本杂事诗［广注］》，钟叔河编，岳麓书社 1985 年版，第 587 页。

② 同上。

③ 同上。

④ 无名氏：《日本纪游》，宋汉辉编，光绪铁香室本，附杂记，第 1 页。

在日本的生根发芽，日本才领先亚洲其他国家而率先走在了现代化的道路上。在法政制度的现代化方面，日本接受西方的君民共主政体，在游洋记的视野中，它在宪法、刑法、刑事诉讼法、监狱警察法、财税法等方面都有自己的努力。

（一）　否定日本的宪法性制度

游洋记关注到了日本政制制度当中的政党制度、议会制度。

在政党制度方面，黄遵宪有非常敏锐的观察。首先，他注意到，日本在倡议创设议院之前，即"各树党羽，曰自由党、曰共和党、曰立宪党、曰改进党，纷然竞起矣"①。政党组织的纷纷成立，为议会在日本的运作创造了组织上的条件，换句话说，日本在现代政体运作之前即已明白，政党制度对于议会运作的重要性。其次，黄遵宪在日本高知县注意到，其政党不可胜数，但主要政党却有三，"曰立志，曰静俭，曰中立。立志主张民权，推板垣（退助）为首，静俭仍主封建之政，中立则两不偏倚"②，这一观察基本呈现出政见三分的常情，即人不是保守、激进就是中立。最后，黄遵宪还特别分析了政党制度的社会学原理：在他的理解中，政党即是社会之一，所谓"社会者，合众人之才力、众人之名望、众人之技艺，众人之声气以期遂其志者也"③。而日本人"无事不有会，无人不入会"④。因为社会有着巨大的联合力，"天之生人也，飞不如禽，走不如兽，而世界以人为贵，则以人能合人之力以为力，而禽兽不能故也。举世间力之最巨者，莫如联合力。何谓联合力？如炽炭然，散之数处或数十处，一童子得蹴灭之；若萃于一炉，则其势炎炎不可向迩矣。如束箸然，物小而材弱，然束数十枝而为一束，虽壮夫拔剑而斫之，亦不能遽断。凡世间物力皆有尽，独联合力无尽，故最巨也"⑤。在每一社会中，均有其运作的基本规则，即"凡入会者，书其姓名于籍。例有开会仪，推总理为首席。总理举其立会之主义以告于众。众人者亦以次演述其所见。每月或间月必招集会友互相谈宴。每岁则汇叙所事，会计所费，刊告于众。会中或论时

---

①　罗森等：《日本日记·甲午以前日本游记五种·扶桑日记·日本杂事诗［广注］》，钟叔河编，岳麓书社 1985 年版，第 588 页。

②　同上书，第 590 页。

③　同上。

④　同上书，第 591 页。

⑤　同上。

事、驳政体，刊之新闻纸。苟他党有不合者，摘发而论之，则必往复辩论，务仲其说而后已，其大概也”①。而实际上，日本之所以有社会，也源自对西方的学习，“余观泰西人之行事，类以联合力为之。自国家行政，逮于商贾营业，举凡排山倒海之险，轮舶电线之奇，无不藉众人之力以成事。其所以联合之，故有礼以区别之，有法以整齐之，有情以联络之，故能维持众人之力而不涣散。其横行世界莫之能抗者，恃此术也。尝考其国俗，无一事不立会，无一人不结党。众人习知其利，故众人各私其党”②。但问题的关键还在于，黄遵宪仅认为在经济、社会领域，“社会”有其联合力的优势，而在政治方面，他并不看好，“若英之守旧党、改进党，美之合众党、民主党，力之最大，争之最甚者也”③，因为它多“分全国之人而为二党，平时党中议论，付之新闻，必互相排抵，互相偏袒。一旦争执政权，各分遣其党人，以图争胜。有游说以动人心者，有行贿以买人心者；甚有悬拟其党人之后祸，抉发其党人之隐恶，以激人心者。此党如是，彼党亦如是。一党获胜，则鸣鼓声炮以示得意。党首一为统领、为国相，悉举旧党之官吏度而易置之，僚属为之一空。（美国俗语谓之官吏逮捕法，谓譬如捕盗，则盗之党羽必牵连逮捕之也。）举旧日之政体，改而更张之，政令为之一变。譬之汉唐宋明之党祸，不啻十百千倍，斯亦流弊之不可不知者也”④。黄遵宪明显受到了传统党祸的影响，以至于对现代政党制度缺乏必要信心。但这与黄庆澄的日本友人观点正好相反，他强调“所谓党者，不过于政治上各异所见，非如中国汉唐朋党之比，盖亦自泰西传来之流弊耳”，因而“匪特不能禁之，并不能不用之”⑤。

关于议会制度，黄庆澄认为，它起源于美国，“创之者华盛顿也。顿雄材大略，近代无两，当建国时，忽发奇想，而创民主之局，于是有议会之举”，与事实不符，但却表明了他对议会起源的认知。对他来说，华盛顿当初设立议院，“必有不得不然之故”，但要说他是为消弭政治灾祸于未来，且强调“得国而传子孙，是私也；牧民之任，宜择有德者为之”，

---

① 罗森等：《日本日记·甲午以前日本游记五种·扶桑日记·日本杂事诗［广注］》，钟叔河编，岳麓书社1985年版，第590—591页。

② 同上书，第591页。

③ 同上。

④ 同上书，第591—592页。

⑤ 同上书，第349页。

这是"欺人之谈"，华盛顿不可能与"唐虞之揖让"比肩；尽管有"集万方之聪明，撤九重之壅蔽"的优势，只是在初行之时有"治平之效"，但"初不料百余年来，地球各国踵而行之，其流弊已至此极"；在他看来，"治地球者议院也，乱地球者亦必议院也"①。似乎，在黄庆澄的理解中，议会固然集中了全国的智识与力量，但也将全部矛盾集中在这里，并不必然导致问题的解决。

而日本议会的设立，黄遵宪注意到明治七年的争论，即前参议副岛种巨等连署上表请求设立民选议院，而加藤宏之则发表反对意见强调民智未开则议会设立时机未到，两方意见"哓哓争哄，日盛一日"，因而于明治十年"复开地方官会议"，但"民权家乃谓官吏为朝廷所授，非人民公选，不足以代议"，以至于明治十一年府县选议员"以议地方事，亦略仿西法上下议院之意"②。

在日本的议院当中，其元老院"议长、议官，皆特旨擢任；第一华族，第二敕任奏任官应升者，第三于国有勋劳者，第四明于政治、习于法律者"，地方议院则是通过选举产生，即"以本籍民人所选举者充。……（除官吏外，满二十五岁以上男子，其籍在本府县住居过三年以上，岁纳十圆地租以上者，许充议员；满二十岁以上之男子，其籍在本郡区，岁纳五圆地租以上者，许为投票人。其犯惩役禁狱一年以上，及倒产者、癫痴者，均不得与焉。）……议员每四年一任。……"③ 在地方议员选举中，选举仅限男性，且需有纳税额的限制；而被选举权只属于男子，且有居住时间与纳税额的限制。据此而论，一方面我们固可说其政治上的男女权利不平等，而另一方面也当承认其保守而非激进的政治革新立场。

在权限方面，黄遵宪观察到日本元老院享有立法权，即"凡诸省所上之事，已经内阁具案，亦得委员至本院，陈述其意见，以备参酌。……凡人民于立法创制有所建白，本院得受其书而理之"。而地方议会则有权制定预算法案，"凡府县费以地方税支办者，其预算之额数，征收之方法，皆经府县会定议"。至于其他权限则没有更多信息。此外，还有议事规则

①　罗森等：《日本日记·甲午以前日本游记五种·扶桑日记·日本杂事诗［广注］》，钟叔河编，岳麓书社 1985 年版，第 350 页。

②　同上书，第 590 页。

③　同上书，第 620 页。

的情况，日本元老院"凡制定新法、改正旧章。皆由内阁草具议案，以敕命交付本院。议官约三十员……以人数之多寡，决事之从违"。而地方议会议案则在投票数过半情况下提交有关单位审查，即"得以议长名上议于内务卿。……凡会议中论说有妨碍国安及背法律、违规则者，知事、令得命其罢议，具状于内务卿。如内务卿依知事、令之请，得令其散会，待改选议员而后再议"①。正是在此总体认识当中，黄遵宪认为，即便日本有元老院，且"国有大事开院议之"，后又有民选的地方议院，但黄遵宪仍认为，其国"太政官权最重"，更是"君主之国"②。这一判断确实点明了日本政治的实质，很是符合日本国情。

（二）"西化"的日本其他公法

在游洋记的观察视野中，他们注意到日本的财税制度、刑法、诉讼法、监狱与警察方面的情况。

在财税方面，何如璋注意到日本政府"百方搜括，纤悉不遗"③，以佚名的话说，其国乃行"三丁抽二之法，兄弟分居亦不能免，民固不愿强抽之，亦恐无用也"④，因而其国"岁入五千余万金，地租为巨，关税次之"⑤。虽有顾厚焜所谓的预算法——"日本新例，预量今岁所出之数若干，先权今岁取给于民者若干数，务使有赢无绌"⑥，但在他们看来，其国"度支恒苦匮乏"⑦。而黄遵宪则观察到，日本理解了进出口税率与国家财政收入的关系，因而"欲加进口之税，免出口之税，庶以广财源而节财流"⑧。

在刑法方面，黄遵宪认为日本先用神明裁判，而后用大明律，"近又

---

① 罗森等：《日本日记·甲午以前日本游记五种·扶桑日记·日本杂事诗［广注］》，钟叔河编，岳麓书社 1985 年版，第 620 页。

② 同上书，第 619 页。

③ 同上书，第 105 页。

④ 无名氏：《日本纪游》，宋汉辉编，光绪铁香室本，附杂记，第 2 页。

⑤ 罗森等：《日本日记·甲午以前日本游记五种·扶桑日记·日本杂事诗［广注］》，钟叔河编，岳麓书社 1985 年版，第 105 页。

⑥ 顾厚焜：《日本新政考》，载刘雨珍、孙雪梅编《日本政法考察记》，上海古籍出版社 2002 年版，第 10 页。

⑦ 罗森等：《日本日记·甲午以前日本游记五种·扶桑日记·日本杂事诗［广注］》，钟叔河编，岳麓书社 1985 年版，第 105 页。

⑧ 同上书，第 602 页。

用法兰西律"。在刑法近代化过程中，黄遵宪注意到日本参照西律制定以求解除领事裁判权的威胁，因为"泰西各国，咸谓日本法律不完不备，其笞杖斩杀之刑不足以治外人"，于是"日本政府遂一意改用西律……至十四年二月遂告成颁行，曰治罪法，曰刑法"①。在这一部刑法中，其禁烟条款——"贩卖者斩决，吸食者徒"②、"华人犯禁者，如已查获烟具，例交领事官递解回国；东人犯禁，轻则禁锢，重则有判死刑者"③ ——给何如璋、黄遵宪、黄庆澄留下深刻印象。而在刑罚方面，日本新刑法一改古代残酷一面，④ "而参以英、德。凡重刑九，曰死刑（以铳杀之），曰无期流刑，曰有期流刑，曰无期徒刑，曰有期徒刑，曰重惩役（入狱做苦工，极少九年，极多十一年），曰轻惩役（但服役而已，极少六年，极多八年），曰重禁狱（不做苦工，极少九年，极多十一年），曰轻禁狱（收禁而已，极少六年，极多八年），轻刑二，曰重禁锢（收入狱中做工五年以下之谓也），曰轻禁锢（但收禁十一日以上而不做工之谓也）；加刑六，曰削去权柄，曰削去官位，曰停止权柄，曰禁止治产，曰监视（收禁以后再以人管束之之谓也），曰充公入官。此外，尚有罚刑，自数十元至数元不等"⑤。日本引入了现代刑罚体系，即便是在死刑执行方面，也向西方看齐，"虽定罪处绞者，行刑时，或引教士及神官、僧人为之讽经，俾令忏悔，仍祝以来生得到天堂云"⑥。

有刑法现代化，自然有引进西方的刑事诉讼法，黄遵宪称其为"治罪书"，它"自犯人之告发、罪案之搜查、判事之预审、法庭之公判、审院之上诉，其中捕拿之法、监禁之法、质讯之法、保释之法，以及被告辩护之法、证人传问之法，凡一切诉讼关系之人、之文书、之物件，无不有一定之法"。在黄遵宪看来，刑诉法在公权力运行过程中充分考虑到了权力的均衡，以利于保护犯罪嫌疑人免于公权力的滥用，即"上有所偏重，则

---

①　罗森等：《日本日记·甲午以前日本游记五种·扶桑日记·日本杂事诗［广注］》，钟叔河编，岳麓书社 1985 年版，第 631 页。

②　同上书，第 720 页。

③　同上书，第 323 页。

④　无名氏：《日本纪游》，宋汉辉编，光绪铁香室本，附杂记，第 23 页。

⑤　罗森等：《日本日记·甲午以前日本游记五种·扶桑日记·日本杂事诗［广注］》，钟叔河编，岳麓书社 1985 年版，第 340 页。

⑥　同上书，第 634 页。

分权于下以轻之，彼有所独轻，则立限于此以重之。务使上下彼此，权衡悉平，毫无畸轻畸重之弊。窥其意欲使天下无冤民，朝廷无滥狱"①。以其法院的管辖权来说，"控诉院，其权加裁判所一等。凡遇讼事，裁判所不能决者，控之控诉院。控诉院再不能决，则直控之司法省矣"②，真可谓"精密也已"③！

在监狱管理方面，黄遵宪注意到日本监狱"极为精洁，饮食起居，均有常度，病者或给以酒浆。但加拘，不复械系。一切诸苦，并不身受"④，在医疗、卫生方面均已"西化"。在傅云龙看来，日本监狱还在分类管理、工作制度以及僧侣制度方面向西方看齐。不过，从黄遵宪对日本监狱的描述用词"精洁""常度"等看，他们对这一制度的"西化"并不反感。

此外，日本还引进了西方的警察制度。黄遵宪注意到，日本将全国划分为不同的警区，设置警署及其警员，"以备不虞，以检非为"⑤，其职能是"保护人民，一去害，二卫生，三检非违，四索罪犯"⑥，以黄遵宪的理解，"盖兼周官司救、司市、司暴、匡人、撢人、禁杀戮、禁暴氏、野闾氏、修闾氏数官之职。后世惟北魏时设侯官，名曰'白鹭'，略类此官"⑦，但"不得受贿；不得报人家隐恶；非持有长官令状，不得径入人家"⑧，且"巡查所司事，每日有报，上之警察署，警察署汇其事，每月有报，以上之长官。凡巡查皆服西服，持短棍以自卫，携呼笛以集众，怀手帖以记事"⑨。按佚名的看法，正因为"巡捕多名按段稽查弹压，故无斗殴滋事之人"⑩。但在黄遵宪看来，警察作为暴力机关，乃是实质上的

---

① 罗森等：《日本日记·甲午以前日本游记五种·扶桑日记·日本杂事诗［广注］》，钟叔河编，岳麓书社1985年版，第633页。

② 同上书，第324页。

③ 同上书，第633页。

④ 同上。

⑤ 同上书，第634页。

⑥ 同上书，第634—635页。

⑦ 同上书，第634页。

⑧ 同上书，第636页。

⑨ 同上书，第635页。

⑩ 无名氏：《日本纪游》，宋汉辉编，光绪铁香室本，附杂记，第23页。

预备部队，"一旦有事，授以兵器，编为军队，足以当一方面"①。即便"西洋巡捕之设，实有益于地方"，但佚名却认为，"我中国不能仿行"，因为"果试办之，即捐费于居民铺户，谅亦乐从。但恐无此实心任事之人。立法不善，百弊丛生，反为民害也"②。

五 小结

王韬、黄遵宪、黄庆澄等人以审慎的眼光观察日本，审视它如何引进、变通、实践西洋法政价值与制度。通过它，他们认识了现代化中的日本以及众多的西洋法政价值与制度。他们在忧虑中国未来，因而他们谨慎类比、全面评估这些西方法政观念与制度可能变通引进中国的某些遭遇。从他们对呈现在日本的现代政制体系的否定性评价以及现代公法的不置可否中，我们可发现，他们对直接引进西洋法政价值与制度并不看好，反而对日本的畸形平等观、国家主义的自由观、"同受治于法"的法治观以及天皇制下的政制观表现出某种期待。一面是对西方原生制度的忧虑，一面是对西洋法政观念在日本再生后的无声评价，那这是否是甲午中日战争之后国人大力倡导学习日本的某种潜在因素呢？

另外，日本在中国的眼前一步步向西洋靠拢，通过引进西洋法政制度而逐渐强盛，但总体而言，国人对此的评价却众说纷纭。佚名、李筱圃看到明治遗老遗民对德川氏的怀念，郑孝胥指责维新运动"租税太重"，剥削太狠，黄遵宪赞赏明治维新乃是中兴之举，黄庆澄则强调评价明治维新不得仅以皮相论之。这一局面意味着国人对明治维新之举的评价还有待进一步观察，而这是否又意味着甲午战前国人对日本国力的某种低估呢？

---

① 罗森等：《日本日记·甲午以前日本游记五种·扶桑日记·日本杂事诗 [广注]》，钟叔河编，岳麓书社 1985 年版，第 636 页。

② 无名氏：《日本纪游》，宋汉辉编，光绪铁香室本，附杂记，第 23 页。

学徒游东洋：1899—1910 年的游东洋记研究

　　清政府是在新政时期经历了义和团运动、新政与政制改革之后才被辛亥革命所埋葬，而在这一段国家危机日益深重之时，国人或赴欧美，或游东洋，在文化西方的世界中寻找拯救国家危难的良方。在赴日游历的名单中，笔者所能搜集到的人物包括：时为大清密使的刘学洵于 1899 年赴日考察商务，留有《日本商务考察日记》；黄璟奉袁世凯之命于 1901 年赴日考察农务，留有《游历日本考察农务日记》；吴稚晖于 1901 年赴日考察教育，留有《吴稚晖先生东游日记》；时任出使英王爱德华七世加冕典礼专使的载振于 1902 年赴英，其间访问法、比、美、日四国，在《英轺日记》中有相当一部分日本资料；严修于 1902 年赴日考察教育，留有《壬寅东游日记》；吴汝纶奉清政府令于 1902 年赴日考察学制，编成介绍日本的专著《东游丛录》；林炳章于 1903 年赴日考察，留有《癸卯东游日记》；吴宗慈于 1903 年赴日考察，留有《随轺日记》；王景禧奉清政府令于 1903 年赴日考察教育，留有《日游笔记》；钱单士厘于 1903 年随外交官丈夫钱恂从日本前往俄罗斯，留有关于日本与俄罗斯见闻的《癸卯旅行记》；凌文渊于 1903 年作为贵池道台刘世珩赴日考察"大阪第五次国内劝业博览会"的随行官员，在日本五个月时间考察了农牧、林业、矿业、教育及实业，留有《龠庵东游日记》；时为张之洞幕僚的胡玉缙于 1904 年赴日考察学政，留有《甲辰东游日记》；许炳榛于 1904 年赴日考察商务，留有《日本商务日记》；张维兰于 1905 年赴日游历，留有《乙巳东游日记》；直隶盐山县知县段献增于 1905 年赴日考察行政机关及学校制度，留有《三岛鸿雪》；直隶正定府乐城县知县刘瑞玲于 1905 年受直隶总督袁世凯的委派赴日考察政治，留有《东游考政录》；直隶巨鹿县知县涂福田于 1906 年赴日考察，留有《东瀛见知录》；楼藜然于 1906 年赴日考察学校教育，留有《藡盦东游日记》；渭南雷廷寿于 1906 年被巡警部派往日本考察日本警察制度，留有《日本警察调查提纲》；舒鸿仪与章兰荪于 1906 年奉命派往日本考察警政，留有《东瀛警察笔记》；熙桢以刑部候补员外郎身份同刑部候补郎中董康、刑部主事麦秩严、四川綦江县知县区天相于 1906 年，在日本法科大学学生熊垓陪同下自费考察日本狱政，留有《调查东瀛监狱记》；时任学部奏派刑部员外郎王仪通于 1906年赴日调查学务，途中遇熙桢、董康一行，受其委托而整理有《调查日本裁判监狱报告书》；直隶孟传琴、山西继思文、山东唐文源、江苏王皋、湖北罗邦俊、直隶鸡泽李鸣鹿、宁晋刘庭春、永年赵世清等人作为留日学生课余之际考察日本，于 1907 年共同编辑出《日本各政治机关参观详记》；海阳赵咏清于 1907 年自费赴日考察政法，留有《东游纪略》；崇阳刘桴与好友张瀚溪、刘孝陔自费于 1907 年前往日本法政大学地方自治讲习班听讲两月，且考察日本政法，留有《蛉洲游记》；盛宣怀于 1908 年赴日就医，留有《愚斋东游日记》；直隶永平府卢龙县举人王三让作为直隶第三期赴日考察地方自治士绅成员于 1908 年在日本法政大学学习且考察日本，留有《游东日记》；贺纶夒于 1909 年赴日考察日本政治，留有《钝斋东游日记》；聂嗣中于 1910 年赴日考察，留有《游历日本日记》。

至于政制考察使臣对日本法政的观察，有 1905—1906 年载泽考察日本的材料《考察政治日记》，以及 1907 年考察日本政制情况的达寿的《考察宪政大臣达寿奏考察日本宪政情形折》(1908 年 8 月 7 日)。

一　学徒对东洋的心态：爱恨交织

在新政时期，有如此多的国人选择日本作为现代化的考察对象，除了日本在甲午战争乃至日俄战争中获胜之外，肯定还有另外一些特别的原因，当然中国与日本一衣带水，距离最近是一个方面。而据分析，日本成功收回治外法权、日本现代化获得了巨大成功以及他们对中日关系的判断也是重要的原因。

晚清变法修律的一个重要目的就是收回治外法权，而日本作为成功案例已收回治外法权，学习日本经验就成为很有必要的事情。熙桢强调，"圣上励精图治，咸与维新为将来立宪之预备，当此群强环伺，盗贼肆行，内忧外患，岌岌不可终日，非修内政无以定外交，而内政之修首在刑律，监狱一日不改，即刑律一日不修，而领事裁判权亦一日不复"①；而日本在德川时代与美国订约之后失去治外法权，该约"谓东律太重，非西人所能堪，凡寓日商民归领事管辖，倘日后奋发自强，修明法律，则改订此约，美当为各国倡云云"，因而日本遂而"幡然改计，尽除旧时惨虐陋习"，直至明治三十二年才"章程大定，繁简得宜"，遂而与各国改定条约，收回了治外法权。在刘学洵看来，日本收回治外法权意味着"自此以往，日本内地准各国人民杂居，有犯法者，归日本囚禁之"，日本经验乃是既然"泰西各国金谓日本法律不完，其笞杖斩杀之刑不足以治外人"，那就"一意改用西律"，其天皇"敕元老院依拟法国之律，略参本国规制，篡定诸律"；而在熙桢的考察中，他总结了日本"一意改用西律"的经验，即是"按本国之政俗，参酌欧美而折"②。但在王仪通看来，日本经验的关键在于"司法独立之制……日本仿之，因以收回治外法权，著有明效"③。

而对于日本现代化的成功，刘庭春等从"地球万国法理一致，而政治之组织，各国互有差异，因历史、地理、风俗、惯习等参酌而行之"④ 出发，强调取法他国的重要性，主张间接继受他国的法政制度。而舒鸿仪也认为，"十年之间跃为强国，前轨具在，彰彰著矣"，它可为中国借鉴。日本可资中国借鉴者，在他看来，"若教育，若法律，若交通，若实业"等，但"尤有一至急之务焉，为安内靖外之必要且非此则此十年或二十年内，吾羽毛之未丰而敌人已环而集矢矣"⑤。舒鸿仪认定，在学习日本经验之前，安定的国内外环境是前提。实际上，安定国内外环境与国家发展可互为前提，但问题在于，晚清中国的国内外环境既定，需要在此环境中谋求发展，而不能等待有利环境的到来。凌文渊则明确指出，日本兴实业而富强的原因有两点，"一则部省提倡于上保护以权利补助以资财，故能蹶而终起无半途之废。一则学校振兴于下，欧美留学者奋志而往，实腹而

---

① 刘雨珍、孙雪梅编：《日本政法考察记》，上海古籍出版社 2002 年版，第 199 页。

② 同上书，第 200 页。

③ 陈刚编：《中国民事诉讼法制百年进程——清末时期》，中国法制出版社 2004 年版，第414 页。

④ 刘雨珍、孙雪梅编：《日本政法考察记》，上海古籍出版社 2002 年版，第 299 页。

⑤ 同上书，第 211 页。

归，归责以为实业之教师及管理员"①；因而，他强调"我地产之饶，素冠地球，凡物之原料，无以不备，设一旦部省提挈于上，保护其权利，学校振兴于下，阐发其学理，则农工日新商亦因之而振，伐柯取则，不远他日与君代，与三驾而人弗能与争，或者欧美犹虞我，况于日本"②。而常年往来长崎的余姚人告诉胡玉缙，"为言日本之所以兴，由于教育。中国地大物博，苟能喜为变法，实地球第一雄国"③，他也认同教育对国家强盛的意义。但在刘瑞玲理解中，日本强大不过是"举国会议，询谋签同而后行，其荐贤授能，皆以公选，君臣上下，无疾苦不达之隐，人皆好善乐施……其器用也务巧便，其学问也务实事，其法律立而必行，其武备战而必胜"④，这背后是墨学在发挥效用。这墨学"入于泰西，源流虽不可考，至于今而地球万国，行墨之道者，十居其七，日本谓人人有自主利权，则墨子之尚同也。谓爱汝邻如爱己，则墨子之兼爱也。谓独尊上帝，保汝魂灵，则墨子之尊天明鬼也。至于机器之精，攻守之利，则墨子备攻备□削鸢能飞之余绪也。而格致之学，无不引其端于经上下篇"⑤。因而，对中国现代化来说，这不过是"返故国"而已。至于孟子对墨学的批判，先贤已为此指明方向，即"以昌黎大贤，称孟子谓不在禹下，而亦有孔必用墨，墨必用孔之意。然则孟子之辟墨，举其弊而言之也。韩子之用墨，举其善而言"，我们只需要"弃墨子之不善，而取其善"⑥。而在刘瑞玲看来，日本"维新之治，大要不过规效西法，以鄙见揣度之，其立教源于墨子，其立法类于申韩，其设官合于周礼，其行政同于管子，其收效如诸葛之治蜀，其操术如王猛之治秦"⑦，强调明治维新的关键仍在中国。

　　然而，玉田县卓三赵君却对中日比较提出了反对意见，他强调，"物轻则易举，国小则易治，日本区区三岛，本易支配，又兼四面环海，外界

① 凌文渊：《籥盦东游日记》，载李德龙、俞冰编《历代日记丛钞》第 154 册，学苑出版社 2006 年版，第 125 页。

② 同上书，第 126 页。

③ 胡玉缙：《甲辰东游日记》，载李德龙、俞冰编《历代日记丛钞》第 148 册，学苑出版社 2006 年版，第 2—3 页。

④ 刘雨珍、孙雪梅编：《日本政法考察记》，上海古籍出版社 2002 年版，第 108 页。

⑤ 同上书，第 108—109 页。

⑥ 同上书，第 109 页。

⑦ 同上书，第 110 页。

文明源源输入，故收效速；我国则幅员辽阔，丁口繁多，大陆高山辄阻文化，必上下一心，宽以时日，方可有成；事实不同，固未可作比例观之"①。即是说，中日两国国情不同，不能简单学习日本经验。

在对中日两国关系的处理方面，胡玉缙有清醒的认识，他强调中日虽"同文同种，为兄弟之邦，近虽于英联邦"，但这"恐不足恃，凡非族类者，终有异心，各国皆然"，中国抵御欧美东渐，只能依靠自身；因而他对于国人"汉文不深，一到日本辄心醉西法，厌弃古学"②的行为非常不满。刘栐在听清水澄博士讲宪法课时知日本"近拟添殖民部"，了解其国"近年颇患人满，雄心勃发，欲攫取东三省并阴规蒙古，寻常小学课本地理一门特加入满洲，与韩国并列"③，根据日本在东三省之行径可知，日本殖民部的设立乃是司马昭之心，路人皆知。王三让在日本学习时注意到，日本对于中国抵制日货非常恼火，"连日会议对待之策"，其策略有三：一是"买通中国革命党，令其设法破坏"；二是"使寄居日本贩卖日货之中国商人设法反对及运动"；三是"伊政府用强硬手段要求我政府"。根据王三让的观察，第一策已被日本采纳推动，因而让他非常愤慨，"伊乃不知自愧，反多方运动，以求良好之结果，大政治家、大外交家有如是之卑鄙者乎?"④ 至少就这些士大夫而言，日本固然是一个东亚的现代化国家，在学习其经验的同时也需要保持高度的警惕。

二　强烈的中国意识以及逐渐现代化（西化）的思维方式

正是在这种对日本既爱又恨中，国人在日本追寻着强国梦。聂嗣中在赴成城学校观看运动会时发现，其校插遍各国国旗而独忘中国，"殆不以国视我"，他们"向监督诘问"，但均没有得到有效回应，其"附学二百余人已相戒，不与其会"⑤。于此可见国人之爱国心。正是基于这样的爱

① 刘雨珍、孙雪梅编：《日本政法考察记》，上海古籍出版社2002年版，第386页。

② 胡玉缙：《甲辰东游日记》，载李德龙、俞冰编《历代日记丛钞》第148册，学苑出版社2006年版，第172页。

③ 刘雨珍、孙雪梅编：《日本政法考察记》，上海古籍出版社2002年版，第357页。

④ 同上书，第389页。

⑤ 聂嗣中：《游历日本日记》，载李德龙、俞冰编《历代日记丛钞》第149册，学苑出版社2006年版，第299页。

国心，刘瑞玲在前往日本考察的途中，"与同人纵论治理之难"①，商讨改革良方。王三让在日本上野动物园参观时，见到一睡狮，即以此比喻中国，"我国地大物博，生齿繁多，较之各国，隐占优点，况之以狮，岂谬词乎？"② 他们对中国未来有信心。而林炳章总结此前国人游历日本的经验，"吾国咸同以来派游学者，仅注目于实业一途，是以行致上无所改革，国势奄奄不振，至于今日，吾甚盼"③，他对国人日本法政的考察寄予厚望。

寄予厚望则意味着主张改革，反对革命。胡玉缙赞赏美国伯盖司在《泰西各国立宪史论》中的观点，即"旧法式能容新势力，故新势力亦不欲破旧法式，他日旧法式苟欲抗新势力，吾知新势力必一鼓而破旧法式"④，对他来说，晚清"政府当瀋卓识持□力合东西之粹于一治以为制度，复察天下之变迁而随时增改，方能收效，勿纠缠于防弊，弊凶而再剔，勿废弃于畏难，力行即不难，诸少年当勤求学问，由普通而专门，永储其才，他日可各效其用，勿言流血徒流血何益？勿言革命，果革命适以致外人之干涉而自促其瓜"⑤，即是说，胡玉缙强调晚清旧法式能够容纳新势力，无须革命而只变法即可。段献增在日本考察监狱时强调法律变革的要点，即如果"不体察民情，遽尔仿行，恐无业穷民，故犯惩罚，争相趋赴，将有收不胜收者"，因而要"略师其意，而逐渐改良"⑥。他强调法律变革的渐变性，雷廷寿也有类似思考，即"是宜参考各国宪法，本其意而不泥其迹，以养成社会法律之自由，则人民程度渐高，而宪政之基以立"⑦。而刘桢的观点则稍微有所不同，他在赞赏明治维新诸豪俊眼光锐利之时，强调变法在于"当变者必不可以姑存，不必变者遂亦不妨仍

---

① 刘雨珍、孙雪梅编：《日本政法考察记》，上海古籍出版社 2002 年版，第 103 页。

② 同上书，第 384 页。

③ 林炳章：《癸卯东游日记》，载李德龙、俞冰编《历代日记丛钞》第 154 册，学苑出版社 2006 年版，第 274 页。

④ 胡玉缙：《甲辰东游日记》，载李德龙、俞冰编《历代日记丛钞》第 148 册，学苑出版社 2006 年版，第 320 页。

⑤ 同上书，第 3 页。

⑥ 同上书，第 87 页。

⑦ 刘雨珍、孙雪梅编：《日本政法考察记》，上海古籍出版社 2002 年版，第 253 页。

旧"①，变法者需要用自主的眼光去判断何者当变，何者当存。

这是中国参考中西而主张自主变法强国的思考，刘瑞玲在发现日本改革的关键在于墨学时，主张中学即能实现强国梦。楼藜然则比较黄遵宪《日本国志》与孙诒让《周礼政要》，有"今泰西东之政治家虽不皆取法周礼而往往与之暗合"的结论，他发现，"日本维新诸君子则大都崇拜阳明无异词，然则中学之输入日本者，不惟孔孟之教为然，而我阳明王子亦颇陶铸日本维新人杰"，因而他强调国人可"自求中学已耳"，而"两湖制帅赵公，其前抚山西也，创立乡社，其改抚湘中也，整顿警察，其留守奉天也，又奏改官制，设立地方自治，因时制宜、因地制宜，何在不见功奏效"，原因即在"设各省州县未奉督抚明文，骤将前事举办，不惟骇人耳目，且立见弹章甚者，以民权革命罪之"。楼藜然在此强调政制的重要，"国家不立宪，外省官制不改定、下议院不早设，虽尽我中国四万万人，皆游历外洋，亦决知其无效果"②，只有在政制改革的情况下，立基于中学的改革才立见效果。

与此相反，但涛在游历日本后认为，"吾先哲所崇尚梦想之王道不在我而在彼"，有"不胜礼失求野之感"③，因而"法治政体非白皙人种所专擅，议会选举之法，必当移植于中土"。对他来说，洪范所谓"无偏无党，遵王之义"中"义"乃是现代的主权，"定趋衢于一尊，而立法垂宪，咸以其威力行之，主权者之所宜，凡民不得而咈之"。"宪"字在《说文解字》中是"宪制法则"之意，英文宪法"犹言张本法"，是"一切法律皆导源于是"④，日本名"张本法"为"宪法"，但涛肯定这种翻译。此外，但涛还对法术、律令、预审、治外法权、制国用、勒选、史、隶、判书、无故人入室宅、司民、拾遗、立法权、领土、官人叙才、刑事民事、宣告、徃成、期外不听、揭示、罚作、道禁、毒蠱、没收、判决录、权利、冢宰、联、富寿、法令由一、质成、不从中覆、林政、渔猎、无障川谷、施法、施典、施则、制国用必于岁秒、国务大臣、断罪无正条、亲属相容为隐、以吏为师、县大郡小、家令、夕市、月给、圣神、负

---

① 刘雨珍、孙雪梅编：《日本政法考察记》，上海古籍出版社 2002 年版，第 354 页。

② 凌文渊：《籥盦东游日记》，载李德龙、俞冰编《历代日记丛钞》第 154 册，学苑出版社 2006 年版，叙。

③ 刘雨珍、孙雪梅编：《日本政法考察记》，上海古籍出版社 2002 年版，第 50 页。

④ 同上书，第 51 页。

担、给事、物理、国、金贷、性、法理等语词勾连中、日、西，且但涛曾就中国民事诉讼成例作了中西对比与意义联结。但涛在语词上主动做意义的中西联结表明，一是他有可能强调中国古已有之，二是强调中西同事同理，三是他有中西交流而消除语词误解的可能，四是他有向西方语词靠拢而表现出语词现代化的途径，五是他在尝试中西会通。当然，需要说明的是，但涛的这种意义联结在他自己看来并非牵强附会，因为他的原则是能同则同，不同则不同。他在解释法理的时候发现，"经警文云，内心既□，外境俱捐，方弃悟于真源，庶研穷于法理，此所谓法理与吾辈所谓法理固有差"①。

对日本乃至西方文化的理解，以上方式乃是受到传统文化的强烈影响的表现。然而，也有游洋记对西方法政的认识突破了传统而表现出西方学术话语的思考模式。赵咏清在日本学习西方法律及其思想之时，用现代（西方）学术话语在记录。他知晓，西方法律"发生于希腊，研究于罗马"，法学是"以研究法律现象中各种之原理，以职分专配社会之义务，求其材料之实用始，可现其真确之现象，然世纪变迁，多有今是昔非之慨，或有不宜于古而宜于今者，非悉涉古今欧洲各国之风土人情与习惯法配合，难于适用"②，且法学有学派、术派、智识派、理想派、评论派五派。就法律而言，有成文法与不成文法之分，有国内法与国际法之分，有公法与私法之分，有普通法与特别法之分，有公权与私权之分。这是他在日本课堂上所接触到的近代西方法学知识。

三　行游者笔下的东洋法政价值

既然在新政时期大规模地前往日本参观考察，涉及政治、经济、商业、农业、狱政、警政、法政诸方面，那么国人在这一时期必然形成了一幅更为鲜活的东洋法政观念图景。

（一）仅及教育的平等观

在女权方面，胡玉缙注意到，"日本自福泽谕吉并设□应义塾，专提

---

① 刘雨珍、孙雪梅编：《日本政法考察记》，上海古籍出版社 2002 年版，第 61—62 页。
② 同上书，第 278 页。

倡男女平权之说，学生讨论十余年而不平权如故"①，其原因在"女子智识不如男子"。胡玉缙考察泰西各国，其"女学以法国为冠，故女权亦特重，次如瑞典哪威，教育兴之□，故一千九百二年，瑞典女子得操议员选举之权"②，因而反省中国，还不如日本。但刘枏在《女学》杂志社见湖南燕女士，其"大力提倡女权，力持平等，并痛詈日本女界之颓堕惨□，以一弱女子游学海外襀臂大呼吁"③。

就国内主张女权的声音，他认为这是"浅见者不求其原因，拾掇一□西书语辄欲行之"，于是与主张女子无才便是德的人争执不休；胡玉缙认为他们都没看到问题的实质，这并非权与不权的问题，"案妇学之名见周礼内职……孔子所深许，是当时女学必盛，其废弛当在战国之际，每念天地生人之数，男与女恒相若，倘只教男不教女，十人仅作无人只用，有贤母乃有贤子，其收效尤宏……"④ 即女学并非涉及男女教育平等问题，而是女性接受教育后，十分有利于后代的培养问题。涂福田在考察"浦和女子师范学校附属高等女学校小学校"时也认为，该学校教育"皆我国礼经所传之妇仪、妇职，此邦守之，弗敢失坠，未闻以自由平等教"⑤。而段献增见日本女子多为会计等工作，于是立马察觉"我中国人材，果然作废一半，然缠足之风，结习未改，女学不易猝兴，亦既难言"⑥，因而认为"我国误会非无仪之训，谓无才是福，而女学遂废，闲有一稍知书数者，相助为理，传群为诽笑"⑦。在段献增的理解中，我们也很难直接判断说他由此主张女权或者男女平等。即便如钱单士厘，她对女学的主张，事实上也很难直接归为女权主义或者男女平等主张。她在东京带儿媳冒雨游博览会时对其谈到，"今日之行，专为拓开知识起见。虽踯躅雨中，不为越礼，况尔侍舅姑而行乎？但归东京后，当恪守校规，无轻出。予谓论

---

① 胡玉缙：《甲辰东游日记》，载李德龙、俞冰编《历代日记丛钞》第148册，学苑出版社2006年版，第64—65页。

② 同上书，第65页。

③ 刘雨珍、孙雪梅编：《日本政法考察记》，上海古籍出版社2002年版，第361页。

④ 胡玉缙：《甲辰东游日记》，载李德龙、俞冰编《历代日记丛钞》第148册，学苑出版社2006年版，第65—66页。

⑤ 刘雨珍、孙雪梅编：《日本政法考察记》，上海古籍出版社2002年版，第147页。

⑥ 同上书，第97页。

⑦ 同上书，第91页。

妇德究以中国为胜，所恨无学耳。东国人能守妇德，又益以学，是以可贵"①，她对日本女性有知识且有妇德表示赞赏。在与友人谈论女德时，她强调，"中国女学虽已灭绝，而女德尚流传于人人性质中，苟善于教育，开诱其智，以完全其德，当为地球无二之女教国。由女教以衍及子孙，即为地球无二之强国可也"②，将女学放在国家富强的角度审视。在她看来，教育并不分男女，是"为本国培育国民，并非为政府储备人材，故男女并重，且孩童无不先本母教。故论教育根本，女尤倍重于男"③。这对于传统中国而言，已算是一大进展。

教育上的男女平等，以及女子"以与男子争利"④，乃是国民教育、实业强国策的一部分，只能说明在这上面的平等而已，并不能表明社会已经全面实现男女平等。赵咏清即发现，日本女子结婚之后，"妻服夫权，与禁治产者同，非得夫之同意，不能有为"⑤。即便男女平等已经实现，但日本还有社会等级深入社会角落，林炳章在日本监狱看到，"华族子弟之在狱者，所以稍别等夷，存其廉耻，此种囚莅工时亦特别一区，凡囚皆裁判所所审定，送入者科罪，如系罚工，不能以赀镯免，其轻罪系数日即释者，不律以治工"⑥，即所谓的社会高等人物在监狱的待遇亦有所差别。但在凌文渊看来，日本天皇外出，不过"扈从兵士六骑而已，别无仪仗，警察为礼，亦俯首答之，日民四千万咸踊跃，盖国家义务者"，因而其国"君不甚贵，民不甚贱"⑦。在他这里，日本即便不平等，差距也并非很大。

（二）从自由观到自由权的转变

在对自由的理解方面，吴汝纶在日本了解到，法国大儒卢梭乃是与

---

① 钱单士厘：《癸卯旅行记·归潜记》，湖南人民出版社 1981 年版，第 31 页。

② 同上书，第 36 页。

③ 同上书，第 25 页。

④ 凌文渊：《簹盦东游日记》，载李德龙、俞冰编《历代日记丛钞》第 154 册，学苑出版社 2006 年版，第 483—484 页。

⑤ 刘雨珍、孙雪梅编：《日本政法考察记》，上海古籍出版社 2002 年版，第 290 页。

⑥ 林炳章：《癸卯东游日记》，载李德龙、俞冰编《历代日记丛钞》第 154 册，学苑出版社 2006 年版，第292 页。

⑦ 凌文渊：《簹盦东游日记》，载李德龙、俞冰编《历代日记丛钞》第 154 册，学苑出版社 2006 年版，第 49 页。

英国达因氏、德国韩图氏并称的"近世开宗之选",他在法国大革命前提倡"民约"学说,"谓国家者,人人公共之法律所成,故人人有平等之权利,不必听官吏之指挥,此自由之义",而后大革命推翻国王统治,由此欧陆"各国帝王改定法律,听民自由,欧洲全局一变,此卢梭所开之化"①。这是游洋记对自由理论的阐释,但这种阐述并没有扩展开,但涛在对日本刑法亲属相容隐的法律作解释时,强调这是东洋独有的家族制而非"强从西洋"的产物,② 这意味着有着自由内核的人权在此时并没有得到理解。

但游洋记对日本宪法关于自由的观察,则发现了法律对自由的保障,自由在法律上形成权利。这是近代国人对自由观念认识的一大进展,对自由的要求进一步转化为对自由权的呼声。雷廷寿指出,日本宪法第二章第十八条是规定臣民权利的第一条,"依法律之所定,则不惟法律外之权利不能享,即法律外之义务,亦可不尽夫",他强调了权利、义务的法定;至于为何需要法定,他认为,"人民自治能力苟未发达,纯取放任,必至紊乱,秩序扰害安宁",因而"不得不出于干涉",但"不以法律为人民之保障,保无有滥用压力之虑",则易"致起冲突"③。即是说,法律对自由的规定乃是出于对自由权的保护,界定相互之间对自由的享有不致引发贪婪的冲突。载泽也从伊藤侯处了解到,日本的自由乃是法律确定,"出自政府之界与,非人民所可随意自由"④,自由只在法律之下存在。至于对自由的疑虑,达寿则强调,只有对西洋无知之人才可能会认为其"民权之伸张,已达极点,充其所至,实可贻犯上作乱之忧"。但实际上,自由的实质正在于其由法律所确定,即国家通过法律能够确定自由的性质与范围,法律内的是自由,超出法律范围则可禁止。因而他认为,"臣民权利自由,实不过涂饰宪法上之外观,聊备体裁,以慰民望已耳"。因为"臣民之权利自由,必间接而得法律命令之规定,非可由宪法上直接生其效力","且立宪国家未有不重行政之命令处分",而行政权行使之际,臣民

---

① 吴汝纶:《吴汝纶全集》第四册,施培毅、徐寿凯校点,黄山书社 2002 年版,第552 页。

② 刘雨珍、孙雪梅编:《日本政法考察记》,上海古籍出版社 2002 年版,第 58 页。

③ 同上书,第 253 页。

④ 蔡尔康等:《李鸿章历聘欧美记·出使九国日记·考察政治日记》,岳麓书社 1986 年版,第 581 页。

未尝没有服从义务，由此而言，"臣民权利，受其限制者极多"①。且达寿还强调，臣民参政权的获得并非是政治自由，而是以纳税、服兵役义务"易"得，即臣民以纳税、服兵役义务换取参政权而选举议员以在国会行使其立法与预决算的权力。② 因而，游洋记有关注到日本法律对诸多自由权的规定。

关于信仰自由，刘瑞玲在日本内务省宗教局了解到，"维新以后，各样宗教，悉受范于宪法二十八条，三教均平等，不得彼此相凌，明治三十一年定章，各教师管理各教，有欲行之事，须报宗教局，由内务省认可方准行。年终各教师汇报宗教之发达，凡以一风俗团体也。总之，无论何教，悉以不背宪法为主，并不得干预国家行政事。奉教之人，无论本国外国，有不安本分者，悉按宪法办理"③。而涂福田也认为，日本明治维新之后，其国民只要能遵从宪法条款而"不害公共安宁秩序"，则无论何种宗教，均"许其自由信从神教、佛教、耶稣教"④。他们认为，信仰自由的前提是不干预国家政治事务且不危害公共秩序。

关于婚姻自由，赵咏清发现，日本风俗是男子三十而女子二十五岁以上，"结合听其自由，不待父母之许可"；在"中道失欢"后，法律准许妻子"赴诉裁判，与夫退婚"；且实际上女子"未至二十五岁，结婚应俟父母之许可，亦仅形式上之作为，实则本人愿意，父母不能违"。这是日本婚姻自由的状况。赵咏清实际上对此并不是很理解，尤其是寡妇再嫁而家族不能过问，"名节荡然，其夫妇之道，亦苦"；且对私生子甚多的风俗感到诧异。在他看来，这是"欧西学说以博爱为主义，故人人许以自由而无忝等，政治上受其影响，不加制裁，遂至由此结果"，因而他主张对此"不可不防其渐"⑤。

关于结社、集会自由，雷廷寿曾提及日本人享有宪法上的结社与集会自由，而舒鸿仪明确指出，结社是指"聚集多人，欲达公同之目的"而成立特定组织，有政治结社、民事结社之分。政治结社是"欲变更政治之

---

① 故宫博物院明清档案部编：《清末筹备立宪档案史料》（上册），中华书局 1979 年版，第 36 页。
② 同上书，第 30 页。
③ 刘雨珍、孙雪梅编：《日本政法考察记》，上海古籍出版社 2002 年版，第 108 页。
④ 同上书，第 139 页。
⑤ 同上书，第 290 页。

方针，或倡平均主义，或倡打破阶级主义，其关系于国家影响甚大"，因而结社三日内需将主办者姓名及其社名报告所在地警察官厅；而民事结社是"为研究学术、宗教，讲求经济、卫生等事"，虽非政治社团，但讨论容易超出法律范围，"亦宜注意"。舒鸿仪特别注意到，日本不准现役及预备役军人、警察、神官僧、私立学校之教员与学生、女子、未成年者、公权剥夺及停止者、外国人等参与政治结社，且对秘密结社予以打击。日本法律对政坛集会以及集会演说都有严格的法律程序规定，且"集会多数人运动时，会中有喧哗狂暴者，警察可制止之，若或拂命，须强制逐出会场"①。

关于人身自由，雷廷寿观察到日本宪法第二十三条的规定，"日本臣民不受不依法律之逮捕、监禁及审问处罚"。他认为，这是关于身体自由的规定，而法律之所以规定，乃是因为"身体之自由与警察及治罪之处分有密切之关系"，宪法平衡国家公法与尊重自由，强调"严定其法规，不使有不法律之干涉"。当然也有刑法与刑诉关于"现行犯有不待令状而得逮捕"、行政警察规则有"防护人民妨害，得制止放荡淫逸及隐秘中搜索预防为犯国法者"、行政执行法对于"泥醉者、疯癫者、欲为自杀者与其他救护者及争斗暴行而有害公安者，得加以必要之检束"、感化法对于"不良少年可以强令入院"②以及精神病监护法对于精神病的强制监护等例外情形，这些例外都必须由法律规定。

关于迁徙自由，雷廷寿了解到日本宪法第二十二条的规定，"日本臣民于法律范围内有居住及移转自由"。他认为，凡具有日本国籍法确认之日本国民均享有在国家领土内自由居住与转移的自由，宪法"任其保护之责"。因为居住与移转均是"生活之营谋及智识之发达"不可或缺的要件。至于外国居民，则根据条约而定，但其"有妨害公共安宁秩序之事以及不能营生活之时"③，日本有权驱逐。当然也存在例外的法定情形，包括取缔娼妓法、监事犯罪法、移民法以及戒严令等。

关于言论、著作、出版与新闻自由，雷廷寿注意到日本宪法在这方面

① 刘雨珍、孙雪梅编：《日本政法考察记》，上海古籍出版社2002年版，第228—229页。
② 同上书，第253—254页。
③ 同上书，第253页。

的规定，他认为，"著作权法纯以保护权利为目的"①，至于以"监视为目的"则是出版法与新闻纸条例。该条例要求新闻及出版单位需提交保证金，且在必要时，即"认为妨害安宁秩序或坏乱风俗"② 时，法律不问该单位是出版者或买卖者，也不问该出版物是以何等方式印刷，内务大臣可禁止并差押其刻板及印本。而舒鸿仪也关心新闻问题，他咨询日人，"新闻报纸，最足开通风俗，鼓舞民人，但记载亦或不实，甚或妄生议论，扰乱治安，有取缔之法否？"③ 日人告诉他，日本法律对新闻报纸机构成立与运作、报纸的出版及发行等有详细规定，对于"新闻纸记载有害公安风俗"而受裁判判决时，其"判决书须于次回发行，揭载全文宣告"；对于"重罪轻罪之预审事项，未付公判以前"，不得登载；对于"曲庇罪囚，或刑事被告人及触于法律之犯罪论说"，不得登载；对于"外国发行之新闻纸，认定有害治安，坏乱风俗"的，内务大臣有权禁止运往本国发卖；对于冒犯皇室尊严，"变坏政体，紊乱朝宪之论说"④，发行人、编辑人、印刷人均要受罚；对于外交军事事项，外交大臣与海陆军大臣均可禁止其登载；等等。

（三）试图摆脱"治法"思维的法治观念

传统儒学对法律的定位在"阴法阳儒"中道尽了一切，或者说在"治法"一词中表明了立场，即强调法律对于儒学治理的工具性价值，而工具意味着，除法律之外还有其他选择。但涛在日本游记中对法律的重新界定，则表明法律突破工具性价值的某种可能，他说，"商鞅霸秦国，周旦致太平，仁义与礼乐，非法孰与评，百官与庶事，非法孰与程，强者不能辞，勇者不能争，眚微固当惩，善小有必旌，吾闻诸葛公，为治尚姓名"⑤。在该诗中，但涛将商鞅奠定秦国霸主基础，尤其是周公治理西周太平盛世归根于法律，且将百官与庶事等都放在法律下来探讨，赋予法律国家治理不可或缺的地位，意味着它并非可有可无，即法律对国家治理有着无可替代的作用。虽然没有言明法律至上，但毕竟有摆脱法律仅是一治理工具的尴尬境地。实际上，但涛在界定"法术"一词时，即有新意。

① 刘雨珍、孙雪梅编：《日本政法考察记》，上海古籍出版社 2002 年版，第 253 页。

② 同上书，第 255 页。

③ 同上书，第 229 页。

④ 同上书，第 230 页。

⑤ 同上书，第 46 页。

他认为，术"藏于内，随务应变"，而所谓操术者，乃是"判官所操以决事"，今日法律多"以斟酌之权，委之判官"即是此意。这与韩非所谓"术"乃帝王心术有着重大差别。而"法"是"设于外，适时驭人"，其"因时势之推移范围，民志其曰适时者，日本维新前之法律不能适今日文明之人士，法无尽善尽美之域，以适为得耳。孰为适孰不适，一以世论之趋徇为准，其曰御人者，法为人而设，非为物而设，如虎食人，为警吏铳毙，此不过为公安起见，不可谓处虎以杀人罪"。法在此也有脱离传统界定的可能，虽但涛强调这是"先儒片言皆有精义"①，但与传统精义相比，已然有所区别。

正是与传统法观念有所区别，才有对公法、私法，国际法与国内法等的界分。载振即理解"私法是百姓跟百姓用的"，而公法是"政府跟百姓用的"，它的宗旨是"在拿主权，主权里面，有四椿顶要紧的，是独立不羁，完全无缺，至尊无上，独一无二"②。而刘枟则直接点明，"私法不立，个人与个人之交涉无法律以持，其后必致秩叙紊乱，社会无由进化，日本明治十五年以前，民法尚未确定，不但国内个人之交涉无所遵循，旅居西人动多掣障，自颁布民法后，改定条约，外人始就我范围"③，他的重点在私法修改对收回治外法权与公法一样重要，其对私法的理解更是脱离了传统刑法思维。他们对公法与私法的区分表明，游洋记对法律的认识既超越了传统，又未陷入公法至上的陷阱。

他们对传统的超越，实际上可从赵咏清对西方法学知识的了解中清晰地看出来。赵咏清对公法与私法、成文法与不成文法、国内法与国际法、宪法与立法机关、立法司法行政三权、普通法与特别法、公权与私权等学术用语有概念上的清晰认知。如"公法者，关于国家及一部行动之资格之法律，国家之组织与国之关系及国与人民之关系，由法律而规定之"，而所谓私法"由本国人民与外国人民同一资格之关系，或一部分之间，如亲族相绩之关系，外国人与本国人结婚及契约之类"④。更为关键的是，赵咏清知晓西方的法律之学，"发生于希腊，研究于罗马"，而现代法学起

---

①　刘雨珍、孙雪梅编：《日本政法考察记》，上海古籍出版社 2002 年版，第 55 页。

②　唐文治：《英轺日记》，载李德龙、俞冰编《历代日记丛钞》第 148 册，学苑出版社 2006 年版，第615 页。

③　刘雨珍、孙雪梅编：《日本政法考察记》，上海古籍出版社 2002 年版，第 358 页。

④　同上书，第 280 页。

源于意大利"波罗那"大学，"鸟司氏始创法律一门，是为法学中兴之点"，16 世纪法律在欧美等国法学家的努力下，发展迅速，其"虽学派各异，而研究原理则一"。他对西方法律思想史有着明确的理解，且对法学的研究对象、法学学派有着深刻的认知。他认为，"法学以研究法律现象中各种之原理，以职分专配社会之义务，求其材料之实用始，可现其真确之现象"，即便世事变迁而法学难以适用，但"法国之硕儒孟德斯鸠则谓，各理之殊异者，不难齐一也，各种之变化者不难恒久也，学法律者亦集此错杂之现象汇类分科而研究之，发现共通之元素支配各种之事实，故有普通之知识，有特别之性情，而法律准焉，晰而言之，理学也，积而成之，法学也"。而学派随着时间而变迁，"研究标准不一"，总体而言有三，"或信仰派，或理想派，或感觉派。信仰者，以神法为法律之根元；理想者，以自家之理想为研究之方针；感觉者，以实际之法律现象为考据之基础。三派中，又分为演绎法学派、归纳法学派。演绎者，采先天之元素；归纳者，采后天之结果"①。且又可根据法律的起源等问题而将法学学派分为五，即"学与术均含其中，当分析之论理学，推出原理、原因者，谓之学派。求达其目的与应用之交接者，谓之术派。以现在之果实推过去之根因，以现在之造端定将来之结局，如是者谓之智识派。由脑筋感觉而推定事实，虽非事之所必有，断非之理之所必无，如是者谓之理想派。但据事实，不用理想，以此物与彼物较量，以此事与彼事参考，以此社会与彼社会权衡而研究之，谓之评论派"②。此外，赵咏清还就法律与道德、法律与历史、法律与经济等问题阐述了他所熟知的西方法学观点。

在法律与道德问题上，赵咏清在理想派、历史派与经济学者之间穿梭，强调"道德为先天之法，今古所同，法律乃后天之法，因时而变，惟求适用。对于一分子与对于社会，莫不皆然，防其损害，及所以禁其非违，保其利权，即所以保其秩序"。在法律与历史问题上，他从历史法学派的基本立场出发，阐释法律的起源与发展，强调"小国化大国，岛国化大陆，社会之争竞日繁，国际之交涉日广，故必须修明法律以固国家之基础"③，法律因而是国家之纪律，国家是法律之形体。在法律与经济问题

---

①　刘雨珍、孙雪梅编：《日本政法考察记》，上海古籍出版社 2002 年版，第 278 页。

②　同上书，第 280 页。

③　同上书，第 279 页。

上，赵咏清发现英国主张放任主义，而德国主张干涉主义。在他的考察中，"商业幼稚时代，宜用干涉主义，及能成立，始可听其自为。英之得以放任，非一朝一夕之故也。凡商民程度不如英者，断不适用此等主义"①。由此看来，赵咏清在法律的认识上的确超越了传统。但这仅是引文的一个方面。

从另一方面看，赵咏清实际上对法学的理解仍受到儒学的深刻影响。在法律与道德的讨论中，他在结尾时谈到，"此讲义颇合圣经，足征天理人情国法，普土皆同，除伦理外，固不可执一而论断"；在讨论法律与历史的关系结尾也谈道，"法律之繁简，固由时世为之，而道德者古今不易者也……所望修律者，仍于道德上观察之，则取舍有标准"②。很明显，他始终在强调道德对于法律的优先性，且这一道德乃是以儒学为核心的传统道德观念，并没有迹象表明这一道德发生着巨大变迁。而这意味着，赵咏清对法律的理解还未完全脱离传统思维。

实际上，游洋记对日人或西人之于法律或法学的介绍是现代的，而对它们的理解则有很深的传统遗痕。舒鸿仪在游洋记中介绍其在日本的上课笔记即是现代的，他在笔记中记录了日本老师对国际法的界定，"国际法者，国与国交际所生之法也。无古今，无文野。凡成一国家者，皆罕有国际法之性质。不过因交通不交通，成发明不发明之现象耳。欧人曾早臆说，谓西洋有国际法，东洋无国际法，岂知东洋自中国春秋时代，国际法已有端倪。故美国丁君韪良亦曾反对其说，虽然，国际法为东西各国性质上所固有，而其大发明则在欧西各国，支那日本乃因西势东渐始讲求耳"③。而赵咏清也是如此，其关于法学、法学学派等的界定，完全是根据讲义而来，而其理解则渗透了儒学的思维。一如但涛对那些法学术语的界定。而这一切都表明，一方面是他们对西方学说的接受与解读，另一方面则是他们对传统的现代接榫，他们在传统与现代、中国与日本（西方）之间寻求某种深入的沟通。当然，所呈现出的景象是，在此沟通之中，他们可能有某种将中国传统置于主体地位的意味。

然而，换一种思路，这也意味着这里时时刻刻都有某种现代化的可

---

① 刘雨珍、孙雪梅编：《日本政法考察记》，上海古籍出版社 2002 年版，第 280 页。

② 同上书，第 279 页。

③ 同上书，第 214 页。

能。雷廷寿在谈到为何要介绍日本警察的权限时发表了他对权限的理解，即"夫天下事之所以不治者，皆权限不清，阶之厉也。上焉者，揽权以自恣；下焉者，亦乐得以悠游，务使坐视成败而不动于其心，以故百事废弛，不得不出于粉饰，以涂人耳目，若定其权限，严其考成，人之欲善，谁不如我"①。在提出严格界定权限的那一刻，法治即呼之欲出了。

正如上文所言，收回治外法权乃是晚清政府立宪修法的重要原因之一，而司法独立则是其中的重要内容。胡玉缙了解到，日本司法权"恒属于天皇之统治权"②，其宪法第五十七条规定之。张维兰发现，"日本地方官，但兴办地方之事，理案件，定罪名，皆归裁判所"③，他认为日本已实现司法独立。在楼藜然对日本权力结构的理解中，三权分立乃是现代政制的特质，而日本虽取"大权统一主义，无不操于神圣之天皇，故司法官无过于天皇"，但从实际来看，天皇以下则是三权分立，所谓掌握司法权之人"不必定为行使司法权之人"，因而裁判所乃是代表天皇实行司法权之机关。其司法独立是"法以外无所谓权势，更无所谓情面，意为轻重曲为出入无有"④。而在段献增理解，司法独立乃是"裁判贵能独立，而实有其权，上不受制于天王，中无所扰于大臣，自己亦不敢受贿徇私，虽司法省长官，管理法政，然只有督率之柄，而无干预之理"，因为"天下事惟公足以服人，今与众定之，即与众守而行之，微特百姓不敢犯，虽外人亦俯首入我范围，若仍蹈故常，沿而不改，则他人以为野蛮，不归统驭，外不受治，其何能国？"⑤刘瑞玲、王仪通也是此意，即"若司法官同此性质，意有瞻顾，断难保裁判之公平"⑥，而刘瑞玲则强调司法行政合一，

①　刘雨珍、孙雪梅编：《日本政法考察记》，上海古籍出版社 2002 年版，第 260 页。

②　胡玉缙：《甲辰东游日记》，载李德龙、俞冰编《历代日记丛钞》第 148 册，学苑出版社 2006 年版，第 83 页。

③　张维兰：《乙巳东游日记》，载李德龙、俞冰编《历代日记丛钞》第 155 册，学苑出版社 2006 年版，第 660 页。

④　凌文渊：《籀盦东游日记》，载李德龙、俞冰编《历代日记丛钞》第 154 册，学苑出版社 2006 年版，第 419 页。

⑤　刘雨珍、孙雪梅编：《日本政法考察记》，上海古籍出版社 2002 年版，第 89 页。

⑥　陈刚编：《中国民事诉讼法制百年进程——清末时期》，中国法制出版社 2004 年版，第 414—415 页。

是"耳目难周,事多不治"①,并没有从司法公正的角度理解。但胡玉缙从司法公正的立场反思中国司法行政合一的现象,"中国治原主于州县,而所辖或二三百里,或七八百里,以刑钱一切之事丛集于一身,虽有皋陶之贤,其于讼狱恐亦难明允"②,因而他也主张地方实行司法独立,但未涉及中央能否司法独立的问题。

谈司法独立,关键性的问题在行政权能否得到控制而不对司法造成不当影响。正如段献增所言,现代政制的重点在立法,但关键在法治,"立一法经上下院议员论定,国民认可,不特民不得犯,即君亦当遵守,惟其公也"③。而楼藜然也强调,日本司法独立的重点在"地方官吏有违法及侵权者,皆准人民赴地方裁判所控诉,如不申理,得递级上控之"④。日本设有专门的行政裁判所,即"峕为行政机关及违法侵害私权之诉讼,诉原均可判"。这是对行政的有效监督,它"使人民对于行政有不洽舆情之主动者,可为诉讼,务使下情上达,防官吏之舞弊"。虽然,赵咏清在笔记中谈到,各国对行政诉讼的管辖,"皆离司法权而独立"⑤,但作为更广义的司法权独立来理解,行政诉讼对于司法独立有着翻天覆地的影响。

(四) 现代政制思维的形成与活动

就宪法的现代意义,游洋记从日本获得了诸多信息。雷廷寿认为,"宪法尤为众法之母",且主张"参考各国宪法,本其意而不泥其迹,以养成社会法律之自由,则人民程度渐高,而宪政之基以立"⑥。王三让从日本课程中知晓,世界多数文明国家,均是先"发达人民之自认力"而后立宪法,使"国与民之关系日益亲密,以遂其发展之目的"⑦。宪法之"宪"为表示之意,表示该法在全国通行,权利义务"一切以法律定之,

---

① 刘雨珍、孙雪梅编:《日本政法考察记》,上海古籍出版社 2002 年版,第 177 页。

② 胡玉缙:《甲辰东游日记》,载李德龙、俞冰编《历代日记丛钞》第 148 册,学苑出版社 2006 年版,第 83—84 页。

③ 刘雨珍、孙雪梅编:《日本政法考察记》,上海古籍出版社 2002 年版,第 89 页。

④ 凌文渊:《籥盦东游日记》,载李德龙、俞冰编《历代日记丛钞》第 154 册,学苑出版社 2006 年版,第 419 页。

⑤ 刘雨珍、孙雪梅编:《日本政法考察记》,上海古籍出版社 2002 年版,第 282 页。

⑥ 凌文渊:《籥盦东游日记》,载李德龙、俞冰编《历代日记丛钞》第 154 册,学苑出版社 2006 年版,第 253 页。

⑦ 刘雨珍、孙雪梅编:《日本政法考察记》,上海古籍出版社 2002 年版,第 387 页。

无论为贵为贱，皆范围之而莫能外"，这足以唤起人民之国家思想。宪法大致分两种：一是"以人民之意思定之者，为民定宪法，即民主立宪政体"，二是"依君主之意思定之者，为钦定宪法，即君主立宪政体"，日本即为君民共主政体。宪法有三要：一为统治者及统治权，统治者以统治权支配、维持领土及其人民，使秩序不紊乱而法治亦存在；二为使人民参与政治，先唤起全国之精神，而后定其法律上之地位，确定贵族院与众议院，且众议院由民众选举产生；三为立法、司法、行政三权分立，且各有范围与权限。① 而赵咏清也知晓，日本宪法，即便天皇为元首也不能一人定之，而"必须议会协赞，国民公认"。欧洲经验乃是"立法原因则先君主发令，议会公同协赞，而后宣布，是为直接机关。若各大臣转发省令，而集议者，则为间接机关"，且"宪法则不能常更，或有应更改者，非有天皇敕命，命以会议，则议员不能预为提倡或有关于皇室典范者，不由议会直以敕命行之"②。

与此同时，胡玉缙注意到英国和德国"虽贻君主称，特外形耳"③，它们实质上都是民主制国家，即强调这是虚君共和，国王并没有多少政治上的权力。载振在日本则看到，日本有"万世一系的制度"，他们的皇位是"依着皇室典范定的，皇上总览统治的权，依着宪法条规行事，帝国议会的开闭，法律的裁可公布执行，条约的缔结，宣战议和，陆军海军的统率，大赦特减刑役权的命令，都归天皇"，皇权在日本至上。④ 而但涛则关注到主权问题，他认为洪范所言"无偏无党，遵王之义"中"义"乃是今日之主权，强调其"定趋衢于一尊，而立法垂宪，咸以其威力行之，主权者之所宜，凡民不得而咈之"⑤。他在此虽是作中西的意义联结，但这联结的对象却是现代政制的核心概念"主权"，无论其认识属于何种程度，均表明现代政制已经深入其心。赵咏清即从日本课程中知晓，宪法即

---

① 刘雨珍、孙雪梅编：《日本政法考察记》，上海古籍出版社 2002 年版，第 391 页。

② 同上书，第 282 页。

③ 胡玉缙：《甲辰东游日记》，载李德龙、俞冰编《历代日记丛钞》第 148 册，学苑出版社 2006 年版，第 420 页。

④ 唐文治：《英轺日记》，载李德龙、俞冰编《历代日记丛钞》第 148 册，学苑出版社 2006 年版，第612 页。

⑤ 刘雨珍、孙雪梅编：《日本政法考察记》，上海古籍出版社 2002 年版，第 52 页。

是"规定主权之所在,及作用之原因"①。此外,但涛还特别在"领土"概念上寻找中西的意义对接,他强调"春秋郑伯以璧假许田,谷梁传曰,非假而曰假,讳易地也,礼天子在上,诸侯不得以地相与也,是为领土属于主权之证"②。楼藜然则在日本知晓住民与公民概念的不同,住民是指"普通人民住居于市之领地内者而言,无男女之别,无内国人外国人之别,并无成年及未成年之别",且宪法上的住民与"民法所谓住所异,民法上所谓住所者,一人只有一处,而住民则虽数处亦不相妨";而公民则是指"帝国臣民中之独立男子,住居本市二年,纳地租或直接国税二元以上,无须公费之扶养者而言,有选举权,有被选举权,是其权利,而其不能不参与,则又其义务",公民的核心在于享有宪法上的权利义务。③

正是在这种英、德皇位虚权而日本天皇至上以及主权、领土、公民概念的独特背景下,游洋记对现代政制有着独特的解读。对胡玉缙而言,英国乃是不成文宪法,日本则为成文宪法,这是现代政制常识。在现代政制论中,他首先强调,地球万国中"俄国及土耳其亦非民主立宪,即君主立宪改之",虽有人近来提倡"英国不成章之宪法于中国",但他却提出,中国"推普通之教育未及,民之程度未齐",改制"不如俟诸十数年以后";因为改制使"官民上下分权立限同受治于法律之中",并非空言所能实现。④ 而对刘枰而言,日本宪法虽"天皇统治权巨大无匹,与各国异",且其国民"颇不谓然,方谋组合同志吹为共和",但这种宪法实际上对中国"国体实为适宜,以吾国人所日夕翘首踮足,极力要求不获者"⑤。

基于此等立场,刘枰审视中国的问题,一是机关不能,二是人才不足,三是"官场习气太重,流品太杂"⑥,而改革政制正需要解决这些问题。刘枰在北京时听闻革命党声势浩大,但在东京却发现,"渐数月来已渐移于立宪一方面,虽有少散桀骜之辈坚持前志,和者盖寡",因为"我政府既以预

---

① 刘雨珍、孙雪梅编:《日本政法考察记》,上海古籍出版社 2002 年版,第 281 页。

② 同上书,第 56 页。

③ 楼藜然:《蘠盦东游日记》,载李德龙、俞冰编《历代日记丛钞》第 157 册,学苑出版社 2006 年版,第 454 页。

④ 胡玉缙:《甲辰东游日记》,载李德龙、俞冰编《历代日记丛钞》第 148 册,学苑出版社 2006 年版,第 374 页。

⑤ 刘雨珍、孙雪梅编:《日本政法考察记》,上海古籍出版社 2002 年版,第 357 页。

⑥ 同上书,第 379 页。

备立宪尺一之诏，俾薄海人士，返观易虑，阴遏乱萌，收效宏巨"，但需"奋起急追，勿稍因循，致予彼党以口实也"①。中国实际上"自预备立宪诏下泊今一载有余，试问有一事焉能举预备之实否，非尽大吏奉行不力，情睽势隔，窒碍多端，诚无善策，以违其所蕲故也，且此窒碍之故，政府宁不知之，知之而犹□此"②。而刘桴有一种被欺骗的感觉，即"预旨订此章程者，秉笔时以为吾但塞，吾□涂饰天下之目耳而已，实行与否，听之各大吏，非吾事也。为大吏者，揣悉此意，逆知阳奉阴违，政府亦不我咎，而种种窒碍又实不足以图效，而奏功非因循待时，即敷衍□事，此外盖无办法，亦孰肯力为其难，殚精毕智以图此必不可成之业哉"。他强调，在此等情形下举行新政，即便"萃东西各国名相，组织一内阁，亦必无从措"，而"欲医治此病"③须改官制、开国会、开省会、举行地方自治、设巡警、设地方裁判所。对于开省会，有直隶人即言，"各省设立谘议局，议员应由民选，今闻本省议员业已勒选，是仍专制政体，与宪政相背，拟联合本身留东同人发电力争"，而"听者咸鼓掌赞成"④。由此看来，在日本的政制考察与学习之后，国人开始以新思维谋求政治变革。

而政制考察使臣对日本政制的解读则略微不同。载泽从穗积八京博士处知悉，日本国体"数千年相传为君主之国"，即便改制，其君主主权丝毫无损，君主为主权之本体，"此数千年相承之治体，不因宪法而移"，它是日本宪法的本原。君主主权即是统治权，其有三，即立法权、大权与司法权；如君主欲行立法权，则"国会参与之"；如君主欲行大权，则"国务大臣、枢密顾问辅弼之"；如君主欲行司法权，则"有裁判所之审判"。更为重要的还在于，载泽从伊藤侯那里知晓，改制对君主国政体并无窒碍，即君主国"主权必集于君主，不可旁落于臣民。日本宪法第三、四条，天皇神圣不可侵犯，天皇为国之元首，总揽统治权云云，即此意"⑤。事实上，载泽还从英国政法教员埃喜来处获得同样的资讯，即"君主为一国至尊，法律必经批难而后颁行。各部院之行政者，奉君主之

①　刘雨珍、孙雪梅编：《日本政法考察记》，上海古籍出版社 2002 年版，第 355 页。
②　同上书，第 379 页。
③　同上。
④　同上书，第 356 页。
⑤　蔡尔康等：《李鸿章历聘欧美记·出使九国日记·考察政治日记》，岳麓书社 1986 年版，第 575—577 页。

命而行也。裁判所所执之法，王法也。三者皆然”，君上大权在现代政体上并未受损。因而在他理解，改制不过是“事以分而易举，权以合而易行”①。而正是带着此种观点，载泽判定法国“虽有民主之称，统治之权实与帝国相似”；而比利时作为君主国，虽其宪法由议院公定，但因“王室之权最尊”，则其“诸法权由是而生”。②

对国体的解读，达寿与载泽近似，但他是在与政体的区别中识别的。他理解，所谓国体是指“国家统治之权，或在君主之手，或在人民之手”，因而统治权在君主手者为君主国体，在人民手者为民主国体；而所谓政体是指在“立宪与专制”之间的区分；而国体的判断以历史为依据，不因政体之变革而相妨，政体则自然随时势而转移。就此而论，达寿不愧是在谈日本经验，一如载泽，日本皇室万世一系，自然是国体不随政体变革而变，但在法国则不能如此而论，他的经验有着很强的局限。但这正是他说服君上改制的重大理由。他强调“国体既为君主，则无论其政体为专制，为立宪，而大权在上，皆无旁落之忧”，而那些认为“世或以政体之变更，而忧国体之摇撼，于是视立宪为君权下移之渐，疑国会为民权上逼之阶，犹豫狐疑，色同谈虎”，皆是大错而特错。③就三权分立，达寿认为，这是孟德斯鸠的误解，其言国家立法、行政、司法三权宜“各设特别之机关而行使之，互相独立，不受牵掣”乃有弊端，因为国家贵在有统治权，其统治权“系惟一不可分之权，若其可分，则国家亦分裂”，因而“分国家主权为三事，而使分任之者，各自为其权力之主体”是国权统一的原则。④ 日本与英国均是统治权集于君上，未见权力有分。实际上，从当代权威不可分而权力可分或孙中山权能分立观点看，达寿的认识并未错误，君主权力至高，作为国家统一与主权至上的象征而言，他是对的；但却并不意味着权力不能分立，分立乃是为了政治的健康运行。

至于为何要改制，达寿认为，改制有不得不为之的历史经验与学术趋势。欧洲诸国皆改制，一是源于历史，一是由于学说，其结果终是人民

---

① 蔡尔康等：《李鸿章历聘欧美记·出使九国日记·考察政治日记》，岳麓书社1986年版，第629页。

② 同上书，第657—658、672页。

③ 故宫博物院明清档案部编：《清末筹备立宪档案史料》（上册），中华书局1979年版，第32页。

④ 同上书，第36—37页。

"反抗其君，流血飘杵而得"之。英国、美国、法国、德国、奥匈帝国、意大利、比利时概不例外，其能改制，又与孟德斯鸠的权力分立、卢梭的民约论有密切的关系，因为"学说之力足以激动人心左右世界"，即亨廷顿所谓学说致使社会动员能力增强，如果制度参与机制不能满足这种动员能力则必将导致制度变迁。而日本正是在制度行将危机之时，"御前会议，乾纲独裁，缩短发布宪法之期，亟定开设国会之限"，即日本自主扩大政制参与以满足社会动员而避免了政府危机，因而其能在甲午战争、日俄战争中获胜，这是"立宪能战胜于专制"。① 与此同时，载泽则只从法国提审院裁判官衔金雅士处了解法国大革命与法国宪法的历史，但他并未如达寿一般总结出改制乃历史的必然趋势。

　　此外，达寿除强调国际竞争背景、专制责任与君主、专制若非尧舜则"未有不危殆者"外，还从以下五个方面强调改制能"存国体而巩主权"，当然其所立之宪为敕拟宪法：一是敕拟宪法五大端即君主、臣民、政府、议会和军队皆"无害于国体，而无损于主权"，其权力的核心是作为主权者的君上，皇权不因改制而受限制。二是臣民自由权利不过是"涂饰宪法上之外观"而慰民望，受到法律的诸多限制，而法律乃由君上确定，这不过是"出于上之赐与"，无损于君上大权。三是政府副署君上命令而承担责任，这是责任政府的关键，它能避免君上独断之弊、臣下委卸之心，是复"中书省之旧制而已"，难道有损于君上大权？四是立法权，美、法则主权在民，君主国以其主权在君而言，欧陆因历史原因而有君上与国会"平分其立法之权利"，而日本则国会有"协赞立法权"与"议预决算案"之权，其余权力行使与否则在天皇采纳与否，而国会的运作全耐天皇的指示，自然无损于君上大权。五是军队统帅与行政之权的统一与协调，只有在君上一肩所担之时才能完成，美、英、法皆有其"薄弱之忧"，而日本则"全握于天皇一人之手"，因为"以国家事务与统帅事务互相独立，而使戴同一之首领，以调和联络于两者之间"，非天皇莫属，故改制如此，当收复君上之军权，不可能损害君权。②

----

① 故宫博物院明清档案部编：《清末筹备立宪档案史料》（上册），中华书局 1979 年版，第29 页。

② 同上书，第35—40 页。需要说明的是，并非不能说端方没有达寿的这些考虑，只是他将这些考虑融入了他的改制十八方面的内容之中，没有像达寿一般直接表明而已。

　　而制宪之方法，达寿区分了大权政治、议院政治、分权政治，并认为日本乃是大权政治，其宪法为敕拟（钦定）宪法，中国与日本政治接近而当选此敕拟宪法。因为只有大权政治强调权力的中心在君主，立法、司法、行政皆依天皇之名而行，且天皇仍有权行使这些权力；而议会政治以议院为中心，立法权在议会且行政权由其间接掌控，君主权力行使受到内阁限制，而内阁又受到政党意见乃至于议会选举的控制，君上权力行使受限；分权政治则不在君民共主政治的讨论范围内。达寿将端方他们选择共议宪法的遮羞布给揭开了，直接强调中国帝王唯一能选择的是大权政治，必选敕拟宪法。

四　行游者笔下的日本法政制度

（一）作为良法的日本宪法

　　在考察日本宪法性制度时，游洋记注意到日本官员的选任包括"亲任、勒任、奏任、判任"等，且对国民权利义务有一定认知。振贝子即在考察各国宪法后认为，国民应得的权利"共有好几门，一门是言论，或是议论风俗，或是议论学问，或是议论交际一切事宜，国家不能限制他；一门是迁徙，他到什么地方去，得听他；一门是信徒，是非好恶，各人有各人的存心，人家是不能勉强的；一门是产业，等他自己去弄，旁人不能管他；一门是赴诉鸣愿，有害于他的，请国家保护，有利于他的，请国家帮忙"①。而雷廷寿也注意到日人享有住所安全、通信安全、财产安全、迁徙自由、身体自由、信仰自由、言论自由、著作自由、出版自由及集会结社自由等权利。②而关于国民义务，胡玉缙认为，日本有"一幼儿自六岁以上必入学，二十岁以后须充兵，三应出租税必如数缴纳"，即教育义务、兵役义务、纳税义务。而对于纳税义务，刘瑞玲发现，日本国民须纳国税、府县税和市町村税。③而张维兰相信财政公开能够取信于民，日本在大隈重信为大藏省事务总裁时即"作会计预算表、决算表者，计一岁至内，应用若干，应征若干，于事后昭示之，其收纳有定程，其支销有定

　　①　唐文治：《黄韬日记》，载李德龙、俞冰编《历代日记丛钞》第148册，学苑出版社2006年版，第616页。
　　②　刘雨珍、孙雪梅编：《日本政法考察记》，上海古籍出版社2002年版，第253—255页。
　　③　同上书，第118页。

数，取之于民，仍布置于民"①。

关于日本政制，张维兰了解到，日本贵族院"以皇族华族及敕选议员为之"，而众议院则以"国民所选举之议员为之"，他们每年均根据敕令召集开会，两院同时开议，议定之后上之于天皇，交天皇裁可。② 由此即知，日本虽有两院，但天皇仍有至高的政治权力。然而，正是有两院这一政治机构的存在，容纳了新旧政治势力，使其能参与政治，即便其权力可能小，但这一形式却赋予了无限的可能。而这一可能既来自议员的努力，也来自通过选举而来的授权，虽这种授权在林炳章看来只是"连官民之声气……去上下隔阂之弊"③。因而选举有着非常重要的意义。

关于选举，王三让在日本工藤学士教学中了解到，这是现代各国最适用的制度，即"令一般人民用投票法构成议会，其性质与任命"④ 不一样，因为"任命出于一人，而选举则出于众人"。选举法有两类，"一立宪国，凡议一国之政，必有一回，议会分上下两院，上议院即贵族院，下议院即众议院"，根据日本宪法规定，下议院议员由选举产生，且有众议院议员选举法；"二则有一国议会，关于各地方事务则有各地方一户、府县郡市町村均有地方议会，其议员以选举法选之"。而选举的原则有两个，一为全体代表，"当选之议员在众议院则代表全国，在地方则代表地方，非仅代表选举我及一般有选举权者"；一为比例代表，"议员之代表全体也，固也，特竞争思想，日益发达，人数既多，则易有党派，各举其党，每不能免，即被举者专代其党表白意思，亦所不免，是其救济之法，则利用比例，例如议员之数应百而有选举权者十万，其中甲党五万，乙党三万，丙党两万，则甲党应选五十人，乙丙可类推，若甲党遽占八十，则乙丙以五万仅占二十，不甚公平"，因而比例代表法更为可取。⑤ 此外，另有初选举与复选举之分，初选举是指议会成立前，而复选举是指议员选举议长等，复选举易而初选举难，因为"分其区域，审其资格，编其名

---

① 张维兰：《乙巳东游日记》，载李德龙、俞冰编《历代日记丛钞》第 155 册，学苑出版社 2006 年版，第 651 页。

② 同上书，第 661 页。

③ 林炳章：《癸卯东游日记》，载李德龙、俞冰编《历代日记丛钞》第 154 册，学苑出版社 2006 年版，第 278 页。

④ 刘雨珍、孙雪梅编：《日本政法考察记》，上海古籍出版社 2002 年版，第 386 页。

⑤ 同上。

簿，慎其手续"，且有针对异议的起诉之事等。① 由此看来，选举是一门技术事务。另外，张维兰从武田先生处知晓，日本选举仍有诸多弊端，即"每临选举，往往有行贿以买人心者，然甲用一千元，乙必用二千元，乙之出资既钜，乙之得票必多，然甲之党绝不甘心于乙，必置之死地而后已，或刃其胸，或剖其腹，或投之谷涧，种种惨状，不可思议"②。

与选举相关的还有内阁更替问题。吴汝纶从内田公使处获悉，"今时制法大明，去一藤侯，不至于败，换人不换法"，不同于古时"一人去就，动关成败，此最危险，其人死则无继者，国事去"③。

而关于地方自治，对考察早期的胡玉缙而言，日本与欧美"各国以本地人治本地方，故事无弗举"，但中国省方圆数千里，情形不熟，"欺蒙易而整理为难"，他对自治并不看好。④ 但在考察晚期，胡玉缙则强调地方自治的政治优势，即一是"使人民分任政府之义务，可省政府之烦劳"；二是"使人民亦得尽其本务而算计地方公益之心，亦因之而起"；三是"人民参政之思想既然发达，则于地方公事逐渐练习而施政之难易亦可渐悟以养成其担任国事之实力"。⑤ 而楼藜然发现，实施地方自治，对于地方公共利益，居民不能"以私人意见阻"之，这是其优势。⑥

实际上，地方自治是"各就本地情形自定条例而自行之"，即所谓的"因地制宜"的制度化表现。⑦ 因为"地方不能自治，则国家之基础不固，而根本观念必有所缺而不完，盖国家原以谋统一为第一要义，若专以政府经历全国之事务，则断断不能统一；以地方情形各虑不同，费用多寡各虑不同，非由地方自为之不能适合"。倘若"移甲地之有余以补乙地之不足，形式上虽似自由活动，实质上往往有不公平之结果"，因而必须重视

① 刘雨珍、孙雪梅编：《日本政法考察记》，上海古籍出版社 2002 年版，第 392 页。

② 张维兰：《乙巳东游日记》，载李德龙、俞冰编《历代日记丛钞》第 155 册，学苑出版社 2006 年版，第 648 页。

③ 吴汝纶：《吴汝纶全集》第四册，施培毅、徐寿凯校点，黄山书社 2002 年版，第 508 页。

④ 胡玉缙：《甲辰东游日记》，载李德龙、俞冰编《历代日记丛钞》第 148 册，学苑出版社 2006 年版，第 41 页。

⑤ 同上书，第 456 页。

⑥ 楼藜然：《蘬盦东游日记》，载李德龙、俞冰编《历代日记丛钞》第 157 册，学苑出版社 2006 年版，第 451 页。

⑦ 参见刘雨珍、孙雪梅编《日本政法考察记》，上海古籍出版社 2002 年版，第 386 页。

地方自治。而"国家但以法律监督其行为"，有不法之事，"内务大臣命之停止，甚或解散之"，且每年均"派员巡视各地方"；各自治单位虽区域广狭不同，但均以"谋趋于内之公共利益及奉行国家委任之事件，为其职务"，对地方应为之公益，经会议决定后即出资举办，不足则募公债，人民是既享有权利也尽其义务。①

而日本地方自治乃是将全国划分为不同的自治单位，从府、县到市、郡、町、村，根据其领土与住民而成为地方团体，该团体亦称自治体，"备有人格，法律上认为法人。凡具有人格者应有地方之权利，自治体皆得享有之"，其能补助中央行政机构而活动于地方行政事务，对国家而言，凡地方自治事务，国家"不过提倡之，辅助之而已"。因"法人不能如自然人之自为动作"，故而"故必有代为决定其意思之机关"，即市之市会，郡之郡会，町、村之町会、村会。而这一自治意思机关由该自治体的住民依法律选举产生。以市会为例，根据日本法律，住民中的独立男子居住该地二年且纳地租或直接国税二元以上又无公费之扶养者有选举与被选举权。其中所谓公费之扶养者，乃是指依法不能参选议员的官吏、神官僧侣及其他宗教师、小学教员等。然后通过匿名投票法以"得有效投票之多数者"为当选。就其权限而言，府、郡、县关于经济事项"决议权颇大，其他恒由知事独断径行"，而市会则"凡有关于一市之事项，皆有监视发言权，且事项经其决议者，绝对有效力，除于决议之违法越权及害公益之情事，得停止其执行，仰求进监督官厅处分外，他皆不得拒之不执行"②。具体而言，市会有如下权力，即"一设定市之条例及规则或变更之时，二事业须以市费支办者，三定市之预算决算，四定赋课征收各项各料之法，五市有之不动产欲为让渡及其他处分之事，六处分基本财产之事，七有新负义务及抛弃权利之事，八定营造物管理之法，九关于市之事件须为诉讼及和解时"。此外，还有市长的市参事会，为市之执行机关，其"事之是非，人之臧否，胥凭公论，以决去取，虽天王不得独逞私意，而其下无论己，上能督率，下知禀承，询谋公论断"；且其每年均需制定财政预决算请市会批准。③

---

① 刘雨珍、孙雪梅编：《日本政法考察记》，上海古籍出版社 2002 年版，第 352 页。

② 楼藜然：《藕盦东游日记》，载李德龙、俞冰编《历代日记丛钞》第 157 册，学苑出版社 2006 年版，第 453—456 页。

③ 刘雨珍、孙雪梅编：《日本政法考察记》，上海古籍出版社 2002 年版，第 109、114—115、117、130、133、321—329、358—360、390 页。

(二) 系统性认知其他公法

关于刑法之犯罪学，熙桢在与日本刑法学家交流时了解到，刑法理论自古及今有三种，其一是"犯罪者对于社会有受害之行为，是神人之公敌，既为公敌，则不可无复仇之事"；其二是"以犯罪为妨害社会之安宁，故必追放于社会之外"；其三是"以犯罪为加损害于社会，必使犯罪者赔偿之，此设刑之基础也，然也犹仅知惩创之旨，使社会得沐治平而于犯罪者之人格如何，尚未虑及"。① 而涂福田也从日本法学家处获知，"文明进则犯罪益多，一因生计程度愈高，百物胜贵，贫者无以为生，则作奸犯科之事益众，一因保护人民权利，法网不得不密，网密则触犯易，且警察严明，有罪不能幸免，所以犯法之事，与文明进步适成正比例"，而这一观点在传统中国则是不可想象的。② 赵咏清在其笔记中提出犯罪与贫富差距有关，即"社会之日见发生，人口愈增，欲望愈甚，生计之争竞愈繁，贫者忌富，欲设计以诈之，愚者忌贤，暗设井以陷之，故种种不法，未可一言而尽……或耽酒奸淫宴于逸乐，致谋生日蹙，失业破产，赌博嬉游，始则于经济毫未关心，继则欲求之而不得救济，无法托足，无门偶生，败坏之心，必致陷于禁锢，故社会上之犯罪关系，亦经济上之真确情形"，他强调犯罪的原因是贫困，因贫困而仇富犯罪，因贫困导致无法生存而犯罪。③

关于刑法的适用，舒鸿仪在其笔记中强调，"裁判所审问犯罪人之时，概先视其罪之轻重，即定犯罪者相当之刑"，即现代刑法"罪责刑相适应"原则，其适用有三种主张：一是放任主义，即"法律上无明文，由裁判官随意以定各犯罪之刑，法律上毫不加以限制"；二是法定主义，即"法律上有明文预以法律定各犯罪相当之刑，司法之人毫不能移易"；三是折中主义，即"犯何罪当处何刑，法律虽有定条，然以一定之刑，治不定之罪，不免有太过不及之差，故法定中尚留有余地，以待裁判官就其范围，而自由伸缩之"。且刑法对刑罚之加重减轻、重罪之加减、轻罪与违警罪之加减等都有详细规定，均须依法定罪量刑。④

至于刑法的具体规定，游洋记发现，日本法不立则已，立则必行，其

---

① 刘雨珍、孙雪梅编：《日本政法考察记》，上海古籍出版社 2002 年版，第 199 页。

② 同上书，第 138 页。

③ 同上书，第 285 页。

④ 同上书，第 222—223 页。

通过严刑峻法使得日本境内"竟无一吸鸦片之人"①，刘瑞玲即强调中国当"急宜改良，不然弱种弱国，何以自强"。而胡玉缙等则对日本刑罚有清晰的认识，其分主刑和附加刑，而主刑分为重罪主刑、轻罪主刑、违警罪，如死刑、无期徒刑、有期徒刑、无期流刑、有期流刑、重惩役、轻惩役、重禁狱、轻禁狱九种为重罪主刑，而重禁锢、轻禁锢、罚金是轻罪主刑，拘留、科料是违警罪主刑，夺削公权、停止公权、监视、罚金、收没为附加刑。②而熙桢则将这些刑罚分为六类，即生命刑、身体刑、追放刑、名誉刑、财产刑与自由刑。③

关于法院、检察与刑诉，游洋记关注了法院与检察院的设置与其职能④、管辖与上诉⑤，法官与检察官的选任。王仪通注意到，日本法官与检察官均无犯罪记录且需获得法律学科卒业证书，通过司法职业资格考试，或在大学法科任教授，且有官阶晋升之法，而其职位与薪金以及退休

①　参见刘雨珍、孙雪梅编《日本政法考察记》，上海古籍出版社 2002 年版，第 106 页；胡玉缙《甲辰东游日记》，载李德龙、俞冰编《历代日记丛钞》第 148 册，学苑出版社 2006 年版，第 174—176 页。

②　参见胡玉缙《甲辰东游日记》，载李德龙、俞冰编《历代日记丛钞》第 148 册，学苑出版社 2006 年版，第 351—356 页；刘雨珍、孙雪梅编《日本政法考察记》，上海古籍出版社 2002 年版，第 23、66、112、221—222、285 页。

③　刘雨珍、孙雪梅编：《日本政法考察记》，上海古籍出版社 2002 年版，第 199 页。

④　参考陈刚编《中国民事诉讼法制百年进程——清末时期》，中国法制出版社 2004 年版，第 415—417 页；唐文治《英轺日记》，载李德龙、俞冰编《历代日记丛钞》第 148 册，学苑出版社 2006 年版，第 630 页；胡玉缙《甲辰东游日记》，载李德龙、俞冰编《历代日记丛钞》第 148 册，学苑出版社 2006 年版，第 79—86 页；楼黎然《蘱盒东游日记》，载李德龙、俞冰编《历代日记丛钞》第 157 册，学苑出版社 2006 年版，第 418—421 页；贺纶夔《钝斋东游日记》，载李德龙、俞冰编《历代日记丛钞》第 158 册，学苑出版社 2006 年版，第 550—552、594 页；刘雨珍、孙雪梅编《日本政法考察记》，上海古籍出版社 2002 年版，第 64、113、119、282—283、282—286、244、330 页。

⑤　参见陈刚编《中国民事诉讼法制百年进程——清末时期》，中国法制出版社 2004 年版，第 425—417 页；刘学询《日本商务考察日记》，载李德龙、俞冰编《历代日记丛钞》第 144 册，学苑出版社 2006 年版，第 88—89 页；聂嗣中《游历日本日记》，载李德龙、俞冰编《历代日记丛钞》第 149 册，学苑出版社 2006 年版，第 441—443 页；王景禧《日游笔记》，载李德龙、俞冰编《历代日记丛钞》第 155 册，学苑出版社 2006 年版，第 102—104 页；张维兰《乙巳东游日记》，载李德龙、俞冰编《历代日记丛钞》第 155 册，学苑出版社 2006 年版，第 660—661 页；楼黎然《蘱盒东游日记》，载李德龙、俞冰编《历代日记丛钞》第 157 册，学苑出版社 2006 年版，第 418—421 页；刘雨珍、孙雪梅编《日本政法考察记》，上海古籍出版社 2002 年版，第 135、145、330 页。

均有法律保障。① 至于审判组织，王仪通等了解到，日本基层法院一审一般是独任制，而地方裁判所以上为合议制。②

按刘庭春等人的解读，刑诉针对"犯罪者，以适用刑法为主目的；对于被害者，以救济为从目的"③。而林炳章对民诉与刑诉专门做了区分，他认为"刑事重在公益，尊国家之司法权；民事重在私益，博爱护人民之权力"④。贺纶夔则从诉讼对象区分二者，认为"讯烧杀淫搂妨害治安之案之公堂曰刑事法庭，讯户婚田土钱债等案之公堂曰民事法庭"。⑤ 正因为刑诉关乎公益，以至于其规定由检事负责提起公诉并严格规定"搜查、搜查、检证、逮捕及预审、公盘判决，再审、上告诸规条"，因为刑诉考虑到"未开公判以前，查之务详，防滥告之弊；既开而后结之务速，防被告及各证人久待讼庭之旷也；既结也，许之求再审或上控，防冤抑之弊"，故而刑诉有规定"自地方裁判所以上，则有预审，且无一不以合议，其裁判人员亦递增，遵法律而行，无威吓刑讯，务得其情而后已"。此外，还有预审制度，即"以秘密手段觅犯者凭证于此，被告事件，付公判或饬免诉，预审官得决定之"⑥。

至于刑诉的通用规则，王仪通总结为：一是审问公开，除非是"有害安宁及关系风俗者停止公开，一则刺激宫中，一则事涉猥琐"，且审判公开使得法院不能随意枉法裁断。⑦ 二是指挥权及警察权，即"裁判以威信

① 参见陈刚编《中国民事诉讼法制百年进程——清末时期》，中国法制出版社2004年版，第419—422页；刘雨珍、孙雪梅编《日本政法考察记》，上海古籍出版社2002年版，第330—331页。
② 同上书，第88、145、330页。
③ 刘雨珍、孙雪梅编：《日本政法考察记》，上海古籍出版社2002年版，第333—337页。
④ 林炳章：《癸卯东游日记》，载李德龙、俞冰编《历代日记丛钞》第154册，学苑出版社2006年版，第285页。
⑤ 参见贺纶夔《钝斋东游日记》，载李德龙、俞冰编《历代日记丛钞》第158册，学苑出版社2006年版，第537—539页。
⑥ 贺纶夔：《钝斋东游日记》，载李德龙、俞冰编《历代日记丛钞》第158册，学苑出版社2006年版，第418—421页。
⑦ 参见胡玉缙《甲辰东游日记》，载李德龙、俞冰编《历代日记丛钞》第148册，学苑出版社2006年版，第79—86页；贺纶夔《钝斋东游日记》，载李德龙、俞冰编《历代日记丛钞》第158册，学苑出版社2006年版，第537—539页；刘雨珍、孙雪梅编《日本政法考察记》，上海古籍出版社2002年版，第286页。

为主，法庭之内，惟判事长之权独尊，凡人俱应服从其指挥"；而"警察权，即行警察之意，乃维持法庭之秩序者"。三是指法服，即判事的法定服饰。四是用语，即强调法庭之内只能使用本国语言，"以表主权之独立"。五是评议及言渡，即"审问既毕，须由评议，然后言渡。言渡者，宣告其罪之轻重有无"，而评议是以合议庭多数意见为准。六是司法年度，强调司法的专业性，"仅司审定法律，不妨久任"。七是休暇，即自"七月十一起，至九月十日止，停止裁判，另设休暇部专理"，而其"急切不容稍缓"之事另有法律规定。①

关于刑诉中的证据规则，按聂嗣中的说法，其"法重证见，不重供词，往往由其人狡展而证见既具，法律难宽不俟，其人供认而即据以定罪者"，因为刑讯有弊端，而"西人矫其失，在证佐之确否，不在供词之有无，以国有警部，犯者不能讳"。② 而在王景禧看来，通过证据而依法定罪，"无刑求，无屈服，自然廉得其情"③。冈田朝太郎博士告诉舒鸿仪，"中国裁判一事，最宜注意，当以得裁判官之心证为目的，本人之自白不足凭也。刑讯之弊，不能屈顽梗之囚徒，反使薄弱囚徒自白不实"。但问题在于，"中国既废刑讯，反取口供，是从前有刑讯，而口供尚难取，今废刑讯，则取口供更难"，势必至名废口供而实不能废矣；且裁判官自由心证制度也极难在传统中国实践。④ 但晏宗慈注意到日本刑诉针对"有为伪说，曲庇罪家者，察出则论伪证之罪，惩罚甚重"，以法律来规范并严惩伪证行为。⑤

至于上诉不加刑原则，严修发现，"原审官所科罪虽矢之轻，而上官不能改令加重，故仍坐如初"，即便有反对声认为这会开"罪人侥幸之风"，但严修强调"不如此则罪人虽有冤将不敢上诉，恐其反改加重"。⑥

---

① 陈刚编：《中国民事诉讼法制百年进程——清末时期》，中国法制出版社 2004 年版，第418—419 页。

② 聂嗣中：《游历日本日记》，载李德龙、俞冰编《历代日记丛钞》第 149 册，学苑出版社 2006 年版，第 445 页。

③ 王景禧：《日游笔记》，载李德龙、俞冰编《历代日记丛钞》第 155 册，学苑出版社 2006 年版，第 103 页。

④ 刘雨珍、孙雪梅编：《日本政法考察记》，上海古籍出版社 2002 年版，第 241 页。

⑤ 晏宗慈：《随轺日记》，载李德龙、俞冰编《历代日记丛钞》第 154 册，学苑出版社 2006 年版，第 397 页。

⑥ 严修：《严修东游日记》，天津人民出版社 1995 年版，第 51 页。

　　至于诉讼文书，胡玉缙专门介绍了地方裁判所预审书与地方裁判所刑事书格式,^① 而刘庭春等则以一盗窃伤人案为例，介绍该案中所涉及的各种文书的写作要点，包括盗难告诉书、盗难临场报告书、听取书、假还附请书、始末书、诊断书、言渡书、意见书、移送书、拘留状、预审请求书、调查书、宣誓书、调书、预审判定之意见书、决定书、送达证书、公判请求书、被告人讯问调书、公判始末书、判决、控诉申立通知书、控诉通知书、控诉院判决、上告、弃却等文书。^②

　　此外，游洋记还在日本见到反酷刑措施，即"罪人无施敲扑者，警察拘罪人若私用鞭挞，裁判所查知必予之罚"。严修查知，这种做法并未使犯罪率升高，原因在于"昔者法重而巧避者多，今法轻而人无所逃"。^③而林炳章则从中国传统出发理解反酷刑举措，即"吾中国移乡移遂，古有良规，自教养失，宜用世者，不得不以辟以止辟之言为治标，而忘其本，至今日，刑名法律繁重之端诸多窒碍，微特刑乱用重，为抱薪救火之谋，即尚德缓刑，亦画饼充饥之举，使长此鞭棰刀锯"，而这不但导致廉耻尽亡，还贻外人以口实，导致治外法权丧失殆尽，因而林炳章建议到，"吾愿秉国钧者，于人命重大，亟宜加意改良"^④。

　　关于监狱法，游洋记一如既往地记载了监狱的分类、入狱与出狱管理、日常管理、牧师制度、医疗卫生制度、狱囚工作制度等内容,^⑤ 但此

---

　　① 胡玉缙：《甲辰东游日记》，载李德龙、俞冰编《历代日记丛钞》第148册，学苑出版社2006年版，第432、438页。

　　② 刘雨珍、孙雪梅编：《日本政法考察记》，上海古籍出版社2002年版，第333—337页。

　　③ 严修：《严修东游日记》，天津人民出版社1995年版，第41页。

　　④ 林炳章：《癸卯东游日记》，载李德龙、俞冰编《历代日记丛钞》第154册，学苑出版社2006年版，第292页。

　　⑤ 详情参见林炳章《癸卯东游日记》，载李德龙、俞冰编《历代日记丛钞》第154册，学苑出版社2006年版，第292页；凌文渊《籥盦东游记》，载李德龙、俞冰编《历代日记丛钞》第154册，学苑出版社2006年版，第70—71页；晏宗慈《随轺日记》，载李德龙、俞冰编《历代日记丛钞》第154册，学苑出版社2006年版，第397页；王景禧《日游笔记》，载李德龙、俞冰编《历代日记丛钞》第155册，学苑出版社2006年版，第109页；胡玉缙《甲辰东游日记》，载李德龙、俞冰编《历代日记丛钞》第148册，学苑出版社2006年版，第132—134页；楼藜然《藕盦东游日记》，载李德龙、俞冰编《历代日记丛钞》第157册，学苑出版社2006年版，第475—476页；贺纶夔《钝斋东游日记》，载李德龙、俞冰编《历代日记丛钞》第158册，学苑出版社2006年版，第618页；刘雨珍、孙雪梅编《日本政法考察记》，上海古籍出版社2002年版，第65、87—88、113、145—146、151—210、285—288、339—342页。

前的文字零散分布于各游洋记之中，但在此时则有专人负责考察日本的狱政，而熙桢、王仪通的游洋记正是此种代表，且熙桢专门全文抄录了在日本监狱施行的《刑事被告人遵守条例》与《囚犯与惩治人遵守条例》，[①]而许炳榛则抄录了《各监管理给予品及贷与品规程》与《在监人奖赏规程》。[②]在刘枬看来，日本监狱办理之所以如此良好，非"第于监狱求之也"[③]。日本学校教育普及，则公民奉公守法者多而耻于下流作奸犯科者少，这是防患于未然；且立法周密，可乘之机少，又"时以迁善改恶之言强聒不舍"，因而"人知逃难幸免，勤可邀恩而敢于滋事者少"，这是防患于已然；对于出狱之人，日本地方设有出狱人保护会，竭力维持，毋使失所，使能谋生而藉思悔过，不敢再犯，这也是防患于已然。[④]

关于警察法，雷廷寿强调"警察尤与斯民有直接关系，其权力之用应在何范围及程度间"[⑤]，均须有法律规定。因而国人多有如雷廷寿一般专赴日本考察警政，且有在考察日本其他事务时也兼观察日本警政运作，游洋记着重介绍了警察的职责、分类、选任、待遇、纪律、机构设置、工作时间以及军警冲突的处理、外国人管理等方面的内容。[⑥]而胡玉缙正是基于对日本警政的观察而反思中国的警政，他看到中国警察"假其名以诈民财，擅威福通盗贼□时见于京师及湖北江苏等省，成效未收，弊端先

---

① 参见刘雨珍、孙雪梅编《日本政法考察记》，上海古籍出版社 2002 年版，第 205—210 页。

② 许炳榛：《甲辰考察日本商务日记》，载李德龙、俞冰编《历代日记丛钞》第 155 册，学苑出版社 2006 年版，第 433—436 页。

③ 刘雨珍、孙雪梅编：《日本政法考察记》，上海古籍出版社 2002 年版，第 365 页。

④ 同上。

⑤ 同上书，第 253 页。

⑥ 参见刘雨珍、孙雪梅编《日本政法考察记》，上海古籍出版社 2002 年版，第 23—24、86、97、106—107、117、132—133、227—228、231—234、240、242、257—274、284—285、387 页；王景禧《日游笔记》，载李德龙、俞冰编《历代日记丛钞》第 155 册，学苑出版社 2006 年版，第 102—104 页；胡玉缙《甲辰东游日记》，载李德龙、俞冰编《历代日记丛钞》第 148 册，学苑出版社 2006 年版，第 88—91 页；许炳榛《甲辰考察日本商务日记》，载李德龙、俞冰编《历代日记丛钞》第 155 册，学苑出版社 2006 年版，第 426—427、487—489 页；楼藜然《蘬盒东游日记》，载李德龙、俞冰编《历代日记丛钞》第 157 册，学苑出版社 2006 年版，第 442 页；贺纶夑《钝斋东游日记》，载李德龙、俞冰编《历代日记丛钞》第 158 册，学苑出版社 2006 年版，第 550—553 页。

显",其原因在日本有警察学及其学校,具体来说,日本"欲为巡查必先考试,如宪法行政法刑法刑事诉讼法裁判所构成法及关于警察诸法规,须通其大意,算术同比例百分,外国语可随意考取,再入巡查教练所警部为师以课之,并有柔术击剑步兵操法诸课,三月毕业,乃可为巡查。其优者得任警部,其警部人员亦先考试,宪法、行政法、民法、刑法、国际法、经济学、商法、民事诉讼法、刑事诉讼法,或口述,或笔记合格,则在警视厅中,有警部及技师技手艺课之,凡卫生学精神病学并加研习一年,毕业乃得为官。其优□擢为警视官员。□巡查皆摩于学之中,不招无赖以充数,不取□员以管理,充其所极成";日本警政实行的具体步骤是"政府先□警察之大纲颁行全国,增设警察专官,各省则按其地方情形详分子目,务期一律可以征调通用而绝不参差,其次序首重司法,以清盗贼,以去地痞,以绝差役之害民,□使民先受其益,一面落查户口,修治道路,凡就在卫生以及有关风化之事,悉心讨究,次第施行。再及机会结社言论著作之法,则保安□行政之警察亦略备,而又多设警察讲习所招人学习,各省之派学警察□踵相接学,成后或为警察官,或为警察师",因而中国当政者必须仔细斟酌而实心实力推行数年,使之不至于为民诟病。①

此外,刘庭春等全文抄录了《日本警视厅官制》《日本警视厅处务细则》《日本警察署警察分署处务细则》,雷廷寿全文抄录了《警察赏与规则实施细则》。②

关于财税法,严修介绍了身工税,即"一人一年所入工资若干分而取一,他国寄居者同例"③。胡玉缙提及"地租所得税、营业税、酒税、酱油税、砂糖税、消费税、卖药税、矿业税,取□所税,兑换银行券发行税、冲绳县酒类出港税、吨税、海关税、北海道水产税与地方税"等多种税。④而载振则将日本税种分为两类,一为国税,一为地税而已。在赵咏清看来,在日本"大不易居",其"小民生机维艰,衣服、饮食皆极菲

---

①　胡玉缙:《甲辰东游日记》,载李德龙、俞冰编《历代日记丛钞》第148册,学苑出版社2006年版,第92—95页。

②　参见刘雨珍、孙雪梅编《日本政法考察记》,上海古籍出版社2002年版,第309—321、274—275页。

③　严修:《严修东游日记》,天津人民出版社1995年版,第19页。

④　胡玉缙:《甲辰东游日记》,载李德龙、俞冰编《历代日记丛钞》第148册,学苑出版社2006年版,第381—382页。

薄"，但日本人对此并没有抱怨，原因在于"立宪之后所有租税皆其自认，非由强迫而然，且教育普及，人知地方自治之为利，不待官吏之督率，凡地方义举进出款项，亦不假手官吏，所以趋事赴功，人无疑畏者"。因而赵咏清强调，如果"民信未孚，而动言加税"①，其税收窒碍难行很正常。

关于教育，吴稚晖等专程前往日本考察。张维兰知晓，日本在全国划分八大学区，设立多所师范院校与各专门学校，强调"人人知学，惟专门"②。楼藜然则发现日本教育强调普及且专门，其有"关于家庭教育者，关于幼稚园、小学校、盲哑学校、其他初等教育学校者，关于中学校、高等女学校、其他中等教育学校者，关于师范学校教员养成学校者，关于农、工、商、船、水产、实业学校及讲习所者，关于美术、音乐、法、文、理、医专门教育学校者，关于通俗教育"等，分门别类，故而文明滥觞。③ 段献增则从日本知晓留学之益处，在于选拔俊才，其归国后能为师范，可使教育推广而渐次有今日日本规模。此外，游洋记还提及日本的特殊教育情况。④

更为要紧的在于，游洋记还对教育理论有着深入的了解。钱单士厘即认为，国家强大的关键在人，而人则在教育。因为"有教必有育，育亦即出于教，所谓德育、智育、体育者尽之矣。教之道，贵基之于十岁内外之数年中所谓小学校者，尤贵养之于小学校后五年中所谓中学校者。不过尚精深，不过劳脑力，而于人生需用科学，又无门不备"。且钱单士厘强调，日本教育并非是为国家储备人才，而是为"本国培育国民"，因而其男女并重，且"孩童无不先本母教"，强调女学对于教育的重大意义，建议中国恢复女学，又"女教以衍及子孙，即为地球无二之强国可也"⑤。

① 刘雨珍、孙雪梅编：《日本政法考察记》，上海古籍出版社 2002 年版，第 278 页。

② 张维兰：《乙巳东游日记》，载李德龙、俞冰编《历代日记丛钞》第 155 册，学苑出版社 2006 年版，第 666 页。

③ 楼藜然：《蘦盦东游日记》，载李德龙、俞冰编《历代日记丛钞》第 157 册，学苑出版社 2006 年版，第 406 页。

④ 参见刘雨珍、孙雪梅编《日本政法考察记》，上海古籍出版社 2002 年版，第 357 页；凌文渊《篇盦东游日记》，载李德龙、俞冰编《历代日记丛钞》第 154 册，学苑出版社 2006 年版，第 80—98 页等。

⑤ 钱单士厘：《癸卯旅行记·归潜记》，湖南人民出版社 1981 年版，第 24—25 页。

而王三让则在日本培训时知"从来国运之盛衰，根于民智之通塞，而民智通塞，实以教育力之伸缩完缺为标准"，因而国家当特别重视教育，教育能强国。① 王景禧则知晓日本有国民教育论，强调国民有普通知能，能胜国家之职务，否则"虽有耳目心思，虽有手足肢体，而一无所知，一无所能，有此人几如无此人，且须仰给于人，直与废人等"。因而，日本强调教育乃国之根本，而小学则是"根本之根本"，其程度绝不求高，但求切于实用，即"寻常则修身、国语、习字、算数、体操、手工、唱歌（二者为随意科目），高等则加地理、历史、博物、理科、图书、裁缝（女），其精神之所贯注，则首以忠君爱国之意念，印之于脑，以日常必需之知能，备之于身，无论何科，皆本此总之为教授"。且王景禧还从日本知晓何为教育精神，即小学教育强调"民生日用所必需，无容或缺"；而中学教育则为实业，养成能胜任职业之程度，求学实用，即知即能；高等以至于大学则养成"主持政法、指挥职务，发明理要者之程度，学无止境，人才不可胜用"。三者"互为联署，亦各成阶段，而以示范教育纬络乎其间，文部省提挈于其上，教育会，研究评议于其际"。②

此外，游洋记还对日本的交通规则、卫生法、建筑法、消防法颇有关注。③

五　小结：行游东洋的影响

实际上，新政时代中国的改制与修律受到日本很大影响，他们成建制地引进在日本施行的法律、法规、规章乃至一般文书格式，由此可见一斑。日本影响游历者的实例，可从以下描述中窥见。

首先，广州李家驹为但涛《海外丛稿》作序时，即从但涛对日本的考察中发觉了晚清新法草案为何会以"文字屈诘为嫌，或以时事牴牾为词"，即该草案原自对日本新律的仔细斟酌而为判官所用，其"文字推合古谊信雅驯"，但由于没有与"疏明之学士大夫"充分沟通，他们"犹然

① 刘雨珍、孙雪梅编：《日本政法考察记》，上海古籍出版社2002年版，第391页。

② 王景禧：《日游笔记》，载李德龙、俞冰编《历代日记丛钞》第155册，学苑出版社2006年版，第27—28页。

③ 参见刘雨珍、孙雪梅编《日本政法考察记》，上海古籍出版社2002年版，第220、223—226页等。

瞠目"，而一般民众跟风而已。① 他从日本改革中领悟的要点是，改革需要谋求士大夫的充分理解与支持。而金保福在其《扶桑考察笔记》自序中说，日本之行，使其"眼界遂稍稍开拓矣"。②

其次，凌文渊在日本见其改革成效而提出了针对日本东三省的改革建议，其几乎是对日本的照搬，即撤三将军而合并三省为一省，置总管府治理；总管府行政、司法、军政三权分立以昭权限；总管府设顾问（或作参政院）与大理二院为立法与司法；总管府设民、兵、财三部分掌民政军政与度支事务；总管府总管由宗室亲王简放，但各部官吏抡选，无满汉之分；每部均聘请外国人，优异者为顾问官、教师，以备咨询；以上措施实行即撤牛庄等海关而使"各国自由来往贸易"；另设一面于山海关、蒙古各地税关以保护；矿山铁路等利权，准外国人一体均沾，其购买田产及自由楼住，均一例允许。③ 凌文渊对此改革的官制有详细规划，且对每部的职能均有周详考虑。

再次，涂福田则据日本改革之有效举措提出，"为我直隶所急宜仿办者，随事记录，约得十章"，其内容大致是设演说练习所，设农业试验场，设森林水利崇局，设初等小学兼收女学生，学校宜用通学法，各县有银行支店，各县一律改良监狱而令罪犯习艺，各县选正绅数人为名誉职员以仿参事会之制，各县创办巡警且以团练为补助，各县就地方起公债等内容。按其说法，普及教育与政体改良是根本，而此建议虽无关宏旨，但维新千端万绪，"为一事即有一事之益"④，当能行者推行。

最后，刘栯以日本为参照判断中国问题在于机构不能、人才不足、官场习气太重而流品太杂，而政制改革则以旧官僚机构推广，难有成就，故而他针对性地提出改官制、开国会、开省会、举行地方自治、设巡警、设地方裁判等措施；针对人才不足则提出首要培养法政人才，其次培养各项专门人才，最后大力筹办教育普及等建议；针对官场习气提出三项建议，一是普通考验之法——针对京官、外官实缺而从候选中选拔，二是分发考

---

① 刘雨珍、孙雪梅编：《日本政法考察记》，上海古籍出版社 2002 年版，第 41 页。

② 同上书，第 63 页。

③ 凌文渊：《箭盦东游日记》，载李德龙、俞冰编《历代日记丛钞》第 154 册，学苑出版社 2006 年版，第 110—117 页。

④ 同上书，第 147—149 页。

验之法——针对新人的公务员考试，三是省服冠——官服。① 而从刘枬提
出的建议来看，其机构设置、人才选任、教育之法均有深刻的日本痕迹，
很难说没有受到日本的影响。

———————————

① 凌文渊：《簫盦东游日记》，载李德龙、俞冰编《历代日记丛钞》第 154 册，学苑出版社
2006 年版，第 379—380 页。

参 考 文 献

一 中文著作

（一）前现代著作

汤志钧编：《章太炎政论集》（上），中华书局1997年版。

朱维铮编：《郭嵩焘等使西记六种》，生活·读书·新知三联书店1998年版。

上海市文物保管委员会编：《列国游记——康有为遗稿》，上海人民出版社1995年版。

谢清高：《海录》，杨炳南笔录，安京校释，商务印书馆2002年版。

郭连城：《西游笔略》，上海书店出版社2003年版。

薛福成：《出使英法义比四国日记》，钟叔河编，岳麓书社1985年版。

志刚：《初使泰西记》，钟叔河编，湖南人民出版社1981年版。

宋育仁：《泰西各国采风记》，载王锡祺编《小方壶斋舆地丛钞再补编》，杭州古籍书店1985年版。

刘锡鸿、张德彝：《英轺私记·随使英俄记》，钟叔河编，湖南人民出版社1986年版。

王之春：《使俄草》，沈云龙编，台北：文海出版社1967年版。

曾纪泽：《出使英法俄国日记》，钟叔河编，岳麓书社1985年版。

凤凌：《游馀仅志》，中华民国十八年刊本影印本。

钱德培：《欧游随笔》，清光绪刊本。

清议报报馆：《清议报》（第100册），中华书局1970年版。

严复：《严复集》，王栻编，中华书局1986年版。

林铖、张德彝等：《西海纪游草·乘槎笔记·诗二种·初使泰西记·航海述奇·欧美环游记》，钟叔河编，岳麓书社 1985 年版。

林则徐：《林则徐集》（中册），中华书局 1956 年版。

张德彝：《欧美环游记》，左步青点，米江农校，湖南人民出版社 1981 年版。

张德彝：《随使法国记》，左步青点，钟叔河校，湖南人民出版社 1982 年版。

祁兆熙等：《西学东渐记·游美洲日记·随使法国记·苏格兰游学指南》，钟叔河编，岳麓书社 1985 年版。

黎庶昌：《西洋杂志》，钟叔河编，湖南人民出版社 1981 年版。

郭嵩焘：《伦敦与巴黎日记》，钟叔河编，岳麓书社 1984 年版。

司马迁：《史记》，岳麓书社 2008 年版。

王韬等：《漫游随录·环游地球新录·西洋杂志·欧游杂录》，钟叔河编，岳麓书社 1985 年版。

王芝：《海客日谭》，沈云龙编，台北：文海出版社 1968 年版。

崔国因：《出使美日秘日记》，胡贯中注，刘发青点，黄山书社 1988 年版。

斌椿：《乘槎笔记》，湖南科学技术大学出版社 1981 年版。

张德彝：《稿本航海述奇汇编》（五），北京图书馆出版社 1997 年版。

李圭、徐建寅等：《漫游随录·环游地球新录·西洋杂志·欧游杂录》，钟叔河编，岳麓书社 1985 年版。

陈兰彬：《使美记略》，陈姜校注，《近代中国》2007 年第 17 辑。

张荫桓：《张荫桓日记》，上海书店出版社 2004 年版。

张德彝：《稿本航海述奇汇编》（七），北京图书馆出版社 1997 年版。

蔡尔康、林乐知编译：《李鸿章力聘欧美记》，海南人民出版社 1982 年版。

张德彝：《稿本航海述奇汇编》（六），北京图书馆出版社 1997 年版。

蔡钧：《出国琐记》，光绪铁香室本。

梁启超：《梁启超全集》，张品兴编，北京出版社 1997 年版。

吕思勉：《中国制度史》，上海教育出版社 1985 年版。

梁启超：《新大陆游记及其他》，岳麓书社 1985 年版。

戴鸿慈：《出使九国日记》，湖南人民出版社 1982 年版。

载泽等：《李鸿章力聘欧美记·出使九国日记·考察政治日记》，钟叔河编，岳麓书社 1986 年版。

唐文治：《英轺私记》，载李德龙、俞冰编《历代日记丛钞》（第 148 册），学苑出版社 2006 年版。

金绍城：《十八国游记》，太原监狱石印本。

端方、戴鸿慈：《欧美政治要义》，中国社会科学院法学所藏本。

张德彝：《稿本航海述奇汇编》（九），北京图书馆出版社 1997 年版。

张德彝：《稿本航海述奇汇编》（八），北京图书馆出版社 1997 年版。

徐世英、徐谦：《考察各国司法制度报告书》，载两广官报编辑所辑《两广官报》，沈云龙编，台北：文海出版社 1989 年版。

故宫博物院明清档案部编：《清末筹备立宪档案史料》，中华书局 1979 年版。

沈云龙编：《端忠敏公奏稿》，台北：文海出版社 1967 年版。

汤志钧编：《康有为政论集》，中华书局 1981 年版。

刘晴波、彭国兴编校：《陈天华集》，湖南人民出版社 1982 年版。

刘晴波编：《杨度集》，湖南人民出版社 1986 年版。

中国史学会：《中国近代史料丛刊·辛亥革命》（四），上海人民出版社 1957 年版。

《汪穰卿先生传记》，汪诒年校补，中华书局 2007 年版。

王韬：《弢园文新编》，生活·读书·新知三联书店 1998 年版。

曾纪泽：《曾纪泽遗集》，喻岳衡点校，岳麓书社 1983 年版。

周盛传：《周武壮公遗书》，周家驹编，台北：成文出版社 1969 年版。

中国史学会编：《鸦片战争》，上海书店出版社 2000 年版。

李鸿章：《李文忠公全集·奏稿》，邱迎春、唐小轩等编，时代文艺出版社 1998 年版。

罗森等：《日本日记·甲午以前日本游记五种·扶桑日记·日本杂事诗［广注］》，钟叔河编，岳麓书社 1985 年版。

无名氏：《日本纪游》，宋汉辉编，光绪铁香室本。

刘雨珍、孙雪梅编：《日本政法考察记》，上海古籍出版社 2002 年版。

陈刚编：《中国民事诉讼法制百年进程——清末时期》，中国法制出版社 2004 年版。

凌文渊：《籇盦东游日记》，载李德龙、俞冰编《历代日记丛钞》第154 册，学苑出版社 2006 年版。

胡玉缙：《甲辰东游日记》，载李德龙、俞冰编《历代日记丛钞》第148 册，学苑出版社 2006 年版。

聂嗣中：《游历日本日记》，载李德龙、俞冰编《历代日记丛钞》第149 册，学苑出版社 2006 年版。

林炳章：《癸卯东游日记》，载李德龙、俞冰编《历代日记丛钞》第154 册，学苑出版社 2006 年版。

钱单士厘：《癸卯旅行记·归潜记》，湖南人民出版社 1981 年版。

吴汝纶：《吴汝纶全集》第四册，施培毅、徐寿凯校点，黄山书社2002 年版。

张维兰：《乙巳东游日记》，载李德龙、俞冰编《历代日记丛钞》第155 册，学苑出版社 2006 年版。

楼藜然：《蘠盦东游日记》，载李德龙、俞冰编《历代日记丛钞》第157 册，学苑出版社 2006 年版。

贺纶夒：《钝斋东游日记》，载李德龙、俞冰编《历代日记丛钞》第158 册，学苑出版社 2006 年版。

刘学询：《日本商务考察日记》，载李德龙、俞冰编《历代日记丛钞》第 144 册，学苑出版社 2006 年版。

王景禧：《日游笔记》，载李德龙、俞冰编《历代日记丛钞》第 155册，学苑出版社 2006 年版。

晏宗慈：《随轺日记》，载李德龙、俞冰编《历代日记丛钞》第 154册，学苑出版社 2006 年版。

严修：《严修东游日记》，天津人民出版社 1995 年版。

许炳榛：《甲辰考察日本商务日记》，载李德龙、俞冰编《历代日记丛钞》第 155 册，学苑出版社 2006 年版。

《周礼注疏·卷三十五》，（汉）郑玄注，（唐）贾公彦疏，北京大学出版社 1999 年版。

谭嗣同：《谭嗣同全集》，中华书局 1981 年版。

梁启超：《饮冰室文集（点校）》，云南教育出版社 2001 年版。

（二）近现代著作

郭少棠：《旅行：跨文化想像》，北京大学出版社 2005 年版。

王人博编：《中国近代宪政史上的关键词》，法律出版社 2009 年版。

程燎原：《清末法政人世界》，法律出版社 2003 年版。

陈左高：《中国日记史略》，上海翻译出版公司 1990 年版。

尹德翔：《东海西海之间——晚清使西日记中的文化观察、认证与选择》，北京大学出版社 2009 年版。

王尔敏：《中国近代思想史论续集》，社会科学文献出版社 2005 年版。

邹小站：《西学东渐：迎拒与选择》，四川人民出版社 2008 年版。

邓端本：《广州港史》，海洋出版社 1986 年版。

[法] 勒·比雄、乐黛云编：《独角兽与龙——在寻找中西文化普遍性中的误读》，北京大学出版社 1995 年版。

王尔敏：《中国近代思想史论》，社会科学文献出版社 2003 年版。

梁治平：《法辨：中国法的过去、现在与未来》，中国政法大学出版社 2002 年版。

吴稼祥：《公天下》，广西师范大学出版社 2013 年版。

张烁：《权利话语的生长与宪法变迁》，中国社会科学出版社 2012 年版。

熊月之：《中国近代民主思想史》，上海社会科学院出版社 2002 年版。

张灏：《梁启超与中国思想的过渡（1890—1907）》，新星出版社 2006 年版。

程燎原、江山：《法治与政治权威》，清华大学出版社 2001 年版。

王绍光编：《理想政治秩序：古今中西的探求》，生活·读书·新知三联书店 2012 年版。

荆知仁：《中国立宪史》，台湾联经出版事业公司 1983 年版。

夏新华等编：《近代中国宪政历程：史料荟萃》，中国政法大学出版社 2004 年版。

丁文江、赵丰田：《梁启超年谱长编》，上海人民出版社 1983 年版。

郑大华：《张君劢传》，北京：中华书局 1997 年版。

张鹏园：《梁启超与清季革命》，"中央研究院"近代史研究所 1969 年版。

邹鲁：《中国国民党史稿》，商务印书馆 1947 年版。

蒋廷黻:《中国近代史》,武汉出版社 2012 年版。

李定一:《中华史纲》,中国长安出版社 2012 年版。

陈恭禄:《中国近代史》,中国工人出版社 2012 年版。

刘圣中:《历史制度主义——制度变迁的比较历史研究》,上海人民出版社 2010 年版。

李世涛编:《知识分子立场——民族主义与转型期中国的命运》,时代文艺出版社 2000 年版。

程燎原:《中国法治政体问题初探》,重庆大学出版社 2012 年版。

王人博:《宪政文化与近代中国》,法律出版社 1997 年版。

唐亚明、王凌杰:《英国传媒体制》,南方日报出版社 2007 年版。

夏新华编:《外国法制史》,北京大学出版社 2011 年版。

郭捷编:《劳动法与社会保障法》(第四版),中国政法大学出版社 2012 年版。

陈新民:《行政法学总论》(第 6 版),三民书局 1997 年版。

阎照祥:《英国政治制度史》,人民出版社 2012 年版。

李山:《先秦文化史讲义》,中华书局 2008 年版。

陈学恂:《中国近代教育史教学参考资料》(上册),人民教育出版社 1996 年版。

潘大逵:《欧美各国宪法史》,上海大东书局 1931 年版。

刘小枫:《儒教与民族国家》,华夏出版社 2007 年版。

王军伟:《学究政治与十七世纪英国王权的危机——霍布斯〈比希莫特〉简评》,载《自由海洋及其敌人》,上海人民出版社 2012 年版。

二　中文译著

[法] 狄骥:《法律与国家》,冷静译,中国法制出版社 2010 年版。

[古希腊] 亚里士多德:《政治学》,吴寿彭译,商务印书馆 1965 年版。

[英] 约翰·格雷:《自由主义》,曹海军、刘训练译,吉林人民出版社 2005 年版。

[英] 詹宁斯:《法与宪法》,龚祥瑞、侯健译,贺卫方校,生活·读书·新知三联书店 1997 年版。

[英] 泽格蒙特·鲍曼:《自由》,杨光、蒋焕新译,吉林人民出版社

2005 年版。

　　[英] 洛克:《政府论》, 叶启芳、瞿菊农译, 商务印书馆 1996 年版。

　　[英] 埃弗尔·詹宁斯:《英国议会》, 蓬勃译, 商务印书馆 1950 年版。

　　[美] 罗尔斯:《道德的哲学史讲义》, 张国清译, 生活·读书·新知三联书店 2003 年版。

　　[美] 本杰明·史华慈:《寻求富强:严复与西方》, 叶凤美译, 江苏人民出版社 1996 年版。

　　[美] 刘禾:《跨语际实践:文学, 民族文化与被译介的现代性(中国, 1900—1937)》, 宋伟杰等译, 生活·读书·新知三联书店 2008 年版。

　　[美] 柯文:《在中国发现历史——中国中心观在美国的兴起》, 林同奇译, 中华书局 2002 年版。

　　[意] 安贝托·艾柯、[英] 斯特凡·柯里尼编:《诠释与过度诠释》, 王宇根译, 生活·读书·新知三联书店 1997 年版。

　　[美] 杰克·唐纳利:《普遍人权的理论与实践》, 王浦劬等译, 中国社会科学出版社 2001 年版。

　　[美] 布雷恩·Z. 塔玛纳哈:《论法治》, 李桂林译, 武汉大学出版社 2010 年版。

　　[德] 迪特儿·格林:《现代宪法的诞生、运作和前景》, 刘刚译, 法律出版社 2010 年版。

　　[英] 惠尔:《现代宪法》, 翟小波译, 法律出版社 2006 年版。

　　[美] 亨廷顿:《变化社会中的政治秩序》, 王冠华、刘为与等译, 生活·读书·新知三联书店 1989 年版。

　　[美] 范伯格《自由、权利和社会正义——现代社会哲学》, 王守昌、戴栩译, 吴福临、陈维政校, 贵州人民出版社 1998 年版。

　　[美] 徐中约:《中国近代史》, 计秋枫等译, 香港中文大学出版社 2002 年版。

　　[日] 三浦隆:《实践宪法学》, 李力、白云海译, 中国人民公安大学出版社 2002 年版。

　　[美] 列文森:《梁启超与中国近代思想》, 刘伟、刘丽译, 四川人民出版社 1986 年版。

［美］费正清编：《剑桥中国晚清史 1800—1911 年》，中国社会科学出版社 1996 年版。

［法］米歇尔·维诺克：《自由之声：19 世纪法国公共知识界大观》，吕一民等译，中国人民大学出版社 2006 年版。

［美］梅里亚姆：《美国政治思想（1865—1917）》，朱曾汶译，商务印书馆 1984 年版。

［英］彼得·斯特克、大卫·韦戈尔：《政治思想导读》，舒小昀等译，江苏人民出版社 2008 年版。

［美］谢尔登·S. 沃林：《政治与构想——西方政治思想的延续和创新》，辛亨复译，上海人民出版社 2009 年版。

［英］密尔：《代议制政府》，汪瑄译，商务印书馆 2007 年版。

［法］贡斯当：《古代人的自由与现代人的自由——贡斯当政治论文选》，阎克文、刘满贵译，商务印书馆 1999 年版。

［德］黑塞：《联邦德国宪法纲要》，李辉译，商务印书馆 2007 年版。

［德］施密特：《宪法的守护者》，李君韬、苏慧婕译，商务印书馆 2008 年版。

［美］阿克曼：《我们人民：宪法的变革》，孙文凯译，法律出版社 2009 年版。

［日］松本三之介：《国权与民权的变奏——日本明治精神结构》，李冬君译，东方出版社 2004 年版。

［美］弗里德里希·冯·哈耶克：《自由秩序原理》（上），邓正来译，生活·读书·新知三联书店 1997 年版。

三　中文期刊论文

岳峰：《东学西渐第一人——被遗忘的翻译家陈季同》，《中国翻译》2001 年 7 月。

陈超：《明末清初的"东学西渐"和中国文化对法国启蒙思想的影响》，《学术研究》2006 年第 5 期。

陈超：《明清之交"东学西渐"的思考——兼论中国文化对法国启蒙思想的影响》，《东南学术》2011 年第 4 期。

吴岩、李帆：《从"改正朔"到"改用西历"——西学东渐下国人传统观念变化的一个审视角度》，《西南民族大学学报》（人文社会科学版）

2011 年第 5 期。

葛晋荣：《"西学东渐"与清初"中西会通"的科学观》，《北京行政学院学报》2004 年第 5 期。

王树人：《关于西学东渐的经验教训——兼论话语霸权与"失语症"问题》，《文史哲》2007 年第 4 期。

王人博：《宪政的中国语境》，《法学研究》2001 年第 2 期。

李志军：《实学与西学的互释——西学东渐的学术范式转换》，《孔子研究》2007 年第 1 期。

刘禾：《普遍性的历史建构——〈万国公法〉与十九世纪国际法的流通》，《视界》2000 年第 1 期。

郑若麟：《我们如何理解西方……》，《新民周刊》2012 年第 48 期。

周宪：《旅行者的眼光和现代性体验：从近代游记文学看现代性体验的形成》，《社会科学战线》2000 年第 6 期。

李步云、张秋航：《驳反宪政的错误观点——兼论宪政概念的科学内涵及意义》，《环球法律评论》2013 年第 1 期。

程燎原：《关于宪政的几个基本理论问题》，《现代法学》1998 年第 4 期。

闫海：《基于立宪政体的日本预算执行多元监督及借鉴》，《江苏社会科学》2010 年第 2 期。

李炳烁：《新权威主义、立宪政体与东亚法治转型》，《法制与社会发展》2009 年第 2 期。

王怡：《立宪政体中的赋税问题》，《法学研究》2004 年第 5 期。

刘翔平：《旁观者效应的道德决策模型》，《北京师范大学学报》（社会科学版）1996 年第 4 期。

朱力：《旁观者的冷漠》，《南京大学学报》（哲学·人文·社会科学）1997 年第 2 期。

孙郁：《探索者的精神形象——〈野草〉论》，《社会科学辑刊》1992 年第 5 期。

邹小站：《西学东渐：迎拒与选择》，四川人民出版社 2008 年版。

崔军民：《〈海录〉与中国近代法律的启蒙》，《重庆文理学院学报》（社会科学版）2010 年第 1 期。

高强：《清政府对英国羁縻之术的运用——兼论第一批不平等条约的

签订》，《唐都学刊》2002 年第 2 期。

田中阳、梁振华：《正道洵艰："近代化"的反刍与今思》《湖南师范大学社会科学学报》2006 年第 4 期。

韩水法：《平等的概念》，《文史哲》2006 年第 4 期。

韩水法：《论两种平等观念》，《中国社会科学院研究生院学报》1988 年第 4 期。

向达：《沈家本的人格平等观及其在清末修律中的尴尬》，《南华大学学报》（社会科学版）2009 年第 4 期。

冯天瑜：《经济·社会·自由：近代汉字术语考释》，《江海学刊》2003 年第 1 期。

章清：《"国家"与"个人"之间：略论晚清中国对"自由"的阐释》，《史林》2007 年第 3 期。

程燎原：《中国法治政体的始创——辛亥革命的法治论剖析与省思》，《法学研究》2011 年第 5 期。

朱俊：《"情理法"的西方困境及其疗治初探》，《重庆大学学报》（社会科学版）2013 年第 5 期。

汤林刚：《政体分类学说的演变和发展》，《中外法学》1992 年第 3 期。

卞修全：《亚里士多德政体论的重新解读》，《比较法研究》2006 年第 3 期。

上官丕亮：《政体新探》，《吉林大学社会科学学报》2001 年第 4 期。

张凤喈：《商周政体初探》，《社会科学战线》1982 年第 3 期。

扬升南：《从〈尚书·盘庚〉三篇看商代政体》，《郑州大学学报》（哲学社会科学版）1984 年第 4 期。

储建国：《中国古代君主混合政体》，《政治学研究》2004 年第 1 期。

张其凡：《"皇帝与士大夫共治天下"试析——北宋政治架构探微》，《暨南学报》（哲学社会科学版）2001 年第 6 期。

谈火生：《"民主"一词在近代中国的再生》，《清史研究》2004 年第 2 期。

商传：《从朋党到党社——明代党争之浅见》，《学习与探索》2007 年第 1 期。

张从容：《清末部院之争初探》，《现代法学》2001 年第 6 期。

张海林：《论端方的渐进主义思想及其在江苏的实践》，《南京大学学报》（哲学·人文·社会科学）1997 年第 2 期。

许纪霖：《政治美德与国民共同体——梁启超自由主义民族主义思想研究》，《天津社会科学》2005 年第 1 期。

姜萌：《辛亥前开明专制思想的发生及其影响》，《东岳论丛》2011 年第 11 期。

张超：《吴趼人"文明专制"思想探微》，《郑州大学学报》1996 年第 4 期。

罗华庆：《论清末五大臣出洋考政的社会影响》，《中国社会科学院研究生院学报》1992 年第 4 期。

陈荣勋：《清末五大臣出洋考察政治的历史作用》，《齐鲁学刊》1990 年第 4 期。

熊月之：《晚清西学东渐过程中的价值取向》，《社会科学》2010 年第 4 期。

刘笃才：《关于清末宪政改革的几个问题》，《中国法学》2002 年第 1 期。

黄宗智：《略论农村社会经济史研究方法：以长江三角洲和华北平原为例》，《中国经济史研究》1991 年第 3 期。

陶红梅、陈葵阳：《西方自由主义的源与流》，《学术界》2012 年第 5 期。

付子堂：《关于自由的法哲学探讨》，《中国法学》2000 年第 2 期。

朱俊：《论法治思维的初生——清末游洋记研究》，《西安电子科技大学学报》（社会科学版）2014 年第 3 期。

何勤华：《中国近代宪法学的诞生与成长》，《当代法学》2004 年第 5 期。

谢晖：《地方自治与宪政》，《行政管理改革》2012 年第 12 期。

孙杰明：《19 世纪后半期英国女子高等教育的产生及原因分析》，《中华女子学院学报》2011 年第 4 期。

王赳：《平等抑或屈从——19 世纪英国女权云的思想探源》，《浙江学刊》2008 年第 3 期。

潘迎华：《19 世纪英国妇女选举权运动与自由主义》，《世界历史》2002 年第 6 期。

杨帆：《19 世纪英国中产阶级妇女维权与参政实践》，《安庆师范学院学报》（社会科学版）2011 年第 9 期。

郝铁川：《当代中国法制的阶段性与超越性——与 19 世纪英美法制之比较》，《中国法学》2007 年第 2 期。

韩伟华：《两种自由之争——贡斯当"古代人的自由与现代人的自由之比较"探微》，《史林》2010 年第 1 期。

潘宇：《自由历史的回望——评〈自由之声：19 世纪法国公共知识界大观〉》，《中国图书评论》2008 年第 12 期。

李本松、王纪波：《斯宾塞的国家政治观、伦理道德观和自由观》，《郑州轻工业学院学报》（社会科学版）2006 年第 4 期。

宋立民、庄泽虹：《19 世纪英国激进主义报刊的繁荣与衰亡》，《清远职业技术学院学报》2014 年第 5 期。

金燕：《19 世纪下半叶英国的劳动立法》，《学海》2014 年第 3 期。

柴英：《国家责任与儿童教育——论 19 世纪末期美国的普及义务教育运动》，《历史教学》2012 年第 12 期。

吴铁稳：《论 19 世纪英国新警察社会形象的变迁》，《苏州科技学院学报》（社会科学版）2012 年第 4 期。

毛利霞：《国家强制与个人自由的交锋——19 世纪后期英格兰反种痘运动》，《历史教学》2014 年第 2 期。

张彩凤：《英国古典法治理论的告别与超越：走向另一种法治基础主义——19 世纪英国法治理论的现代转型》，《中国人民公安大学学报》2001 年第 5 期。

陈新民：《德国 19 世纪"法治国"概念的起源》，台湾政治大学《法学评论》1996 年总第 55 期。

陈新民：《德国行政法学的先驱者——谈德国 19 世纪行政法学的发展》，《行政法学研究》1998 年第 1 期。

韩慧：《19 世纪英国大学法律教育的开展》，《政法论丛》2013 年第 6 期。

王磊：《19 世纪英国的死刑改革》，《贵州社会科学》2013 年第 2 期。

王晓辉：《19 世纪英国公开处决制度的废除及其动因分析》，《华中科技大学学报》（社会科学版）2013 年第 3 期。

陆伟芳：《从野蛮残酷走向文明人道——19 世纪英国刑罚的变迁轨

迹》，《学习与探索》2014年第5期。

许志强：《由惩罚到教化：英国19世纪的少年犯罪问题与管教机制改革》，《史学理论研究》2013年第3期。

吴强：《论19世纪美国的食品立法》，《武汉大学学报》（人文社会科学版）2012年第5期。

田飞龙：《新君主制与中立性权力——平贡斯当的〈适用于所有代议制政府的政治原则〉》，《天府新论》2014年第1期。

徐健：《"行政自由"和"宪政自由"——19世纪上半叶普鲁士自由派官僚的政治思想及其实践》，《北大史学》2005年第11辑。

张广翔：《19世纪下半期—20世纪初期俄国的立宪主义》，《吉林大学社会科学学报》2003年第6期。

刘成：《民主的悖论——英国议会选举制度改革》，《世界历史》2010年第2期。

程燎原：《"洋货"观照下的"故物"——中国近代论评法家"法治"思想的路向与歧见》，《现代法学》2011年第3期。

全汉升：《清末的"西学源出中国"说》，《岭南学报》1935年第2期。

汤学奇：《"西学中源"说的历史考察》，《安徽史学》1988年第4期。

张元隆：《"西学中源"说探析》，《学术月刊》1990年第1期。

赵鼎新：《当今中国会不会发生革命?》，《二十一世纪》2012年第12期。

陈红宜：《"乡校"辨》，《西南师范学院学报》1986年第2期。

李慧芬：《论"子产不毁乡校"》，《安阳师范学院学报》2006年第1期。

吴欢：《儒家道统论中的"驯政"思想初探》，《哈尔滨工业大学学报》（社会科学版）2013年第4期。

谢茂松：《知识分子与政治》，《读书》2011年第7期。

王人博：《民权词义考》，《比较法研究》2003年第1期。

葛荃：《教化之道：传统中国的政治社会化路径分析》，《政治学研究》2008年第5期。

李景林：《哲学的教化与教化的哲学——论儒学精神的根本特质》，

《天津社会科学》2005 年第 6 期。

　　潘大逵:《英国宪法之演变》,《法学杂志》1939 年第 11 卷第 1 期。

　　谢放:《戊戌前后国人对"民权""民主"的认知》,《二十一世纪》2001 年第 3 期。

　　王雷:《论传统教化思想在近代中国的演变》,《华东师范大学学报》(教育科学版) 2002 年第 1 期。

　　景跃进:《代表理论与中国政治——一个比较视野下的考察》,《社会科学研究》2007 年第 3 期。

四　中文学位论文

　　陆锋明:《西学东渐与明末的"西洋学"》,硕士学位论文,苏州大学, 2004 年。

　　毛汉青:《19 世纪英国选举改革之自由主义政治文化》,硕士学位论文,复旦大学, 2010 年。

　　徐志强:《现代社会与政治体系下的 19 世纪英国文官制度改革》,硕士学位论文,河南师范大学, 2014 年。

五　中文报纸文章

　　殷国明:《东方之魅:理解西方思想学术发展的一面镜子》,《中华读书报》2012 年 9 月 26 日。

　　甘阳、刘小枫:《重新阅读西方》,《南方周末》2006 年 1 月 13 日。

　　周濂:《中西语境下的平等观》,《东方早报》2012 年 12 月 9 日。

　　胡汉民:《〈民报〉之六大主义》,《民报》第 3 号, 1906 年 4 月 5 日。

　　汪精卫:《驳〈新民丛报〉最近之非革命》,《民报》第 4 号, 1906 年 5 月 1 日。

　　宋教仁:《清太后之宪政谈》,《醒狮》1905 年第 1 期。

　　俞飞:《日本司法独立第一案》,《法治周末》2011 年 10 月 11 日。

　　梁启超:《古议院考》,《时务报》第 10 期。

六　外文文献

　　Urry, J., *The Tourist Gaze: Leisure and Travel in Contemporary Societies*,

London: Newbury Park: Sage Publications, 1990.

Leed Eric, *The Mind of The Traveller*: *From Gilgamesh to Global Tourism*, New York: Basic Books, 1991.

Philip C. Huang, *Liang Ch'-ch'ao and Modern Chinese Liberalism*, Washington: University of Washington Press, 1972.

Martha Vicinus, "Independent Women", *Feminist Review*, Vol. 24, No. 1, 1986.

Carol Dyhouse, "No Distinction of Sex? Women in British Universities 1870—1939", *Women S Studies International Forum*, Vol. 21, No. 1, 1995.

D. Bythell, J. Lewis, A. V. John, "Unequal Opportunities: Women's Employment in England 1800 – 1918", *Sings Journal of Women in Culture & Society*, Vol. 40, No. 2, 1988.

J. A and Olive Banks, "Feminism and Family Planning in Victoran England", *Eugenics Review*, Vol. 56, No. 4, 1956.

Robert B. Shoemaker, *Gender in English Society 1650 – 1850*, London: Routledge, 1998.

Alison C. Kay, "The Fondations of Female Entrepreneurship-Enterprise, Home and Household in London 1800 – 1870", *Business History*, Vol. 52, No. 2.

Eleanor Gordon, Gwyneth Nair, "The Economic Role of Middle-Class Women in Victorian Glasgow", *Women's History Review*, Vol. 9, No. 4, 2000.

R. J. morris, Men, *Women and Property in England 1780 – 1870*, New York: Cambridge University Press, 2005.

David C. Douglas and George W. Greenaway, *English History Document*, Volume IX, New York: Oxford University Press, 1996.

Mary Lyndon Shanley, *Feminism, Marriage, and the Law in Victorian England*, Sage Publications Inc., 1993.

Patricia Hollis, *Women in Public 1850 – 1900*: *Documents The Victorian Women's Movement*, London: Routledge, 2012.

Henry Steele Commager, *The American Mind*: *An Interpretation of American Thought and Character Since the 1880's*, New Haven: Yale Univ. Press, 1950.

Richard Hofstadter, *Social Darwinisml in American Thoughts*, Boston: The

Beason Press, 1964.

D. Proter, R. Porter, "The Politics of Prevention: Anti-Vaccinationism and Public Health in Nineteenth Century England", *Medical History*, Vol. 32, 1988.

Walter Bagehot, *Literary Studies by the Late Walter Bagehot*, Longmans, 1905.

A. V. Dicey, *Can English Law be Taught at the Universities?* London: Macmillan, 1883.

Lorine Goodwin, *The Pure Food, Drink and Drug Crusaders, 1879 - 1914*, Jefferson, N.C: McFarland, 1999.

Alan S. Kahan, *Liberalism in Nineteenth-Century Europe: The Political Culture of Limited Suffage*, Palgrave Macmillan, 2003.

Lord Russel, *Hansard*, 12 December, 1832.

Macaulay, *Hansard*, 2 March, 1831.

Stephen Collini, "Liberalism and Sociology: L. T. Hobbouse and political argument in England 1880-1914", *C. U. P*, Vol.85, No.3, 1979.

John Stuart Mill, *Civilization*, Collected Works of John Stuart Mill, XVII, generally edited by J. MLRobson, Toronto University Press, 1965-1991.

Ernst R. Huber, *Deutsche Verfassungsgeschichte Seit* 1789, Stuttgart, 1957, Bd.1.

Kurt G. A. Jeserich, Hans Pohl, Georg-C. von Unrch, *Deutsche Verwaltungsgeschichte*, Stuttgart, 1983, Bd.2.

后 记

2009 年大学毕业，经重庆大学推免研究生程序，我选择继续攻读重庆大学法学院的法理学研究生。其间有过一个小插曲，曾想换一所大学继续读研，申请华南理工大学法学院，但等到重庆大学法学院推免程序进行到最后都未等到其通知，只好选择留校；很奇葩的却是，填完了留校申请（当时没有推免系统）后，华南理工大学法学院打电话过来说，让我周五过去面试；很遗憾，因为选择了重庆大学，所以还是未能去羊城。阴差阳错！不过，现在想来，这是我的荣幸，让我有机缘师从程燎原教授，研究法治与权利问题。估计是因为每个月都去老师办公室逗留两个小时左右，程老师最终同意我继续攻读博士学位。经重庆大学的硕博连读程序，我于2011 年春转学籍为博士生。

2011 年的想法是，毕业论文做近代的法律与道德问题，从百年中国乃至整个近代中国法律文明转型来看，这是一个大问题。同程老师商榷后，我转向晚清，做法律与道德的问题。毫无疑问，围绕张之洞的《劝学篇》有过一个重大的争论。因此，我仔细阅读了张之洞（即《张之洞全集》）。所幸，有电子版在网络上，让我这个吃学校每个月发"救命粮"过日子的穷书生节约了好大一笔钱。翻阅全集过后，跟程老师再聊，问题逐渐清晰并转向晚清中国如何理解西方。再查阅了有关文献后，终于转向了本书的主题，那就是晚清中国人到西方去实地考察，对西方政制有一个怎样的认知过程。这是一条独特的线索，不同于西方在中国殖民地所呈现的西方政制，也不同于西方人在中国告诉中国人的西方政制，也不同于中国人在中国通过其他人了解的西方政制，这是中国人实地在考察西方政制。当然，这是一条爬梳古籍的艰难工作，前提是我能够找到足够的史料。

　　说到史料，本研究的部分材料来自钟叔河先生所编"走向世界丛书"，部分来自《历代日记丛钞》，部分来自刘雨珍、孙雪梅编《日本政法考察记》，还有部分资料的零散收集，它们一部分来自程老师的私藏，一部分来自台湾大学图书馆。在 2011 年 10—12 月，我有幸到访台湾元智大学社政系师从洪泉湖教授，短暂访学。利用期间的空余时间，我不仅访谈了台湾大学黄俊杰教授、台湾中央大学李瑞全教授、台湾慈济大学林安梧教授、台湾政治大学何信全教授，完成了有关台湾新儒家关于诠释学以及民主化的思考，还通过大台北地区高校间的校际合作，轻松地利用元智大学的校园卡而非"通行证"到访台湾大学图书馆，收集了部分资料。

　　资料收集完成后，2012 年进入了资料整理的阶段。每天早上八点，我都背着电脑，拿着水杯，到重庆大学 B 区图书馆占座位。这是一种非常独特的体验。坐在木质的椅子上，喝着白开水，翻看电子或纸质资料，有用的东西全都按页码记下。累了之后，休息一下，看看窗外的绿色或者看看小说，缓解一下疲惫，时间很快就过去了。下半年的时候，花了几个月时间完成导言和第一部分的撰写，在此过程中，我就写作的问题意识、方法、用词等与程老师长时间地交流。毫不夸张地说，本书的写作，倾注了程老师很多心血，也是对我的锻炼和培养。我也受益于这种锻炼，从为人到写作，到学术观点。到 2013 年年底时，本书基本上已经写好。但问题是，重庆大学法学院的毕业答辩要求，我还没有完全达到，拖了一年时间，在 2014 年年底，我才勉强达到。当时，有一种信念在支撑，读博士真是一个"坑"，一个"围城"，未读时觉得读博好，读博之后发现困难却无法也不愿意退出，只好忍耐继续苦熬。那个时候，我理解有关美国文科博士难毕业的故事，不过，他们是毕业论文难写，而非发表论文困难而已。但是，现在回过头来看，我显然受益于这一段"苦难"的经历。确实，有关大论文的写作，让我对做课题写著作没有太大的压力；有关小论文的写作，让我发表一般 CSSCI 期刊论文，也没有太大的压力。当然，中国法学会倡导的 CLSSCI 期刊论文，目前对我而言，仍然是一个不小的挑战。不过，路漫漫其修远兮，且慢慢来吧！

　　2014 年年底毕业至今，研究方向转向了权利基本理论研究，虽然没有成果问世，但我却甘之如饴！基于"职称"等问题，我迫不及待地将这一"未完善"的作品抛出来，还望有幸与读的诸君多提意见！

　　事实上，文章就是在批判中完善的。在论文写作过程中，我接受了程老师很多意见。在博士毕业论文答辩时，作为答辩主席的汪太贤老师提出，论文研究中国人看西方，却没有告诉我们西方的真实面貌，难以对比；应当加一小部分，即西方政制的真实图景；在对比之下，中西文化之间的这种认知、对比的过程及其结果的图景才更为圆满！确实如此，我欣然接受！

至此，各位看官已经发现，本书是基于博士论文修改而来的，它的出版，离不开博士生导师程燎原教授、论文开题组导师、论文盲审阶段外审专家、论文答辩阶段专家：陈德敏教授、黄锡生教授、张舫教授、秦鹏教授、汪太贤教授、陈伯礼教授、王本存教授、洪泉湖教授、谢登旺教授、黄俊杰教授、李瑞全教授、林安梧教授、何信全教授、李延思博士等，读书期间的同门黄英博士、张瑜昕博士、陈希博士、王辉博士、何永红博士等，博士班同学杜辉博士、任洪涛博士、王国萍博士、程国徽博士、罗诚博士、孟甜博士、陈星博士、肖峰博士等，以及中国社会科学出版社的梁剑琴编辑，还有家人的支持、帮助与鼓励！

因此，本书的写作、出版，受惠于众师友的指点与帮助，朱俊在此拜谢！谨以此书，献给所有关心、帮助过我的亲人与师友！

是为记！

朱　俊

2017 年 11 月 24 日